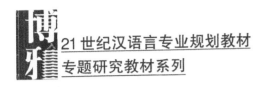

近代汉语研究概要

（修订本）

蒋绍愚　著

图书在版编目(CIP)数据

近代汉语研究概要/蒋绍愚著.—修订本.—北京：北京大学出版社，2017.7
（21世纪汉语言专业规划教材·专题研究教材系列）
ISBN 978-7-301-28396-7

Ⅰ.①近… Ⅱ.①蒋… Ⅲ.①汉语—近代—研究—高等学校—教材 Ⅳ.①H109.3

中国版本图书馆 CIP 数据核字 (2017) 第 128568 号

书　　名	近代汉语研究概要（修订本）
著作责任者	蒋绍愚　著
责 任 编 辑	王铁军　张弘泓
标 准 书 号	ISBN 978-7-301-28396-7
出 版 发 行	北京大学出版社
地　　　址	北京市海淀区成府路 205 号　100871
网　　　址	http://www.pup.cn　新浪微博：@北京大学出版社
电 子 信 箱	zpup@pup.cn
电　　　话	邮购部 62752015　发行部 62750672　编辑部 62754144
印 刷 者	北京虎彩文化传播有限公司
经 销 者	新华书店
	650 毫米×980 毫米　16 开本　28.75 印张　501 千字
	2017 年 7 月第 1 版　2023 年 4 月第 4 次印刷
定　　　价	69.00 元

未经许可，不得以任何方式复制或抄袭本书之部分或全部内容。
版权所有，侵权必究
举报电话：010-62752024　电子信箱：fd@pup.pku.edu.cn
图书如有印装质量问题，请与出版部联系，电话：010-62756370

修订本前言

20世纪80年代初,朱德熙先生对我说:北大中文系在古代汉语和现代汉语方面力量都比较强,而近代汉语却没有人研究,应当补上。受命于朱德熙先生,我收集一些近代汉语研究的资料,在北大中文系开设"近代汉语研究"课,后来把讲稿整理成《近代汉语研究概况》,在1994年出版。那时,我自己对近代汉语研究得不多,书中主要是对其他学者研究成果的介绍,所以书名叫《概况》。后来,我在讲课中进一步补充资料,自己也做了一些研究,在讲课时也讲了我自己的想法。在此基础上,在2005年,我出版了《近代汉语研究概要》。《概要》保留了《概况》的部分内容,但改动和新增的内容不少,而且,更多了一些自己的研究成果和观点。转眼间又十年过去,去年,北京大学出版社向我提出修订的建议。我觉得这十年间近代汉语的研究又有不小的进展,我自己的一些看法也有改变。所以,我很乐意地接受了这个建议,并动手加以修订。

这次修订包括两个方面:一是补充了十多年来的研究成果,一是改变了我原来的一些看法。全书各章节都作了修改和增加,主要的修订有:第二章第一节"近代汉语资料简介"增加了域外的汉语研究资料。第三章第五节"近代汉语的共同语"做了较大的修改。第四章(语法)和第五章(词汇)修改和增加的幅度最大。第四章第二节"动态助词和结构助词"中关于"了$_1$"和"着"语法化的过程提出了我新的看法,关于"了$_2$"产生的时代采纳了其他研究者的意见;第三节"述补结构"吸取其他研究者的意见,认为述补结构产生的时代可以提前到东汉;第四节"处置式"增加了对处置和使役关系的讨论;第五节"近代汉语的被动式"对从使役到被动的问题引述了其他研究者的意见,对我原来的看法作了补充和修改。第五章第二节"近代汉语词汇研究的方法"增加了语言接触对词汇的影响,第三节"近年来近代汉语词汇研究的进展"是新增。全书的修订大约有三分之一。

《中古近代汉语语法研究述要》(孙锡信主编、杨永龙副主编)是本书

第四章(语法部分)修订的重要参考。此书收集了2010年前的中古和近代汉语语法研究的重要成果,并且作了很好的评论。《中古近代汉语词汇学》(方一新)对本书第五章(词汇部分)的修订也有很大帮助。谨向两书的作者致谢。《近代汉语研究概要》出版后,中国人民大学朱冠明教授曾细校一遍,指出一些错误,这在《概要》2008年第三次印刷时已经改正。最近,浙江大学汪维辉教授也把《概要》的勘误表寄给我,其中也指出一些内容上的不妥之处,我在这次修订时也都加以改正。我对这两位的帮助非常感谢。我也很感谢北大出版社的汉语及语言学编辑部推动此书的修订;感谢责任编辑王铁军、张弘泓,他们在书稿的编辑出版方面花费了不少精力。

近代汉语的研究,从20世纪80年代以来方兴未艾,在很多问题上都不断地深入,还有不少问题需要进一步讨论和研究。作为一部教材,无论是谈别人的研究成果还是谈自己的看法,都只能说一个大概,无法像学术论文那样充分展开。读者或研究者如果对某个问题有兴趣,还需要看有关的文章。书中的观点、内容难免有不妥之处,希望大家指出,我愿意继续学习和思考。

这次修订,我还是花了不少力气。但既然是修订,就不可能是一个全新的框架。时代在前进,学术在发展。后出转精是事物发展的必然。我希望年富力强的学者能写出一部更新、更好的近代汉语研究的教材。到那时,我的《近代汉语研究概要》修订本就完成任务了。

韩国延世大学中语中文系教授成耆恩为本书第五章作了校勘,本书第4次印刷根据她的校勘作了修改。谨表谢忱!

蒋绍愚
2023年3月

目 录

第一章 绪 论 ………………………………………………… 1
　第一节 什么是近代汉语 …………………………………… 1
　第二节 为什么要研究近代汉语 …………………………… 8
　第三节 近代汉语研究的现状 ……………………………… 13

第二章 近代汉语研究的资料 ………………………………… 18
　第一节 近代汉语资料简介 ………………………………… 18
　　一 唐五代 ………………………………………………… 19
　　二 宋代(附金代) ………………………………………… 21
　　三 元代 …………………………………………………… 23
　　四 明代 …………………………………………………… 25
　　五 域外资料 ……………………………………………… 27
　第二节 语言资料的鉴别 …………………………………… 29
　第三节 语言资料的分析 …………………………………… 34

第三章 近代汉语语音研究 …………………………………… 37
　第一节 唐五代语音的研究 ………………………………… 37
　　一 唐五代西北方音的研究 ……………………………… 37
　　二 唐代声调的研究 ……………………………………… 51
　　三 唐五代西北方言和现代方言 ………………………… 54
　　四 小结 …………………………………………………… 56
　第二节 宋代语音的研究 …………………………………… 60
　　一 《皇极经世书声音图》研究 …………………………… 60
　　二 朱熹反切研究 ………………………………………… 73
　　三 小结 …………………………………………………… 79
　第三节 元代语音的研究 …………………………………… 82
　　一 《中原音韵》研究 ……………………………………… 82

二　《中原雅音》研究 ………………………………………… 97
　　三　小结 …………………………………………………………… 101
第四节　明代语音的研究 ………………………………………………… 103
　　一　《韵略易通》《等韵图经》《韵略汇通》研究 …………… 104
　　二　《老乞大谚解》《朴通事谚解》中的汉朝对音 …………… 109
　　三　《西儒耳目资》研究 ………………………………………… 115
第五节　近代汉语的共同语 ……………………………………………… 120

第四章　近代汉语语法研究 ……………………………………………… 133
第一节　近代汉语的代词 ………………………………………………… 133
　　一　人称代词 ……………………………………………………… 133
　　二　指示代词 ……………………………………………………… 147
　　三　疑问代词 ……………………………………………………… 150
第二节　动态助词和结构助词 …………………………………………… 162
　　一　了 ……………………………………………………………… 162
　　二　着 ……………………………………………………………… 184
　　三　"底""地"和"的" ………………………………………… 193
第三节　述补结构 ………………………………………………………… 211
　　一　动结式 ………………………………………………………… 211
　　二　带"得"的述补结构 ………………………………………… 231
第四节　处置式 …………………………………………………………… 244
　　一　处置式的产生和类型 ………………………………………… 244
　　二　处置式形成的途径 …………………………………………… 264
　　三　从表处置到表致使
　　　　——"把/将"字句功能的历史发展 ………………………… 276
第五节　近代汉语的被动式 ……………………………………………… 287
　　一　"被"字句 …………………………………………………… 287
　　二　"吃"字句 …………………………………………………… 299
　　三　"教(叫)"字句和"给"字句 ……………………………… 301
　　四　小结 …………………………………………………………… 313
第六节　近代汉语的语气词 ……………………………………………… 317
　　一　啊 ……………………………………………………………… 317
　　二　吗 ……………………………………………………………… 319

三　呢(那、哩) ··· 326
　　四　也 ··· 332

第五章　近代汉语词汇研究 ································· 335
　第一节　近代汉语词汇研究的概况 ······················ 335
　　一　20世纪以前近代汉语词汇研究的概况 ············ 335
　　二　20世纪以来近代汉语词汇研究的概况 ············ 344
　　三　国外对近代汉语词汇的研究 ······················ 349
　第二节　近代汉语词汇研究的方法 ······················ 352
　第三节　近年来近代汉语词汇研究的进展 ··············· 380

第六章　作品的断代和方言成分的考察 ···················· 405
　第一节　作品的断代 ···································· 405
　第二节　方言成分的考察 ································ 430
　　一　西游记 ·· 430
　　二　金瓶梅 ·· 435
　　三　红楼梦 ·· 439
　　四　儒林外史 ·· 443

第一章 绪 论

第一节 什么是近代汉语

1.1.1 从上个世纪 90 年代开始,近代汉语的研究迅速发展,曾被称为"异军突起"。随着研究的进展,"近代汉语"这个名词也慢慢为人们所熟悉。只要是研究汉语或学习汉语的人都已经知道,"近代汉语"不是指中国近代史(1840—1919)期间的汉语。但是,究竟什么时代是近代汉语的开端?什么时代是近代汉语的结束?这个问题,学术界的意见并不一致。在一段时间内,关于"近代汉语"的起讫时代,曾有过热烈的讨论。在这本书的开头,首先要把这个问题作一交代。这要从汉语史的分期说起。

汉语有着悠久的历史。根据汉语的发展变化,汉语的历史可以分为若干不同的时期。但对于汉语史的分期,各个学者不尽相同。大家比较熟悉的,是王力先生在《汉语史稿》中提出的分期。

(一) 公元三世纪以前(五胡乱华以前)为上古期。(三、四世纪为过渡阶段)

(二) 公元四世纪到十二世纪(南宋前半)为中古期。(十二、十三世纪为过渡阶段)

(三) 公元十三世纪到十九世纪(鸦片战争)为近代。(自 1840 年鸦片战争到 1919 年五四运动为过渡阶段)

(四) 二十世纪(五四运动以后)为现代。

(见《王力文集》第九卷,第 48 页)

国外汉学家也对汉语史的分期提出过自己的看法。比如瑞典汉学家高本汉(B. Karlgren)认为《诗经》以前是太古汉语(le proto-chinois),《诗经》以后到东汉是上古汉语(le chinois archaique),六朝到唐是中古汉语(l'ancien chinois),宋代是近古汉语(le chinois moyen),元明是老官话(le vieux mandarin)(高本汉《中国音韵学研究》,赵元任、李方桂、罗常培译)。

日本汉学家一般把汉以前称为"上古",把六朝至唐末称为"中古"或"中世",把宋元明称为"近世",把清代称为"近代"。

吕叔湘先生的意见和上述意见不大一样。他说:

> 什么是近代汉语?这涉及汉语史的分期问题。一种语言在某一个比较短的时间内发生比较大的变化,就可以把这以前和这以后分为两个时期。可是语言的演变只有通过书面记录才得以观察,而这又必然要受到用以记录语言的文字的影响。汉语是用汉字记录的,汉字不是拼音文字,难于如实的反映口语。秦以前的书面语和口语的距离估计不至于太大,但汉魏以后逐渐形成一种相当固定的书面语,即后来所说的"文言"。虽然在某些类型的文章中会出现少量口语成分,但是以口语为主的"白话"篇章,如敦煌文献和禅宗语录,却要到晚唐五代才开始出现,并且一直要到不久之前才取代"文言"的书面汉语的地位。根据这个情况,以晚唐五代为界,把汉语的历史分为古代汉语和近代汉语两个大的阶段是比较合适的。至于现代汉语,那只是近代汉语内部的一个分期,不能跟古代汉语和近代汉语鼎足三分。(《近代汉语指代词·序》)

他又说:

> 我们的看法是,现代汉语只是近代汉语的一个阶段,它的语法是近代汉语的语法,它的常用词汇是近代汉语的常用词汇,只是在这个基础上加以发展而已。(《近代汉语读本·序》)

1.1.2 在这里,我们不打算全面地讨论汉语史的分期,而只想谈谈有关"近代汉语"的问题。

有一点是可以肯定的:汉语史的分期不取决于中国历史的分期,而取决于汉语自身的发展变化。这个道理是很明显的。比如,1949年前后,中国的社会性质发生了根本的变化,在历史上显然应该分为两个时期。但在此前后汉语却没有发生根本的变化,因此都属于通常所说的"现代汉语"。因此,我们所说的"近代汉语",也绝不是指中国近代史(1840—1919)期间使用的汉语。

那么"近代汉语"应该是指什么时期的汉语呢?这里首先要涉及的一

个问题是"近代汉语"是否包括现代汉语在内,或者如吕叔湘先生所说的,整个汉语史是"二分"还是"三分"。

　　从汉语发展的历史来看,吕叔湘先生"二分"的主张是有道理的。大体上说,汉语可分为"文言"和"白话"两大系统,而"白话"的来源可以追溯到唐宋时期。从唐代开始,现代汉语的语法和基本词汇就逐步形成,吕先生说"它(现代汉语)的语法是近代汉语的语法,它的常用词汇是近代汉语的常用词汇,只是在这个基础上加以发展而已",这是符合事实的。当然,拿现代汉语和唐宋元明清的语言比较,都会有些不同,这并不奇怪,语言是不断发展的;但是,如果因为一个阶段和另一个阶段有所不同,就把这些阶段都分成不同的时期,那汉语就会有很多个时期,这样的划分也就没有意义了。这样说绝不是贬低现代汉语研究的重要性。我们生活在20—21世纪,当然首先要研究20—21世纪的汉语(现代汉语)。但是从汉语的发展史来看,这并不成为把现代汉语单独划分为一个时期的理由。如果再过500年,回过头来看,大概会觉得20—21世纪的汉语和元代的汉语、明代的汉语一样,有发展有差别,但是没有根本的变化。也就是说,20—21世纪的汉语,和13—14世纪(元代)的汉语、14—17世纪(明代)的汉语等一样,只是7世纪(唐代)以后汉语发展的一个阶段。

　　但话又说回来。也许500年后会把20—21(或18—21)世纪的汉语看作7世纪以后汉语发展的一个阶段,但我们生活在20—21世纪,理所当然地要特别重视20—21世纪的汉语,即现代汉语。现在13亿中国人都在学习和使用现代汉语(中国的少数民族也要学习和使用现代汉语),随着中国国际地位的提高,会有越来越多的外国人学习现代汉语。所以把现代汉语分出来,作为和古代汉语、近代汉语并列的一个阶段,加强对现代汉语的研究,也是有理由、有必要的。把近代汉语和现代汉语作为两个阶段,研究者可以各有侧重,这样也有利于研究的深入。当然,我们也提倡近代汉语和现代汉语的研究能够在各有侧重的基础上互相打通,因为这两者本来就有十分密切的联系。

　　除了上述理由以外,我们把"近代汉语"看作一个介于"古代汉语"[①]和"现代汉语"之间并和它们鼎足而三的历史时期,还有一个实际的考虑:如果采用"二分"法,把"近代汉语"看作一个继"古代汉语"之后而一直延续到今天的历史时期,而"现代汉语"只是这个时期的第二阶段,那么,对

[①]　吕叔湘先生所说的"古代汉语",现在通常又分为"上古汉语"和"中古汉语"两个阶段。

于这个时期的第一阶段（即"古代汉语"之后，"现代汉语"之前的那个历史阶段），就没有专用的术语来加以指称。以往对"古代汉语"（主要是上古汉语，即先秦和西汉的汉语）和"现代汉语"都有比较多的研究，唯独对中间那一段的研究比较薄弱。现在，对中间那一段汉语的研究逐渐被重视，而研究者往往把那一段的汉语称之为"近代汉语"，尽管各人心目中对"近代汉语"的上限和下限的认识并不统一，但绝大多数人所说的"近代汉语"不包括现代汉语在内，这一点却是一致的。为什么多数研究者都喜欢在"三分法"的意义上来使用"近代汉语"这一名词呢？从消极方面来看，不这样做，那"中间一段"汉语史就缺乏一个专有名称；从积极方面看，单把那"中间一段"汉语史称为"近代汉语"，就使"近代汉语"的研究范围更加集中，研究目标更加明确。反之，如果按二分法的意义来使用"近代汉语"这个名词，那么当讨论到"近代汉语语法""近代汉语语音"时，就应当把唐宋以来直到现代汉语的语法或语音都包括在内了。

1.1.3 我们倾向于采用"三分法"，并不是忽视近代汉语和现代汉语的联系。事实上，这两者之间的联系是非常紧密的。前面已经说过，如果用"文言"和"白话"作为分界，那么近代汉语和现代汉语是同属于"白话"这个系统的。近代汉语是这样一个历史时期：那些使得现代汉语区别于古代汉语的语法、语音、词汇诸要素，绝大多数在这个时期中先后出现，并且在这个时期中发展、定型；等到现代汉语的语法、语音、词汇系统形成，这个时期就告终结。

出于这样一种认识，我们认为在讨论近代汉语的上限和下限时，不应该泛泛而谈，而应该始终把近代汉语与现代汉语的这种密切关系作为一个基本的出发点。什么时候汉语中出现了较多古代汉语所无、现代汉语所有的语法、语音、词汇的新要素，这就是近代汉语的上限。什么时候汉语的语法、语音、词汇系统开始变得和现代汉语基本一致了，这就是近代汉语的下限。

但这是一个基本原则。原则确定了，具体做起来，还会遇到许多困难。

困难之一是由于书面语和口语的差异。中国古代的书面语，直到"五四"以前，一直是文言文占着统治地位。我们当然不能据此来给汉语史分期，汉语史的分期，必须根据口语的状况。但历史上口语的状况，我们又只能通过那些反映口语的书面语来了解。"问题在于我们如何的揣摩它是如何的代表当时的语言罢了"（高名凯《唐代禅家语录所见的语法成分》)。而这"揣摩"的工作就不很容易。比如,敦煌变文和宋人话本都是重要的白话资料,但敦煌变文多半是文白夹杂,而宋人话本基本上是白话。后者反映当时的口语是没有疑问的,但前者的文白夹杂是反映了当时的口语正处在一种过渡时期呢,还是由于摆脱不了前一时期书面语言的影响所致?这个问题的不同回答就会牵涉到对晚唐五代时口语状况的看法,从而也牵涉到近代汉语的上限。如果晚唐五代的口语还是从文言到古白话的过渡阶段,那么近代汉语的上限就要推迟到宋代;如果晚唐五代的口语基本上已是古白话,那么近代汉语的上限可提前到晚唐五代。

困难之二是语法、语音、词汇的发展变化不同步。因此在分期问题上,主要着眼于语音和主要着眼于语法词汇,得出的结论就可能有差异。比如王力先生在《汉语史稿》中说:"近代汉语的特点是:(1)全浊声母在北方话里的消失;(2)-m 韵尾在北方话里的消失;(3)入声在北方话里的消失,等等。"主要是着眼于语音的。而上引吕叔湘先生关于近代汉语的论述,主要是从语法和词汇的角度来谈的。这也是这两位著名学者对于"近代汉语"上限的看法不同的原因之一。

正如汉语史的"二分"和"三分"的问题还可以继续讨论一样,"近代汉语"的上限和下限问题也还可以继续讨论。我们现在对近代汉语的研究还很不充分,而真正科学的结论,是应该在深入研究的基础上得出的。但是,既然要开展对近代汉语的深入研究,总要大致划分一下近代汉语的时期。所以,我们不妨根据现有的研究成果,大体确定一下近代汉语的上限和下限。

先说上限。吕叔湘先生主要根据敦煌文献和禅宗语录中的白话成分,把近代汉语的上限定为晚唐五代。这个看法是有根据的。尽管敦煌文献和禅宗语录多数还是文白夹杂,但"文"的部分主要是受古代汉语书面语的影响。正如苏联汉学家 C.E. 雅洪托夫在《七至十三世纪的汉语书面语和口语》(译文载《语文研究》1986 年第 4 期)中所说的:"我们在变文中找到了几乎所有列入我们清单(见表一)的近代汉语语素","还有很多另外的近代汉语虚字"。只是"变文作者使自己的文献人为地'文言化',用它们的上古汉语同义词替换口语词"。这就说明晚唐五代时的口语已经是古白话,或者说,当时口语的语法、词汇方面已经有不少要素和我们今天所说的话(现代汉语)相同了。

但进一步考察,就可以看到:这些语法、词汇方面的新的要素,有不少在变文之前就已出现,只是在变文以前的文献资料中它们是零星地存在,不如在变文中那么集中罢了。比如处置式("把"字句)、代词"你""他""这""那""是勿"(后来写作"什么")"争"、助词"底"(后来写作"的")、语气词"无"(后来写作"吗")等,都产生于唐代初期或中期(均见第四章)。所以,从语法、词汇方面看,近代汉语的上限或许可以提前到唐代初年。

　　从语音方面看,新要素的出现要晚一些。王力先生所说的那三项语音变化,只有浊音清化在晚唐五代已经开始,而入声的消失在晚唐五代还只是微露朕兆,-m 尾的消失除个别方言例证外,在晚唐五代还看不到确凿的例证。但从总体上看,晚唐五代可以看作近代音发展的起点。正如周祖谟先生在《变文押韵和唐代语音》一文所说:"现在北方话的韵母系统就是在这二十三摄的基础上发展起来的。要研究普通话语音发展的历史,不能不以此为起点。"如果把语音和语法综合起来看,那么,比较慎重的说法是:近代汉语的上限是晚唐五代。

　　再说下限。从反映口语的文学作品使用的语言来看,清代乾隆年间写成的《儒林外史》《红楼梦》的语言已基本上和现代汉语一样了。瑞典汉学家高本汉曾对明清五部小说作过统计,结论是"为因""甚""兀"等明代白话小说中使用的词语在《红楼梦》中已经消失,而将近 30 种现代汉语中常用的词语和格式在《红楼梦》中都已出现(见 B. Karlgren, *New Excursions on Chinese Grammar* ,BMFEA 24,1952)。正因为《红楼梦》的语法和现代汉语语法大体一致,所以王力先生才能用《红楼梦》为主要语言材料来写成《中国现代语法》。语音方面,明末的《正音捃言》和清初的《五方元音》反映出当时的语音系统已和现代汉语语音系统基本一致,只有一个主要的差异:当时的[tsi]和[ki]还没有变成[tɕi][参见唐作藩《正音捃言的韵母系统》(《中国语文》1980 年第 1 期),陆志韦《记五方元音》(《燕京学报》第 34 期),龙庄伟《五方元音音系研究》(《语言研究》1989 年第 11 期)]。而在乾隆八年成书的《圆音正考》反映出当时不少人口中[tsi][ki]都已变成[tɕi],这就说明在 18 世纪中期,近代汉语音与现代汉语音最后一个主要的差异也已消失了。因此,我们可以把近代汉语的下限定为 18 世纪中期,或者粗略一点说,定在清初。

　　袁宾(1987)提出:汉语的历史阶段由主干部分和交替重叠部分组成,南宋、元、明、清是近代汉语的主干,但近代汉语研究不限于这个时期,可以上下推延几个世纪。这个想法,对于近代汉语研究来说是适用的。实际上,在近代汉语研究中,无论是溯源还是讨流,都超出了晚唐五代到清代初期这个时间范围。因为上下限只是一个历史时期的大体划分,实际上语言的演变是不能用分期的上下限来割断的。特别是清初到19世纪末这一段的汉语,虽然按分期来说是属于现代汉语而不属于近代汉语,但这一段的语言(语法,尤其是词汇)和"五四"以后的语言(通常所说的"现代汉语"就是指"五四"以后的语言)还有若干不同,研究这一段语言对于研究近代汉语是如何发展到"五四"以后的语言是很有价值的,所以,不少近代汉语的研究者对此也十分关注,通常也把《红楼梦》《儿女英雄传》等列入近代汉语研究的范围。

第二节　为什么要研究近代汉语

1.2.1 研究近代汉语的意义,可以从三个方面来谈。

(一)首先是为了弄清近代汉语的面貌,以便更好地了解用近代汉语写的各种作品。

语言是文化的重要载体,要了解某一时期的历史、文化,就必须懂得这个时期的语言。要读懂先秦两汉的文献资料,就必须懂得古代汉语;要读懂现代中国的文献资料,就必须懂得现代汉语;同样,要读懂唐宋直至清初的接近口语的文献资料,就必须懂得近代汉语。为此,就要对近代汉语进行研究。

但在这方面存在一种误解:认为用白话写的小说戏曲不像用文言写的作品那样难懂,没有学过近代汉语的也能阅读,所以研究近代汉语的实用价值不如研究古代汉语大。这种看法是不全面的。诚然,近代汉语和现代汉语同属白话系统,相同之处比较多,所以,对于一个已经掌握现代汉语的读者来说,要看懂《水浒》《金瓶梅》之类的白话小说的故事梗概并不难。但即使是这些小说,要真正弄懂其中一些词语的意义却并不容易,正因为如此,所以才有必要编纂《水浒词典》《金瓶梅词典》。元曲要真正读懂,就比《水浒》《金瓶梅》更难些。何况用近代汉语写的文献,体裁不限于小说戏曲,时代也不限于元明,有一些用近代汉语写的作品并不是很好读的。下面我们从敦煌文书、《朱子语类》、《原本老乞大》和《老乞大谚解》中各选一段文章,试着来读一读。

燕　子　赋

仲春二月,双燕翱翔,欲造宅舍,夫妻平章。东西步度,南北占详。但避将军太岁,自然得福无殃。取高头之规,垒泥作窟,上攀梁使,藉草为床。安不离危,不巢于翠幕;卜胜而处,遂托弘梁。铺置才了,暂往坻塘。乃有黄雀,头脑峻削,倚街傍巷,为强凌弱,睹燕不在,入来皎掠。见他宅舍鲜净,便即穴白占着。妇儿男女,共为欢乐,自夸楼㝫,得伊造作。"'耕田人打兔,蹍履人吃膻',古语分明,果然不错。硬努拳头,偏脱胳膊,燕若入来,把棒撩脚。伊且单身独手,喽我阿莽夔斫。更被唇口嗫嚅，与你到头尿却。"言语未定，燕子即回，踏地叫唤。雀儿出来，不问好恶，拔拳即差。左推右牮，刴耳掴腮。儿捻拽脚，妇下口龇。燕子被打，可笑尸骸。头不能举，眼不能开。夫妻相对，气咽声哀。"不曾触犯豹尾，缘没横罹鸟灾？"

朱子语类（卷一二〇）

先生问尧卿："近看道理，所得如何？"曰："日用间有些著落，不似从前走作。"曰："此语亦是鹘突，须是端的见得是如何。譬如饮食须见那个是好吃，那个滋味是如何，不成说道都好吃。"问尧卿："今日看甚书？"曰："只与安卿较量下学处。"曰："不须比安卿。公年高，且据见定底道理受用。安卿后生有精力，日子长，尽可阔著步去。"

……

通老问："孟子说'浩然之气'，如何是'浩然之气'？"先生不答。久之曰："公若留此数日，只消把《孟子》白去熟读，他逐句自解一句，自家只排句读将去，自见得分明，却好来商量。若蓦地问后，待与说将去，也徒然。康节学于穆伯长，每有扣请，必曰：'愿开其端，勿尽其意。'他要待自思量得。大凡事理若是自去寻讨得出来，直是别。"

原本老乞大

哥哥，先吃一盏。哥哥，受礼。你敢年纪大，怎么受礼？哥哥你贵寿？小人年纪三十五岁。小人才三十二也。哥哥，你年纪大，受礼。小人虽年纪大，怎么便受礼？咱每都起来，大家容易。那般者，教你受礼，坚执不肯。满饮一盏，休留酒底。咱每都休讲礼，吃一盏酒。吃了酒也，回了酒钱去来。量酒，来回钞。兀的二两半钞，贴五钱来。哥哥，与一张儿好的，这钱无了字儿，怎么使的？这钞嫌甚么？字儿、伯儿分明都有，怎么使不得？你不识钞时，教别人看去。我怎么不识钞？索甚么教别人看去？换钞不折本，你自别换一张儿便是也。索甚么合口？这量酒也缠的坏了，阿的般钞使不得？兀的一个一两半，一个五钱将去。这一两半也昏。你却休谎，恰早来吃饭处贴将来的钞。尽教，胡留下者，便使不得也罢。你要那话怎么？使不得呵，你肯要那？

老乞大谚解

"大哥先吃一盏,大哥受礼。""你敢年纪大,怎么受礼?""大哥你贵寿?""小人年纪三十五岁。""小人才三十二岁。大哥你年纪大,受礼!""小人虽年纪大,怎么便受礼?咱们都起来,大家自在。""那般时,教你受礼,坚执不肯。满饮一盏,休留底酒。""咱们都休讲礼,吃一盏酒。""吃了酒也,会了酒钱去来。"

"卖酒的,来会钱。这的五分银子,贴六个钱馈我。""大哥,与些好的银子。这银只有八成银,怎么使的?""这银子嫌甚么?细丝儿分明都有,怎么使不得?你不识银子时,教别人看!""我怎么不识银子?要甚么教别人看去?换钱不折本,你自别换与五分好的银子便是,要甚么合口?""这卖酒的也快缠,这们的好银子怎么使不得?今早起吃饭处贴将来的银子!""罢,罢。将就留下着,便使不得也罢。""你说甚么话!使不得时,你肯要么?"

《燕子赋》是晚唐五代时的民间文学作品,《朱子语类》是宋代哲学家朱熹的语录,《原本老乞大》是元代的会话课本,《老乞大谚解》是明代改编的会话课本,都是比较接近口语的,在当时应该都是很好懂的。但今天我们读起来却会感到困难,这就是近代汉语和现代汉语的差距。要真正读懂这些作品,就要研究近代汉语的语法和词汇,弄清楚近代汉语的面貌。

(二)研究近代汉语,是研究汉语史的一个重要部分。

汉语从远古发展到如今,经历了很长的历史时期,发生了很多变化。研究汉语的发展过程,是汉语史的任务,而要把汉语史研究好,就必须深入研究近代汉语。

以往的汉语研究,对"两头"(即上古汉语和现代汉语)做得比较多。而对中间一段(近代汉语)研究得很少。清代的学者在古音和古代词汇的研究方面取得了极其辉煌的成就,但对唐宋以后的口语是不关心的。无疑的,这和他们头脑中"尊经""崇古"的观念有关。汉语语法的研究开始得较晚,汉语语法的第一部专著《马氏文通》研究的是古代语法,其中采用的例句基本上到《史记》《汉书》为止,以后的例句只选用了韩愈的。而韩愈是著名的"古文"大师,他的"古文"用词造句都是刻意仿古的。20世纪以来,情况有所改变,如《中原音韵》的研究,得到了学者的重视。但总的看来,仍是重视两头,忽视中间。就以语法研究而论,20世纪前半期几部有影响的语法著作,如《新著国语文法》《高等国文法》《中国现代语法》,不是研究现代汉语的就是研究上古汉语的。《中国文法要略》虽然贯串古今,但主要也是上古汉语和现代汉语的比较,涉及近代汉语的不多(吕叔湘先生对近代汉语研究的贡献将在下面说到)。20世纪80年代以来,近代汉语研究有很大进展,但离弄清楚近代汉语的面貌还有很大的距离。这样一种状况,对于研究汉语史当然是极为不利的。上古汉语与现代汉语之间的历史联系,被拦腰截断了,因此,汉语发展演变的过程,也就不能完整地清晰地呈现出来。比如,汉语的被动句,最早是"为"字句、"见"字句,稍后出现了"被"字句,这个过程比较清楚,因为这一变化主要发生在先秦两汉时期,人们研究得比较多。而到现代汉语中,"被"字句依然在使用,但在口语中用得最多的却不是"被"字句,而是用"叫""让""给"表示被动。这种语法格式是怎样发展来的?还有在《水浒》等小说中常见到的用"喫"表示被动,又是怎样产生,怎样消失的?如果离开了近代汉语的研究,这些问题就无法回答,因而汉语被动句的发展历史也就无法完整地、清晰地描写出来。语法是如此,语音和词汇也是如此。

从整个汉语发展史来看,近代汉语是一个极其重要的时期。这不仅因为它承上启下,而且因为从7世纪初到18世纪中,中国的社会发生了剧烈的变动,其中包括社会经济文化的发展,各民族之间的交往和战争、征服等等,这就使得这一时期的汉语发展迅速,变化纷繁。研究近代汉语,不但可以使我们对汉语发展变化的规律有更多的了解,而且可以从中总结出一些语言发展变化的普遍性规律,从而对普通语言学的研究作出贡献。

(三)研究近代汉语,对研究现代汉语有重要作用。

汉语研究的重点是现代汉语。研究现代汉语对于我国13亿人民科学文化水平的提高,对于我国科技的发展,以及促进我国与世界各国人民的交往,都有很重要的作用。而近代汉语的研究又和现代汉语的研究有密切关系。

现代汉语是由近代汉语发展而来的。不研究近代汉语,现代汉语中的一些问题就说不清楚,或者只能知其然而不知其所以然。比如,现代汉语北方话中有"我们"和"咱们"的区别,而南方一些方言中都说成"我们"。这种差别是怎样来的?现代汉语的副词"难道"、连词"除非",人人都会用,但这两个词是怎样形成的?这些问题都必须联系近代汉语才能解决。所以,应当把现代汉语的研究与近代汉语的研究结合起来。朱德熙先生是这种研究方法的倡导者。他的论文《汉语方言里的两种反复问句》(载于《中国语文》1985年第1期)指出汉语方言中的反复问句有"VP不VP"和"可VP"两种类型,在论述这个问题时,就追溯了这两种反复问句的历史,对近代汉语中反复问句的状况作了调查和分析。这样就更充分地说明了现代汉语中这两种反复问句的来源以及它们具有的类型学的意义。这篇文章不仅在结论上,而且在研究方法上,对我们都是很有启发的。

近年来,汉语的研究有一种良好的趋势:研究近代汉语的开始往下走,关注到现代汉语的研究,关注到近代汉语向现代汉语的发展;而研究现代汉语的开始往上走,对现代汉语的一些现象追溯到它的历史发展。我们希望这种良好的趋势能够保持并且逐渐加强,近代汉语和现代汉语研究的贯通,必将带来研究的深化。就近代汉语研究来说,以往对近代汉语一些现象的考源和溯源注意得比较多,而对近代汉语和现代汉语如何"接轨"研究得比较少,这方面的研究,今后应当加强。

首都师范大学编辑出版了一套"明清民国时期珍稀老北京话历史文献整理与研究"丛书(周建设主编,于润琦副主编,首都师范大学出版社出版,2015),包括小说、音韵、歌谣三个部分,共31册,全是影印本,有不少清末民初的资料,对于把近代汉语和现代汉语联系起来进行研究很有价值。

第三节 近代汉语研究的现状

1.3.1 在20世纪以前对近代汉语的研究相当薄弱。在音韵方面,近代汉语各个时期都有一些韵书反映了当时的语音,但人们对"时音"的重视程度远不如"古音"(《诗经》音系)和"今音"(《切韵》音系)。在词汇方面,只在笔记等资料中零散地保留了一些近代汉语"俗词语"的诠释,即使是一些"俗词语"研究的专书,如清代翟灏的《通俗编》、钱大昕的《恒言录》等书,也"多半偏重于从古籍中寻找近代词汇的出处,而对这些词语本身的意义则研究不够"(均见吕叔湘《近代汉语读本·序》)。语法就不必说了。19世纪末的《马氏文通》研究的是文言文语法,没有涉及近代汉语语法。这种情况是历史造成的。虽然在唐宋以后,口语已发生了相当大的变化,但是作为书面语,文言文还一直占着统治地位,只有在小说、戏曲等作品中才采用白话。文言文被认为是"雅"的,白话文被认为是"俗"的。这种情况,到"五四"以后才逐渐有所改变。同时,在20世纪以前,中国语言学主要是为读经和科举服务的,所以对后代的"俗音"、"俗"文学都不大重视。这种情况也要到20世纪以后才得到改变。

1.3.2 20世纪以后,近代汉语的研究逐渐得到重视。这里首先要提到的是黎锦熙先生。黎锦熙在1928年发表了《中国近代语研究提议》(《新晨报》66期、67期),1929年发表了《中国近代语研究法》(《河北大学文学丛刊》第1期),指出了研究近代语("近代"指宋元至清末约九百年间)的重要性,也提出了近代语研究的材料和方法。他所说的研究的范围包括近代语的语音、语法、词汇,他的论文可以看作最早的一篇近代汉语研究的纲领性文件。近代汉语的研究在音韵方面开展得比较早。1918年,钱玄同《文字学音篇》把元明时期作为语音史的一个时期,后来又提出了"北音"的概念。20世纪30年代白涤洲、罗常培、赵荫棠对《中原音韵》的研究,40年代陆志韦对近代汉语一系列重要音韵著作的研究,都为近代汉语语音史的研究奠定了基础。语法方面,吕叔湘发表了一系列有关近代汉语语法的论文,被日本汉学家太田辰夫誉为"开拓了前人未曾涉足的荒地",是"出现了近代汉语研究的黎明"(均见《中国语历史文法》中译本序)。词汇方面,40年代出版了一些对金元戏曲俗语研究的著作,50

年代张相《诗词曲语辞汇释》、蒋礼鸿《敦煌变文字义通释》等高水平的专著出版,开创了近代汉语词汇研究的新时期。1957年王力《汉语史稿》出版,这标志着汉语史成为一个独立的学科,书中对近代汉语的语音和语法都有很精辟的论述。

经过60—70年代的沉寂,20世纪80年代以后近代汉语的研究又开展起来,而且发展得相当迅速。在语音方面,对《中原音韵》的研究成绩最为显著,同时,对近代汉语语音史的研究全面展开,从金元时期的《五音集韵》《古今韵会举要》直到清末威妥玛《语言自迩集》中的北京话音系都有比较深入的研究。《中原雅音》和《卢宗迈切韵法》的发现,对近代汉语语音研究有重要意义。语法方面的研究和讨论非常活跃,近代汉语语法的一些重要问题都有所涉及,对语法现象的描写更加细致清晰,对语法现象的解释也更加深入,注意到语法演变的动因和机制,也注意到语法和语义的联系,各种语法现象之间的联系,以及历史语法和方言语法的联系,在研究方法上有较大的进展。词汇方面,对近代汉语的词语考释做了大量工作,出版了《水浒》《金瓶梅》《红楼梦》等专书词典,以及《诗词曲语词例释》(王锳)、《唐五代语言词典》(江蓝生)、《宋语言词典》(袁宾)、《元语言词典》(李崇兴)和《近代汉语词典》(白维国主编,江蓝生、汪维辉副主编)等高质量的专著。对近代汉语时期的常用词演变和词义演变规律也有一些探讨。蒋冀骋、吴福祥《近代汉语纲要》叙述了近代汉语语音、词汇、语法方面的发展。袁宾等编著的《二十世纪的近代汉语研究》对20世纪的近代汉语研究(包括语音、语法、词汇、文献四个方面)作了全面的综述。

1.3.3 下面简单介绍国外学者对近代汉语的研究。

很早就有国外学者对近代汉语进行研究。在明代,有意大利的利玛窦(Matteo Ricci)撰《利玛窦中国札记》(1615),比利时的金尼阁(Nicolas Trigault)撰《西儒耳目资》(1626),西班牙的瓦罗(Francisco Varo)撰《华语官话语法》(*Arte de la Lengua Mandarina*,1703)。清代有英国威妥玛(Tomas Francis)撰《语言自迩集》(1867第一版)。这些著作,有的在本书后面会提到。20世纪有瑞典学者高本汉(主要研究上古音韵,也涉及近代汉语);法国学者伯希和、马伯乐、戴密微;苏联学者龙果夫、雅洪托夫;日本学者研究近代汉语的很多,在本书中提到的几位是:太田辰夫、志村良治、香坂顺一、平山久雄、高田时雄、佐藤晴彦、平田昌司等。太田辰夫的《中国语历史文法》《汉语史通考》、志村良治的《中国中世语法史研究》、香坂顺一的《白话语汇研究》《水浒词汇研究》、平田昌司的《文化制度和汉语史》都有中文版。美国的梅祖麟写了一系列近代汉语语法的论文，对近代汉语语法研究很有影响，他的主要论文收在《梅祖麟语言学论文集》中。法国的贝罗贝（A. Peyraube）对近代汉语语法的研究也很深入，他的论文集即将出版。

这些国外学者的研究成果，都是很有参考价值的。

1.3.4 近代汉语研究的展望

近代汉语研究近年来有了很大的进展，今后要在此基础上，争取更大的进展。

(1) 继续加强近代汉语研究的基础工作。

近代汉语是一个很长的历史时期，而且研究的基础一直都比较薄弱，虽然近年来有所加强，但仍然是很不够的。所以今后第一位的工作，仍是加强近代汉语研究的基础工作。比如，在语音方面，要深入研究历代重要的韵书和其他语音资料，把各个阶段的语音系统以及历史演变弄清楚。在语法方面，要从专书语法研究和专题语法研究（如述补结构研究、处置式研究）两个方面入手，把近代汉语语法发展的面貌弄清楚。词汇方面，要继续做好近代汉语词语的考释，同时，努力使近代汉语词汇的研究逐步向系统化和深化的方向发展。

(2) 近代汉语研究要分段而不分割。

汉语的发展历史很长，把汉语史分为几个时期，把近代汉语独立出来作为一个时期，这是十分必要的，有利于近代汉语研究的开展和深入。近代汉语也有将近一千年，里面也可以再分成几个阶段，研究者着重研究某一个阶段，也有利于研究的深入和取得成果。但分段不等于分割，语言发展的各个阶段是相互联系的，研究者在侧重于某一时期或阶段的同时，如果能把眼界放开一点，注意到语言演变的前因后果，一定能把这个时期或阶段的语言现象看得更清楚。

这里，我们特别要强调近代汉语和现代汉语的联系。大家都知道，近代汉语是现代汉语的直接来源，研究近代汉语可以加深对现代汉语的了解。但是，从目前的状况看，多数近代汉语的研究者还没有把这两者联系起来研究，没有通过近代汉语的研究来说明现代汉语的状况，或者从现代汉语出发追溯其历史来源。实际上，这方面的研究是大有可为的，也是很有现实意义的。同时，现代汉语的研究方法比近代汉语走在前面。尽管研究的对象不一样，研究的方法也不能完全照搬，但是，有些现代汉语的研究方法还是适用于近代汉语研究的。近代汉语的研究者要学习这些研究方法,用于近代汉语研究,这对于近代汉语的研究也是大有好处的。

(3) 探索近代汉语研究和现代方言研究的结合。

研究历史语言,主要的依据是历史资料,过去如此,将来也还是如此。但和上古汉语相比,近代汉语研究有一个明显优势:因为时代不太久远,一些近代汉语的语言现象还会保留在现代方言里,不论是语音、语法还是词汇都是如此。近代汉语研究要充分重视现代方言,把死的历史资料和活的方言资料结合起来,这将为近代汉语研究注入新的活力。当然,这种结合并不容易,这需要研究者既熟悉历史资料,又懂得几种现代方言,在研究中如何结合也还需要探索。但从长远来看,这是一种值得提倡的研究方向。

(4) 在近代汉语研究中加强理论思考。

近代汉语的研究,"描写"是基础,不把语言事实及其演变过程描写清楚,就谈不上科学的研究。但局限于"描写"是不够的,深入的研究应该透过现象揭示本质,要在"描写"的基础上进一步加以"解释",即说明语言演变的动因、机制以及所产生的影响,总结语言演变的规律。这就是我们说的"理论思考"。"理论思考"不是凭空构想理论,也不是用近代汉语的材料给某种理论作图解,而是要借鉴某些适合的理论、方法来深入研究近代汉语的语言事实,从而得出一些理论性的概括。现在,在近代汉语语法研究中已经比较注意理论思考,在语音和词汇研究中,理论思考也应该加强。

如果能够注意这些问题,近代汉语研究一定能在现有的基础上得到更好的发展。

本 章 参 考 资 料

白维国1989:《近三十年来日本对近代汉语的研究》,《国外语言学》第3期。
胡明扬1992:《近代汉语的上下限和分期问题》,《近代汉语研究》,商务印书馆。
江蓝生、曹广顺、吴福祥1996:《近代汉语研究的回顾与前瞻》,《中国语言学现状与展
　　望》,外语教学与研究出版社。
蒋冀骋1990:《论近代汉语的上限》(上),《古汉语研究》第4期。
蒋冀骋1991:《论近代汉语的上限》(下),《古汉语研究》第2期。
蒋冀骋1998:《近代汉语研究》,《二十世纪的中国语言学》,北京大学出版社。
蒋冀骋、吴福祥1997:《近代汉语纲要》,湖南教育出版社。

蒋绍愚 1998:《近十年间近代汉语研究的回顾与前瞻》,《古汉语研究》第 4 期。
蒋绍愚 2005:《近代汉语语法史研究综述·绪论》,《近代汉语语法史研究综述》,商务印书馆。
刘　坚、曹广顺 1989:《建国以来近代汉语研究综述》,《语文建设》第 6 期。
刘　坚等 1992:《绪论·(三)建国以来近代汉语研究综述》,《近代汉语虚词研究》,语文出版社。
吕叔湘 1983:《近代汉语读本·序》,《近代汉语读本》,上海教育出版社。
吕叔湘 1984:《近代汉语指代词·序》,《近代汉语指代词》,学林出版社。
宁忌浮 1987:《试谈近代汉语语音的下限》,《语言研究》第 2 期。
王　力 1958:《汉语史稿》(修订本),科学出版社。
吴福祥 2000:《近代汉语语法研究的成就与展望》,《汉语史研究集刊》第 2 辑。
杨耐思、曹广顺 1991—1992:《近代汉语研究讲座》,《承德教育学院学报》,1991 年第 2—4 期,1992 年第 1 期。
袁　宾 1987:《论近代汉语》,《广西大学学报》第 1 期。
袁　宾等 2001:《二十世纪的近代汉语研究》,书海出版社。
张玉萍 1995:《近代汉语上限问题讨论综述》,《河南大学学报》第 4 期。
C.E. 雅洪托夫 1986:《七至十三世纪的汉语书面语与口语》(译文载《语文研究》1986 年第 4 期)。

第二章　近代汉语研究的资料

近代汉语研究碰到的第一个问题就是资料问题。

资料问题是任何语言研究都必须重视的,但近代汉语研究中这个问题尤其突出。这一点在绪论中已经说过,这里不重复。概括起来说,一是近代汉语的研究资料要仔细收集,二是近代汉语的研究资料要认真鉴别,三是近代汉语的研究资料要进行分析。本章将分别就这三个问题进行讨论。

第一节　近代汉语资料简介

近代汉语研究的资料可分为语法词汇和语音两大类。下面分别加以介绍。

2.1.1 近代汉语语法词汇的研究资料,主要就是在近代汉语时期中反映口语的文字。这主要见于下列三类作品中:

(1)用白话写的文学作品。在中国古代的文学作品中,散文和诗一直以文言写作的为主。唐宋以后,首先是一些民间文学作品采用白话,如敦煌曲子词、敦煌变文、宋元话本、金元时的诸宫调等。后来在此基础上发展起来的小说戏曲等,也采用白话,如元杂剧、《水浒》、《金瓶梅》等。

(2)为特定目的而作的口语的实录。包括禅宗语录、理学家语录、外交谈判记录、司法文书、直讲体、会话书等。

(3)散见于文言作品中的白话资料。如诗、词、曲中反映口语的语句或词语,笔记、史传中反映口语的片断或词语等等。

这只是一个极为粗略的轮廓。至于究竟有哪些作品可作为近代汉语语法词汇研究的资料,可以参考以下三个书目:

(1)吕叔湘《汉语语法论文集》所附《引书目录》;

(2) 太田辰夫《中国语历史文法》所附《引用书目》；

(3) 刘坚、蒋绍愚主编《近代汉语语法资料汇编》总目录。

前面两个书目都很详备，后一个总目所列作品虽然没有前两个书目那么详尽，但在后面每一部作品选段的题解中，对该作品的时代、作者、版本等都有简要说明，可供读者参考。

此外，刘坚《古代白话文献简述》对近代汉语的研究资料作了很好的说明，很有参考价值。刘坚编著的《近代汉语读本》选了四十余种反映近代汉语的代表性作品，每种作品都有简明的介绍，可以帮助我们了解这些语言资料。

下面，就按不同的历史时期把近代汉语研究的一些重要资料作一介绍。

一　唐　五　代

(1) 敦煌文书

这是唐五代最重要的近代汉语研究资料。宋景祐二年(1035)，敦煌莫高窟寺庙里的僧人为了躲避西夏的进攻而逃走，逃走前把一批经卷、文书封存在千佛洞的一个洞室里。后来这批僧人没有再回来，这批文书就被封闭了将近一千年。到 1900 年(一说 1899 年)才发现了这个石窟。但清政府对此未予重视，在 1901—1907 年间，敦煌文书被英人斯坦因(M. A. Stein)劫走 9000 卷，法人伯希和(P. Pilliot)劫走 5000 卷，到 1910 年清政府才将劫余部分运往北京，藏在北京图书馆 8000 卷。此外，还有一些今存于日本和俄国。共计有 22500 余卷。

这两万多卷文书中，大部分是佛经和经史子集的抄本，抄写的年代大约是从 8 世纪中叶到 10 世纪中叶。而对近代汉语研究最有价值的是曲子词、变文以及王梵志诗。这些文书中藏于伦敦、巴黎和北京图书馆的部分，台湾黄永武主编的《敦煌宝藏》(共 140 册)一书已全部予以影印刊布。经过整理的有任二北编录的《敦煌歌辞总编》，饶宗颐、戴密微(P. Demiéville)编录的《敦煌曲》，王重民等编录的《敦煌变文集》，周绍良编录的《敦煌变文汇录》，潘重规的《敦煌变文集新书》，张锡厚的《王梵志诗校辑》，法国微茨(H. Vetch)的《王梵志诗》(*L'oeuvre de Wang le Zélateur*)，项楚的《王梵志诗校注》，周绍良、白化文、李鼎霞编的《敦煌变文集补编》等。项楚的《敦煌变文选注》虽然只是选本，但是校勘和注释都很精当，很有参考价值。郭在贻、张涌泉、黄征编《敦煌变文集校议》对《敦煌变文集》作了详细的校勘,是阅读和研究敦煌变文所必须参照的。黄征、张涌泉《敦煌变文校注》删去了王重民等编录的《敦煌变文集》中的四种,新增收十二种,校勘和注释都比较精当,是目前最好的一个校注本。

因为敦煌文书的原卷不易见到,研究者往往以经过整理的书籍为依据,这当然是可以的。但是,敦煌文书很多是当时的民间抄本,有的字迹潦草,还有不少当时的俗字,不易辨认,因此整理时难免有错误。如果以错误的文句为依据来进行研究,那么得出的结论就是不可靠的了。因此,在使用这些经过整理的本子时,必须参考项楚、郭在贻等人的校注,有条件的最好对照一下原卷的缩微胶卷,或者对照一下《敦煌宝藏》中的影印件。

敦煌文书的目录有王重民的《敦煌遗书总目索引》,以及敦煌研究院编(施萍婷主撰稿)的《敦煌遗书总目索引新编》,可供查阅资料时参考。

(2) 禅宗语录

禅宗是佛教中的一派,注重"顿悟",常以师徒间的问答作为使人开悟的手段,因此有语录传世。唐代的禅宗语录,马伯乐认为有五种是9世纪的作品,这五种是:①《庞居士语录》,②《筠州黄檗断际禅师传心法要》,③《黄檗断际禅师苑陵录》,④《临济录》,⑤《真际大师语录》(见马伯乐《中国古代白话文献考》)。但太田辰夫认为这些都只有很晚的刻本,因此不可靠。可靠的是敦煌写本的《六祖坛经》《神会语录》,以及成书于五代时的《祖堂集》。

《六祖坛经》是禅宗六祖惠能(638—713)的语录,由他的弟子法海所记。神会是惠能的弟子,《神会语录》是他的弟子和信徒所记。这两种都见于敦煌文书。

《祖堂集》是南唐泉州招庆寺静、筠二禅师所编,序文作于南唐保大十年(952)。后来此书在中国失传,20世纪初才在韩国庆尚南道海印寺发现,1972年日本京都中文出版社有影印本。历来研究近代汉语的人都以宋初的《景德传灯录》为重要的语言资料,而《祖堂集》比《景德传灯录》早五十多年。所以,《祖堂集》是研究唐五代时语言的重要资料。

(3) 唐诗、唐五代词、小说与笔记

唐诗与唐五代词中的作品风格很不相同,有的追求典雅,有的倾向通俗。研究唐代的口语,主要应以语言比较通俗的那一部分诗歌作材料。最口语化的是寒山和拾得的诗。这两人都是贞观年间的诗僧,他们的诗应当能反映 7 世纪初的汉语。但《寒山子诗集》有不同的版本,在使用前应先细加校勘。项楚《寒山诗注》注解详尽,有很高的学术价值。

唐五代的小说与笔记基本上仍是用文言写的,但其中也包含一些口语成分。比如指示代词"那",最早见于张鷟的《朝野佥载》。

(4) 日僧圆仁《入唐求法巡礼行记》

圆仁(794—864)是日本的僧人,于日本承和五年(838)入唐求法,到大中元年(847)回国。在这十年中,他的足迹遍及今江苏、安徽、山东、河北、山西、陕西、河南等省。《入唐求法巡礼行记》是他在这十年中所写的日记,有较多的口语成分。有日本小野胜年校注和白化文等修订校注,可以参看。

二 宋 代(附金代)

(1) 禅宗语录

宋代的禅宗语录,最常用的是道原编的《景德传灯录》。此书三十卷,成书于北宋景德元年(1004)。"传灯"是比喻佛法的传授如灯火相传。宋代的"灯录"除此之外还有《天圣广灯录》《建中靖国续灯录》《联灯会要》《嘉泰普灯录》,各三十卷,这五部灯录汇集在一起,称为《五灯会元》。淳祐年间,释普济删繁就简,将一百五十卷删为二十卷,就是今天看到的本子。《五灯会元》也可用于近代汉语的研究。

宋代的禅宗语录还有雪窦(980—1052)的《碧岩录》和宗杲(1089—1163)的《大慧书》。元明以后,禅宗语录虽然继续出现,但语言已经格式化,不宜用作近代汉语研究的材料了。

(2) 宋儒语录

儒学到宋代发展为"理学",周敦颐、邵雍、张载、程颢、程颐、朱熹、陆九渊是理学的代表人物。他们的讲习被弟子记录下来,集为语录。宋儒语录既是讲话的记录,当然是研究近代汉语的有用资料。不过据雅洪托夫研究,宋儒语录中的文言成分仍比较多,这大概是学者的讲话比较文的缘故(见雅洪托夫《七至十三世纪的汉语书面语和口语》)。

宋儒语录中最重要的是朱熹(1130—1200)的《朱子语类》(一百二十卷)。此书的篇幅较大,使用起来不太方便,清代张伯行编的《朱子语类辑略》较便于使用。有徐时仪、杨艳《朱子语类汇校》(上海古籍出版社,2014)。其他理学家的语录分别见于各自的文集。

和禅宗语录一样,元明以后的儒家语录一般也不用作近代汉语研究的资料。

(3) 宋人话本

在宋代,"说话"(说讲故事)的风气大盛。说话人所用的底本叫作"话本"。"说话"是说给普通老百姓听的,所以用的是比较地道的口语,因此话本的口语程度比禅宗语录、宋儒语录等都高得多,是用比较纯粹的白话写成的(当然,说话有不同的内容,因而口语化的程度也有所不同,比如,讲历史故事的口语化程度就相对差一些)。问题在于今天所见到的话本时代不容易确定。《大唐三藏取经诗话》有的研究者认为是晚唐五代的作品,有的研究者认为在元代前后经过修改。《清平山堂话本》(明洪楩编)今存小说二十九篇,其中三篇为明人所作,其余的哪些作于宋代,哪些作于元代,研究者的意见不一。冯梦龙编的《古今小说》(又称《喻世明言》)、《警世通言》、《醒世恒言》共收宋元明的话本和文人的拟话本一百二十篇,但具体篇目时代的确定,研究者意见也还不一致。

《京本通俗小说》有七篇话本,由缪荃孙在1915年刊刻,缪氏宣称这是他得于书肆的"影元人写本",但70年代后研究者认为此书出于缪氏伪托,实际上是他从《警世通言》和《醒世恒言》中抽出来的(见马幼垣、马泰来《京本通俗小说各篇的年代及真伪问题》,《清华学报》新五卷第一期;苏兴《京本通俗小说辨疑》,《文物》1978年第3期)。

此外还应当提到《太平广记》。《太平广记》五百卷,宋代太平兴国年间李昉等奉敕编,是汉代至宋初野史小说的汇集。野史小说中往往有一些口语材料,但因为此书取材自汉至宋,又为宋人编纂,所以其中的口语材料究竟反映什么时代的特点,还需慎重对待。同时,此书在宋代流传不广,现在通行的是明刻本,其中是否有元明时所作的改动,也还要考虑。

(4) 史籍中的白话资料

我国古代的正史都用文言书写,在魏晋南北朝的正史以及《旧唐书》《旧五代史》中还有一些口语的片断,以后的正史中就很少口语资料了。值得注意的倒是在正史以外的史籍中,有时保留一些较完整的白话资料。宋代有如下史籍:

《三朝北盟会编》二百五十卷,徐梦莘编,记述宋徽宗、钦宗、高宗三朝与辽、金和战的始末,引书共196种。其中所引《燕云奉使录》《茅斋自叙》《靖康城下奉使录》《山西军前和议奉使录》《绍兴甲寅通和录》《采石战胜录》等,口语成分都相当多。

《续资治通鉴长编》(李焘撰)卷二六五载有沈括《乙卯入国奏请》,记述他在熙宁八年出使契丹谈判领土问题的经过,用的是口语。

《建炎以来系年要录》二百卷,李心传撰。其中引用一些诉状、劄子等,是白话资料。

还有一些白话的史料保存在笔记中。如王明清《挥麈录》中载《王俊首岳侯状》,是王俊为诬陷岳飞所作的伪证,是很好的口语资料。

以上这些史料,或是外交谈判的记录,或是诉讼时的证词,都需要如实地记录当时的谈话,如果改成文言,就会失真,所以采用的是白话,为我们研究近代汉语留下了宝贵的资料。

(5) 宋词与宋诗中的口语资料

宋词中黄庭坚、曹组、晁元礼有一部分俚俗词,有较多的口语成分。辛弃疾的一部分作品也比较喜欢用口语。宋诗中杨万里的诗口语成分较多。其他的宋词、宋诗中也偶有口语词语出现。

(6) 金代的白话资料主要是《刘知远诸宫调》和《董解元西厢记》

"诸宫调"是一种民间说唱形式。《刘知远诸宫调》说的是五代时后汉的开国皇帝刘知远发迹的故事。原书分十二卷,现存的是一个残卷,中间残阙,只剩首尾第一至第三卷和第十一、第十二卷。这个残本是俄国柯兹洛夫(П. Козлов)探险队在1907—1908年发掘黑水故城时出土的。

《董解元西厢记》也是用诸宫调形式写的。太田辰夫认为"不能把《董西厢》看作是金代的作品。即使产生于金代,现在的本子也不会是保持原样"。

三 元 代

(1) 元杂剧

元杂剧是元代新兴的艺术,它的观众就是普通百姓,所以它的说唱都是采用当时的口语。这是研究元代语言的重要资料。不过,有些研究者认为,流传至今的元杂剧,曲文是元代作家所写,而宾白是由演员们在演出时多次改动,到明代才逐渐写定的,所以,宾白不能作为元代的语言资料。而且,明人对曲文也有所改动,如臧懋循《元曲选》中的改动就颇多,所以,在以元杂剧为研究元代语言的资料时,应依据《元刊古今杂剧三十种》。明初赵琦美编的《脉望馆钞校本古今杂剧》改动较少,作为语言资料优于臧本。

(2) 元人散曲

元人散曲和元杂剧同属"元曲",但两者文白程度并不相同。元人散曲多数是文人抒写自己的情怀,所以口语程度不如元杂剧。但和诗、词相比,元人散曲的口语化程度又要高些。也有一些作品口语化程度相当高,甚至超过杂剧。现存元人选辑的散曲集有《阳春白雪》《太平乐府》《乐府新声》《乐府群玉》四种。今人隋树森辑有《全元散曲》,搜集较全。

(3) 南戏

元杂剧流行于北方,南方流行的是南戏,又叫"戏文"。南戏从南宋就开始发展起来,可惜宋元的南戏流传下来的不多。《永乐大典戏文三种》即《张协状元》《杀狗劝夫》《小孙屠》是《永乐大典》中保存的南戏,其中《张协状元》可能是南宋时的作品,后两种出于元人之手。此外还有南戏十五种,收入《古本戏曲丛刊》。

(4) 话本

《大宋宣和遗事》和《新编五代史平话》历来认为是宋人所作,但实际上可能成书于元代。

《武王伐纣平话》《乐毅图齐七国春秋平话》《秦并六国平话》《前汉书平话》《三国志平话》均为元刊本,但口语程度不太高。

(5) 直讲与直译

元朝的统治者是蒙古人,建立元朝后,为了统治的需要,他们就要学习汉文化,但读文言文又相当困难,因此就要一些大臣将文言写成的典籍译成当时的口语或用当时的口语加以讲解,这就是所谓"直译"和"直讲"。这一类作品如:贯云石《孝经直解》,把全部《孝经》译成元代的口语。许衡的《直说大学要略》《大学直解》《中庸直解》(均见《许文正公遗书》)以及吴澄给皇帝讲史书的"讲议"(见《吴文正公集》)。

(6)《元典章》和元代白话碑

《元典章》是元世祖至英宗时法令、案牍的汇编。其中有些是蒙文的白话翻译,有些是用白话写的文书、案例。"白话碑"是刊刻在石碑上的白话文牍,大部分是元代皇帝颁发给寺观的圣旨。这些文牍原来是蒙文,由蒙文译成白话。有些译得比较生硬,但大体上能反映当时的口语。白话碑有冯承钧和蔡美彪两种辑本。如能把辑本和石碑或石碑拓片对照使用当然更好。

《老乞大》《朴通事》是元代成书的会话课本,明清两代多次加以改编,放到下面明代部分一起介绍。

四 明 代

(1) 史料

《元朝秘史》。此书记述的是帖木真(即元太祖成吉思汗)、斡歌歹(即元太宗窝阔台)的事迹,原为蒙古文,明朝洪武年间译成汉文。汉文译本用汉字对译蒙文字音,并逐字对译蒙语词,总译部分是把各段内容译成白话,反映的是明代初年的口语。

《皇明诏令》,汇集自明初到嘉靖十八年的皇帝诏令,有不少是口语的记录。

(2) 会话书

《老乞大》《朴通事》是两部教朝鲜人学汉语的会话书。"乞大"即"契丹",即中国,"老乞大"意谓"中国通"(或"老中国话")。"朴通事"意谓姓朴的一位通事(翻译)。从《朴通事》中提到的一些内容可以推断,此书成于元末至元年间。近年来在韩国发现了一个较早的《老乞大》本子,据考证,是元朝时的写本,韩国学者称之为《原本老乞大》,现有影印本,还有金文京、玄幸子、佐藤晴彦译注、郑光解说的译注本(译成日文)。《老乞大》《朴通事》到1480年曾加以修改,原因是"此乃元朝时语也,与今华语顿异,多有未解处。即以时语改数节,请令能汉语者尽改之。"(见朝鲜《李朝实录》成宗十一年)在1515年左右,朝鲜著名学者崔世珍奉敕谚解《老乞大》《朴通事》。所谓"谚解",就是用谚文(朝鲜在15世纪时创制的一种拼音文字)为汉文注音并作解释。现在通行的《老乞大谚解》《朴通事谚解》是在1670、1677年刊印的。到清代,又有一系列根据当时的口语改编的《老乞大》《朴通事》以及谚解。这个从元代到清代的《老乞大》《朴通事》系列,是研究元代到清代汉语变化的宝贵资料。

其他的朝鲜资料在下面"域外资料"中介绍。

(3) 小说

《三遂平妖传》二十回,罗贯中撰,用的是明代初年的口语。此书可能经过冯梦龙改动。冯梦龙后来又把此书改编为四十回《平妖传》,语言与《三遂平妖传》有较大差异。

《水浒》,施耐庵撰,成书大约在明代初年,现存主要版本有天都外臣序本、新安刻本、容与堂本(均为一百回),与李卓吾评本(一百二十回)。《水浒》在成书前民间久已流传,所以其中的语言可能反映不同的时代层次,不能看作一个时代平面。

《西游记》,吴承恩(?)撰,大约成书于明代嘉靖、万历之间。使用的语言有江淮方言色彩。《金瓶梅》,兰陵笑笑生撰,成书大约在明代嘉靖年间。有两个系统,一是《金瓶梅词话》系统(今存万历刻本),一是《原本金瓶梅》系统(今存崇祯刻本)。使用的语言有山东方言色彩。

明代的话本和拟话本见于《清平山堂话本》和《三言》之中,前面已经介绍。明代的白话小说有多种,其中明末凌濛初著《初刻拍案惊奇》《二刻拍案惊奇》比较著名,也可用作研究明代白话的资料。近年来在韩国发现的在中国早已失传的陆人龙《型世言》,也是属于《三言》一类的话本小说。

(4) 戏曲

《琵琶记》,高明撰,是根据民间戏文改编的。反映元末明初的语言。

朱权、朱有燉的杂剧。前者是朱元璋的十六子,著杂剧十二种,现存两种。后者也是明的宗室,著杂剧三十一种,收入《诚斋乐府》,全部保留至今。这两人的杂剧用当时的口语撰写。

(5) 文集中的白话资料

《李善长狱词》,是明太祖朱元璋在给大臣李善长定罪时所录的供词、证词,保存在钱谦益《牧斋初学集》中。

《刘仲璟遇恩录》,是刘基的儿子刘仲璟多次受明太祖召见时谈话的实录,收入《诚意伯文集》中。

《正统临戎录》,杨铭撰。杨铭原名哈铭,后被赐名杨铭。明英宗正统十四年(1449),瓦剌南侵,明英宗率军亲征,在土木堡全军覆没,英宗被俘。当时哈铭在英宗左右,记下了英宗被俘期间的经过。此文收于《纪录汇编》。

以上几种资料用的都是当时的口语。

(6)《山歌》《挂枝儿》

这是冯梦龙收集的苏州话的民歌,内容是男女的恋情。这是重要的明代吴语资料。

除上述作品外,唐宋以来还有不少诠释近代汉语词语的专著,一些字书、韵书以及笔记杂著中也有近代汉语词语的诠释。这也是研究近代汉语词汇的重要资料。关于这部分资料,将在第五章第一节中介绍,此处从略。

五　域外资料

近代汉语研究除了本土资料外,还有一些域外资料。上面提到的《入唐求法巡礼行记》和《老乞大谚解》《朴通事谚解》都是域外资料。近年来,有一些学者把研究范围扩大到明清时期至民国初年的域外汉语教科书和满汉对照的语言资料,并作了深入研究。这些资料对于研究明清时期的汉语和清末民初的汉语及其演变过程,对于研究语言接触对汉语的影响,研究汉语南北地域的语言差异都有很重要的意义。下面作一简介:

汪维辉《朝鲜时代汉语教科书丛刊》(中华书局,2005),包括《老乞大》《朴通事》系列和《训世评话》等十种收集在一起。《训世评话》为朝鲜李朝成宗时期李边所撰,由 65 则古代故事组成,每个故事先以文言叙述,然后译为白话,可以见到文白的对应关系。

汪维辉、远藤光晓、朴在渊、竹越孝《朝鲜时代汉语教科书丛刊续编》(中华书局,2010),包括《象院题语》《中华正音》等六种九个文本。《丛刊续编》的第一种《象院题语》成书约在 1567—1636 之间。最后一种《汉谈官话》成书在 1902 年前。

《官话指南》,是日本学习汉语的教科书,初版于 1881 年,1893 年改编,方言译本作于 1889—1930 年。张美兰《官话指南及其方言译本汇校》,即将出版。

《日本明治时期汉语教科书汇刊(26 册)》,张美兰主编,广西师范大学出版社,2011。

《燕京妇语》,是日本女性的汉语会话课本,大约作于 1906。刊于日本《开篇》单刊 no.4,好文出版社,1992。

《美国哈佛大学哈佛燕京图书馆藏晚清民国间新教传教士中文译著目录提要》,张美兰,广西师范大学出版社,2013。

张美兰有《明清域外官话文献语言研究》(东北师范大学出版社,2011),可以参看。

《清文指要》,是满汉对照的满语教学资料,有七个版本(1789—1921),其中两个版本是日本人改编,一个版本是韩国人编撰。有张美兰、刘曼《清文指要汇校及语言研究》,上海教育出版社,2013。

2.1.2 下面介绍近代汉语语音研究的资料(这一部分主要参考杨耐思、曹广顺《近代汉语研究讲座》)。这方面的资料大致可分为四类:

（一）韵书。反映近代汉语时期语音变化的重要韵书有：金韩道昭《改并五音集韵》(1208)、元代黄公绍、熊忠《古今韵会举要》(1297)、周德清《中原音韵》(1324)、元明间的《中原雅音》、明代《洪武正韵》(1375)、朱权《琼林雅韵》(1398)、兰茂《韵略易通》(1442)、菉斐轩《词林要韵》(1483)、王文璧《中州音韵》(1503)、桑绍良《青郊杂著》(1543)、王荔《正音捃言》、本悟《韵略易通》(1586)、徐孝《重订司马温公等韵图经》(1606)、吕坤《交泰韵》(1603)、袁子让《字学元元》(1603)、叶秉敬《韵表》(1605)、乔中和《元音谱》(1611)、金尼阁《西儒耳目资》(1626)、方以智《切韵声原》(1641)、毕拱宸《韵略汇通》(1642)。清代樊腾凤《五方元音》(1654—1664)、赵绍箕《拙庵音悟》(1674)、王璞隐《诗词通韵》(1685)、沈乘麐《韵学骊珠》(1792)、李汝珍《音鉴》(1810)等。

（二）韵图。重要的有：敦煌写本《守温韵学残卷》，宋代的《韵镜》(1161)、《七音略》(1162)、《卢宗迈切韵法》(1179)、《四声等子》、《切韵指掌图》，元代的刘鉴《经史正音切韵指南》(1336)，明代的《韵法直图》(1612前)、李嘉绍《韵法横图》(1614)，清代阿摩利谛《字母切韵要法》(1702前)、熊士伯《等切元声·元声韵谱》(1703)、潘耒《类音》(1708前)等。

（三）诗、词、曲等韵文的用韵（参见 2.1.1 关于诗、词、曲的介绍）。

（四）汉语和非汉语的对音。如唐代佛经翻译中的梵汉对音，敦煌写本中的汉藏对音。西夏文献《番汉合时掌中珠》(1190)、《音同》，宋代孙穆《鸡林类事》（用汉文记录高丽语词 355 条）。元代《蒙古秘史》(1240)、《至元译语》、《译语》。明代的《老乞大谚解》、《朴通事谚解》(1515)、崔世珍《四声通解》(1517)、《训蒙字会》、火源洁《华夷译语》(1407)等。元代用八思巴字译写汉语的《蒙古字韵》(1308)、明代利玛窦(Matteo Ricci)用罗马字给汉字注音的《泰西字母》、《西字奇迹》(1606)、金尼阁(Nicolas Trigault)的《西儒耳目资》(1626)等，也是研究近代汉语的重要资料。

上述资料中有不少将在本书第三章中详细介绍。

第二节 语言资料的鉴别

搜集能反映近代汉语的语言资料,这只是资料工作的第一步。资料工作的第二步,是要对语言资料进行鉴别。

2.2.1 首先,是要确定语言资料的年代。从上一节的介绍中可以知道,要做到这一点并不容易。有的作品,如《三言》中的一些话本,至今无法很确切地断定其时代。有些作品,成书在前,却经过后人的改动,如元杂剧、《老乞大》、《朴通事》等。有些作品,刊刻在后,却保存了以前的资料。如《清平山堂话本》中有宋元话本,《牧斋初学集》中保留了明初李善长的狱词。这些都需要仔细地辨别和区分。

如果弄错了语言资料的时代,得出的结论就必然会发生错误。太田辰夫在《中国语历史文法·跋》中举了三个例子,都很有启发性,现转述如下:

(1) 高名凯《唐代禅家语录所见的语法成分》中,认为介词"打"是唐代就有的,所举的例子是《洞山悟本禅师语录》中的"有一人不打寒岩岭过便到这里"。但是这一条材料仅见于日本人在18世纪所编纂的书中,即1738年玄契编次的《洞山语录》和1761年慧印校订的《洞山语录》中,同时,在全部《祖堂集》中都找不到介词"打"。可见这一结论是不可靠的。

(2) 岑仲勉《隋唐史》中引《六祖坛经》,说唐代有"恁么""甚么""什么"等。岑氏所引的例子见于《六祖坛经·机缘第七》,但这些例子只在明藏本中有,而在《坛经》的敦煌本和覆宋本中却没有,所以,这个结论也是没有根据的。

(3) 周法高《中国语法札记》中认为第三人称代词"他"产生于晋代,因为《晋书·张轨传》所附张天锡传有"他自姓刁,那得韩卢后邪?"一例。实际上,这句话见于《太平广记》所引《启颜录》。《晋书》喜采小说杂书之文,所以应是《晋书》引《启颜录》中的材料,不能由此证明晋代就有第三人称代词"他"(详见第四章第一节)。

这些例子说明,在语言史的研究中,最要注意的是避免"时代的错误",即错误地把后一时期的语言现象当作前一时期的语言现象,从而得出错误的结论。产生这种错误的原因,或是由于没有选择好的版本,而使用了时代较晚的、实际上经过后人改动的版本。如例(1)例(2)就是这样。或是对所使用的语言材料缺乏分析,如例(3)就是这样。《晋书》记载的是晋代的史实,但写书的人却是唐代人(房玄龄、褚遂良等),所以书中的语言究竟哪些是晋代语言的记录,哪些是编者(唐代人)的语言,必须认真地分析,否则就会出错。

2.2.2 其次,是要识别语言资料中的后人窜改和讹误之处。古代的语言资料流传至今,经过多次的传抄刻印,很可能会走样。其原因一是后人的改动,一是传抄刊刻时产生的讹误。

太田辰夫在《中国语历史文法·跋》中,把语言资料分成两类:①同时资料。"指的是某种资料的内容和它的外形(即文字)是同一时期产生的。甲骨、金石、木简等,还有作者的手稿是这一类。法帖只要不是伪造的,也可看作这一类。但是即使不是严格地考虑,粗略地说,例如宋人著作的宋刊本,也可看作这一类。"②后时资料。"基本上是指资料的外形的产生比内容的产生晚的那些东西,即经过转写转刊的资料,但根据对同时资料的不严格的规定,后时资料的内容和外形间没有朝代的不同就变得很重要。比如唐人集子的宋刊本就是后时资料。""后时资料"就有可能经过改动和产生讹误,对此必须加以注意。

先说后人的改动。语言资料中有后人羼入的。如《醒世恒言·十五贯戏言成巧祸》,标题下注:"宋本作《错斩崔宁》。"但在"德胜头回"中说:"却说故宋朝中,有一个少年举子,……"显然不是宋人的口气,所以至少这"德胜头回"是后人加入的。还有后人作了较大的增补。如《金瓶梅》第53—57回,据沈德符《野获编》说:"原本实少五十三回至五十七回,遍觅不得,有陋儒补以入刻。"《水浒》第90—109回,也有研究者认为是后人补入的。还有更复杂的情况,如前面提到的《六祖坛经》,就有中唐的敦煌本、宋初的惠昕本、北宋的契嵩本、元代的宗宝本等不同的版本,其间差异颇大,后面的本子对前面的本子有改,有删,有增。关于其间的异同,有郭朋《坛经对勘》一书,可以参看。太田辰夫所举的第二例,就是因为没有辨别后人的改动,从而弄错了语言资料的时代。

除羼入外,字句的改动也是常见的。后人常常按照自己的语言习惯来改动以前文献资料中的字句,这样的例子不胜枚举。如杜甫《宴戎州杨使君东楼》:"重碧拈春酒,轻红擘荔枝。"仇兆鳌注:"欧阳公作'拈',旧作'沽',一作'擎',一作'拓'。"赵次公注:"旧本作'拈',当以为正。据元稹《元日》诗云:'羞看稚子先拈酒。'白居易《岁假》诗:'岁酒先拈辞不得。'则

'拈酒'乃唐人语也。"大概后人已不懂得"唐人语",认为"拈酒"不通,因而作了种种改动,产生了许多异文。实际上,直至今日,在一些为古籍所作的校勘中,有时人们还在不自觉地按后代的语言习惯改动古籍。如王梵志诗:"父母是冤家,生一五逆子。"有的校本改为"忤逆",大概是认为"五逆"不通。其实"五逆"是佛教用语,指五种极大的罪恶,在敦煌文书中常见,实不当改。

上面说的是有意的改动,此外还有在抄写刊刻过程中无意之中产生的讹误。如敦煌文书是太田辰夫所说的"同时资料",而不少作品中就有许多别字,同一篇作品的不同抄本也有很多异文。"后时资料"经过多次传抄刊刻,错误当然更加难免,关于这一点,只要看看那些已经整理过的作品的校勘记就可以知道。值得注意的是同一个本子的不同刻本,文字也会有不同。例如同是《水浒》第三十一回:"武松却来门边挨那门响,后槽喝道:'老爷方才睡,你要偷我衣裳,也早些里!'"其中的"里"字,北京图书馆藏容与堂本和日本天理图书馆藏容与堂本均作"里",而日本内阁文库所藏容与堂本作"哩"。显然,语气词写作"里"是较古的形式,而写作"哩"是刊刻中产生的讹误。

像这样一些后人有意或无意的改动,都要注意辨别。辨别的方法是仔细勘比不同的版本,并加以分析,力求恢复语言资料的原来面貌,以避免"时代的错误"。下面举几个例子:

(1) "個"字产生的时代

"個"原作"箇","個"是后来产生的。但"個"究竟产生于何时?

有的认为产生于唐朝,理由是"個"见于李邕碑文(据关思亮等《行书字典》,国书刊行会,1978)。以及韩愈诗中就有"個"字(见白川静《字统》:"個"见于韩愈《盆池》诗:"老翁真個似童儿。")

但实际上这是不可靠的。据鹰谷修等《行书草书大字典》(柏书房,1983),所谓"李邕碑文",实际是董其昌书。《全唐诗》中的韩愈《盆池》诗确实作"個",但四部丛刊本《朱文公校韩昌黎先生集》(元刊本)作"箇",嘉靖十六年游居敬本《韩柳文》亦作"箇"。《全唐诗》是清初编纂的,是太田辰夫所说的"后时资料"。(据佐藤晴彦《说"個"》,2001年3月在北大中文系的学术报告)

(2) "赔"字产生的时代

"赔"也是个后产生的字。《恒言录》卷二:"赔,此字不见《玉篇》《类篇》等书。古人多用'备'字,或作'陪'。明《永乐实录》追赔字皆不从贝旁。《唐律》:'诸应输备赎没入之物及欠负应征违限不送者一日十笞。'疏云:'备谓亡失官私器物各备偿。'常生按:《升庵外集》:'昔高欢之法盗私物十备五,盗官物十备三。后周诏侵盗仓廪虽经赦免征备如法。备,偿补也,音裴,今作赔。音义同。而'赔'字俗,从'备'为古。'"

那么"赔"究竟产生于何时呢?

《汉语大词典》:"[赔填]唐无名氏《对养贾儿判》:'鸟未损物,人则何辜,即索赔填,恐非通允。'""[赔补]宋赵彦卫《云麓漫钞》卷三:'在国初,有士夫被谴而责为衙校者,如海外数州,每阙守,帅司或差衙校摄州郡,宴设,修造则令赔补及出犒赏,遂有破家之患。'"

据此,似乎唐代已有"赔"字。但上引材料同样是"后时资料",不能完全信从。既然"明《永乐实录》追赔字皆不从贝旁",那怎么可能唐宋时已经有"赔"字了呢?

如果再参考其他资料,可以看到,在元代"赔"还没有出现。现在见到的《元典章》中有"赔"字,如:"中间谓有不足之数,拟合著当该之人等依数赔纳。"(《元典章·户部七·仓库》)"若有支使不应,即勒当该之人赔偿。"(《元典章·户部二·分例》)但这是刊刻者改的。陈垣《校勘学释例》卷三:"'赔'字后起,元时赔偿之'赔'均假作'陪'或'倍',沈刻以为误,辄改为'赔'。"现在见到的《元刊杂剧三十种》中也有"赔"字,如:"(唱)临了也则落得一场谈笑,倒赔了一领西川十样锦征袍!"(《元刊杂剧三十种·关大王单刀会》)但"赔"原作"倚",校勘者徐沁君改为"赔"。

真正可靠的"赔"字见于毛晋汲古阁藏本《六十种曲》《琵琶记·义仓赈济》:"我和你不免合赔些子。"

综合上述材料,可以推断,"赔"大约产生于明代。《永乐实录》不用"赔"字,也可能是因为"赔"在明初还没有产生,也可能是已经产生了,但因为它"俗"而不用。而在明代中期,则肯定已经产生了。(以上据谭耀炬2001)

2.2.3 如果没有不同版本或异文可供参考,那么要发现后人的改动就比较困难了。在这种情况下,有一条原则是必须遵循的:即语言的社会性。语言是人们的交际工具,某种语言现象决不可能只出现在某一作者的笔下,更不可能在某一时期出现过一次以后过几百年才再次出现。当然,在研究语言史的时候,也可能由于历史资料的散失,某种语言现象保留至今的只有极少数例证。但是,一般说来,碰到这种情况,总的来说应该慎重对待,不能轻易地根据极少的例证来下结论。所谓"例不十,法不立",就是这个意思。唐代诗人贾岛《王侍御南原庄》诗:"南斋宿雨后,仍许重来么?"有的语法著作把它作为唐代已出现疑问语气词"么"的例证。太田辰夫《中国语历史文法》则认为这个"么"是后人改的,因为疑问语气词在唐诗中一般写作"无",在敦煌文书中写作"磨"和"摩",在《祖堂集》中都写作"摩",到宋代才写作"么"。太田辰夫的这一论断,是符合语言的社会性的原则的。

还有一个类似的例子:指示代词"那"一般认为出现于唐代,而荷兰汉学家许理和(E. Zürcher)在东汉支娄迦谶译的《文殊师利问菩萨署经》中找到一个例子:"诸过去佛悉那中浴。"他认为"我们这个得自佛经译文的惟一例子比非宗教文献上关于'那'的记载要早五百年。"(见《最早的佛经译文中的东汉口语成分》,中译文载《语言学论丛》第 14 辑)佛经译文相当接近口语,所以有些口语现象先在佛经译文中被记录下来,这是可能的。但如果"那"只在东汉的佛经译文中出现一次,而在以后五百年的文献资料(包括佛经译文和中土文献)中一直湮没无闻,就有点不合常理了。实际上,许理和所举的"那"不是指示代词,而是介词,义为"於"。"那"的这个意义早见于《尔雅》:

《尔雅·释诂》:"爰粤于那都繇,於也。"

在先秦文献中也能找到例证:

《国语·越语下》:"吴人之那不榖。"韦昭注:"那,於也。"

在魏晋南北朝时期的佛典中,"那"的这个意义用得很多,如前秦昙摩蜱、竺佛念译《摩诃般若钞经》卷一《摩诃般若波罗蜜问品》:"菩萨摩诃萨、摩僧那涅僧、摩诃衍三拔谛色不那中住,痛痒思想生死识不那中住,须陀洹不那中住,……"连用 43 个"那中住"。同本异译支娄迦谶译《道行般若经》中大致作"於中"。(关于"那"的解释承南京师范大学何亚南教授提供)

语言资料的鉴别是一件很复杂的事情,有关的问题不能在这里一一谈到(关于作品的断代,后面还有专章讨论)。上面所谈的,主要是说明语言资料的鉴别和运用对语言研究至关重要,应该引起我们的充分重视。

第三节　语言资料的分析

在研究近代汉语的时候,语言资料除了鉴别之外,还需要加以分析。也就是说,一种语言资料,即使经过鉴别,肯定不是伪作,也没有后人的增删,也还需要分析其语言的时代、方言成分和语体风格等,这才能用作语言研究的资料。

(1) 语言的时代

2.3.1 古代的一些史书,很多是后代撰修的,作者是后代的人,而记载的是前朝的史实。那么这些史书的语言应该看作是前朝的语言还是后代的语言呢?这个问题比较复杂。编史书不可能毫无凭借,修史者一定拥有大量前朝的文献,如奏议、书信以及前朝人所写的一些史料。如果是忠实地抄录,当然是前朝的语言。但修史者是后代人,史书的叙述语言肯定是后代语言,即使是前朝的史料,也可能经过修史者的改动,这就应该看作后代语言。这两种成分在史书中都会有,而且不容易清楚地区分。曾经有学者认为,史书中的叙述语言是后代的,而史书中人物的对话可能是前朝的。但有学者通过比较研究,说明史书中的对话也有不少是经过修史者改动的。如柳士镇(1988)比较了《世说新语》和《晋书》的异文,从比较中可以看到,《晋书》中一些人物说的话也和《世说新语》不一样。在这里摘引其中几条,用表格的形式加以对照:

《世说新语》	《晋书》
"由是身不能以道匡卫。"	"由吾不能以道匡卫。"
"汝看我眼光,乃出牛背上。"	"尔看吾目光,乃在牛背上矣。"
曰:"此是安石碎金。"	曰:"此谢安石碎金也。"
"下官故可有两婆千万,随公所取。"	"下官家有二千万,随公所取矣。"
风转急,浪猛,……公徐曰:"将无归?"	风转急,安徐曰:"如此,将何归邪?"

"身"是六朝时的第一人称代词,《晋书》把它改掉了。"眼光"比较接近口语,《晋书》改成了较文的"目光"。"是"是六朝时用得很普遍的系词,《晋书》不用"是"而用上古汉语的判断句形式。"两婆"即"两三",《晋书》的撰修者不懂"婆"的意义,将其删去。"将无"是六朝的口语,意思为"是不

是","将无……?"是用询问的形式委婉地表达自己的见解,"将无归"意为"是不是回去呢"或"还是回去吧"。《世说新语》如实记录了谢安的话,表现谢安的从容不迫。《晋书》的撰修者不懂这个词语,把它改为"将何归邪",变成了一句充满惶遽的话,和"徐曰"显然矛盾。这些地方,显然有《晋书》撰修者的改动。所以,史书的语言究竟是什么时代的语言,是应该十分慎重对待的。

(2) 方言成分

2.3.2 研究汉语史,要注意时间和地域两个方面。在汉语的历史发展中,各种语言现象在不同方言中发展的速度是不一样的。比如,入声韵尾-p、-t、-k在元代时在北方地区已经消失,而至今在粤语中还完整地保留。"VOC"的形式,宋代以后在北方地区就逐渐减少,而至今在吴语和其他一些方言中依然保留。假如我们在研究近代汉语时看到一种明代的材料还保留-p、-t、-k或"VOC",不问这种材料是哪一种方言,就把它看作一种普遍现象,从而得出结论说,-p、-t、-k或"VOC"在明代还普遍存在,当然就会造成大错。所以,对于近代汉语的语料,要仔细分析其方言成分。但这种工作也不容易,历史资料中的某种语言现象究竟是方言还是通语,需要深入地讨论。

如:刘勋宁(1998)认为《祖堂集》中有两种疑问句的句型:"V 也无"和"V 不"。《祖堂集》中二十八祖前全用"V 不",这是北方的句型;后面的"V 也无"句型和福建、江西的方言有关,在今闽南话中仍有。《祖堂集》的作者是操"V 也无"方言的,而他所用的一些历史材料来自"V 不"方言,所以其中两种句型都有。

张美兰(2003)调查了《祖堂集》中使用两种句型的和尚的籍贯和活动区域,得出的结论和刘勋宁(1998)不同。沩山和尚(福建人,长期在湖南传教)与仰山和尚(广东人,长期在闽赣传教)对话,用18例"VP 不",只有1例"VP 也无",1例"VP 也未"。而南泉和尚(河南人,在安徽传教)说话有3例"VP 也无",赵州和尚(山东人,在安徽传教)说话有3例"VP 也无"。可见,说《祖堂集》中的"V 不"是北方的句型,"V 也无"句型和福建、江西的方言有关,这个结论还需斟酌。

(3) 语体风格

2.3.3 有时在同一种语言资料中,会有不同的语体风格。最明显的是小说中人物的身份不同,所说的话语体风格会很不相同。如《儿女英雄传》中张金风的父母说话很俚俗,而安老爷说话很文,程师爷则是一口常州话,这些比较容易区分。值得注意的是《朱子语类》,研究者往往把其中的语言不加区分地同等看待,其实,不同的门生对朱熹的话的记录是不完全一样的,有的是朱熹讲的同一段话,但两个学生记下来,文白的程度差得很大。如《朱子语类》卷一三八:

> 王侍郎普之弟某,经兵火,其乳母抱之走,为一将官所得。乳母……自求一好马,抱儿以逃。追兵蹑至,匿于麦中,如此者三四。(可学)

> 李伯时家遭寇,伯时尚小,被贼并妳子劫去。……妳子……自乘一马而去。少顷,闻前面有人马声,恐是来赶他,乃下马走入麦中藏。……章而小底不曾啼,遂无事。……渠知无事,遂又走。(义刚)

像这种地方,都应该对语料先作一个分析,然后才能用于研究。

本 章 参 考 资 料

刘　坚 1982:《古代白话文献简述》,《语文研究》第 1 期。
刘　坚 1985:《近代汉语读本》,上海教育出版社。
刘　坚、蒋绍愚主编 1990:《近代汉语语法资料汇编·总目录》,商务印书馆。
刘勋宁 1998:《祖堂集反复问句的一项考察》,《现代汉语研究》,北京语言文化大学出版社。
柳士镇 1988:《世说新语、晋书异文语言比较研究》,《中州学刊》,第 6 期。
吕叔湘 1984:《汉语语法论文集(增订本)·引用书目》,商务印书馆。
太田辰夫 1958:《中国语历史文法·跋》及引用书目。蒋绍愚、徐昌华译(修订译本),北京大学出版社,2003 年。
谭耀炬 2001:《"赔"字究竟始用于何时》,《中国典籍与文化》第 3 期。
张美兰 2003:《祖堂集语法研究》,商务印书馆。

第三章 近代汉语语音研究

近代汉语的语音史,总的说来就是从《切韵》音系向现代汉语语音系统发展的历史。本书把近代汉语语音发展分为唐五代、宋代、元代、明代四个时期,每一个时期选择一些有代表性的音韵资料,介绍学者们对这些音韵资料所作的研究。通过这样的介绍,使读者了解近代汉语语音演变的概貌,同时也了解近代汉语语音研究的方法。最后一节讨论近代汉语共同语的问题。

下面分别介绍对近代汉语各个时期语音的研究。

第一节 唐五代语音的研究

《切韵》成书于公元601年,和唐朝建立(618)相距不远。但由于《切韵》是一部综合古今南北,而且偏于保守的韵书,在唐代初期的实际语言中就有一些特点与《切韵》不合,到中唐时期,更出现了一些重要的语音变化,如轻唇音的分化(均详下文),但变化比较显著的还是晚唐五代。大概正是由于这一点,王力先生《汉语语音史》把隋—中唐和晚唐五代分成两个时期。

因此,对于唐代前期、中期语音的研究(如对陆德明《经典释文》、颜师古《汉书音义》、玄应《一切经音义》、慧琳《一切经音义》的反切以及初唐中唐诗人用韵的研究等),我们打算从略,而着重介绍对晚唐五代语音的研究。

一 唐五代西北方音的研究

3.1.1.1 晚唐五代语音研究所依据的主要是敦煌资料。主要的研究著作有罗常培《唐五代西北方音》、邵荣芬《敦煌俗文学中的别字异文和唐五代西北方音》、日本高田时雄《敦煌资料による中国语史の研究》(《根据敦煌资料所作的汉语史研究》)等。

罗常培《唐五代西北方音》发表于1933年史语所集刊甲种之十二。所依据的语言资料是：

（甲）汉藏对音《千字文》(简称《千》)
（乙）藏文译音《金刚经》残卷(简称《金》)
（丙）藏文译音《阿弥陀经》残卷(简称《阿》)
（丁）汉藏对音《大乘中宗见解》(简称《大》)
（戊）注音本《开蒙要训》(简称《开》)

这五种都是藏于敦煌石室的写本。最后一种注明"天成四年炖煌郡学士郎张□□"("天成"是后唐的年号,天成四年为公元929年)。前面四种对音资料大约是在唐代宗宝应二年(763)到宣宗大中五年(851)期间写的,因为在此期间陇右被吐蕃占据,所以当地居民需要用汉藏对音。罗常培认为,在这几种材料中,藏文译音《阿弥陀经》最早,藏文译音《金刚经》与之时代相近;汉藏对音《千字文》和汉藏对音《大乘中宗见解》时代相近,后者在四种对音材料中时代最晚。而注音《开蒙要训》比它还要晚。罗常培根据这几种材料构拟了唐五代西北方音的声母、韵母系统。

3.1.1.2 邵荣芬《敦煌俗文学中的别字异文和唐五代西北方音》一文是根据敦煌文书中的别字异文来研究唐五代西北方音的。敦煌俗文学中有不少别字异文,其中有的是形近而误(如"黑烟"作"里烟"),有的是偏旁类推而误(如"蛾眉"作"娥媚"),有的是意义各有所当而异(如"睹明月"又作"步明月")。这些与语音无关。有的是音同而误,特别是按《切韵》音系读音不同的字,如果在敦煌变文中用作别字异文,那就说明这些字的读音发生了变化,由不同音变为同音了。如《韩擒虎话本》中有这样一段文字：

　　衾(擒)虎闻言,遂命陈王,侧(责)而言曰："是(事)君为倍(违背),于天不佑。先斩公手(首),在(再)居中营,后(候)周罗侯交战。"

"衾"是溪母,"擒"是群母;"侧"是职韵,"责"是麦韵;"是"是禅母纸韵,"事"是崇母志韵;"为"是支韵,"违"是微韵;"倍"是并母上声,"背"是帮母去声;"在"是从母上声,"再"是精母去声。但从《韩擒虎变文》的使用情况看来,这些字都变成同音了。从中可以反映出从《切韵》到唐五代西北方音中的语音变化。这种研究方法说起来似乎简单,但实际情况却颇为复杂。比如,敦煌变文中有"方惣生焉"一句,"方惣"应为"万物"之误("萬"在敦煌变文中已有简化为"万"了)。但有人据此认为唐五代西北方音中-ŋ尾和-n尾相通,这就不妥了。因为"万"误作"方"显然是形近而误,并非音近而误。邵荣芬在处理别字异文的材料时比较谨慎,不依据少数例子立论,所以他的结论比较可靠。

3.1.1.3 在罗常培《唐五代西北方音》发表以后,新发现或新公布了一批敦煌资料,国外一些学者根据这些资料作了一些研究,较重要的有:

Thomas F. W.：*A Buddist Text in Brāhmi Script*. ZDMG 91,1—48,1937.

Simon W.：*A Note on Chinese Texts in Tibetan Transcription*. BSOAS. 21,334—343,1958.

Csongor B.：*Some Chinese Texts in Tibetan Script from Tunhuang*. AOH, X. 98—140,1960.

——：*Chinese Glosses in Uighur Texts Written in Brāhmi*. AOH. XV. 49—53,1962.

——：*A Chinese Buddist Text in Brāhmi Script*. Unicorn. 10,36—37,1972.

高田时雄:《敦煌資料による中国語史の研究》,創文社,1988。

其中高田时雄的著作有较高的价值,此书根据一些新的资料,对罗常培《唐五代西北方音》作了补充和纠正,他所使用的新资料有:

天地八阳神咒经(TD. P. Tib. 1258)

法华经普门品(音写本)(FP. P. Tib 1239)

南天竺国菩提达摩禅师观门(NT. P. Tib. 1228)

道安法师念佛赞(DA P. Tib. 1253)

般若波罗蜜多心经(P P. Tib. 448)

法华经普门品(观音经)(FPa. P. Tib. 1262)

寒食篇(HS. P. Tib. 1230)

杂抄(ZC. P. Tib. 1238)

九九表(99. P. Tib. 1256)

Brāhmi 文转写的罗什译《金刚经》(Kbr. India office Ch 00120)[①]

---

① 括号中为资料的简称和收藏编号。

高田时雄认为,罗常培《唐五代西北方音》所依据的材料和后来发现、公布的汉藏对音资料,可分为两类。《金刚经》《阿弥陀经》《天地八阳神咒经》以及《寒食篇》《杂抄》为第一类;《南天竺国菩提达摩禅师观门》《道安法师念佛赞》《般若心经》以及《普门品》为第二类。《千字文》《大乘中宗见解》,介乎两类之间,但与第二类更接近。这两类资料,第一类接近于标准音,第二类离标准音较远,表现出河西方言的特点。从时代来看,第一类的《阿弥陀经》《寒食篇》是9世纪的,第二类资料晚于第一类,可能是10世纪的。

下面,介绍罗常培《唐五代西北方音》一书对唐五代西北方音的声韵调系统的描写和邵荣芬、高田时雄对罗书的补充。

(一) 声母

3.1.1.4《唐五代西北方音》把唐五代西北方音的声母分为六组二十九类:

p	p'	b	'b	m	
帮	滂,非,敷,奉(千,大),並(大)	並,奉,帮(千,大),微(大)	明,微	明(在-n,-ŋ前)	
t	t'	d	'd	n	l
端	透,定(大)	定,端(千,大)	泥	泥(在-n,-m前)	来
c	c'	ɟ	ç	z	'j
照,知	穿,彻,澄(大),床(千一个字)	澄照(千,大),知(千,大)	审,禅,床	日	娘
ts	ts'	dz	s		
精	清,从(大)	从,精(千,大)	心,邪		
k	k'	g	'g		
见	溪,群(大)	群,见(千,大)	疑		
·	h	y	'w		
影	晓,匣	喻三开,喻四开合	喻三合,喻四合(千两个字)		

罗常培认为,其声母系统有如下特点:

① 舌上音混入正齿音,正齿音二三等不分。例如:

〔知〕知 ci①　　〔彻〕痴 c'i　　〔澄〕持 ji
〔照〕之 ci　　　〔昌〕处 c'i　　〔船〕实 çir　〔书〕施 çi　〔禅〕时 çi
〔庄〕侧 c'eg　〔初〕初 c'u　　〔崇〕士 çi　　〔生〕师 çi

② 床（包括船、崇）与禅不分，然后由禅入审（即摩擦音浊音清化，见下）。而澄母成为照母的全浊。这一点也可以由上例看出。

邵荣芬认为：在敦煌俗文学中，知章两组声母代用之例甚多，可见这两组声母已经合并。但庄知代用仅一例，庄章代用绝大部分是止摄崇母字和常母代用，如"事、士、仕"和"是、时、侍、氏"之间的互代，其他例子很少。所以，"我们似乎只能肯定止摄崇母和常母不分"，而不能认为知庄章三组全同。

高田时雄认为，邵荣芬的意见是对的，唐五代西北方音中舌上音（知）和正齿三等（章）之间交替例很多，这两类已经合并，而正齿音二三等（庄章）之间还有区别。他对《开蒙要训》中三类声母的交替作了统计，共有知章互注 4 例，以昌注彻 1 例，澄章互注 4 例，以庄注知 1 例，而章庄两组间没有互注的。由此可见三类声母的分合。

③ 摩擦音的浊母禅、邪、匣变为清母审、心、晓。

〔禅〕时 çi　　　是 çe　　　　承 çiŋ
〔审〕师 çi　　　世 çe　　　　胜 çiŋ
〔邪〕谢 sya　　嗣 si　　　　象 syoó
〔心〕写 sya　　肆 si　　　　相 syo
〔匣〕韩 han　　桓 huan　　和 hwa
〔晓〕汉 han　　欢 huan　　火 hwa

塞音与塞擦音的全浊声母在《阿》《金》《千》中不变，在《大》中除十一个字外都变为次清。例如：

〔並〕菩 p'u　　平 p'eŋ　　鼻 p'yi　　别 p'ar

---

① 有的字在不同的对音材料中有不同的对音，引用时只取一种。

〔定〕	同 t'oŋ	檀 t'an	独 t'ok	毒 t'ok
〔澄〕	持 c'i	尘 c'in	治 c'i	住 c'u
〔从〕	财 ts'e	情 ts'eŋ	在 ts'e	净 ts'eŋ
〔群〕	其 k'i		具 k'u	共 k'uŋ

《大》中十一个保持全浊不变的字是：〔奉〕凡、梵；〔定〕怠、道、第、大、地、盗、定、达；〔澄〕着。

而在《开》中全浊与全清（不送气）相混。

同时，在《千》《大》中有 51 个全清的字用藏文浊声母注音。

这样看来，浊音清化的情况似乎十分复杂。对此，罗常培的分析是：

《大》和《开》中的浊音清化是两种趋势。现代北方话中浊声母平变送气，仄变不送气是由《大》发展而来的。《大》中保持浊音本读的十一个字，其中有两个上声，六个去声。"上去两声所以不完全变成次清一定是送气的成素受声调的影响渐渐变弱了的缘故。"证以现代方言，在现代三水、平阳等方言中一部分浊声母仄声字是变次清的。"可见全浊仄声之变全清是受声调影响逐渐嬗蜕而成的。"

在《千》《大》中全清混入全浊的 51 个字，其中有 27 个是上声，22 个是去声，2 个是入声。唐五代西北方音中的上去声大概是低调。而在藏语中，以 b、d、g、j、dz 等为声母的字均读低调。"因为声调的类似，所以在吐蕃人的耳朵里往往容易把声母误认作相同。"所以本是全清的字被记成了全浊。

邵荣芬调查了敦煌变文中塞音或塞擦音清浊代用的字共有六项：帮并代用，端定代用，精从代用，清从代用，章崇代用，见群代用。但浊音仄声字和全清互代，表明所变的清音都不送气。这和《大乘中宗见解》中浊音无论平仄都变为清音送气不同。"这种分别不是出于时间上的因素，就是出于地理上的因素。"（邵荣芬认为敦煌俗文学的时代晚于《开蒙要训》）

高田时雄认为：总的看来，在唐五代的河西方言中，塞音、塞擦音的浊音尚未消失，还存在着全清、次清、全浊三类的区别。关于在《大乘中宗见解》中一些清声母字用藏语浊声母转写的问题，罗常培的解释是正确的，但还不充分。应该看到，这和藏语浊声母的清化有关。在《金》《阿》的时代，藏语的浊声母尚未清化，所以用藏文的清声母字来对汉语的清声母字。到了《大》《中》的时代，藏语已出现浊声母清化，声调的区分也明显了,因此低调的汉语清声母上去声字就可以用同样是低调的藏文浊声母字来写。

塞音、塞擦音的浊声母在《金》《阿》《千》中仍然保留,在《大》中原则上写成送气的清声母。在其他资料中,多数写成浊声母,有时写成送气或不送气的清声母。在什么情况下写成清声母,其条件不清楚。但写成清声母的绝大多数是平声字。这也可以用当时藏语浊声母的清化来解释:当时转写人有两种选择,一是用藏文的浊声母来反映浊音清化后所变成的阳平调(低调),一是不管声调的调值用藏文的清声母来记录清化声母。在这种选择中的摇摆就产生了转写中的例外。

《大》中浊声母清化后全变成送气,在汉语方言中有这种类型(如客家话)。尽管现代西北方言中没有这种类型,但在唐五代河西方言中有这种类型决不是不可能的。在 Kbr 中也有同样的现象。但《开》中浊声母字基本上仍用浊声母字注音;若用清声母字注音,通常是不送气的;其他注音资料和敦煌俗文学中的别字异文也是如此。因此,《大》和 Kbr 所代表的是河西方言中的一种特殊类型。

④ 轻唇音非敷奉母字大多数与滂母同音(即读 p'),已露出分化的痕迹。例如:

〔非〕非 p'yi　　富 p'u　　发 p'ad
〔敷〕纺 p'oo　　覆 p'u
〔奉〕佛 p'ur　　扶 p'u　　烦 p'an

而在《阿》中,"非"读 p'yi,又读 'p'yi;"发"读 p'ad,又读 'had。可见,当时非敷奉三母实际上可能都读 ph' 或 f,只是藏音中没有恰当的对音,所以只能译作 p',或译作 'p',或译作 'h 了。

⑤ 明泥两母因后面的声随的不同各分化为两类,即:明母在 -n、-ŋ 前面读 m,其余读 'b。泥母在 -m、-ŋ 前面读 n,其余多数读 'd('表示鼻音成素)。例如:

〔明〕摩 'ba　　妙 'byeu　　灭 'byer
〔泥〕泥 'de　　暖 'dwan　　纳 'dab

今山西文水、兴县、平阳和陕西安塞、米脂等方言中明、泥、疑母分别

读作 m^b、n^d、η^g，唐五代西北方音中的 'b、'd 可能和 m^b、n^d 相似。

⑥ y 化的声母并不专以三等为限。如喻三为'w，喻四为 y。

在对音材料中，喻母四等除去"尹""营""悦"三字外，无论开口合口都读作 y。喻母三等有的读 y(如"右""炎")，有的变·(即?，如"友""有")；合口或写作'w、'u，或写作 w，实际上并没有什么差异。而从谐声偏旁看，"营"本为三等，"炎"本为四等，而古注"尹"读若"筠"，"筠"为三等字。所以总起来看，喻三读'w，喻四读作 y。

邵荣芬认为在敦煌俗文学中喻三和喻四已不能分辨。从汉藏对音来看，也不同意罗常培的结论。邵氏认为不论喻三喻四，开口或独韵的字都读作 y，合口的字都读作'w。

除上述六点以外，罗常培还根据《大乘中宗见解》中穿母的"称"注为 k'yin，认为"见组声母三四等也开始有颚化的趋势了。"邵荣芬认为，在敦煌俗文学中有一些精系、知系和见系相代的例子，但"不能凭一两个例子就断言当时见系字已经颚化。何况直到十六、十七世纪我们也没有发现见等真正颚化的方言，就更不能鲁莽了。"

(二) 韵母

3.1.1.5 罗常培根据《千字文》的对音把它所代表的方音韵系分成二十三摄五十五韵，列表如下(后附《切韵》韵目)：

a 摄第一

(1) a 韵 歌,戈唇音,麻开二,佳。　　(2) ya 韵 麻开三。　　(3) wa 韵 戈,麻合二。

o 摄第二

(4) o 韵 模,唐阳(千)。　　(5) yo 韵 阳(千)。　　(6) uo 韵 模(千)。

e 摄第三

(7) e 韵 皆祭齐开(大阿),庚清青开(千)。　　(8) ye 韵 齐庚清青开(千)。　　(9) we 韵 齐合,庚青合(千)。

i 摄第四

(10) i 韵 脂之支开,微,鱼半。　　(11) wi 韵 脂支微合。

u 摄第五

(12) u 韵 虞,鱼半,模侯尤唇音,脂支微合。　　(13) yu 韵 尤,侯(大金)。

ai 摄第六

(14) ai 韵 哈泰开(千),灰唇音(千)。　　(15) wai 韵 灰泰合(千)。

ei 摄第七
(16) ei 韵 皆祭开(千金),哈泰开(金)。　(17) wei 韵 皆祭合(千金),灰泰合(金)。

au 摄第八
(18) au 韵 豪肴宵半(千),侯上(千)。　(19) yau 韵 宵萧(千)。

eu 摄第九
(20) eu 韵 豪肴宵萧,侯尤(千)。　(21) yeu 韵 宵(千)。

am 摄第十
(22) am 韵 覃谈咸衔凡。　(23) yam 韵 盐添*严。

im 摄第十一
(24) im 韵 侵。

an 摄第十二
(25) an 韵 寒山删开,桓元唇音,仙正齿音。　(26) yan 韵 仙,先开。　(27) wan 韵 桓删元仙合。

in 摄第十三
(28) in 韵 痕真欣。　(29) on 韵 魂谆半。　(30) un 韵 魂谆半,文。

aŋ 摄第十四
(31) aŋ 韵 江(千),唐阳(阿金)。　(32) yaŋ 韵 阳(大阿金)。　(33) waŋ 韵 江唐阳(阿金)。

eŋ 摄第十五
(34) eŋ 韵 登蒸(除千字文外)皆变 iŋ,庚清青(大阿金)。　(35) yeŋ 韵 清青(大金)。

oŋ 摄第十六
(36) oŋ 韵 东一,冬,阳(大)。　(37) yoŋ 韵 阳(大)。
(38) woŋ 韵 唐合(大)。　(39) uŋ 韵 东三,钟。

ab 摄第十七
(40) ab 韵 合狎乏。　(41) yab 韵 叶帖业。

ib 摄第十八
(42) ib 韵 缉。

ar 摄第十九
(43) ar 韵 曷末,黠薛开,月合唇音。　(44) yar 韵 薛屑开。　(45) war 韵 末,月薛合。

ir 摄第二十

(46)ir韵 质。　　　　　　(47)ur韵 没物术。

ag摄第二十一

(48)ag韵 铎药觉。　　　(49)yag韵 药觉。　　(50)wag韵 烛(千)。

eg摄第二十二

(51)eg韵 德陌麦开(千)。　(52)ig韵 职昔锡开,德陌开(大阿金)。　(53)weg韵 陌合(千)。

og摄第二十三

(54)og韵 屋一,沃,德合,烛(大)。　(55)ug韵 屋三,德开唇音,烛(千,一个字)。

　　罗常培认为,在韵母系统中值得注意的有以下几点：

　　① 总的说来,唐五代西北方音的韵母系统比《切韵》的韵母系统已经大大简化,而和《四声等子》的韵母系统比较接近。与《四声等子》的十六摄相比较,所不同的在于：唐五代西北方音的 a 摄,《四声等子》分为果、假两摄；唐五代西北方音的 ai 摄、ei 摄,《四声等子》合为蟹摄；《四声等子》的效、流两摄,在唐五代西北方音中牵混；《四声等子》中的遇摄,在唐五代西北方音中分为 o、u、i 三摄；《四声等子》中的宕摄和梗摄,在《千字文》中分别归入 o 摄和 e 摄。此外,唐五代西北方音的 23 摄中入声单列,而《四声等子》的十六摄中入声不单列。

　　② u 韵的情况比较复杂。

　　u 韵包括《切韵》的虞韵、鱼韵之半、模侯尤之唇音以及脂支微之合口。《切韵》的虞韵字在四种藏音中绝大部分都读 u,鱼韵在《阿》、《金》中多数读 i,少数读 u,在《千》中读 i 读 u 的大致相等,在《大》中 u 多于 i。

　　罗常培认为,《切韵》时代的鱼韵应读[io],这个音"读的开唇一点就容易变成[ɨ],读的合唇一点就容易变成[y]。这两个音在吐蕃人耳朵里都是很难辨别的,所以就拿他自己语言中固有的 i、u 来勉强代替。"而在几种对音材料中记作 i、u 的多寡,正反映出鱼韵的读音[io]→[ɨ]→[u]的历史过程。虞韵在唐五代西北方音中应是[y],脂支微合口在唐五代西北方音中应是[ui]。

　　邵荣芬认为：在敦煌俗文学中,鱼韵字既和虞韵字互相代用,又和止摄字互相代用。根据汉藏对音,鱼韵字应该一部分作-u,一部分作-i。如果把鱼韵字一律假定读作-y 或-iu 或其他什么音,就无法解释鱼韵既同止摄开口相通又同虞韵相通的现象。

高田时雄认为：《切韵》的模韵字在《金》、《阿》、《大》和 TD、FP 中或作 o，或作 u（在唇音字中），在 NT、DA、P 中几乎无例外地作 u。这是由于这两组资料的基础方言不同。罗常培没有见到 NT 以下的资料，所以没有觉察由于资料不同而转写不同。

高田时雄还认为：鱼韵字在藏汉对音材料中或写作 i，或写作 u。在《开》和其他材料中既和虞韵相通，又和止摄开口字相通，在敦煌俗文学中反映出来的也是这样。而这种分别的条件却找不出来。鱼韵恐怕可以认为和今天一样是 y。藏语中没有韵母 y，所以或写作 i，或写作 u。如果是这种情况，那么罗常培调查在各种资料中鱼韵字作 i 作 u 的比例是没有多大意义的。高昌语中也没有 y，所以在 Kbr 中鱼韵字也或作 i 或作 u。如果鱼韵是 y 的话，那么鱼韵字通 i 多于通 u 就很好理解：近代"十三辙"系统中 y 不属于 u 系列，而属于 i 系列，说明在汉语的押韵意识中 y 近于 i。

③ 在《千字文》中，《切韵》庚、清、青韵（即《四声等子》的梗摄）除了"更、孟、惊、盟、楹"五个字韵母为 eŋ 外，其余字的韵母均变为 e，与《切韵》齐韵字的韵母相同。《切韵》阳、唐韵（即《四声等子》的宕摄）除"糠、康"的韵母为 aŋ，"帐"的韵母为 oŋ 外，其余字的韵母变为 o，与《切韵》模韵字的韵母相同。例如：

〔庚〕烹 p'e　　英 'e　　横 hwe'e
〔清〕情 dze　　缨 'e　　精 tsye　　轻 k'ye
〔青〕铭 me　　宁 ne　　星 sye　　刑 hye
〔齐〕泥 'de　　体 t'e　　西 sye　　鸡 kye

〔阳〕床 c'o　　颡 so　　纺 p'oo　　粮 lyo
〔唐〕邙 mo　　囊 no　　抗 k'o　　旷 k'o
〔模〕途 do　　姑 ko　　苦 k'o

但在其他三种对音材料中，梗摄仍为 eŋ（也有个别字变为 e），宕摄在《阿》《金》中为 aŋ，在《大》中为 oŋ（与通摄混）。

在《开蒙要训》中，也有以庚注齐，以清注齐，青、齐互注诸例。如：

〔本文〕髻（霁）、鲵（齐）、憩（祭）、犁（齐）、提（齐）、鼎（迥）
〔注音〕敬（映）、迎（庚）、庆（映）、令（劲）、亭（青）、帝（霁）

《千》《开》中这种现象是否说明梗、宕两摄失去了鼻音韵尾呢？对此有不同意见。伯希和(P. Pilliot)认为是-ŋ消失了,高体越(R. Gauthiot)认为是元音鼻化,马伯乐(H. Maspero)认为-ŋ变成了鼻摩擦音-ɣ。罗常培同意马伯乐的意见。他认为,如果是-ŋ完全消失,韵母变成了e和o,那么按照明泥两母音变的规律(见第43页,声母之5),"邙""囊""铭""宁"四字就应该读作'bo、'do、'be、'de,而实际上并非如此(见第47页韵母之3)。这就证明在元音e、o后面还有一个-ɣ。而-ɣ是一个很难辨认的音,在吐蕃人听起来,过了一点就保持-ŋ,所以"糠""更""孟"等仍记有-ŋ尾;不及了一点就写作纯元音。如果按高体越的意见,韵母变为稳定的鼻化元音,记音也就不会如此参差了。

高田时雄认为:关于宕摄字-ŋ韵尾的处理,对音材料可分为两组:第一组《金》、《阿》、TD,韵母写作a,保留-ŋ韵尾。第二组其他资料,如《千》、FP、NT、DA、P等写作o,-ŋ尾消失。大概第一组是以当时的标准音为基础的,第二组是以河西方言为基础的。《大》中保留-ŋ韵尾,但韵母写作o,这与其说是从第一组到第二组的过渡,还不如说基本上根据河西方言,但受标准音的影响加上了-ŋ。

高田认为:在10世纪的资料中有许多例子支持宕摄的韵尾-ŋ脱落。比如Kbr中的宕摄字韵母作a或au。宕摄的明母字和泥母字声母依然是m、n这一事实,不一定需要解释为韵尾是-ɣ,而完全可以用元音的鼻化来解释。

梗摄韵尾-ŋ脱落的倾向比宕摄更甚。在第一组资料《金》、《阿》、TD和《大》中宕摄没有-ŋ尾脱落的例子,而梗摄却有v尾脱落的。在Kbr中,梗摄的-ŋ尾也全都脱落。但是,梗摄的-ŋ韵尾脱落后仍然留下了鼻化元音的痕迹。在注音材料中,注音字常常是梗摄字,被注音字常常是齐韵字,如以"令"注"犁",以"听"注"梯",惟一的例外是以"至"注"清"。如果梗摄的-ŋ尾是消失得无影无踪的话,就应该有相反的注音。现在情况并非如此,就说明梗摄字和齐韵字的韵母还不完全一样,其不同就在于它的鼻音化。

④ -n、-m尾的消变。

罗常培认为:《大》中"言"'ge,"免"mye,"天"'de三个字失去了n尾。《开》中以"敬"注"髻"(见第48页),说明"敬"失去了-ŋ尾。又以"敬"注"禁",说明"禁"的-m尾也已失去。

所以,罗常培说:"恐怕从五代开始鼻收声的消失已然开始扩大范围了。"

邵荣芬统计敦煌俗文学中咸摄字和山摄字互相代用有三项例:寒覃代用,愿梵代用,仙添代用。深摄字和臻摄字互相代用有两项例:真侵代用,殷侵代用。共计十例,数量不多。而且出现这种代用的《故圆鉴大师二十四孝押座文》是公元 951 年以后的写本,《庐山远公话》是公元 972 年的写本,所以"-m>-n 如果是事实的话,不光在地域上是不普遍的,而且在时间上也是相当晚的。"

他还统计了敦煌俗文学中-ŋ 尾和-n 尾互相代用有三例:蒸真代用,庚二真代用,梗三隐代用。特别在《韩擒虎话本》中比较集中,有"喜不自身(胜)"、"金璘(陵)"、"影(隐)身灭形"三例,共八见。"这似乎表明当时有些地方确有曾、梗两摄二三等的-ŋ 尾已变为-n。"但其他例都不太可靠。"所以整个说来,认为当时西北方音有-ŋ、-n 合并的现象是没有多大根据的。"

高田时雄认为:在汉藏对音资料中山摄字韵尾-n 脱落的只有两例:"免"mye 和"唤"hwa,而 Csongor 认为这是误写。罗常培还举了"言"'ge,"天"'de 为例,但这实际上是不存在的。因为这两个字是《大》中 Thomas 所补的部分。《大》共 128 行,其中只有一半汉字有注音。Thomas 等把原来没有注音的部分补全了,但所补的有些是没有根据的。所以,不能据此而认为-n 尾已经脱落。

Francis D. M. Dow *Nasalization:A Traditional Characteristic in North-westen Dialects* (JCL,1974,2—2,180—185)一文中认为唐五代西北方音中鼻音韵尾-n、-m、-N 全部脱落,举了四个例证:(A)吐鲁番出土的贷钱契中"贫"写作"平",(B)卜天寿所写诗中"欣"写作"行",(C)坎曼儿诗中"心""金""更"押韵,(D)《开》中以"敬"注"禁"。对此,高田时雄提出了异议。他认为,在《开》中"敬"并非注"禁",而是注"繁"。所以不能以此证明-m 尾的脱落。既然如此,那么(A)(B)两项也只能说明在主要元音是 i 时,-n 和-ŋ 的并混。而坎曼儿诗究竟是不是唐代的东西是可疑的。总之,至少在 10 世纪的河西方言中-m、-n 尾都还保留着,-ŋ 尾除梗摄、宕摄外也还保留着。

我们认为,邵荣芬和高田时雄的意见是可信的。应该说,在唐五代西北方音中,除梗摄、宕摄外,-m、-n、-ŋ 尾都还保留着,-m 和-n 的混并,-ŋ 和-n 的混并,也只有少数例子。

⑤ 入声尾的变化。

在四种藏音中,深咸两摄的入声字收音为-b(在维吾尔语中为-β)。臻山两摄的入声字,除《阿》中"跋"bad、"发"'pad,'p'ad 两字外,收音都作 r。罗常培认为,在《阿》中"发"韵尾作-d 而不作-r,说明《阿》的时代比其他资料早。江宕梗曾通摄的入声字收音作-g。

罗常培认为,上古汉语中入声尾有两套:*-p、*-t、*-k、和*-b、*-d、*-g。从上古发展到现代,其变化为:

```
        上       古       中       古       近       代
*b、*d、*g＞*β、*ð、*ɣ＞无收音之阴韵——全国方言
                            ┌p、t、k————————┌广州、客家、汕头、厦门
                            │                └吴语(?)
*p、*t、*k————————┤
                            └b、d(-r)、g＞β、ð(-r)、ɣ→官话、西北方言
```

唐五代西北方音中的入声韵尾正处在由 b、d(-r)、g 发展为 β、ð(-r)、ɣ 的阶段。而《开》中有两例阴入互注的:以薛(薛韵)注栖(齐韵),以巨(鱼韵)注展(陌韵)。这也许表明"薛"的收音已发生 t＞d＞r＞o 的变化,表明"陌"的收音 g 已经消失。

邵荣芬认为:在敦煌俗文学中有阴声韵和入声韵代用例。属于前元音的阴声通-t 的有三项:止质代用,旨质代用,微迄代用。通-k 的有三项:微职代用,志昔代用,霁职代用。通-p 的一项:未缉代用。属于后元音韵(u)的阴声韵都通-k,共四项:尤屋三等代用,御屋三等代用,暮屋一等代用,遇物(按:原文如此)代用。邵荣芬认为,汉藏对音中的入声韵尾-b、-r、-g,应当假定它们是塞而不裂的-p、-t、-k,当它们在高元音 i、u 后面时不太显著,所以才能和阴声韵相通。如果认为在 i、u 之后入声韵尾已经失去,则入声消失的时间未免过早。

高田时雄认为:山摄的入声韵尾-t 写作-r 的,不但藏文的对音材料中如此,在同时代、同地域的高昌语、维吾尔语、粟特语的对音材料中也都如此。马伯乐根据伯希和的意见,认为-r 实际上是记的[ð]。罗常培认为入声尾的消失过程是-d＞-ð＞-r＞0,而且认为在《阿》中"发"的韵尾不写作-r 而写作-d 表明《阿》的时代比其他资料早。仅从这个例子而作出结论是不可信的,因为在《大》和 TD 中也有韵尾作-d 的例子,而在比《阿》更早的《金》中,"发"却写作-r 韵尾。

二 唐代声调的研究

3.1.2 罗常培认为：在《开》中不同声调互注的甚多，不容易看出有什么规律。但浊上与去声互注很多，证以李涪《切韵刊误》中的话，可确定在晚唐五代时浊上已经变去（李涪的话在一般汉语史或语音史著作中都已谈到，此处不赘）。这个看法，邵荣芬和高田时雄都是同意的。

但是，晚唐五代时各个声调究竟是怎样读法？这是一个颇难回答的问题。根据韵书以及诗歌的押韵显然是回答不了这个问题的。下面介绍两篇有关的文章。

(1) 周祖谟《关于唐代方言中四声读法的一些资料》

文中除引白居易《琵琶行》的押韵和李涪《切韵刊误》说明浊上变去外，还引了别的资料说明唐代四声的分化。

日本《大正新修大藏经》内沙门安然《悉昙藏》卷五《定异音》条有一段话：

> 我日本国元传二音：表则平声直低，有轻有重，上声直昂，有轻无重，去声稍引，无轻无重，入声径止，无内无外。平中怒声与重无别，上中重音与去不分。金则声势低昂与表不殊，但以上声之重稍似相合，平声轻重，始重终轻，呼之为异。唇舌之间亦有差升。
>
> 承和之末，正法师来，初习洛阳，中听太原，终学长安，声势大奇。四声之中，各有轻重。平有轻重，轻亦轻重，轻之重者，金怒声也。上有轻重，轻似相合金声平轻，上轻始平终上呼之，重似金声上重，不突呼之。去有轻重，重长轻短。入有轻重，重低轻昂。元庆之初，聪法师来，久住长安，委搜进士，亦游南北，熟知风音。四声皆有轻重。着力平入轻重同正和上。上声之轻似正和上上声之重，上声之重似正和上平轻之重。平轻之重，金怒声也，但呼着力为今别也。去之轻重，似自上重，但以角引为去声也。音响之终，妙有轻重，直止为轻，稍昂为重。此中着力，亦怒声也。

周祖谟先生解释说：安然《悉昙藏》作于日本元庆四年（880），相当于唐僖宗广明元年。承和之末就是唐宣宗大中元年（847）。文中所说的"表金两家"，指的是表信公和金礼信。表信公传到日本的汉字读音是"汉音",金礼信传到日本的是"吴音"。"怒声"指的是浊声母,"轻重"是两种不同的声调。根据其他资料,轻重和声母的清浊是有联系的。如《文镜秘府论》中以"庄"字为全轻,以"床"字为全重。又如日本古写本《汉书·扬雄传》残卷"夔"字旁引《切韵》"葵癸反"下称"上声重"。可见清声母字为"轻",浊声母字为"重"。所谓"平声直低,有轻有重",是说平声清声母字和浊声母字声调不同;"上中重音与去不分"是说浊上变去。至于正法师和聪法师所读的音"四声之中,各有轻重",那就是共有八个声调了。而"平声直低""上声直昂""去声稍引""入声径止",表示的是四声的调值。

这些资料对我们研究汉语四声的读法很有帮助,但也还有一些疑问有待于解决:平声按清浊分为两个声调和浊上变去是从什么时候开始的?据《悉昙藏》所载,似乎日本的吴音中就有("吴音"大约是三国时从中国南方传去的读音),究竟是不是如此之早?这是需要进一步研究的。

(2) 施向东《玄奘译著中的梵汉对音和唐初中原方音》

玄奘(600—664)出生在洛阳附近的缑氏,青年时期在洛阳度过。他的方音是中原方言。他一生翻译梵文经论七十五部,在他所著的《大唐西域记》中对许多旧译作了批评,并写出了正确的新译。通过这些材料的译音和梵文的对比,可以研究初唐时中原方音的音韵系统。特别是因为梵文的元音有长短之别,梵语的词具有乐调重音,重读音节读高调,非重读音节读低调,所以可以据此来考察初唐中原方音四声的调值。

① 音长

《阿毗达磨顺正理论》卷七七:"衰鲁波体名阿鲁波,声虽短长而义无别。""衰鲁波"(arūpā)是短音,"阿鲁波"(ārūpa)是长音,玄奘用上声的"衰"来译短元音 a,用平声的"阿"来译长元音 ā。又同书卷一四:"字,谓衰阿壹伊等字。"梵文元音字母的排列顺序是 a ā i ī,玄奘用平声字"阿""伊"对ā和ī,用上声字"衰"对a,入声字"壹"对i,可见平声是长调,上声和入声是短调。去声常用来对译含长元音的音节。在《大唐西域记》对旧译的改正中,也可以看出这一点。如《大唐西域记》卷三:"Upadeśa 邬波第铄论,旧曰优波提舍论,误也。"其中 u 是短音,"优"改为"邬",平声改为上声。a 是短音,"舍"改为"铄",去声改为入声。e 是长音,"提"改为"第",平声改为去声,可见去声比平声还长一点。卷五:"ghoṣila,具史罗,旧曰瞿师罗,讹也。"o 是长音,"瞿"改为"具",也是平声改为去声。

各调字对译长元音的情况如下表：

声　　调	平	上	去	入	合计
总　字　数	228	91	140	160	619
对译长音节的字数	101	21	72	14	208
出现率(占本调字数%)	44%	23%	51%	9%	33%
占译长音节总字数%	48.6%	10%	34.6%	6.7%	100%

可知各调按音长排列的顺序是：去、平、上、入。

② 音高

也可以从《大唐西域记》的改译中看出。如：

卷七："śūdrá,戍陀罗,旧译首陀,讹也。"śū 是低调，"首"改为"戍"，上声改为去声，可见去声低于上声。rá,高调,读作罗，可见平声是高调。

卷四："sùbhūti 苏部底,旧曰须扶提或须菩提,……皆讹也。"bhūti 两音皆低调，"扶提"或"菩提"改为"部底"，平声改为上声，可见上声比平声低。

卷六："gautama 乔答摩,旧曰瞿昙,讹略也。"tam 低调，"昙"改为"答"，平声改入声，可见入声低于平声。

各调字对译重音音节的情况如下表。

声　　调	平	上	去	入	合计
对译重音音节次数	263	27	33	79	402
占重音音节总数%	65%	6.7%	8.2%	19.7%	100%
本调字在对译中出现字次	967	117	170	370	1630
译重音节字次占总字次的%	27%	23%	19%	21%	24%

从表上可知：平声是高调，去声是低调，上声入声介于两者之间。

③ 升降

调值的升降无法从玄奘的对译中得知。但根据《切韵序》和《悉昙藏》等材料推测，大概平声、去声是平调，上声是升调，入声是降调。

唐初中原方音的四声可图示如下：

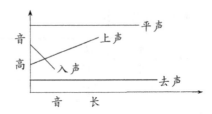

储泰松(2005)认为:隋以前平去调相近,唐初平声调值逐渐向上声靠拢,中唐完成这种变化。

三 唐五代西北方言和现代方言

3.1.3 近年来,对唐五代西北方言和现代方言的关系进行了讨论。

李如龙、辛世彪《晋南关中的"全浊送气"与唐宋西北方音》说:中古全浊声母清化后,塞音、塞擦音的演变,在现代方言中有几种情况:(1)大多数官话方言和粤方言:平声送气,仄声不送气。(2)粤北土话:仄声送气,平声不送气。(3)客赣方言、通泰方言:全部送气。(4)湘话、平话:全部不送气。(5)徽语、闽语:不分平仄,多数不送气,少数送气。近年调查发现晋南关中也是全部送气。

这些方言中不同情况的历史来源是什么?文章认为,在敦煌藏汉对音材料中,《开蒙要训》(敦煌郡学士注音)中全浊声母字和全清字相混,这是当时河西走廊一带的方言;《千》《金》《阿》和《开蒙要训》一致。《大乘中宗见解》大多数全浊声母字变为送气,是当时晋南关中的方言。《大乘中宗见解》"虽在沙州发现,实非在沙州所作,而是吐蕃占据陇右时在甘肃东部某地所作,然后带到沙州区去的。"

"晋南关中方言的形成由来已久,不少特点古已有之。"1. 阳韵字读[o]。2. "以青为妻"。3. 泥母为 nd,明母为 mb,疑母为 ŋg。东晋以后,北人几次南迁。"从洛下一带入主金陵的望族们仍保留着中原旧音,后来跟着主流逐渐成'平送仄不送';而留在江淮方言东片的'通泰'人和继续南迁的客赣方言区的先民,至少有相当一部分是从晋南关中东来的'秦晋流民',后来就走了'不分平仄,全部送气'的路子。"

乔全生《现代晋方言与唐五代西北方言的亲缘关系》说:"唐五代西北方言的嫡系支裔就是现代晋方言。""唐五代时的西北方言地盘较大,范围很广,西起敦煌宁夏,东达陕北山西。……在后来的历史演进过程中,原来西北方言故地甘肃、宁夏等地方言均被由关中而来的中原官话以及兰银官话覆盖,这样,西北方言占据的范围,其西半部丧失,而东半部仍保持。原来的西北方言,虽然地盘缩小、东移,但它的子嗣方言并未消失,这就是今天'山西——陕北'一带的方言,简称'晋方言'。"

文章对比了唐五代西北方言和现代晋方言的语音特点,认为"千余年来,晋方言在继承的同时又经历着种种变化,然而,有几个主要特征却累千年而不变。即(1)鼻音声母带有同部位塞音或变为同部位塞音。(2)全浊声母变全清声母或变次清声母。(3)宕摄阳声韵失落韵尾并入果摄。(4)核心地区入声韵尾弱化为喉塞韵尾。"

按:这些文章把唐五代西北方言和现代方言联系起来讨论,这样做是很有意义的。这一方面可以使我们对现代方言认识得更加清楚,一方面可以促使我们对唐五代西北方言的一些问题进一步思考。从上面两篇文章看,有几个问题还需要深入讨论。

(1) 对唐五代西北方言怎么看?乔文说:"唐五代时的西北方言地盘较大,范围很广,西起敦煌宁夏,东达陕北山西。"把这个地区看作一个统一的方言。李、辛没有讨论唐五代西北方言的范围,但显然认为"当时河西走廊一带的方言"和"当时晋南关中的方言"是两个不同的方言。

(2) 按照李、辛的观点,在全浊声母清化后是否送气这一点上,"当时河西走廊一带的方言"和"当时晋南关中的方言"是不一样的,前者全部不送气,后者全部送气。"当时晋南关中的方言"的这一特点为现代晋南关中方言所继承。但是,李、辛又说,现代晋南关中的方言还有几个特点也是古已有之,即:1.阳韵字读[o]。2."以青为菁"。3.泥母为nd,明母为mb,疑母为ŋg。所谓"古已有之"应该是唐五代的晋南关中方言就已经有的。但实际上,却并不完全如此。如果我们把这些语音特点在几种对音材料中的分布列成表,并按李、辛的观点把这几种对音材料分为唐五代的河西方言和晋南关中方言两大类,就可以看到如下情况:

	浊音清化后全部送气	宕摄、梗摄失去韵尾	明母mb,泥母nd,疑母ŋg	
阿			＋	河西
金			＋	河西
千		＋(梗宕)	＋	河西
大	＋		＋	晋南关中
开		＋(梗)	＋	河西

如果说《大乘中宗见解》代表唐五代晋南关中方言,其他几种代表唐五代河西方言,那么只有"浊音清化后全部送气"这个特点是从唐五代晋南关中方言到现代晋南关中方言一脉相承的。而"宕摄、梗摄失去韵尾"这个特点,在代表唐五代晋南关中方言的《大乘中宗见解》里却没有,反而在代表河西走廊方言的《千字文》和《开蒙要训》中有。"泥母为 nd,明母为 mb,疑母为 ŋg"这个特点,不但《大乘中宗见解》(唐五代晋南关中方言)有,而且《阿弥陀经》《金刚经》《千字文》和《开蒙要训》(唐五代河西方言)也有。那么,"宕摄、梗摄失去韵尾"这个特点,是怎样从唐五代河西方言转到现代晋南关中方言的呢?"泥母为 nd,明母为 mb,疑母为 ŋg"这个特点,是不是为唐五代河西方言和唐五代晋南关中方言所共有,而现代专属晋南关中方言所有了?这些问题都有待于回答。

(3)按照乔文的观点,河西走廊和关中晋南在唐五代是同一个方言区,它和现代晋方言有直接继承关系,有几个主要特征(主要就是我们表中概括的三项)"累千年而不变"。这种观点比较容易解释唐五代西北方言和现代晋语的继承关系,但也还有些问题需要深入讨论。如:1.浊音清化后是否送气,在唐五代西北方言是不统一的,《大乘中宗见解》全部送气,《开蒙要训》全部不送气;在现代晋语中也是不统一的,晋南全部送气,晋中全部不送气。这种相应的关系需要进一步解释。2.宕摄、梗摄失去韵尾,这在唐五代几种对音材料中也是不一致的。这种不一致是时间问题(早先没有,后来有)?还是地域问题(同一方言区的不同方言点语音不同)?如果是时间问题,它是怎样发展的?如果是地域问题,是否和其他方言的影响有关?在现代晋语中,宕摄普遍失去韵尾,而梗摄失去韵尾只在并州片。从唐五代到现代的发展过程,也需要进一步研究。

四 小 结

3.1.4 本节主要是以罗常培《唐五代西北方音》为中心,介绍了对唐五代西北方音的研究。这些研究表明,和《切韵》音系相比,在唐五代西北方音中,语音已发生了较大的变化。最显著的有以下几点:

(1)轻唇音开始分化。
(2)浊音(首先是摩擦音的浊音)开始清化。
(3)明母、泥母有时读作 'b、'd。
(4)韵母系统简化,韵类合并。

（5）梗摄、宕摄的-ŋ韵尾脱落。
（6）入声韵尾已出现弱化的现象。
（7）浊上变去已经形成。

但是，这里还有一个重要问题需要解决：上面所介绍的，除声调部分外，都是以敦煌文献作为资料来进行研究的，那么，这些资料反映出来的语音变化，是唐五代的西北方音特有的呢，还是唐五代整个北方方言所共同的呢？

要解决这个问题，就需要把研究范围再扩大一点，通过别的途径来看看在唐五代的北方其他地区，是否也有这些变化。

周祖谟先生《唐五代的北方语音》一文，就列举了研究唐五代北方语音的几类资料。

① 韵书

如裴务齐正字本《刊谬补缺切韵》、武玄之《韵诠》的韵目、《守温韵学残卷》等。前两书韵目的排列和归并都和《切韵》不同，能反映出一些语音变化。后一书的辨音反映出轻唇音已经分化，而且"非敷"两母字已多不能分。

② 字书

如颜元孙《干禄字书》、张参《五经文字》、《俗务要名林》。这些字书的反切和分韵，反映出《切韵》中的一些韵在唐代已经合并。张参书中轻唇与重唇、舌头与舌上在反切上都分别很清楚，可知其已经分化。

③ 音义书

如慧琳《一切经音义》、颜师古《汉书》注、张守节《史记正义》、何超《晋书音义》等，其反切也反映出唐代北方音与《切韵》音的不同。这些书的反切注音在日本大岛正二《唐代字音の研究》一书中搜罗得比较完备。

④ 北方文人所作的诗歌

如杜甫、元稹、白居易、元结、李商隐、杜牧等的诗歌可以反映陕西、河南的语音。

⑤ 敦煌石室所出的变文和其他民间文学作品

如《敦煌变文集》和《敦煌曲子词集》中所收的作品，可以根据其押韵研究唐代北方的韵类。

⑥ 唐代的汉藏对音材料

如马伯乐《唐代长安方音考》和罗常培《唐五代西北方音》就是用对音材料作的研究。这里需要说明的是：敦煌文书藏在敦煌石窟中，它的抄写者和使用者无疑都是操河西方言的,因此敦煌文书中的对音材料和别字异文反映出来的应该主要是河西方音的现象(当然河西方言也受当时中原标准音的影响,这一点高田时雄已经讲到)。而这些文书中的变文以及曲子词等作品,其创作和流传的区域,却不限于河西地区,而是遍及北方地区,所以,其押韵反映出来的语音特点,应该不限于河西方音,而应该看作是唐五代北方话共同的语音特点。周祖谟先生在另一篇论文《变文的押韵与唐代语音》中说:"变文和其他民间文学的写本虽然出自敦煌佛窟,但所表现出来的押韵范畴并非局限于西北一隅。"这是说得很对的。

同样,敦煌石窟中发现的汉藏对音材料反映的固然是唐五代西北方言,但除此以外还有别的对音材料,如诸多佛经译文中的梵汉对音材料,则可能反映唐初的洛阳方言,或唐代的长安方言。综观这些对音材料,也可以使我们了解到更广大的北方地区的语音特点。

周祖谟先生提到的上述几类材料,近年来有不少中外学者作了研究。拿他们的研究成果加以综合、比较,就可以看到,上面提到的那七点语音变化,(3)(5)两点是唐五代西北方音所特有的,而其余五点是唐五代北方语音所共有的。

比如,轻唇音的分化,在张参《五经文字》(成书于大历十一年,即公元776年)和慧琳《一切经音义》(成书于元和二年,即公元807年)的反切中已看得很清楚。

浊音清化。早在玄奘译著中,就用晓匣两纽共同对译辅音 h。在《汉书注》《史记正义》等书中,有以全浊仄声和全清互切、全浊平声和次清互切的例子。李肇(元和时人)《国史补》卷下:"今荆襄人呼提为堤,……关中人呼稻为讨,呼釜为付。"也是浊音清化的例子。

韵类的合并。周祖谟先生《变文的押韵与唐代语音》根据变文的押韵归纳出二十三个韵类(和罗书的二十三个韵类分合不尽相同),和后来《四声等子》的十六摄相比,差异只在于宕江两摄在此合为一部。此外,唐代的音义书和唐代北方诗人的用韵,也反映出韵类合并的趋势。

入声韵尾的弱化。在玄奘译著中就有-t、-k 相混,乃至用入声字译开音节的现象,韩愈《进学解》中也有-t、-k 相混,说明唐代入声韵尾开始弱化。

浊上变去。这一现象已为学界公认,毋用赘述。

这五点,在近代汉语语音发展史上都有重要意义。

对于唐五代的语音研究,还可以参看储泰松《唐五代关中方音研究》。

此书根据的资料是：唐五代关中地区的作者所作的音义反切，梵汉对音和诗文用韵。关中语音有三个层次：雅言、通语、方音，书中根据上述资料对这三个层次作了全面考察。所得出的结论是：唐五代关中方音（通语）的特点是：轻重唇分开，浊音清化，精章无别；韵母的音类出现合并，至中唐确立为28部；浊上变去，入声韵尾-p,-t,-k弱化和混用。以这几点和唐五代西北方音对照，也可以得出同样的结论：上述五点不只是唐五代西北方音的特点，而是唐五代北方语音所共有的。

周祖谟先生在《变文押韵和唐代语音》一文中根据变文的押韵归纳出二十三个摄，并说："现在北方话的韵母系统就是在这二十三摄的基础上发展起来的。要研究普通话语音发展的历史，不能不以此为起点。"这是侧重从韵母系统来说的。如果我们把声母系统和声调考虑在内，我们同样可以说，要研究普通话语音发展的历史，不能不以唐代（尤其是晚唐五代）为起点。

本节参考资料

鲍明炜1990：《唐代诗文韵部研究》，江苏古籍出版社。
储泰松 2005：《唐五代关中方音研究》，安徽大学出版社。
丁　锋 2005：《慧琳改定玄应声类考》，《音史新论》，学苑出版社。
高田时雄 1988：《敦煌资料による中国语史の研究》，创文社。
李如龙、辛世彪 1999：《晋南关中的"全浊送气"与唐宋西北方音》，《中国语文》第3期。
罗常培 1933：《唐五代西北方音》，《史语所集刊》甲种之十二。
乔全生 2004：《现代晋方言与唐五代西北方言的亲缘关系》，《中国语文》第3期。
邵荣芬 1963：《敦煌俗文学中的别字异文和唐五代西北方音》，《中国语文》第3期。
施向东 1983：《玄奘译著中的梵汉对音和唐初中原方音》，《语言研究》第1期。
张金泉 1981：《敦煌曲子词用韵考》，《杭州大学学报》第3期。
周大璞 1973：《敦煌变文用韵考》，《武汉大学学报》第3,4,5期。
周祖谟 1958：《关于唐代方言中四声读法的一些资料》，《语言学论丛》第二辑，后收于
　　《问学集》，中华书局，1966。
周祖谟 1988：《唐五代的北方语音》，《语言学论丛》第十五辑。
周祖谟 1989：《变文的押韵与唐代语音》，《语言文字学术论文集》，知识出版社。

第二节 宋代语音的研究

对宋代语音的研究,我们分北宋和南宋加以介绍。北宋主要介绍对邵雍《皇极经世书声音图》的研究,南宋主要介绍对朱熹反切的研究。

一 《皇极经世书声音图》研究

3.2.1.1 邵雍(1011—1077),北宋时理学家,居伊洛间近三十年,著《皇极经世》十二卷。此书主要讲数理阴阳之学,但第七至十卷讲律吕声音,每卷四篇,上列声图,下列音图,共十六篇三十二图。这些图能反映出宋代汴洛语音的一些特点。对邵雍《皇极经世书声音图》进行研究的有:周祖谟《宋代汴洛语音考》(原载《辅仁学志》12 卷 1、2 期合刊,1943 年,后收入《问学集》)、陆志韦《记邵雍皇极经世的天声地音》(原载《燕京学报》31 期,1946 年,后收入《陆志韦近代汉语音韵论集》),苏联汉学家 C. E. 雅洪托夫《十一世纪的北京语音》(译文载《汉语史论集》,北京大学出版社,1986),竺家宁《论皇极经世声音唱和图之韵母》(载《近代音论集》)。现介绍如下。

首先要解决的一个问题是:邵雍的《皇极经世书声音图》是否反映北宋时的实际语音?它反映的是北宋时什么方音?宋元时期有一些韵图如《韵镜》《通志·七音略》《四声等子》《切韵指掌图》等,虽各有特点,也在不同程度上反映出语音的历史变化,但最能反映北宋时语音的,是《皇极经世书声音图》。《宋代汴洛语音考》指出:此书"分声析韵与《广韵》大相径庭",是能反映当时的实际语音的。而且,邵雍居伊洛间近三十年,"其音即洛邑之方音矣"。再以邵雍的《击壤集》和北宋汴洛文人程颢、程颐、尹洙、陈与义、韩维、宋庠、宋祁几家诗歌用韵研究比较,其语音特点和《皇极经世书声音图》所反映的若合符节。因此,更能说明《皇极经世书声音图》所反映的是北宋汴洛语音的特点。

当然,因为《皇极经世书声音图》本是为明阴阳数理而作的,其中有些声音的排列很难用音理解释,或者说根本不合音理,这些地方就不能说是反映了当时的语音特点了。

雅洪托夫(1980)对《皇极经世书声音图》反映什么地方的语音提出了不同的看法。他说:邵雍祖籍范阳,三十岁时迁居洛阳。邵图中有北京话特点的反映。《切韵》中很多收-k韵尾的字,跟其他声调带二合元音的字有关。(如声四)这种现象现在只会在北京方言中看到,如:薄、脚、粥、浴、着、熟、鹤(hao)、削、肉、角、药、六,都是原来收-k,现在为二合元音。这种形式《中原音韵》很多,但逐渐被其他北方方言所特有的单元音形式所代替。二合元音和古代-k尾对应的区域西面限于太行山,南面接近北纬37度。洛阳、开封无二合元音。

按:雅洪托夫(1980)的说法是值得重视的。但他以邵雍祖籍范阳为立论的根据,则还可以进一步推敲。因为古人所说的"祖籍",并不一定表示某人出生和生长的地方。邵雍三十岁以前是不是在范阳(今北京)度过,还需要进一步考察有关史料。《宋史》卷四二七:"邵雍字尧夫,其先范阳人,父古徙衡漳,又徙共城。雍年三十,游河南,葬其亲伊水上,遂为河南人。雍少时,……逾河汾,涉淮汉,周流齐鲁宋郑之墟,久之,幡然来归,……遂不复出。北海李之才摄共城令,闻雍好学,尝造其庐。"从上述材料看,邵雍三十岁以前生活的地方是共城,也许在衡漳也生活过。"衡漳"在今河北南部漳河。"共城"北宋属卫州,在今河南辉县,其地在北纬35度北面。这比雅洪托夫所说的今天"二合元音和古代-k尾对应的区域"稍稍偏南一点,但距离洛阳也不太远。在北宋时期,"二合元音和古代-k尾对应的区域"是否比今天范围要大?是否也包括洛阳在内?这还需要仔细研究(可参看黎新第1991)。

其次,要介绍一下《皇极经世书声音图》的大致体例。

《皇极经世书声音图》(以下简称《声音图》)所说的"声"指韵母,"音"指声母。全书共有声十类,但第八、九、十这三类声全是黑圈,表示实际上无此声,所以其实只有声七类。共有音十二类。十声与十二音相配,就犹如十天干和十二地支相配。图中每一声都有十六个位置,有的以字表声,有其声而无其字者用〇填入,无其声者用●填入。这十六个位置排成四个竖行,一、三竖行为"辟",二四竖行为"翕","辟"就是开口,"翕"就是合口。四个横行分别是日、月、星、辰,即平、上、去、入。

每一音也都有十六个位置,或以字表音,或以□和黑框填入。十六个位置排成四竖行,一、三竖行为"清",二、四竖行为"浊"。四个横行分别是水、火、土、石,即开、发、收、闭,大致相当于韵图中的一、二、三、四等。

在今本《皇极经世书》中,在三十二图之前有"正声正音总图",把这十声十二音全部列出。这个总图并非邵雍原文,但其排列和三十二图完全相符。《宋代汴洛语音考》转录此图,并附有明代袁子让、清代熊士伯、李光地等的解释和作者所拟的读音,使人一目了然。今将此表抄录于下方,只是将原表的直行改为横行,并以⊠代替黑框。

3.2.1.2 先讨论音图。

(一)正音图解

邵氏总括十二音图 开发收闭 水火土石	明袁子让字学元元所分三十六母及其清浊	清熊士伯等切元声所列三十六字母及通摄例字	李光地等韵辨疑所注字母	读 音	
				切韵声类	宋代汴洛语音
音一 清古甲九癸	见之清	见公	见之清	k	k
音一 浊⊠⊠近揆	群之浊(疑亦作见)	羣公	南音群之浊	g'	g k
音一 清坤巧丘弃	溪之清	溪空	溪之清	k'	k'
音一 浊⊠⊠乾虬	群之浊	群倥	北音群之浊	g'	k'
音二 清黑花香血	晓之清	晓烘	晓之清	x	x
音二 浊黄华雄贤	匣之浊	匣红	匣之浊	ɣ	ɣ x
音二 清五瓦仰⊠	疑之半清	疑䃔	疑之清	ng	o,ɣ
音二 浊吾牙月尧	疑之半浊	疑䃔	疑之浊	ng	ng
音三 清安亚乙一	影之清	影翁	影之清	ʔ	o
音三 浊⊠爻王寅	喻之浊(爻借匣)	喻○(以上十音喉)	喻之浊	j	o
音三 清母马美米	明之半清	明䝉	明之清	m	m(mb)
音三 浊目克眉民	明之半浊	明蒙	明之浊	m	m
音四 清夫法⊠飞	非敷之清	非风(敷同非)	非之清	pf, pf'	f
音四 浊父凡⊠吠	奉之浊	奉冯	奉之浊	bv'	v f
音四 清武晚⊠尾	微之半清	微○	敷之清	ɱ	o,v
音四 浊文万⊠未	微之半浊	微○	微之浊	ɱ	ɱ
音五 清卜百丙必	帮之清	帮○	帮之清	p	p
音五 浊步白备鼻	並之浊(疑亦作帮)	並○	南音並之浊	b'	b p
音五 清普扑品匹	滂之清	滂䨦	滂之清	p'	p'
音五 浊旁排平瓶	並之浊	並蓬(以上十音唇)	北音並之浊	b'	p'
音六 清东丹帝⊠	端之清	端东	端之清	t	t
音六 浊兑大弟⊠	定之浊(疑亦作端)	定㲈	南音定之浊	d'	d t
音六 清土贪天⊠	透之清	透通	透之清	t'	t'
音六 浊同覃田⊠	定之浊	定同	北音定之浊	d'	t'

音七	清乃妳女☒	娘之清	泥鯘娘同泥	泥之清	n	n
	浊内南年☒	泥之浊	泥鯘	泥之浊	n	n
	清老冷吕☒	来之半清	来笼	来之清	l	l
	清鹿荦离☒	来之半浊	来笼以上八音舌	来之浊	l	l
音八	清走哉足☒	精之浊	精蕞	精之清	ts	ts
	浊自在匠☒	从之浊(疑亦作精)	精蕞	南音从之浊	dz‘	dz ts
	清草采七☒	清之清	清悤	清之清	ts‘	ts‘
	浊曹才全☒	从之浊	从丛	北音从之浊	dz‘	ts‘
音九	清思三星☒	心之清	心檧	心之清	s	s
	浊寺□象☒	邪之浊	邪○	邪之浊	z	s
	清□□□☒		○○	此行系清声而无字盖日字轻齿之清声		当为鼻音n之一类
	浊□□□☒		○○以上八音牙	此行系浊声而无字盖日字轻齿之浊声		当为鼻音n之一类
音十	清☒山手☒	审之清	审舂	审之清	ś,ṣ	ṣ
	浊☒士石☒	禅之浊(士借床)	禅鳙	禅之浊	ź,dẓ	ṣ
	清☒□耳☒	日之半清	日戎	日之清	ńź	o,ẓ
	浊☒□二☒	日之半浊	日戎	日之浊	ńź	ń
音十一	清☒庄震☒	照之清	照钟	照之清	tś,tṣ	tṣ
	浊☒乍□☒	床之浊(疑亦作照)	照钟	南音床之浊	dź,dẓ	dẓ tṣ
	清☒叉赤☒	穿之清	穿冲	穿之清	tś,tṣ	tṣ‘
	浊☒崇辰☒	床之浊(辰借禅)	床崇以上八音齿	北音床之浊	dź,dẓ	tṣ‘
音十二	清☒卓中☒	知之清	知中	知之清	t̂	tṣ
	浊☒宅直☒	澄之浊(疑亦作知)	知中	南音澄之浊	d̂‘	dẓ tṣ
	清☒坼丑☒	彻之清	彻踵	彻之清	t̂‘	tṣ‘
	浊☒茶呈☒	澄之浊	澄重	北音澄之浊	d̂‘	tṣ‘

这个音图反映出宋代汴洛方音声母系统的如下特点：

(1) 浊音清化

这是音图最引人注意的一点。在音一、音五、音六、音八、音十一、音十二中，群母、並母、定母、从母、床母、澄母都按平仄分为两组，仄声与全清相配，平声与次清相配。周祖谟(1942)认为，这很明显地反映邵雍的方音中浊声母已清化，按平仄变为送气与不送气的清声母。在图中虽然还把它们列在“浊”下，那是邵雍墨守字母家旧说的缘故。以上是塞音和塞擦音的浊声母清化，这在唐代还只能见到一些迹象，而在《声音图》中就很明显了。至于摩擦音的浊声母禅、邪、匣母，在唐代早已清化，奉母在唐代也有和非敷混同的趋势，在《声音图》中也和清声母排列在一起，说明是清化了。

但李新魁(1991)认为,这种排列不能说明浊音清化。"北宋时期,还没有别的语音材料比较全面地显示出全浊音消变为清音的迹象。""他将全浊音字分为两类,很可能是当时的全浊音字按声调的不同(平声字与仄声字的差异)分化为两类,一类是送气浊音(平声字读为此类),一类是不送气浊音(仄声字读为此类)。这种情形可能正是浊音消变的前奏。""全浊音在《切韵》系统中,原读为不送气浊音,在北宋时的洛阳话中可能分为两类:在仄声字中保持原来的读音不变,而在平声字中由于受到调值的影响(一般认为升调能使全浊变为送气音),变为送气浊音。"

文章认为,后来,读阳平调的送气浊音首先变为清音。反映这一变化的是南宋祝泌《皇极经世解起数诀》(1241)。他把全浊音字既列入"清音",又列入"浊音"。列入"清音"的大体是平声字,列入"浊音"的大体是仄声字。可见念为送气浊音的平声字已变为清音,而仄声字仍为浊音。严粲《诗缉》:"今人调四声者,误云同桶痛秃,不知'同'为全浊,'桶''痛''秃'皆为次清,清浊不伦矣。"也反映"同"(全浊送气)已变为清音。

李文认为"元代:全浊音的平声字可能清浊两读",《中原音韵》墨本有"阴阳"一类,这些字阴阳两属,实际上就是清浊两读。"明代:全浊音的仄声仍可能清浊两读",王文璧《中州音韵》"大邓定豆淡"等字以"堂唐提徒"等字为切。"清代:各地口语都已消失全浊音,但书面语的仄声字仍保存全浊音",《康熙字典》卷首《字母切韵要法》三十六字母的标目中,"群"改为"郡","床"改为"状",而仄声字"定、并、禅"等不改。《笠翁词韵》中全浊音仄声字与全清字对立。

李新魁的意见是值得考虑的。确实,单凭邵雍的《声音图》,还不能十分肯定北宋时浊音已经清化。汉语浊音清化的过程,还要参考更多的资料。这方面近年来一些学者作了研究,如竺家宁《九经直音的浊音清化》(《近代音论集》)指出,在南宋的《九经直音》中,有100个浊音清化的例子,存在于每一类全浊声母中。可见南宋时浊音清化的程度已经比较明显了。

这里还有一个问题:在这十个音图中,音二的疑母,音三的明母,音四的微母,音七的泥母、来母,音十的日母也都分清浊。而这些声母按等韵都是"次浊",是没有清声的。怎么解释这一现象呢?研究者都注意到,这几组列为"清"的,都是上声字,列为"浊"的,是非上声字。那么上声又和清浊有什么关系呢?

对此周祖谟和陆志韦有不同的解释。周祖谟先生认为,在宋代的汴洛方言中,疑母的上声字必已逐渐演变为口音 ɣ,甚至失去了声母。明母的上声字浊音成分较少,或因声调之关系,读如西北音之 mb。微母上声字也和疑母相似,由鼻音 ɱ 变为口部摩擦音 v,其合口连摩擦音都失去了。泥、来两母,其上声浊音成分少。日母上声也由鼻音变为口音,即由 nz 变为 z,又变为 ʐ,后代又变为 œr。所以,邵氏将它们归为清音。陆志韦则认为:"他(邵雍)方言的上声应是升调。他好像把整个字的声调的上升跟辅音的阴阳弄糊涂了。"

我们认为,在汉语发展过程中,鼻音疑、微两母先变为摩擦音,然后进一步变为零声母,这是一条演变的规律,对此,也可以说是由浊(次浊)变清。但是,这种演变是否先在上声字中发生?这一点恐怕尚无其他材料证明。认为邵雍把上升的声调与清声母混淆倒是值得考虑的,因为古人所谓的"清""浊"往往不严格限于辅音的带声与否,而常常是和声调有关的。但是和其他三声相比,上声有什么特点可以使邵氏把这些字看作"清"?而且,图中全浊声母的上声字,如音一的"近",音八的"在",仍排在"浊"下,这又是什么原因?

雅洪托夫对此有一个很好的解释。他在《十一世纪的北京音》一文中说:"汉语声母的清浊跟声调的高低有关。在有高、低两组声调的方言中,声母为浊音和响音的字有低声调。但这条规则有个重要的例外。"即"在响辅音作声母的字中,上声是高调。"比如现代的杭州话就是这样。杭州话中平、去、入三声各按清浊分为阴阳二调,但是浊上变去,而响辅音的上声和清辅音的上声合一,所以上声只有一个声调,而且是高调。他引用龙果夫夫妇的话说:"只要保留着调高的区别,湘语和吴语地区的人甚至觉察不到浊的读法。"雅洪托夫认为,邵雍的方言和杭州话一样有七个声调,四个高调三个低调(杭州话虽是吴语,但保留着宋代北方方言的很多特点)。"在曾有浊音(不是响音)声母的字里,上声变成了低调的去声,邵雍自己以及他同时代人的诗韵可以证明这一点;但在曾有响音声母的字里,上声成了清一色的高调。"

我认为雅洪托夫这一说法是正确的。这种说法对《声音图》中疑、明等母的"清"作了合理的解释。尽管宋代汴洛方言分为七个声调以及其上声是高调的论点缺乏更多的佐证,但这种假设有现代汉语方言为依据,所以是可信的。王福堂《杭州方言上声字中声母的音变》(《语言学论丛》第二十辑)对现代杭州话作的描写,可以提供很好的佐证(见下表):杭州话中七个调,平上去都各按清浊分为阴阳,阴为高调,阳为低调。而惟独上声只有一个调,全浊的上声已归阳去了,次浊和清声母上声合在一起,而且是个高调。如果北宋的汴洛语音也是如此,那么邵雍就很可能把高低和清浊弄混,而认为次浊上声是"清"的了。

	阴平	阴去	阴入	上声	阳平	阳去	阳入
清	＋	＋	＋	＋			
次浊				＋	＋	＋	＋
全浊					＋	＋	＋

(2) 非敷奉合并

非敷在晚唐五代时就无区别。在《声音图》中,音四的第一竖行"夫、法、飞"三个字都是非母,敷母字未出现。熊士伯解释说"敷同非",这是对的,说明宋代汴洛语音中非敷无别。而此时奉母也由浊变清,所以非敷奉就合为一类。

(3) 床禅无别

在唐五代西北方音中,床母已经由禅而变审了。在《声音图》中,音十第二竖行应是禅母字,但"士"属床母;音十一第四竖行应是床母平声,但"辰"是禅母。这说明宋代汴洛方言也是床禅无别。而且,从音十和音十一的清浊相次看,床禅清化后,仄声或读同审,或读同照,平声则读同穿。

(4) 知组与照组相近

音十二是知组,排在音十一照组后面,而不与端组相次。周祖谟认为"其读音或已与照组相混"。

按:在唐五代西北方音中,已经看到知组与照三合并。而据罗常培的意见,唐五代西北方言中照二照三也已无别。宋代汴洛方言中知、照二、照三这三组声母情况如何呢?《声音图》中音十和音十一两图,第二横行的"山、士、庄、乍、叉、崇"六个字是照系二等字,第三横行的"手、石、震、赤、辰"五个字是照系三等字,但"山"和"手"、"士"和"石"、"庄"和"震"、"叉"和"赤"、"崇"和"辰"分别排列在同一竖行中,据此,周祖谟认为"照穿二母两等同列,当读同一音。此自唐五代已然。"然而陆志韦认为,图中照二列在"发"类,照三列在"收"类,"图里'山庄'二行的'发'类代表ʂ、tʂ,'收'类代表ɕ、tɕ。正像《西儒耳目资》《五方元音》《韵略易通》和《国语罗马字》,邵氏也以为 tɕ 跟 tʂ 可以合为一母。"就是说在宋代汴洛方言中照二和照三读音仍不相同。

蒋冀骋(1997)认为:"邵雍将'知'组单列,说明'知'组与'照'组有别,不应将它们看为一音,作者列'知'于'照'后,而不列于'端'后,说明'知'与'照'近,而不与'端'近。"所以,他把"知"组拟为 tʃ、tʃ。

对于照二照三以及知组的合并过程,学术界是有不同看法的,这在下面讨论《中原音韵》时还会谈到。但《声音图》中知组和照组相次这一事实,至少告诉我们,在宋代汴洛方言中知组已和照组(或是全体,或是一部分即照三)接近甚或合并。

从音图中还可以看出一些韵母的变化,主要是如下两点:

① 音八第一横行的"自"字和音九第一横行的"思""寺"两字,在等韵都是四等字。而图中却列在"开"类(一等)。这种排列在《切韵指掌图》中也是如此。所以,周祖谟认为,这说明止摄精组字的韵母已由 i 变为 ɿ,而且推论说,止摄知组字的韵母也必定由 i 变为 ʅ。

在这个问题上,陆志韦比较谨慎。他认为"自、思、寺"列在"开"类,以及音十的"士"列在"发"类,都是值得注意的。"'自'是《切韵》的(iěi)＞i,今音的 ɿ,'士'是《切韵》的(iěi)＞I)I,今音的 ʅ。我们为《中原音韵》的支思韵拟了一个不肯定的 ï 韵,至少表明在 i,I 跟 ɿ,ʅ 之间还可以有别的音色。邵书的'自'跟'士'当然更不能随便地拟成舌尖音。"

关于韵母 ɿ 和 ʅ,在罗常培《唐五代西北方音》中也曾讨论过。在藏汉对音资料中,止摄字的韵母有记作 i 的,也有记作 e 的。罗常培认为这反映了止摄韵母有的已经从 i 变作 ɿ 和 ʅ。高田时雄不同意这一看法。他认为藏汉对音资料中 e 绝大部分只出现在 sh 和 zh 后面,而在 ts、tsh、dz、c、ch 后面除两例用 e 外,全都用 i。如果在北方话中 i 变为 ɿ 和 ʅ,当然应该是在精组和知照组中都出现的,在那些声母下也应该有 -e。而且,在止摄中,用 -e 还是用 -i 是自由交替的,比如"时"既有写作 she 的,也有写作 shi 的,可见 she 和 shi 只能认为是表示很接近的音的。zhe 和 zhi 也是如此。所以,这不足以证明 i 变为 ɿ 和 ʅ。但高田时雄认为在 Kbr 中有 i 变为 ɿ 的证据。在 Kbr 中,止摄字的韵母无例外地记作 ï,但在记录汉语齿头音的时候只用 iysi、iysa、eysi 和 i。这只在精、清、心母下出现。高昌语的 i 和 ï 不同,i 是表示央元音的。而 iysi,iysa 和 eysi 是为了更精确地记录 ɿ 这个音。高昌文字中 ys 是[z],所以 iysi 是表示 ɿzɿ 这样的音,但在 Kbr 中没有见到 i 变为 ʅ 的迹象。

高田时雄的论证是可信的,说明至少在 Kbr 所反映的汉语方言中,在晚唐五代时,止摄精组字的韵母已经改变。下面我们还将看到,在朱熹的反切中,也有确切的材料说明这一改变。这样,在宋代汴洛方言中,止摄精组字韵母的改变就是很有可能的。但是止摄知照组字的韵母是否已经改变,则还需要更多的材料才能证明。

至于止摄精组字的韵母究竟是从 i 变到了 ɿ,还是从 i 变到了 ï(再进一步发展才变为 ɿ),这是一个拟音问题。《皇极经世书声音图》只告诉我们止摄精组字(自思寺)的韵母要比 i 开口度大一点,Kbr 也只告诉我们一个大致的音值。止摄精组字的韵母从原来的 i 变到现代汉语的 ɿ,是一步就变成的,还是逐步变成的?如果是逐步变成的,那么什么时候才变得和现代汉语一样?这些问题还是有待于深入讨论的。陆志韦认为,在《西儒耳目资》中止摄精组字的韵母还作"u 次","ɿ 断不近 u 音"。所以他把《皇极经世书声音图》止摄精组字的韵母和《中原音韵》的支思韵全拟作 ï。这个意见也是值得考虑的。

近年来,一些学者认为,《声音图》的排列不能表明止摄精组字的韵母从 i 变到了 ɿ。

竺家宁(1983)说:"妻、子、四、日"的韵母应拟为 əi。周氏的拟音不合理。"其一,同一行中竟然有 i、ɿ、ʅ 三种不同的韵母,包含了舌面元音与舌尖元音,其性质殊异,邵氏是否可能把它们看成一样而置于同列?况且周氏的文中其他各声他从不认为一行可以允许多种不同的韵母,邵图的基本原则正在同一行为同一韵母的平上去入字,因此周氏的拟音既与自己的体例不一致,也和邵图的原则有出入。其二,一二行的区别既在开合,第二行的 ui 如何和第一行的舌尖元音配开合?"

蒋冀骋、吴福祥(1997)和蒋冀骋(1997)说:"自、思、寺"派在"开"位,"邵氏的这种安排是一种权宜之计,并非表示舌尖元音,详见后。"后面分析《切韵指掌图》"兹、雌、慈、思、词"排在一等,是"由于语音的发展,齐韵开口与支之脂的开口十分相近,到了难以区分的程度,故《切韵指掌图》的作者将齐韵开口与支之脂同图。既然'支之脂齐'同图,原来的假四等只好让位于真四等,由于精系只有一、四两等,故把'兹、雌、慈、思、词'这些假四等字列为一等,这个一等也是假一等。"

按:《切韵指掌图》的排列确实是由于齐韵开口与支之脂同图而造成的,可以说是"权宜之计"。但邵雍图的"音八""音九"却不存在这个问题。

而且"音图"中列在"开位"的字,除"音三""目"、"音四""夫、父、武、文"("三等重唇合口字已经变为一二等式的轻唇"——陆志韦)外,全是一等字。所以,不能只看作"权宜之计",而是反映了语音变化。当然,不一定就说止摄精组字的韵母变成了ɿ,谨慎一点,如陆志韦那样,把主元音拟作i,也是可以的。

这个问题,还可以参考沈钟伟(2006)。文章运用辽初创制的契丹小字中的汉语借词探讨辽代(907—1125)的北方方言。关于舌尖元音的问题,文章指出:

"紫,子,使,事,侍"用原字58音译,"子,事,侍"也可用原字59音译。"在契丹小字材料中汉语的舌尖元音由原字58及其变体原字59表示,在契丹音系中这两个原字的音值是央高元音[ɨ]。……原字58/59出现在精组和照组声母之后,应当表示不同发音部位的舌尖元音,但是在契丹小字中无别。而且这些例子中已包括了章组声母(照三)字。"(按:"原字"指用于为汉字译音的契丹文字,沈文用数字表示。)

"司,刺"用原字41(s)音译,"使,史,师,事,诗,侍,氏"用原字52(ʃ)音译。"原字41音译带中古精组送气塞擦音和擦音声母,原字52音译带照组擦音声母的整个音节,这种只表声母不表韵母的音译显然说明这些音节的元音已经舌尖化。这个音译为证明舌尖元音的存在提供了有力的证据。"

但是,"'使,诗'也有非舌尖元音的音译,说明庄组(照二)声母后的前高元音的舌尖化演变尚未稳定。"

② 在"音四"中,"夫父武文"为"开"类,"法凡晚万"为"发"类。这些字原为三等合口字,现在的排列,说明这些字由重唇变为轻唇,由三等变为一二等,合口大概也变为开口。

3.2.1.3 下面讨论声图。

(二)正声图解

邵氏所分十声(下注广韵韵目) 平 上 去 入 日 月 星 辰	袁子让所分韵摄及开合	熊士伯所分韵摄及开合	读 音	
			平上去三声	入声(促音)
声一 辟多歌可哿个箇舌薛 翕禾戈火果化祸八黠 辟开咍宰海爱代〇 翕回灰每赔退队〇	果之开 果假之合 蟹之开 蟹之合	果假 开 合 蟹 开 合	a, ia ua ai uai	a ia ua ya

声二	辟 良阳两养向漾〇 翕 光唐广荡况漾〇 辟 丁青井静豆噔〇 翕 兄庚永梗莹径〇	宕之开 宕之合 曾梗之开 曾梗之合	宕江 开合 梗曾 开合	ang,iang uang əng,ing uəng,yəng	
声三	辟 千先典铣旦输 翕 元元犬铣半换〇 辟 臣真引轸艮恨 翕 君文允准巽恩	山之开 山之合 臻之开 臻之合	山 开合 臻 开合	an,ian uan,yan ən,in uən,yən	
声四	辟 刀豪早皓孝效岳觉 翕 毛豪宝皓报号霍铎 辟 牛尤斗厚奏候六屋 翕 〇 〇 玉烛	效之开 效之合 流之开 流之合	效独 流独	au,iau (uau) ou,iou,u 非	ɔ ɔi uɔ,yɔ u y
声五	辟 妻齐子止四至日质 翕 衰脂〇 帅至骨没 辟 德德 翕 龟脂水旨贵未北德	止蟹之开 止蟹之合 止蟹之开 止蟹之合	止蟹 开合 止 开合	i ɿ精 ʅ知 ui ei uei	ə ɿ ʅ iə uə,yə uei
声六	辟 宫东孔董众送〇 翕 龙钟甬肿用〇 辟 鱼鱼鼠语去御〇 翕 乌模虎姥兔暮〇	通之开 通之合 遇之开 遇之合	通独 遇独	ung yng y u	
声七	辟 心侵审寝禁沁〇 翕 〇 〇 〇 十缉 辟 男覃坎感欠梵〇 翕 〇 〇 〇 妾叶	深之开 深之合 咸之开 咸之合	深独 咸 开合	im am,iam	ip (iup)(入字) ap,iap (uap)(乏字)

声八至声十全是黑圈,故不抄录。

这七个声图的排列,由果假至深咸,由大辟至大翕。而每声图又分四位(原图四竖行,现改为四横行),大致上说,一二为洪音,三四为细音。但声一为何果假与蟹的洪音在一图,声六为何通遇在一图,却并无规律。每两位又各分辟翕,辟翕即开合,但根据等韵,效、流两摄本无开合,声四第二位毛宝报三字本为开口,《声音图》列在合口,是因为唇音字的缘故(声一之"八",声五之"北"亦然)。声七缉韵亦无合口,图中所列"十""妾"两字也是开口。在这种地方,《声音图》的排列并不十分严格。

从声图中可以看出宋代汴洛方言语音的一些特点,这些特点可与宋代汴洛文人用韵参证。

(1) 和《四声等子》相比，韵类大致相同，只是果假合为一类，宕江合为一类，梗曾合为一类，蟹摄细音与止摄合为一类。这是继承唐代的韵母系统而又有所变化。

歌、戈、麻以及佳韵的牙音字在唐五代西北方音中已经合并。故宫所藏王仁煦《刊谬补缺切韵》也是佳韵与歌麻相次，可见这在唐代不仅是西北方音如此。《声音图》声一中祸韵的"化"和戈、果韵的"禾""火"同列一位，以及北宋汴洛文人的用韵情况，都表示这一现象在宋代依然这样。

江宕相合见于唐五代西北方音。故宫所藏王仁煦《刊谬补缺切韵》江与阳唐也相次。在《声音图》中，声二的第一、二位都是宕摄字，但在声四中，以觉韵的"岳"和铎韵的"霍"分开合，可见江已并入宕。邵雍的《击壤集》中也是宕江相押。

梗摄和曾摄，在唐五代西北方音中尚未合并。曾摄多作 iŋ，梗摄或写作 eŋ，或变作 e。虽然在有的汉藏对音材料中两摄都写作 eŋ，但实际上曾摄应是 əŋ，由于藏文中没有 ə，才写作了 eŋ。但两摄的入声却已并混了。《声音图》声二青静嶝同在一位，庚梗径同在一位，说明梗曾两摄的舒声已合。北宋汴洛文人用韵也是梗曾两摄无论舒声入声都有通押。

蟹摄细音和止摄合并在唐诗和敦煌变文用韵中已能见到[①]，这在《声音图》声五中也反映出来。蟹摄细音包括齐韵平上去三声以及去声祭废两韵。这在宋代汴洛文人用韵中也可以看到。

在讨论音图时说过，止摄精组字的韵母已经由 i 变为 ɿ 或 ï。这也是一个重要的语音变化。

又：声三的第一、二位中包括元韵和先、铣、翰、换几韵的字，说明元韵已归入山摄。旧韵元韵和魂痕一类。唐代诗歌中，元韵与魂痕相押，也与先仙相押。在唐五代西北方音中元已与寒桓山先仙一类。在宋代汴洛文人用韵中元与先仙相押。

以上这些变化在《四声等子》《切韵指掌图》等韵图中也有反映。这两部韵图都把江摄附于宕，曾摄附于梗，假摄附于果，《切韵指掌图》还把之支韵的精系字列于一等。这都说明上述语音变化在宋代是普遍现象。

(2) 入声韵与阴声韵相配，说明入声韵尾弱化甚或消失。

这是《声音图》七个声图最显著的特点，它和《切韵》系统的阳入相配迥然不同。阴入相配，说明入声字的韵母已经变得和元音相近或相同了。

---

① 参见唐作藩《唐宋间止蟹二摄的分合》，《语言研究》1991 年第 1 期。

比如声五的"骨"原来是-t尾,"北"原来是-k尾,在图中都和收i尾的字("衰"和"龟")相配。如果不是-t和-k消失,就是都变成ʔ之类的韵尾了。只有声九中两个入声字仍配阳声,可能-p尾仍然保留。

我们在上一节中说过,入声韵尾的弱化,因而表现出-t、-k互押或者在对音材料中以入声字译开音节,在唐代已经可以见到。但是到邵雍的《声音图》中才表现得比较明显。在宋代汴洛文人用韵中,也可以见到曾梗摄入声字(收-k尾)和臻摄入声字(收-t尾)相押。在《四声等子》《切韵指掌图》和苏轼诗韵中,都以入声兼配阴阳。这些都说明宋代入声韵尾的变化。

鲁国尧《宋词阴入通叶现象的考察》(载《音韵学研究》第二辑)一文,对两万多首宋词作了全面考察,搜录阴入通叶词69首。它所占比例很小,但值得注意的是,其中50首入声字归阴声韵的情况和《中原音韵》中入声字派入阴声韵的情况相同。这说明从宋代到元代,入声字的演变是一脉相承的。而这69首词中,-p韵尾的字和阴声韵通叶的只有"湿"、"泣"两字。这说明在入声韵尾中-p韵尾变得最慢。这一点,下面还会谈到。

竺家宁(1983)认为,邵图的入声韵尾并未消失,只是弱化为喉塞音韵尾。"如果入声变得和阴声字完全相同,则宋代的语音材料必定会跟阴声同列,混而不分。但是不论宋代韵图或邵氏的十声,丝毫和阴声字不相混。所以,这些入声字后面必定还留有一个轻微的,表现入声特性的成分,因为它是个微弱的辅音,所以能和元音相同的阴声字由于音近而相配,又因为它后面仍有一个辅音存在,所以不和阴声字相混,它仍需留在入声的位置上。"

(3) 声七"禽"的两行,只有"十""妾"两个字,而且这两个字实际上都是开口字。这样的排列是否反映了语音变化呢?

雅洪托夫(1980)说:声七。"禽"是含唇化介音u、y,或以双唇音作声母的音节。咸、深两摄以双唇音作声母的在《切韵》中有"贬(piăm)"、"品(phiəm)"等字。但声七"禽"的两行未列这些字,"看来,这些字在邵雍的方言里已完成了《中原音韵》显示的韵尾从-m到-n的变化。"

竺家宁(1983)则认为:"收-m尾的字在切韵时代只有凡韵(字很少)是合口,后来都因为异化作用而转为开口。所以本图实际上是不应该有合口的,合口位上的'十、妾'都是开口字,……一二行本该作一行的,三四行也该并为一行的,可是前面各声既都分为四行,邵氏又要配合他的'数'理,必得分为四行。"

二 朱熹反切研究

3.2.2.1 对南宋时期语音系统的研究,主要以朱熹的反切为材料。许世瑛、王力、赖江基、蒋冀骋、刘晓南等学者对朱熹的反切作了研究。下面综合这些研究加以介绍。

根据反切来研究某一时期的语音系统,是汉语音韵学常用的方法。但研究朱熹的反切,主要是研究他"叶音"的反切。朱熹(1130—1200),江西婺源人,在他的《诗集传》和《楚辞集注》中,用了大量的反切来叶音。所谓"叶音",是由于朱熹不懂古今语音演变的道理,在看到《诗经》《楚辞》的押韵处用今音(朱熹当时的语音)来读不押韵时,就认为要改变读音以求押韵。这当然是错误的,但他为叶音而作的反切,却留下了他口中实际语音的资料。例如,《诗经·小雅·大田》第三章的韵脚是"萋、祁、私"。这三个字在上古都是脂部。在《广韵》中,"萋"是齐韵,"祁""私"是脂韵。朱熹《诗集传》在"私"下注"叶息夷反"。这告诉我们:(一)按照朱熹口中的读音,"私"字已经不能和"萋""祁"押韵,必须改读为"息夷反"才能押韵。但是"私"在《广韵》中的反切本来就是"息夷切",那么为什么朱熹还要"叶"呢?可见在朱熹口中,"私"已经不读"息夷切"了。(二)"萋"字虽属《广韵》齐韵,但朱熹并未为它注叶音,可见在朱熹口中,齐韵的"萋"已能和脂韵的"祁"相押。这就是说,《诗经》《楚辞》中的韵脚,如果在《广韵》中是同一韵的,而朱熹给其中一些字注了叶音,就说明这些字在朱熹口中已经不属这个韵了;如果在《广韵》中不是同一韵,而朱熹没有给它们注叶音,就说明它们在朱熹口中已同属一韵了。据此对《诗集传》和《楚辞集注》作全面的研究与归纳,就可以知道在朱熹的时代,哪些韵部应该分立,哪些韵部应该合并。

叶音的反切也能反映出声调的变化。如《诗经·郑风·缁衣》:"缁衣之好兮,敝,予又改造兮。""好""造"押韵。这两个本来都是上声字。但朱熹在"造"下注:"叶在早反。"这说明在朱熹的时代,浊上已经变去,在人们口中"造"已读成去声,在声调上和"好"不叶,因此朱熹要把它重新改读为上声,以求和"好"押韵。

"叶音"主要是为了改变韵或声调以求押韵,而与声母关系不大。但既用反切来叶音,就有一个用什么字做反切上字的问题,这有时也反映出声母的变化。如《诗经·王风·扬之水》第三章以"蒲、许"相押,朱熹于

"蒲"下注"叶滂古反"。这主要是为了把"蒲"改读上声与"许"押韵。但"蒲"本为并母,朱熹叶音用的反切上字"滂"为滂母。选用"滂"作反切上字,并非要把"蒲"的声母由并母改为滂母(因为这与押韵无关),而只是在朱熹的时代浊音已经清化,"蒲"的声母已与"滂"的声母一样,所以朱熹就用了"滂"做反切上字。这样,通过被切字和反切上字声母的比较,就可以知道朱熹口中声母系统的变化。

不过,利用叶音的反切来研究声母比研究韵母和声调困难。王力先生《朱熹反切考》说:"某些字的叶音似乎是读成另一个字的音。例如'福'叶笔力反,是读'福'如'逼',并不能证明轻唇与重唇相通。"但刘晓南(2003)引用文献资料说,"福"作"逼"音读,"或许在宋代仍是方音或实际语音。"像这种地方,朱熹的叶音究竟是否反映实际语音,要仔细研究。

3.2.2.2 根据上述原则,研究者对朱熹的反切进行研究后,得出如下结论。

(一) 声母

王力先生分析朱熹的反切,得出 21 个声母;列表如下(此表是根据王力《朱熹反切考》中关于声母的结论和王力《汉语语音史》第六章宋代的声母表制作的。《汉语语音史》中讲宋代音系主要是根据朱熹反切。下面韵母表同)。

		双唇	唇齿	舌尖前	舌尖中	舌面前	舌根	喉
塞音	不送气	p 帮并			t 端定		k 见群	
	送气	p' 滂并			t' 透定		k' 溪群	
鼻音		m 明	ɱ 微		n 泥娘		ŋ 疑	
边音					l 来			
闪音						r 日		
塞擦音	不送气			ts 精从		tɕ 知澄照床		
	送气			ts' 清从		tɕ' 彻澄穿床		
擦音			f 非敷奉	s 心邪		ɕ 审禅	h 晓匣	
半元音						j 影喻		

朱熹反切所反映的声母系统有两大特点：

（1）浊音清化。

朱熹的反切中，有见群、影喻、晓匣、端定、透定、知澄、神审、审禅、禅穿、床山、精从、帮并、滂并、敷奉诸组字相混的现象，说明浊音已经清化；而且在所见诸例中，都是浊声母平声变次清，仄声变全清。

（2）知章合并，庄组字一部分并入章组，一部分并入精组。

据《朱熹反切考》，朱熹的反切中有知照混用三例，说明知照合并。照庄混用二例，神禅混用二例，审山混用三例，说明庄组一部分和照组合并。精庄混用二例，清初混用一例，心山混用七例，说明庄组一部分和精组合并。

关于知章庄三组的合并，在下面讨论《中原音韵》时还要谈到。

这样归并的结果，就使得在朱熹反切中反映出来的声母系统和《中原音韵》的声母系统非常接近了。

（二）韵母

按照王力先生的意见，朱熹的反切可以归纳出 32 个韵部，列表如下。

	阴 声			入 声			阳 声		
u	u 鱼模			uk 屋烛			uŋ 东锺		
ɔ	ɔ 歌戈								
a	a 麻蛇	au 豪包	ai 皆来	ak 觉药	at 曷黠	ap 合洽	aŋ 江阳	an 寒山	am 覃咸
ɐ			ɐi 灰堆		ɐt 物没		ɐŋ 庚生	ɐn 闻魂	
æ		æu 萧肴			æt 月薛	æp 业叶	æŋ 元仙		æm 严盐
ə		əu 尤侯		ək 麦德			əŋ 蒸登	ən 真群	
i	i 支齐			it 质职		ip 缉习	iŋ 京青		im 侵寻
ɿ	ɿ 资思								

这个韵母系统和十六摄相比有如下特点：

（1）资思成为一个独立的韵部。

支脂止三韵的精系字,像上面说过的"私"字,以及"斯""思"等字,在朱熹的反切中,很多要经过叶音才能和支脂之三韵的其他字相押,说明这些字的韵母已经发生了变化。许世瑛和王力都把这个新的韵部拟为舌尖前高元音。但对此有不同看法,我们将在下面详细讨论。

但知照系的止摄字在朱熹的反切中却不用叶音就可以和止摄其他字相押。如《诗经·豳风·七月》第一章的韵字有"耜、趾、子、亩、喜",朱熹在"耜""子"下均注叶音,而"趾""喜"却未注叶音,说明朱熹口中"趾"和"喜"可以相押。例外只有一个"师"字(据王力先生的意见,"师"在当时已从庄系转入精系)。这说明在朱熹的语言中,韵母ɿ还没有出现。

(2) 歌戈与麻不合。

在朱熹的反切中,麻韵字如"珈""麻""嘉""鲨""蛇""差""嗟"等,都要读叶音然后与歌戈字相押,说明麻韵和歌戈韵读音不同。这和邵雍《声音图》中禡韵字和戈、果韵字同位是不一样的。

(3) 蟹摄的细音齐祭废三韵和止摄合成支齐部,其余的分为两韵:"皆来"和"灰堆"。齐、祭、废三韵和止摄合并在唐诗和敦煌变文用韵以及邵雍《声音图》和北宋汴洛文人用韵中已能见到。但其余部分的分别是在朱熹的反切中才见到的。王力先生把蟹摄的其余部分分为"皆来"(包括《广韵》的佳皆咍泰夬)"灰堆"(《广韵》的灰)两韵。赖江基则认为在朱熹的反切中灰咍同用,但是一等和二等有区别,所以把泰灰咍合为"回来"部,把佳皆夬合为"皆怀"部。

(4) 效摄分为两部:萧爻和豪包。

"萧爻"包括《广韵》的萧宵和肴(喉牙),"豪包"包括《广韵》的豪和肴(唇音)。前一部分字要读叶音才和后一部分相押,可见读音有别。

(5) 江摄和宕摄合并。

(6) 梗摄分为两部:"庚生"和"京青"。

"庚生"包括《广韵》的庚(二等)和耕,"京青"包括《广韵》的庚(三等)和清青。曾摄与梗摄不合。

(7) 山摄分为两韵:"寒山"和"元仙"。

"寒山"包括《广韵》寒桓删山和元(唇音),"元仙"包括《广韵》的先仙和元(喉牙)。

(8) 臻摄分为两部:"真群"和"闻魂"。

"真群"包括《广韵》的真谆臻殷文(喉牙),"闻魂"包括《广韵》的魂痕和文(唇音)。

(9) 咸摄分为两韵:"覃咸"和"盐严"。

"覃咸"包括《广韵》的覃谈咸衔和凡的唇音,"盐严"包括《广韵》的盐添严和凡的喉牙音。

以上效、梗、山、臻、咸五摄,在邵雍《声音图》和北宋汴洛文人用韵中,本摄诸韵都通用不分,而且梗摄还与曾摄合一。而在朱熹反切中都各分两韵,这是有较大区别的。

有一点值得注意:在朱熹的反切中,有时真群和京青相混。王力先生已注意到这一现象,如"命"字既叶弥并反,又叶弥宾反;《卢令》中"令"注音"零"而与"仁"相押;《桑柔》中"东"注音"丁"和"辰"相押;《楚辞·远游》中"人"未读叶音与"征"相押等,认为这表明在朱熹方言中真群和京青相混。赖江基进一步举出真谆欣清青同用 16 例,真谆蒸登四韵同用 3 例,青蒸登同用 1 例,以及相应的入声韵同用若干例,认为《广韵》的真谆臻欣文(喉牙音)庚三清青蒸登(即王力所说的"真群""京青""蒸登"三部)应合为一部,名为"真青"。按,这种-ŋ和-n 尾相混的情形,在史达祖的词中也能看到。如《夜合花》(冷截龙腰)词中以庚清青韵字和真文魂韵字相押。但在邵雍《声音图》和《中原音韵》中,-ŋ尾和-n 尾都区分得很清楚。所以,在朱熹音中这种相混,可能只是一种方言现象。

(10) 入声韵的分合大致和相应的阳声韵一致。但王力先生认为陌麦昔锡积德六韵分成两部分:陌二等、麦、职(庄系)、德单立一部,为"麦德"部,陌三等、昔、锡、职等和质、术、栉、物(喉牙)、迄合为一部,为"质职"部。在质职部中,陌三等、昔、锡、职等的-k 韵尾已变为-t 韵尾。

关于朱熹叶音是否反映了 1 韵母已经出现,蒋冀骋和刘晓南提出了不同于许世瑛和王力的意见。

蒋冀骋(2001)说:"改叶他音以求押韵,只表示二者读音不同。读音不同就一定表明另一音读作[1]吗?"他引用刘晓南的意见说:止摄精组字闽语读 u,所以要叶音与 i 相押。

刘晓南(2002)论证更为详细。他认为,根据叶音得出的"朱熹支思部实际上是不周延的"。许世瑛只收了 20 字。王力收了 27 字,说朱熹未注叶音的是漏注。但实际上,"《诗集传》中给止摄精组开三字注叶共 82 例,这种该注叶而不注叶的韵段达 20 段。"尤其是"子"字,"在相同的条件下改注叶音 26 次,不改 6 次。""在《楚辞集注》中,有 10 个止摄精庄组字用作韵脚与止摄其他字相协 23 次,……朱熹仅给其中两个字各注一次(思兕),其余皆不注叶音而直接协韵。从中至少看出朱熹是以为这批字不注叶也可与其他止摄开三字押韵的。"

而且,朱熹用"私赐思词"作切下字与其他止摄字押韵:

《九章·惜往日》第十五韵段:再(叶子赐反)识(音志,又音试)
《招魂》第十一韵段:都(叶丁奚反)疑(音疑,又牛力反)駓(音丕)牛(叶鱼奇反)灾(叶子私反)
《九章·惜往日》第十四韵段:载(叶子赐反)备异
《惜誓》:之裁(叶即词反)哉(叶即思反)

又:

《楚辞集注·九辩》第六章第一韵段:济至死(叶去声)
《周颂·载芟》第五韵段:济积(子赐反,叶上声)秭醴妣礼
《豳风·鸱鸮》一章:子(又叶入声)室(又叶上声)

"死赐子"只改变声调就可与其他止摄字押韵,可见未读支思韵。

朱熹为什么"给这么多本可协韵的止摄精组开口字注上叶音"? 朱熹自己说:"叶韵多用吴才老本。或自以意补入。"朱熹止摄精庄组开口字叶音大多采用吴棫《韵补》。

《韵补》中有一批止摄精庄组字叶音,因为宋代闽音中这些字读同鱼模部音。如《韵补》:"子,奖礼切。古子有二读,与纸叶者,声近济水之济。与语叶者,如今读。秄梓一类皆仿此。"

文章最后说:"要言之:朱熹对这批字注叶,是用通语音改读闽方音,不注叶则是直接读通语音协韵。"

按:这篇文章提出了很值得注意的问题:在朱熹的叶音中,除了许世瑛和王力所注意到的止摄精组字必须叶音才能和 i 韵母押的例证外,还有数量不少的例证说明止摄精组字不必叶音就能和 i 韵母押韵。这些例证,仅用"漏注"确实是无法解释的。但是文章作者自己提出的解释仍然不能解决问题:如果说"注叶,是用通语音改读闽方音,不注叶则是直接读通语音协韵",那么,为什么同是《诗经》《楚辞》的韵脚,朱熹有的读闽方音,有的读通语音呢? 甚至同一个"子"字,为什么 26 次读闽方音,6 次读通语音呢? 如果说这 6 次是朱熹疏忽了,没有用闽方音读,而是用通语音

读,那么这种解释和"漏注"说并没有什么差别。而且,据刘文提供的材料,吴棫《韵补》中支、鱼两收的为11个字,都是常用字,还有24个字支收鱼不收,包括"俟""呪",说明这两个字在吴棫口中是不读鱼模韵的。但这两个字朱熹都注了叶音,在《楚辞集注》中注叶音的两个字就是"思"和"呪",在《诗经·鄘风·硕鼠》中"止,俟"为韵,朱熹说"俟""叶羽已反,又音始"。朱熹为什么要给这两个字叶音呢?是因为这两个字在朱熹口中读鱼模韵吗?"呪"是个生僻字,不大可能有口语的闽音,朱熹也不大可能对《楚辞》中的其他字都用通语音读,而唯独"呪"却用闽语音读。"俟"在《诗经》中作韵脚只有上述一次,但《诗经》中还有用"俟"的同音字"涘"作韵脚的。如果朱熹用闽语把"俟/涘"的韵母读作u,就无法解释下面两首诗的叶音:

《诗·鄘风·蝃蝀》:"朝隮于西,崇朝其雨。女子有行,远兄弟父母(叶满补反)。"

《诗·王风·葛藟》:"绵绵葛藟,在河之涘(音俟,叶矣始二音)。终远兄弟,谓他人母(叶满彼反)。谓他人母,亦莫我有(叶羽已反)。"

《蝃蝀》中"母"叶"满补反",显然是要把"母"的韵母改为u,以求和"雨"押韵。而在《葛藟》中,如果按闽音把"俟/涘"的韵母读作u,那么"母"同样也应叶"满补反"来和"俟/涘"押韵。但朱熹却叶"满彼反",可见朱熹口中的"俟/涘"并不用闽音读。所以,"闽音"说也还存在问题。朱熹叶音的问题,还需要继续研究。

(三) 声调

朱熹的反切反映出浊上变去,这在上文已经谈到。在他的反切中今阴平声字与今阳平声字可以互切,这说明在朱熹的音中平声不分阴阳。

三 小 结

3.2.3 上面分别介绍了对邵雍《声音图》和朱熹反切的研究。邵雍生活在11世纪,朱熹生活在12世纪。那么,我们能不能认为,从邵雍音到朱熹音,就代表了汉语语音在11—12世纪这一百年间的发展呢?显然,我们不能简单地这样看。

比较邵雍《声音图》和朱熹的反切,可以看到,两者有同有异。

共同之处是：

(1) 浊声母清化，而且浊声母平声归次清，浊声母仄声归全清。
(2) 章组和庄组合并，知组和章庄组接近或者合并。
(3) 止摄精组字韵母发生变化，由 i 变为 ɿ 或 ï。
(4) 蟹摄细音(齐祭废)并入止摄。
(5) 江宕两摄合并。

不同之处主要是：

(1) 邵雍歌戈麻不分，朱熹歌戈与麻分立。
(2) 邵雍效、山、臻、咸四摄独用，梗曾二摄合并，朱熹梗曾不合，效梗山臻咸五摄各分为两部。
(3) 邵雍入声韵尾弱化或消失，朱熹保留-p、-t、-k 三个入声韵尾。
(4) 邵雍可能平、去、入三声各分阴阳，朱熹不分阴阳。

这些相同之处，上和唐代的语音变化相承，下与《中原音韵》中的情况一致(有的在《中原音韵》中有进一步发展，如《中原音韵》的支思还包括了止摄章庄组字)。毫无疑问，这是反映了宋代语音的普遍性的变化。

而这些不同之处，如果和《中原音韵》联系起来看，除了第(1)点外(在《中原音韵》中麻韵又进一步分为家麻和车遮两部)，好像从北宋到南宋到元代走了一个"之"字形。比如，邵雍的入声韵尾弱化甚或消失，朱熹保留-p、-t、-k 韵尾，《中原音韵》入声韵尾又消失。能不能说汉语入声韵尾的消变是一个如此反复的过程呢？显然不能。我们只能说，从邵雍的《声音图》和北宋汴洛文人的用韵中反映出北宋的汴洛方言中入声韵尾弱化，而在南宋的南方方言中-p、-t、-k 尾都仍然保留，到元代的北方话中入声韵尾消失，但在一些南方方言中，-p、-t、-k 尾一直保留至今。我们在考察汉语的历史演变时，地域的因素是必须考虑在内的。朱熹反切中的语音现象，有 12 世纪时汉语普遍具有的特点(如浊音清化)，也有只在当时南方方言中才具有的特点(如保留-p、-t、-k 尾，以及部分-ŋ 尾和-n 尾的相混)。对此，必须进行具体分析。如果不加分析地把邵雍的《声音图》——朱熹的反切——《中原音韵》直线式地联系起来，看作是汉语在 11—14 世纪发展的历史过程，那显然是不妥当的。

本 节 参 考 资 料

蒋冀骋、吴福祥 1997:《近代汉语纲要》,湖南教育出版社。
蒋冀骋 1997:《近代汉语音韵研究》,湖南师范大学出版社。
蒋冀骋 2001:《朱熹反切音系中已有舌尖前高元音说质疑》,《古汉语研究》第 4 期。
赖江基 1986:《从〈诗集传〉的叶音看朱熹的韵系》,《音韵学研究》第 2 辑。
黎新第 1991:《北纬 37°以南的古-k 韵尾字与二合元音》,《语言研究》第 2 期。
李新魁 1988:《宋代汉语的韵母系统》,《语言研究》第 1 期。
李新魁 1991:《近代汉语全浊声母的演变》,《中国语言学报》第 4 期。
刘晓南 2002:《〈诗集传〉支思部独立献疑》,《纪念王力先生百年诞辰学术论文集》,商务印书馆。
刘晓南 2003:《论朱熹诗骚叶音的语音根据及其价值》,《古汉语研究》第 4 期。
鲁国尧 1986:《宋词阴入通叶现象的考察》,《音韵学研究》第 2 辑。
陆志韦 1946:《记邵雍〈皇极经世〉的天声地音》,《陆志韦近代汉语音韵论集》,商务印书馆 1988 年。
沈钟伟 2006:《辽代北方汉语方言的语音特征》,《中国语文》第 6 期。
王福堂 1993:《杭州方言上声字中声母的音变》,《语言学论丛》第 20 辑。
王　力 1982:《朱熹反切考》,《龙虫并雕斋文集第三集》,中华书局。
许世瑛 1970:《朱熹口中已有舌尖前高元音说》,《淡江学报》第 9 期。
许世瑛 1971:《从〈诗集传〉叶韵考朱子口中鼻音韵尾及塞音韵尾相混情形》,《文史季刊》第 1、3 期。
许世瑛 1973:《从〈诗集传〉叶韵中考〈广韵〉阳声各韵之合并情况》,《辅仁学报》第 1 期。
许世瑛 1973:《从〈诗集传〉音注及叶音中考中古声母并合情况》,《淡江学报》第 11 期。
雅洪托夫 1980:《十一世纪的北京语音》,《汉语史论集》,北京大学出版社,1986 年出版。
周祖谟 1942:《宋代汴洛语音考》,《问学集》,中华书局,1966 年。
周祖谟 1943:《宋代方音》,《问学集》,中华书局,1966 年。
竺家宁 1994:《论皇极经世声音唱和图之韵母》,《近代音论集》,台湾学生书局。
竺家宁 1994:《近代音史上的舌尖韵母》,《近代音论集》,台湾学生书局。

第三节 元代语音的研究

对元代语音的研究,集中在对《中原音韵》的研究上。此外,近年来对《中原雅音》的发现和研究也是近代汉语语音研究的一个重要收获(对《中原雅音》的年代,研究者意见不一,现根据多数研究者的看法,放在元代语音研究部分介绍)。

一 《中原音韵》研究

《中原音韵》,周德清(1277—1365)撰,成书于元泰定甲子年(1324)。这是近代汉语语音史上最重要的一部韵书,它打破传统韵书的束缚,根据当时实际语音来审音定韵,成书以后就产生很大的影响。20世纪以后,不少学者用现代语言学的观点对它进行研究,如白涤洲《北音入声演变考》(《女师大学术季刊》2卷2期,1931)就对《中原音韵》的"入派三声"作了研究,罗常培《中原音韵声类考》(史语所集刊2本2分,1932)、赵荫棠《中原音韵研究》(商务印书馆,1936)、陆志韦《释中原音韵》(《燕京学报》31期,1946),都是研究《中原音韵》的重要著作。60年代初,曾对《中原音韵》的一些问题展开过讨论。80年代,出版了杨耐思《中原音韵音系》(中国社会科学出版社,1981)、李新魁《中原音韵音系研究》(中州书画社,1983)、宁继福《中原音韵表稿》(吉林文史出版社,1985)等专著。1991年出版的论文集《中原音韵新论》反映了《中原音韵》研究的新水平。台湾陈新雄著有《中原音韵概要》(1976)。在国外,研究《中原音韵》的专著有日本服部四郎和藤堂明保合编的《中原音韵の研究·校本编》(1958),美国司徒修(Hugh M. Stimson)的 The Jungyuan yinyun: A Guide to old Mandarin Pronunciation(《中原音韵:早期官话发音指南》)(1966)和薛凤生的《中原音韵音位系统》(鲁国尧、侍建国译,北京语言学院出版社,1990)。

关于《中原音韵》的研究,集中在三个问题上。

(一)《中原音韵》的声母系统

3.3.1.1.1《中原音韵》的声母,罗常培定为20个,赵荫棠定为25

个,陆志韦定为 24 个,杨耐思定为 21 个,王力定为 25 个,诸家异同见下表。

《中原音韵》声母表(据杨耐思《中原音韵音系》改制)

例字	罗订	赵订	陆订	杨订	王订
崩	p	p	p	p	p
烹	p'	p'	p'	p'	p'
蒙	m	m	m	m	m
风	f	f	f	f	f
亡	v	v	'w'	v	v
东	t	t	t	t	t
通	t'	t'	t'	t'	t'
农	n	n	n	n	n
龙	l	l	l	l	l
宗	ts	ts	ts	ts	ts
怱	ts'	ts'	ts'	ts'	ts'
嵩	s	s	s	s	s
支章	tʃ	tʂ	tʂ,tɕ	tʃ	tʂ,tɕ
眵昌	tʃ'	tʂ'	tʂ',tɕ'	tʃ'	tʂ',tɕ'
施商	ʃ	ʂ	ʂ,ɕ	ʃ	ʂ,ɕ
戎	ʒ	ʐ	'ʐ'	ʒ	r,ʅ
工姜	k	k(c),tɕ	k	k	k
空腔	k'	k'(c'),tɕ'	k'	k'	k'
仰	(ŋ)	ŋ(ɳ),ɲ	ŋ	ŋ	
烘香	x	x(ç),ç	x	x	x
邕	0	(0)	-	0	w,j

可以看出,诸家的分歧在于:①中古知章庄三组的变音该不该分为两组,②中古见组细音的变音该不该分出一组,③ŋ 母是否存在以及一部分中古"疑"母字变音要不要另立一类。下面着重介绍关于知章庄三组的讨论。

3.3.1.1.2 知庄章三组字在《中原音韵》中的情况是:

在"东钟"韵中,有一小韵知章庄三组字合用。

在"支思"韵中,章组字和庄组字合用(只有两个知组字)。

在其他韵中,都是知二和庄合并,知三和章合并。

对此,有两种不同的看法。一种认为在《中原音韵》中知章庄三组声母完全合一了,一种认为在《中原音韵》中庄和知二是一个声母,章和知三是另一个声母;但在支思韵中,章变得同庄。持前一种看法的有罗常培、赵荫棠、杨耐思、李新魁等。罗拟为 tʃ、tʃʻ、ʃ,赵拟为 tʂ、tʂʻ、ʂ。他们认为中古知庄二等字和知章三等字在《中原音韵》中在同一韵部出现时,其韵母不同,即二等字没有 i 介音,三等字有 i 介音。

持后一种看法的以陆志韦为代表。他批评赵荫棠的拟音,认为 tʂi 是不合音理的。他说:"《中原音韵》的照三等开口,除了在支思韵作 tʂ 等,其他不论在哪一韵,都跟知三等一同作 tɕ 等。至于照三知三等合口在《中原音韵》是什么音值,我有点不敢肯定。……齐微韵的照三等、知三等合口字应当作 tʂ,……真文韵没有把握。……先天韵的情形是同样的。"而知二(原为 ȶ)和照二(即庄组,原为 tʃ)合,拟音为 tʂ。

宁继福的看法大致和陆志韦相同,但他认为 tɕ 和 tʂ 虽然音值不同,但是互补的,所以是一个音位。

李新魁(1979)不同意陆志韦的看法,他认为,"照系和知系声母的音值,在元代,都是卷舌音 tʂ 等","知二与庄同音而与知三、章对立,这个事实是存在的。但是,它们的对立并不是声母的对立,而是韵母的不同。"tʂi 在实际语言中是存在的。如客家大埔话、广东兴宁客家话都有此音。"既然 i 在 tʂ 的影响之下归于消失,tʂ 应有与 i 拼合的机会才能施加这种影响。""在《中原音韵》时的照系声母,其音值就是 tʂ。tʂi 相拼合的音节结构保持了一段相当长的时间。"

"中古的庄组就是一个卷舌的 tʂ 组声母,元代庄组读为 tʂ 组就是它的继承和发展。……到了宋代,庄、章这两组声母已经合而为一,舌面的 tɕ 组变入 tʂ 组。"

这两种看法当前仍然没有定论。

蒋希文(1983)对江苏东北的赣榆方言作了调查,发现该方言中知庄章三组的情况和《中原音韵》大致相同。即:东钟部中知庄章一律读 tʂ,支思部中庄章一律读 tʂ,齐微部中章、知三开口读 tɕ,合口读 tʂ。其余诸韵庄、知二为一类,读 tʂ;章、知三为一类,读 tɕ。

刘淑学(2000)对河北广宗等八市县的方言作了调查,说:北京话的

[ʅ]韵母字,河北广宗等八市县的老派读音中分为两类:一类读 i,声母是 tɕ,包括止开三知组字(知智迟痔治),祭韵知章组字(滞制世势誓),深臻曾梗摄开三知章组入声字(如"汁""侄""直""掷"等)。另一类读 ʅ,声母是 tʂ,包括止开三庄组(部分)字(师士史),章组字(支纸脂志眵是时试),臻开三生母入声字(虱)。这些字除《中原音韵》未收的以外,读 tʂʅ 的是《中原音韵》的支思韵字,读 tɕi 的是《中原音韵》的齐微韵字。

当然,我们不能由此得出结论说《中原音韵》中知庄章三组的情况就是这样,但现代赣榆方言和河北方言的这种情况会有助于我们对《中原音韵》的研究。

(二)《中原音韵》有无入声

3.3.1.2.1《中原音韵》中有没有入声?这个问题至今争论未决。引起争论的主要原因是:《中原音韵》中的入声字排列在平、上、去三声的后面,并且标明"入声作平声阳"、"入声作上声"、"入声作去声"。而周德清在《中原音韵·自序》中说:"夫声分平仄者,谓无入声。以入声派入平、上、去三声也。作平声最为紧切,施于句中,不可不谨。派入三声者,广其韵耳。有才者本韵自足矣。"在《中原音韵·正语作词起例》中又说:"平上去入四声,《音韵》无入声,派入平上去三声。前辈佳作中备载明白,但未有以集之者。今撮其同声,或有未当,与我同志改而正诸。""入声派入平上去三声者,以广其押韵,为作词而设耳。然呼吸言语之间,还有入声之别。""入声派入平上去三声,如'鞭'字,次本韵后,使黑白分明,以别本声、外来,庶便学者。有才者本韵自足矣。"对于《中原音韵》中这种体例和周德清本人的话,研究者有不同的理解。

一种意见认为:周德清本人说得很清楚:"呼吸言语之间还有入声之别。"所以,"入派三声"并非"入变三声",只是因为当时的入声韵尾弱化或者消失,而入声声调近于三声,所以在作曲时入声可以与三声相押;《中原音韵》把入声派入三声,就是为了"广其押韵",而把派入的入声列在三声的"本声"之后,也说明入声与三声还有区别。持这种意见的还反问说:如果语言中入声已经消失而变入三声,那么剧作家自然会根据实际语音来使用原入声字,何须周德清来教他们哪些字该用作平声,哪些字该用作上声、去声呢?周德清也可以根据实际语言来处理入声字的分派,何须辛辛苦苦地从"前辈佳作"中去"撮其同声",而且还惟恐"或有未当"呢?持这种意见的有陆志韦、杨耐思、李新魁等。

另一种意见认为:如果在语言中入声尚未消失,那么元代的剧作家就不可能在作曲时以入声与三声相押,更不可能由某一个人将入声派入三声。所以"入派三声"就是"入变三声"。但就是在北方地区,入声消失的时间也不会是完全一致的,甲地入声消失了,乙地入声还存在,周德清"撮其同声"说明入声字如何分派,正是为了告诉那些方言中仍有入声的剧作者如何使用入声字。诸种方言还有读书音与口语音并存,使得周德清在处理入声字时也不那么轻而易举。至于周德清说的"呼吸言语之间还有入声之别",则可能是指邻近方言中或读书音中还有入声之别,也有人认为"这话只是一面挡箭牌"(王力《汉语语音史》)。持这种意见的有赵荫棠、王力、董同龢、宁继福、薛凤生等。

3.3.1.2.2 这些问题还可以进一步研究。下面,我们着重从《中原音韵》所反映的音系本身来看一看它是否还有入声。

陆志韦说:"最好再从《中原音韵》本身找几个内在的证据来说明入声的派三声并不跟三声同音。"(《释中原音韵》)他找了三条:

(1)浊上归去,《中原音韵》已然如此。但这些字《中原音韵》就归在去声下,而不列为"上声作去声"。曲韵"鼻"字去声作平声,周氏另列一条,而不归平声,因为当时还是去声。所以入声作平声、上声、去声,说明当时还是入声。

(2)《中原音韵》清入全派入上声,与今日国音不符。其派入上声的原因,是因为《中原音韵》的上声是升调,清入是高调的短音,差不多等于上声的尾巴,所以可与上声相叶。"就因为清音入声能完全派入上声,所以知道他们不能是真正的上声。"

(3)"音理上还有一个最确切的反证。派入某声的入声字跟本声字在今音可以全然不同。例如萧豪韵平声'豪寮饶'跟'浊铎博',上声'小皎袅'跟'捉托错',去声'笑粜钓'跟'诺幕恶'。……所以跟今国音不合的缘故,正因为《中原音韵》的入声还是入声。"

3.3.1.2.3 薛凤生针对陆志韦的观点提出不同的看法(见《中原音韵音位系统》)。他认为:

(1)没有证据说周德清时"鼻"仍作去声,如果仍作去声,应该在齐微韵的去声中,然而齐微韵的去声中没有"鼻"。所以,周德清说"鼻"字是"去声作平声阳",只是表示原读去声的"鼻"字已改读平声。同理"入声作X声"表明原来的入声字已改读 X 声。

(2)清入全作上声不能证明他们不是真正的上声,比如现代青岛话中清入就全变为上声。至于这种情况与现代北京话不合,很可能是北京话受周围方言或次方言影响的结果。

（3）关于第3点，薛凤生在书中并未针对陆志韦的意见展开辩论，但我们可以根据薛书中的论述对陆志韦提出的问题加以回答。薛凤生说："许多萧豪韵的入声字也出现在歌戈韵里。我把这现象解释为读书音和口语音的两条不同的发展线索所致。更精确地说，在与口语音关系密切的另一次方言中，发生了读书音变化的现象。……但在《中原音韵》即'口语音'这个次方言里，……它们与'语音'一起为大众所接受，……然而随着时间的流逝，这个被看作'标准语'的方言区域不断扩大，……更具权威性的'读书音'压倒了'口语音'，结果这里所讨论的许多字在现代北京话中只保留了'读音'而不是'语音'。"也就是说，《中原音韵》记录的是当时的口语音，口语音中入声已经消失，原来的入声韵尾-p、-t已经脱落，而原来的-k变为y或w。当入声完成这样的演变以后，当然就和相应的非入声变得毫无差别。如派入萧豪韵的入声字"浊、铎、博"等，原属于江宕摄，-k韵尾变为w韵尾以后，就和"豪、寮、饶"同音。但是，在《中原音韵》时代的读书音中，入声韵尾还以喉塞音/q/（按：即通常写的?）的形式存在。它们在后来舒声化是以/q/韵尾脱落而实现的，所以"浊、铎、博"等字按读书音的发展，在韵尾/q/脱落后就没有w韵尾，和"豪、寮、饶"等不同音。而现代北京话中这些字的读音，正是从读书音发展来的。所以，陆志韦举出的这一事实，不能证明在《中原音韵》时代的口语音中，"浊、铎、博"等仍是入声。

薛凤生还举出一个内在的证据，证明《中原音韵》无入声。他说，中古汉语和现代北京话的音节模式是：(C)(M)V(E)（按：即辅音＋介音＋主要元音＋韵尾），《中原音韵》也不例外。如果当时还保留入声韵尾，不管是-p、-t、-k还是-?，就必然占据韵尾的位置。但《中原音韵》中"入派三声"不仅派入带零韵尾的韵部，也派入齐微、皆来、萧豪、尤侯韵已带有半元音韵尾，所以后面再带一个入声韵尾是不可能的（但是，他也认为不能排除这样一种可能：零韵尾韵中的入声字仍有喉塞音韵尾）。

3.3.1.2.4 入声韵尾消失，不等于入声消失。在现代北方方言中，就有一些地方入声韵尾已经消失，但入声作为一个声调还存在。那么，《中原音韵》中的情况又如何呢？这也有两种意见。

一是杨耐思、李新魁、张玉来等的意见。杨耐思对河北赞皇、元氏两地的方言作了实地调查，在这两地的方言中，古入声一部分已变为平上去三声，一部分还保留着入声。派入三声的入声字，全浊入声绝大多数变平声,次浊入声绝大多数变去声,清入声字变平、变上、变去的都有。那些保留的入声"不带喉塞韵尾,也不是一个明显的短调,只保持一个独立的调位,跟平上去声区别开来"。杨耐思认为《中原音韵》中的入声属于这种类型。而入声之所以派入三声,是因为"全浊声字实在有点近乎阳平声字,次浊声字有点近乎去声字"。但"清入声字并不怎么近乎上声字","清入声派上声只不过是权宜之计。"

李新魁的意见和他相仿。他认为当时中原共同语的入声字可能是？韵尾,也可能？韵尾已经失去,但入声"还自成一调,与平上去有别,而在音高上则与平声和去声相近(大概当时的入声分为两种,一是全浊音的入声字读近阳平,次浊及清音字读近去声)"。而且他进一步说:"因为词曲要上口演唱,而演唱时又必须延腔曼韵,这样一来,入声字的读法便与非入声字一样或非常接近了。"(见李新魁1991)

张玉来(2010)明确地认为《中原音韵》中"清入有其独特的性质,当是一个独立的声调",其调值是24。他首先引周德清自己的话:在《起例》、序文里他反复强调《中原》入派三声是"广其押韵",实际"呼吸言语之间还有入声之别";《起例》4:"平、上、去、入,四声;《音韵》无入声,派入平、上、去三声。前辈佳作中间,备载明白,但未有以集之者,今撮其同声;或有未当,与我同志改而正诸!"这说明他对入声的归派不是很有把握,对入声的真实情况他自己也拿不准。

文章认为,周德清把清入派入上声是他主观的规定。"由于全浊声母的入声字北曲作家都作阳平用,次浊声母的入声字都作去声用,而清声母的入声字在北曲作家那里用得有点混乱,他对问题的真实原因不得而知,所以把清入字一律派入了上声(容许有例外),他自己都觉得这可能是'或有未当'的归派。"

作者调查了现代方言。(一)无入声的方言:河北清入或归四声,或归阴平。只有井陉方言清入多归上声,但也有11%的字归入去声。这些方言清入字的归调是《中原音韵》以后各方言演变的新的时间层次,是清入字在各方言的新变化。山东归上声或阴平。河南多数清入归阴平。江苏、安徽属于中原官话的地区,清入也是归阴平。(二)有入声的方言:入声形态有六种类型,只有一种是和《中原音韵》最为接近,部分清入声字独立成调,是个短调。"《中原音韵》的清入可能是一个阴入调。"

文章还引述了黎新第对此论点的质疑和作者的回答。

鲁国尧(1996)的意见略有不同。他引陶宗仪《南村辍耕录》:"中州之音轻(指入声音轻)",故"逐赎菊""与尤韵字相近","蜀术等字皆与鱼虞相近","都与突""声相近";"今中州之韵,入声似平声,又可作去声。"文章告诉读者:"请特别注意,陶氏用的是'相近''似''可作'这样的字眼儿!""令人倾向于元代《中原音韵》确有入声存在。"文章又引沈义父、张炎、申叔舟、崔世珍的材料,认为"约二百余年,汉语中州之音一直是入声似平声,又可作去声。"后来在2002的"附记"中说:"我同意如下的看法:元代中原地区有'入派三声'的方言,也有'入似二声'的方言。……不应以陶宗仪说否定周德清说,反之亦非是。……元代'中州之音'是多彩的,或多元的,而不像以前所知那样,是单元的。"

持相反意见的是宁继福,他创立"内部分析法",根据《中原音韵》中《正语作词起例》和《自序》中的材料,证明《中原音韵》无入声。比如:

《起例》第25条,《作词之法》之五:"入声作平声,施于句中不可不谨,不谨皆不能正其音。"

  泽国江山作战图。第一:泽字,无害。
  红白花开山雨中。第二:白字。
  瘦马独行真可哀。第三:独字。若施于"仄仄平平仄仄平"之句
    则可,施于他调皆不可。
  人生七十古来稀。第四:十字。
  点溪荷叶叠青钱。第五:叠字。
  刘项元来不读书。第六:读字。
  凤凰不与鸡争食。第七:食字。

以上都是唐人律句,是合乎律诗的平仄的。但是注出的一字在《中原音韵》时都已"入声作平声"了,按照"入声作平声"的读法,除第一句"无害"(因为七言律句头一字可平可仄),第三句"施于仄仄平平仄仄平之句则可"(此句"独"仄"真"平,本是孤平拗救,而"仄仄平平仄仄平"正是律句)外,其余的全不合律,因为该用仄的地方用了平。这些地方,除第七句外全不是韵脚,但仍然出现"入声作平声",可见"入派三声"并不是为了"广其押韵",而是语言中实际存在的;"入声作平声"后全不合律,可见入声并不是读近平声,而是已经变成了平声。

宁继福还仿照上例,从元曲中找出七个句子:

达时皆笑屈原非。
黄鹤送酒仙人唱。
韩信独登拜将坛。
日暖蜂蝶便整齐。
长江万里白如练。
撩云拨雨二十年。
短箫一曲觅衣食。

句中加点的字,《中原音韵》都收在"入声作平声阳"中。它们在语言中究竟是仍读作入声呢?还是已读作阳平?如读作入声,就都不合律,读作阳平,就合律。这些句子都是合乎曲律的,可见这些字已读作阳平。而且,这些字除第七句外都不是韵脚,可见不是为了"广其押韵"才改读平声。

又:《中原音韵·自序》中批评《阳春白雪》集所收小令《殿前欢》:"有同集《殿前欢·白云窝》二段,俱八句,'白'字不能歌者。"这是因为《殿前欢》曲的第一句应为仄平平,而"白"字已读作平声了,所以不合律。《自序》下文也说:"入声于句中不能歌者,不知入声作平声也。"这个曲子的作者杨朝英是四川人,他的方言中可能入声尚未消失,所以仍把"白"字用作仄声,但按北曲标准的读音来唱,就"不能歌"了。

3.3.1.2.5 除了从《中原音韵》音系本身来探讨入声问题以外,还有一种研究的途径。既然《中原音韵》是从"前辈佳作"中"撮其同声"归纳出来的,那么何不就元曲的用韵来考察,看看入声分派的情况呢?确实,已经有学者这样做了。廖珣英(1963)调查了关汉卿剧 18 种,结果发现:全浊入派入阳平,次浊入派入去声,清入 70% 不派入上声。李新魁《再论中原音韵的入派三声》(《中原音韵新论》)引廖文,说"这就表明,他(按:指周德清)的归纳颇具随意性"。

是否可以根据关汉卿剧来论定《中原音韵》的清入不派入上声?问题没有那么简单。黎新第(1991)对元曲用韵作了进一步的调查和分析,结果是:

1. 关剧 18 种,属《中原音韵》"定格"各曲的入韵字:清入作上不合律者 54.3%;上声不合律者 66.6%。
2. 关剧 18 种,属《中原音韵》"末句"各曲的末句诸字:清入作上不合律者 35.8%;上声不合律者 21.5%。

3. 元刊杂剧 23 种,属《中原音韵》"末句"各曲的末句诸字:清入作上不合律者 31.3%;上声不合律者 19.8%。

他认为,"关剧对上声韵脚的遵守不很严格",所以"定格"各曲入韵字的统计不能用作依据。如果因为《中原音韵》"定格"各曲的入韵字清入作上的不合律者比例高就认为清入作上不是语言事实,那么,上声不合律者比例更高,"更应当怀疑上声作上声是否符合语言实际"。因此要改变一种统计方法,要用"末句"各曲的末句诸字来统计。统计的结果,在关剧 18 种和元刊杂剧 23 种中,属《中原音韵》"末句"各曲的末句诸字清上作入仍有百分之三十几不合律,但那是有原因的:1.传统习惯上去不分,元曲中又有"上可代平"之例。2.元杂剧"若是造句且熟",不避声病亦无害。从统计看,清入作上和上声不合律的比例比较接近,而清入稍高于上声,那是因为"入声字尚与舒声字有一定差异"。

综上所述,对《中原音韵》中是否有入声有两种意见。第一种意见认为《中原音韵》中入声还存在,但是读近平声和去声。第二种意见认为《中原音韵》中的入声已读作平上去三声。这两种意见都可以找到古书中的一些记载作为证据。如元陶宗仪《辍耕录》卷四:"今中州之韵,入声似平,又可作去声,所以蜀、术等字皆与鱼虞相近。"这是说入声与平声、去声相近。明郎瑛《七修类稿》卷二六"杭音"条:"城中语音好于他郡,盖初皆汴人,扈宋南渡,遂家焉。故至今与汴音颇相似,如呼玉为玉(音御),呼一撒为一(音倚)撒,呼百零香为百(音摆)零香,兹皆汴音也。"(转引自日本学者平山久雄《中原音韵入派三声的音韵史的背景》)这是说宋代汴京的语音中入声已读为平上去声。

总之,《中原音韵》中的入声究竟是读近三声还是读同三声是一个很复杂的问题,还需要进一步研究。

(三)《中原音韵》的基础方言

关于《中原音韵》的基础方言,有几种不同的意见。

3.3.1.3.1 一是认为《中原音韵》的基础方言是大都话。

如王力《汉语语音史》:"周德清《中原音韵》应该代表大都(今北京)的语音系统。周氏虽是江西高安人,但是他在大都居住久,而且是搞戏曲的,他的《中原音韵》必然是根据大都音的。元曲用韵与《中原音韵》一致,足以证明《中原音韵》是大都音。"

宁继福也持此说。他列举三点理由:(1)《中原音韵·自序》:"余尝于天下都会之所,闻人间通济之言。……混一日久,四海同音,上自缙绅讲论治道,及国语翻译,国学教授言语;下至讼庭理民,莫非中原之音。"这里所说的"天下都会之所"指的就是大都。(2)《自序》又说:"欲作乐府,必正言语;欲正言语,必守中原之音。乐府之盛、之备、之难,莫如今时。其盛,则自缙绅及闾阎,歌咏者众;其备,则自关郑白马,一新制作,韵共守自然之音,字能通天下之语。"这里说的"中原之音"即"自然之音","当然是全国政治、经济、文化中心的大都话。"(3)《中原音韵》的四声的调型与现代北京话相同,单字的调类,除清音入声字以外也与现代北京话相同。"声调是汉语的灵魂",《中原音韵》的声调结构表明它是14世纪的北京话。

3.3.1.3.2 一是认为《中原音韵》的基础方言是河洛音。

陆志韦首先提出,"《中原音韵》不能代表今国语的祖语"。他的理由是:"《中原音韵》的系统在好几点上已经比今国音变得更为积极。"如:

① 寒跟桓分韵,今国语还是作 an、uan。

② 鱼模韵收尤侯韵的唇音字,作 u。其中像"某牡亩谋浮否"等今音从 əu＞oʊ。

③ 疑三母字除了极少数的几个保存 ŋ 或是变 n 之外,其余全都失去。国音变 n 的较多,例如"牛倪"。

④ tʃ 等有时不变 tʂ 等而变 ts 等,是官话的普通趋势。《中原音韵》有比今国语变本加厉的,例如"刍"字作 tsʻu。

但是《中原音韵》的基础方言是什么,陆志韦没有说。

李新魁认为《中原音韵》的基础方言是河洛方言,即以洛阳为中心的河南话。他在《中原音韵的性质及其代表的音系》(江汉学刊,1962,第8期)及《中原音韵音系研究》等著作中阐述了他的论点。现介绍如下:

首先以洛阳音系和北京音系的声韵调相比较:①声母。洛阳音比北京音多 v 和 n̩。《中原音韵》中有 v。洛阳音见系颚化,精系不颚化,精系能和 i、y 相拼;北京音见系精系均颚化,精系不能和 i、y 相拼。《中原音韵》见系精系都不颚化,精组能与 i、y 拼。因此声母洛阳音比北京音更接近《中原音韵》。②韵母。洛阳音比北京音多 ɿ 和 yo,北京音的 er 洛阳音读 ɯ。yo 从药觉韵变来,《中原音韵》中药觉韵也许就读 yo。《中原音韵》中原 tʂ 系声母与 iu(y) 相拼的字在洛阳音中读 ɿ,两者很接近。洛阳音中读 ɯ 的音是后起的变化。③声调。入声在洛阳音中归阴平、阳平,北京音中四声兼备。

其次,《中原音韵》中某些字的读音与现代北京音或其他北方方音不合,却多与洛阳音相合。如:

东钟韵的三等字"浓龙隆癃踪蹤从松讼",《中原音韵》韵母为 iuŋ,北京话为 uŋ,洛阳话为 iuŋ。

东钟韵的"容融荣溶蓉瑢镕",《中原音韵》读 iuŋ,北京话为 ʐuŋ,洛阳话为 iuŋ。

鱼模韵三等的"诸主注枢除杵处书姝鼠怒如汝孺",《中原音韵》韵母为 y,北京话为 u,洛阳话为 ч。

齐微韵开口的"非靡绯菲啡飞妃肥淝匪斐翡蜚诽",《中原音韵》韵母为 i,北京话韵母为 ei,洛阳话韵母为 i。

齐微韵合口的"馁内雷垒泪",《中原音韵》韵母为 ui,北京话韵母为 ei,洛阳话韵母为 ui。

齐微韵的"彼鄙丕"以及入声变来的"笔",《中原音韵》韵母作 ei,北京话作 i,洛阳话作 ei。

先天韵合口的"恋联",《中原音韵》韵母作 iuɛn(yɛn),北京话作 iɛn,洛阳话作 yɛn。"联"字《广韵》作"力延切",与"连"同为山韵开口三等,北京音同《广韵》,洛阳音同《中原音韵》。

真文韵三等"伦纶抡轮沦",《中原音韵》为 lyn,北京话为 lun,洛阳话为 lyn。歌戈韵合口"戈棵科课禾和",按音变规律韵母应为 uo,北京话为 ɤ,洛阳话为 uo。

鱼模韵原入声字"粟俗肃夙缩足",《中原音韵》韵母为 y,北京话为 u,洛阳话为 y。

皆来韵原入声字"责仄侧泽则革隔格革客克",《中原音韵》韵母为 ai,北京话为 ɤ,洛阳话为 ai。

"迅讯寻浔孕"《中原音韵》韵母为 in,"缘"《中原音韵》韵母为 iɛn,"薛略"《中原音韵》韵母为 iɛ,均为齐齿呼,北京话中为撮口呼,洛阳话为齐齿呼。

又如下列字的声母或韵母,北京话与《中原音韵》不同,洛阳话与《中原音韵》相同。

	中原音韵	洛阳话	北京话
娠	tʂʻen	tʂʻen	ʂʻen
深	tʂen	tʂen	ʂen
所	ʂu	ʂuo	suo
缩	ʂu	ʂuo	suo
瑞	ʂuei	ʂuei	ʐuei

	中原音韵	洛阳话	北京话
词	sı	sı	tʂʻɿ
囚	siu	siu	tɕʻiu
液	i	i	iɛ
国	kuei	kuei	kuo
划	huai	huai	hua
没	mu	mu	mo
墨	mei	mei	mo
谋	mu	mu	mou
某	mu	mu	mou
乐	luo	luo	lɤ
畹	yɛn	yɛn	uan
营	iuŋ	iuŋ	iŋ
顷	kʻiuŋ	tɕʻiuŋ	tɕʻiŋ

3.3.1.3.3 薛凤生也指出，现代北京话中有一些现象是《中原音韵》解释不了的：

(a) 原清声母入声字的不规则分布。

(b) 梗摄开口二等音节的发展。即"庚鹒赓更粳羹䰖"等二等字和"京惊荆经矜泾"等三四等字同在《中原音韵》庚青韵的同一小韵中，也就是在《中原音韵》中"庚""更"等字是有 i 介音的。而现代北京话中"庚更"等字并无 i 介音，和"京惊"等字读音不同。

(c) 曾摄和梗摄一二等入声音节的发展。即"择则责策色革客额劲德勒"等字以及"迫魄国墨"等字，在《中原音韵》中为皆来或齐微韵，应是 i 韵尾。但在现代北京话中韵母都是 e 或 uo。只有"白北"等最常用字才与《中原音韵》一致。

(d)《中原音韵》支思韵里原入声字的发展。即"涩瑟"两字按音变规律韵母应为 ɿ，而现代北京话中韵母为 e。

据此，严格地说，应该认为现代北京话不是《中原音韵》所依据的方言在现代的反映。但上述这些现象除了第一条外，都可以用读书音的发展来加以说明。比如，(c)所说的梗摄和曾摄一二等入声字，在中古都有入声韵尾-k。在《中原音韵》代表的音系中，入声韵尾-k 变为-u或-i，所以入皆来或齐微韵。但在读书音中，-k 变为-ʔ，然后-ʔ 脱落，所以就剩下原来的韵腹 e。因此,"《中原音韵》是建立在大量借用读书音的口语音系统基础上的,现代北京话则是起源于大量借用口语音的读书音系统。"但这个口语音系统和读书音系统代表两个关系极近的次方言,同时这两个系统在《中原音韵》之前就经常互借,"所以在较为笼统的意义上我们确实可以说现代北京话是从《中原音韵》发展来的。"

但是,薛凤生认为:"现代北京话是否来自《中原音韵》所代表的方言这个问题,决不等同于《中原音韵》是否代表老北京话,即《中原音韵》的方言从前是否流行于北京城内和北京城附近的问题。说读书音和口语音都不代表从前的北京方音,换言之,现代北京话起源于其他地区,后来扩展到北京,代替了原来的北京方言,并不是一个完全不可想象的说法,但我觉得这恐怕不大可能。李新魁说,据他们研究,洛阳方言的音位系统与《中原音韵》的系统更接近,而与现代北京话系统较远。对于这个说法我持慎重的保留态度。如果他或其他人真能证明洛阳话或其他方言的音位系统,比起现代北京话系统更接近我们建立的口语音系统,我们将接受《中原音韵》确实不代表老北京话的观点;否则我们就假定读书音系统和口语音系统都代表老北京话。"

陆、李、薛三人的结论并不相同,但他们都能深入比较《中原音韵》音系和现代北京音系的异同,在此基础上立论,这就比仅仅从历史、人文的角度来讨论《中原音韵》是不是以元代大都音为基础深入了一步。从历史、人文的角度来讨论《中原音韵》的基础方言问题是必要的,但仅仅以此为依据则是不够的。比如说元大都是当时的政治文化中心,元杂剧作家的创作和演出大多在大都,因此《中原音韵》的基础方言一定是大都话,这样的论证就不够充分。

3.3.1.3.4 近年来,对这个问题的研究有一个进展:不是就某些字的读音,而是从整体音韵结构来考察《中原音韵》的基础方言问题。

(1)刘勋宁(1998)说:《中原音韵》萧豪韵里"薄缚铎浊凿着杓学薄略若虐岳幕诺落"16 个小韵的字 44 个(除末、沫 2 字外,42 个全是江宕摄入声字)在歌戈韵重出。此外,59 个江宕摄入声字只入萧豪韵,仅有 4 个字(若垩鄂粕)只入歌戈韵。今天方言的情况是:这些字在中原官话区都是读歌戈韵的,读萧豪韵的现象只分布在北方官话区内,北京话里萧豪和歌戈并存,通常萧豪是白读,歌戈是文读[①](见下表)。

---

① 对这种又读的性质有不同看法,见张玉来(2016)。

	洛阳	北京	昌黎
萧豪韵基	ɔ	ao	ao
歌戈韵基	ə	开e，合o	开e，合o
薄	pə	po/pau	pau
落	luə	luo/lau	lau
脚	tɕiə	tɕiau	tɕiau
著	tʂə	tʂuo	tʂau
学	ɕiə	ɕue/xiau	ɕiau
药	iə	iau	iau

声调：北方官话入声一分为三（胶辽官话清入变上，冀鲁官话清入变阴平），中原官话一分为二（清入、次浊入变阴平，全浊入变阳平）。北京话清入派入四声是受周边的影响。

从韵母和声调系统来看，《中原音韵》和北方官话更接近。

(2) 刘淑学(2000)比较了一些中古入声字在《中原音韵》中和在现代河北顺平话、北京话、洛阳话中的异同（见下表），比较结果也显示《中原音韵》和现代河北顺平话、北京话更接近，而和洛阳话差距较大。

	清入	宕江入	曾一入	曾开三（庄）、梗二入	通三入
《中原音韵》	上声	分归萧豪歌戈	归齐微	归皆来	分归尤侯鱼模
顺平方言	上声	白：萧豪 文：歌戈	白：齐微	白：皆来	白：尤侯 文：鱼模
北京话	阴阳上去	白：萧豪 文：歌戈	白：齐微	白：皆来	白：尤侯 文：鱼模
洛阳话	阴平	只归歌戈	均归皆来		只归鱼模

我认为，这些学者提供的材料是有说服力的。从整体音韵结构看，《中原音韵》的基础方言应是大都话。

还有一条材料可以帮助我们考虑《中原音韵》的基础方言问题[①]：

---

① 此条材料为北京大学中文系博士生王建喜提供。

桑绍良《青郊杂著》:"读'岳'为'要'、读'逐'为'肘'之类,尤音之不正者,奚取为《中原音韵》邪?"

桑绍良是濮州人,《青郊杂著》成书于 16 世纪末。他批评《中原音韵》的音"不正",因为《中原音韵》中,把"岳"读作"要"(萧豪韵去声),把"逐"读作"肘"(尤侯韵上声),他认为不符合中原之音(汴洛音)。"岳""逐"都是中古-k 尾字。在《中原音韵》中,"岳"在萧豪韵和戈歌韵重出,"入声作去声",与"药"同一小韵。"逐"在尤侯韵和鱼模韵重出,"入声作平声阳",与"轴"同一小韵。这正与上面刘淑学的表上的顺平话、北京话的情况一样。而桑绍良的中原音中"岳"只有歌戈一读,"逐"只有鱼模一读,正和表上的洛阳话一样。可见,从 16 世纪末到现代,洛阳话都和《中原音韵》的音有差别,而北京话却和《中原音韵》的音一致。那么,在元代,是否可能倒过来,《中原音韵》是以洛阳话为基础方言,而不是以大都话为基础方言呢?看来可能性不大。

关于《中原音韵》这些重大问题的讨论,目前还在继续深入。

二 《中原雅音》研究

3.3.2.1《中原雅音》一书的发现,是近年来近代汉语研究的重大成果之一。对《中原雅音》的成书时代,目前诸说不一,我们根据几家的意见,认为它是元代的作品。

在明代的一些音韵学著作里,如宋濂《洪武正韵·序》,吕维祺《音韵日月灯》、吕坤《交泰韵》以及章黼《韵学集成》中,经常提到"中原雅音"。钱玄同、赵荫棠都认为"中原雅音"是"中原地区的雅音"之义,不认为是一部书。直到蒋希文《中原雅音记略》和杨耐思《韵学集成所传中原雅音》(均载中国语文 1978 年第 4 期)才肯定《中原雅音》是一部韵书。蒋希文举出的一条例证是:翟灏《通俗编》卷三四"乜斜"条下注:"眼一小缝,俗呼冒斜,中原雅音作'乜斜'。"而《韵学集成》卷九遮韵"乜"下云:"中原雅音:眼乜斜。"如果"中原雅音"指的是一种标准音,那么就不可能有字形。可见这里说的"中原雅音"是一部书(当然古籍中提到"中原雅音"也有指标准音而不指这部书的。比如宋濂《洪武正韵·序》:"钦遵明诏,研精覃思,壹以中原雅音为定。"这里的"中原雅音"就有不同理解,有的以为是一部书,有的以为指中原之雅音)。

章黼《韵学集成》是一部韵书的汇编,其中摘录《中原雅音》的材料相当多,据杨耐思统计,共有1330条。把这些材料汇集起来,可以看出《中原雅音》的概貌。

3.3.2.2 关于《中原雅音》的时代,诸家看法不一。

杨耐思认为《中原雅音》是明初以前的一部韵书。

蒋希文认为此书上限不超过元代黄公绍的《古今韵会》(1292),因为《韵学集成》卷九麻韵上声"打"字下说:"《韵会》收于马韵,都瓦切,今《正韵》《雅音》亦从马韵出之。"下限不晚于《洪武正韵》(1375),因为《韵学集成》卷二支韵平声"羸"字下以《雅音》正《洪武正韵》。《洪武正韵》是敕编的官书,如果《雅音》晚出,明朝人绝不敢以《雅音》来正《洪武正韵》。

何九盈《中原雅音的时代》(中国语文,1986年第3期)认为此书出于南宋遗民之手。他的论据是:明代袁子让《字学元元》说《切韵指南》(1336)中浊上作去是沿袭《中原雅音》之误,康熙二十四年的《诗词通韵》说《中原音韵》本从《中原雅音》摘出。

邵荣芬《中原雅音研究》认为此书在朱权《琼林雅韵》(1398)之后,《韵学集成》(1460)之前。因为他认为有些条目《中原雅音》和《琼林雅韵》相同,是前者抄后者的。

照我的看法,蒋希文的意见比较可靠。

3.3.2.3 邵荣芬《中原雅音研究》一书,对《中原雅音》的音韵系统作了全面的研究。他使用的方法是:"总共只有一千多条材料,如果用系联法来考求《雅音》的声韵调系统,显然是有困难的。我们不妨从中古音出发,从声韵调三方面看看它们在《雅音》的这一千多条直音和反切中是一种什么样的相互关系。也就是说,用统计方法把中古声韵调的各个类别在《雅音》的这一千多条音切材料里自注和互注音切的情况全部揭示出来。以此为依据,再结合对具体音切的观察和分析,结合跟《中原》《正韵》乃至现代北京话和方言的比较和相互参证,然后确定它们在《雅音》里的分合,定出《雅音》的语音系统来。最后并对《雅音》声母、韵母的音值作出假定。"

比如:《雅音》中知庄章三组的自注和互注情况如下表。

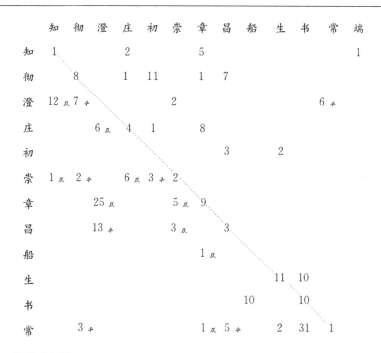

从表中可知：

（1）知—彻，章—昌，庄—初都只有自注而无互注（庄—初互注只有一例，是例外），故知送气与不送气的区分是严格的。

（2）知—庄互注 2 次，庄—章互注 8 次，知—章互注 5 次，昌—初、彻互注 10 次，彻—初互注 11 次，可见知庄章三母以及彻初昌三母已经合并。

（3）澄—崇互注 2 次，说明澄崇已合并。

澄—知互注 12 次，澄—章互注 25 次，澄—彻互注 7 次，澄—昌互注 13 次，崇—知互注 1 次，崇—庄互注 6 次，崇—彻互注 2 次，崇—初互注 3 次，崇—昌互注 3 次，崇—章互注 5 次，一方面说明知庄章三组已合并，另一方面说明澄、崇两母已由浊变清，而且平声送气，仄声不送气。

（4）生—书互注 10 次，也说明庄章两组合并。

（5）常—书互注达 31 次，常（平）—彻、昌互注 8 次，常（仄）—章互注 1 次，说明常母（即通常说的"禅母"）一部分变清擦音，一部分变清塞擦音，而且平声送气，仄声不送气。

（6）船—书互注 10 次，占船母例的十分之九，船—章互注仅一例，说明船母清化后多变清擦音，变塞擦音的较少。

这样，可以归纳出《中原雅音》中的知庄章三组归并情况：

知、澄(仄)、庄、崇(仄)、章　　　　　　tʃ
彻、澄(平)、初、崇(平)、昌、常(平、部分)　　tʃ'
生、书、船、常(部分)　　　　　　　　　　ʃ

经过这样的分析,可以得出《中原雅音》的声、韵、调系统。①声母20个,和《中原音韵》相比,只少了一个ŋ母(按:邵荣芬定《中原音韵》为21声母,即知庄章三组不分为两套)。但"澳奥袄恶讴欸爱恩谙唵俺"十一个影母字以泥、娘母字作反切上字,也就是说原零声母前增加了n声母,这是《中原雅音》的特点。②韵母41个,分20韵部,和《中原音韵》相比,主要的不同在于:a《中原音韵》的"寒山"和"桓欢"在《中原雅音》中重新组合,寒桓合为一韵,山删两韵独立。b《中原音韵》中的"鱼模"分为两韵:模和鱼虞分开。c《中原音韵》中"庚青"和"东钟"互见的一部分字归入《中原雅音》的东韵。③声调。分平上去三声。平声不分阴阳,入声消失,清入声变为上声,次浊入声变为去声,全浊入声变为平声。

3.3.2.4 在声、韵、调三个方面,最使我们感兴趣的是《中原雅音》的声调的特点。①《中原雅音》入声变三声的方式和《中原音韵》入声"派"三声的方式完全一样(尽管对于《中原音韵》的"派"有不同理解)。②《中原雅音》平声不分阴阳,这又和《中原音韵》大不相同。这些特点,能不能帮助我们认识《中原音韵》的声调呢?

要回答这个问题,首先就要弄清楚两点:①《中原音韵》和《中原雅音》的时代孰先孰后;②《中原音韵》和《中原雅音》的基础方言是什么关系。这两点,目前都无法肯定。但尽管如此,我们还是可以作一些分析。

我们先假定《中原雅音》和《中原音韵》是同一基础方言,而且《中原雅音》在前。那么,①从平声不分阴阳到平声分阴阳正是一种历史的演变。②既然《中原雅音》中已入变三声,那么《中原音韵》中的入声就必然已经消失了。但是,这种假设并没有充分的理由。因为如前所述,在北方话中平分阴阳的现象早已存在,而《中原雅音》的上限最早不超过《古今韵会》(1292),比《中原音韵》至多早30年。在同一方言中不可能在30年前平声不分阴阳,30年后平分阴阳。

假定《中原雅音》和《中原音韵》是同一基础方言,而《中原雅音》晚于《中原音韵》,那么,同一基础方言从平分阴阳又回复到平声不分阴阳,就是更不可能的了。

所以,《中原雅音》的平声不分阴阳应该是它的方言特点,它的基础方言不同于《中原音韵》。在现代汉语中,平分阴阳已经是一种十分普遍的现象,但是仍然有的方言(如井陉话)平声不分阴阳。因此,在《中原音韵》的时代,有的方言平分阴阳,有的方言平声不分阴阳,就是毫不奇怪的了(邵荣芬认为《中原雅音》的基础方言可能是元代井陉一带的方言)。

《中原雅音》的基础方言虽然和《中原音韵》的基础方言不是一个,但这两个方言都属于北方方言,而且在地理上可能是比较接近的(关于这一点,《中原雅音研究》一书有具体论证,此处从略)。而《中原雅音》中的入变三声肯定是实际语言的记录,不可能是作者主观的分派。因此,我们有理由相信,在《中原音韵》所反映的方言中,这种"入变三声"的现象也可能产生或已经产生,换句话说,《中原音韵》里的入派三声,包括清入派入上声,也不可能是周德清任意的分派。但是,由于《中原雅音》的时代未能确定,它的基础方言又和《中原音韵》不同,所以,我们不能根据《中原雅音》中入变三声的现象来推论《中原音韵》中也已经入变三声。

三 小 结

3.3.3 对元代的语音研究,我们着重介绍了对《中原音韵》的研究以及对《中原雅音》的研究。研究元代的语音,除了这两部书外,还有一些重要的资料,如在《中原音韵》以前的《古今韵会举要》,载于《韵会》卷首的《七音》,用八思巴字译写汉语的《蒙古字韵》;在《中原音韵》以后的《中州乐府音韵类编》。一些明代的韵书,如《洪武正韵》、《琼林雅韵》、菉斐轩《词林韵释》、王文璧增注的《中原音韵》等,对于研究《中原音韵》也有参考价值。对这些音韵学著作,也有人进行了研究。这里就不一一介绍了。

《中原音韵》突出的特点是:浊音清化,浊平变送气,浊仄变不送气;平分阴阳;入派三声。此外,-m 韵尾虽然还保留,但一些唇音字的-m 尾已变为-n 尾。这些都是不同于《切韵》音系而接近于现代北京音系的。在这些方面,上述韵书有的与《中原音韵》相同,有的与《中原音韵》不同。比如《蒙古字韵》《古今韵会举要》和《洪武正韵》都有浊声母和入声,而且没有唇音字-m 韵尾变-n 韵尾的。《琼林雅韵》和《词林韵释》都和《中原音韵》一样分十九韵,但平声都不分阴阳。对于这些与《中原音韵》不同之处,需要具体分析。比如,比《中原音韵》早 27 年的《古今韵会举要》中保存浊声母,我们决不能据此说在《中原音韵》成书前 27 年北方话中还存在浊声母,而到 27 年以后突然消失。《古今韵会举要》中的浊声母,可能是存古,也可能是它的基础方言的反映。比《中原音韵》晚 52 年的《洪武正韵》中仍有浊声母和入声,据王力先生的意见,这是存古(见王力《中国语言学史》第二章第八节);但如果《洪武正韵》是以南京话为标准音的话,那么这就是方言特点的反映。在研究一部韵书所反映的音系时,必须考虑它是否受传统韵书的影响,以及它的基础方言是什么。这是在研究近代汉语语音时必须注意的。

本 节 参 考 资 料

蒋希文1979:《中原雅音记略》,《中国语文》第4期。
蒋希文1983:《从现代方言论中古知章庄三组声母在〈中原音韵〉里的读音》,《中国语言学报》第1期。
黎新第1991:《早期元杂剧与中原音韵入派三声》,《中原音韵新论》,北京大学出版社。
李新魁1962:《〈中原音韵〉的性质及其代表的音系》,《江汉学刊》第4期。
李新魁1983:《中原音韵音系研究》,中州书画社。
李新魁1991:《再论〈中原音韵〉的入派三声》,《中原音韵新论》,北京大学出版社。
廖珣英1963:《关汉卿戏曲的用韵》,《中国语文》第4期。
刘淑学2000:《中古入声字在河北方言中的读音研究》,河北大学出版社。
刘勋宁1998:《中原官话与北方官话的区别及中原音韵的语音基础》,《中国语文》第6期。
鲁国尧1996:《陶宗仪南村辍耕录等著作与元代语言》,《南京大学学报》第4期。后收入《鲁国尧语言学论文集》,江苏教育出版社,2003.
陆志韦1946:《释中原音韵》,《燕京学报》第31期。
罗常培1932:《中原音韵声类考》,《史语所集刊》第2本第2分。
宁继福1985:《中原音韵表稿》,吉林文史出版社。
平山久雄1988:《中原音韵入派三声的音韵史背景》(王吉尧译),《音韵学研究通讯》12。
邵荣芬1981:《中原雅音研究》,山东人民出版社。
薛凤生著,鲁国尧、侍建国译1990:《中原音韵音位系统》,北京语言学院出版社。
杨耐思1979:《〈韵学集成〉所传〈中原雅音〉》,《中国语文》第4期。
杨耐思1981:《中原音韵音系》,中国社会科学出版社。
张玉来2010:《〈中原音韵〉时代汉语声调的调类与调值》,《古汉语研究》第2期。
张玉来2016:《论〈中原音韵〉萧豪/歌戈韵入声字又读的音变性质》,《语文研究》第2期。
赵荫棠1936:《中原音韵研究》,商务印书馆。
竺家宁1994:《近代音史上的舌尖韵母》,《近代音论集》,学生书局。

第四节 明代语音的研究

关于明代语音的研究，黎新第(2005)做过一个较全面的概述，既介绍了明代语音研究的资料，又概括地介绍了近百年来学者对这些资料的研究。下面着重介绍文中所说的研究资料，以及作者对这些资料所反映的语音现象的简要的结论。

文章认为：明代的汉语共同语语音，大致可以分为两段：前期和中后期。

对明代前期语音的研究，主要对象是三类韵书。一是《洪武正韵》（1375年初编，1379年重修）与申叔舟等《洪武正韵译训》（刊于1455年），二是《中原雅音》（书成于明初以后），三是兰茂《韵略易通》（书成于1442年）。这三类材料显示了明代前期汉语共同语语音的三个层面：《洪武正韵》所见或可视为当时乃至整个明代拟古读书音的代表，《中原雅音》所见或可视为当时北系官话口语音的代表，《韵略易通》所见则可视为当时官话音的代表。

对明代中后期的汉语共同语语音的研究，主要根据五类材料。一是徐孝《等韵图经》（书成于1606年）、《合并字学集韵》及小说《金瓶梅》（约在1568年至1602年间写成）中语音材料。二是毕拱宸《韵略汇通》（书成于1642年）及吕坤《交泰韵》（书成于1603年）。三是罗明坚、利玛窦《葡汉辞典》（书成于1585年至1586年间）及本悟《韵略易通》（书成于1586年）。四是李登《书文音义便考私编》（书成于1587年）与金尼阁《西儒耳目资》（书成于1626年）等罗马字注音材料，用罗马字为汉字注音的尚有《宾主问答释疑》（写于1580年）与万济国《官话语法》（书成于1682年）。五是申叔舟《四声通解》（刊于1517年）、《琉球馆译语》（15—17世纪）等朝—汉、琉—汉对音材料。

作者认为，"《图经》一类材料所见或可视为当时北系官话口语音的代表，《耳目资》一类材料所见或可视为当时综合了南北二系特点的普通官话音的代表"。"明代官话音全都保留入声声调，而明代官话口语音的入声声调则已经消失或邻近消失。"

这里有些问题还将在第五节中进一步讨论。

下面对兰茂《韵略易通》、徐孝《重订司马温公等韵图经》、毕拱宸《韵略汇通》、《老乞大谚解》《朴通事谚解》中的汉朝对音以及金尼阁《西儒耳目资》作一重点的介绍。

一 《韵略易通》《等韵图经》《韵略汇通》研究

3.4.1 兰茂《韵略易通》成书于明正统七年(1442)。兰茂是云南嵩明州杨林人,可能是明初北方移民的后裔,《韵略易通》反映的是官话系统的语音。徐孝《重订司马温公等韵图经》成书于万历丙午年(1606),徐孝是顺天人,《等韵图经》反映的是北京的语音。毕拱宸《韵略汇通》成书于崇祯壬午年(1642),毕拱宸是山东莱州人,《韵略汇通》反映北方的什么方言,无从确定。

关于以上三书,陆志韦有《记兰茂韵略易通》《记徐孝重订司马温公等韵图经》《记毕拱宸韵略汇通》三篇论文,王力《汉语语音史》第八章"明清音系"对前两书也有论述。

(一) 声母系统

3.4.1.1《韵略易通》中的"早梅诗",用二十个字代表其声母,陆志韦对它们所作的拟音是:

```
东    风    破    早    梅,    向    暖    一    枝      开。
t     f     p'    ts    m      x    n     -    tɕ,tʂ   k'
冰    雪    无    人    见,    春           天    上      来。
p     s    "w"   "z̩"   k     tɕ',tʂ'       ts'   t'     ɕ,ʂ  l
```

王力先生不同意把"枝春上"拟成两套,认为它们都已变成了卷舌音。《等韵图经》有二十二母:见溪端透泥帮滂明非敷微精清心 心 照穿稔审影晓来。其中 心 是用白字加圈,"敷"母字只有第九摄的"菲"、第二十五摄的"纻","微"母字只有第九摄的"尾"和第十九摄的"纹",都是用白字加圈。用白字加圈的字都是顺天话中没有的。所以 心 敷微三母在实际语言中不存在,实际上只有十九母。和"早梅诗"相比,是没有了"早梅诗"的"无"母,即早期"微"母并入了影母。另外,照穿审母均为卷舌音,照陆志韦的观点,这也是和"早梅诗"不同的。

《韵略汇通》的声母和《韵略易通》相同。陆志韦认为,书中的 tʂ 和 tɕ 仍为两套。

拿这个声母系统和《中原音韵》相比,只少了一个疑母(ŋ)。拿这个声母系统与现代北京音相比,它缺少现代北京音中的 tɕ、tɕʻ、ɕ。《等韵图经》中没有 tɕ、tɕʻ、ɕ。《韵略易通》和《韵略汇通》中,即使照陆志韦所说有 tɕ、tɕʻ、ɕ,也是从中古知照组来的,和现代北京音中的 tɕ、tɕʻ、ɕ 来源不同。早期的"微"母,在《韵略易通》中还有,到《等韵图经》中消失,就和现代北京音一样了。

现代北京音中的 tɕ、tɕʻ、ɕ 是从见组、精组变来。首先是在细音前面的见组声母变为 tɕ 组,然后在细音前面的精组声母变为 tɕ 组。这种变化是什么时候发生的呢?

王力《汉语语音史》说:"清乾隆年间《团音正考》说:'试取三十字母审之,隶见溪群晓匣五母者属团,隶精清从心邪五母者属尖。'由此看来,似乎清初见系已分化出[tɕ,tɕʻ,ɕ]。明隆庆间本《韵略易通》说:'见溪若无精清取,审心不见晓匣跟。'似乎明隆庆间(1567—1572)见系已经分化出来[tɕ,tɕʻ,ɕ]。但是,《五方元音》以'京坚根干'同隶见母,显然见系在清代前期还没有分化为[k,kʻ,x][tɕ,tɕʻ,ɕ]两套。可以设想,见系的分化在方言里先走一步,在北京话里则是清代后期的事情。""现代北京话的最大特点,在声母方面是,精系齐撮字转变为[tɕ,tɕʻ,ɕ],与见系齐撮字合流。这种情况,大约在清末就开始了。"

邵荣芬《汉语语音史讲话》说:乾隆八年(1743)的《团音正考》"在序言里,作者对那些自称有学问而又不分尖、团音的人进行了嘲笑,可见当时 z,g 等很多人已不能分辨。"邵荣芬的意见是对的。根据《团音正考》的表述,在乾隆年间见母精母都已经变为 tɕ 组了。

这种变化有没有可能在明代就出现?

张鸿魁(1996)根据《金瓶梅》中的一些语音现象,认为那时精组三四等字和见组三四等字同音,说明声母都已是舌面音。如:"不济"也可写成"不急"或"不及","周济"也可写成"周给","成辑"也可写成"成器",均为同词异形。歇后语以"入畦"谐"入席"。姓名以"蒋聪"谐"薑葱"。还有一些习惯写法,如"遮羞"多写作"遮器","早晚便搬取也","取"当作"去"。按:这些现象很值得注意。但谐音也可以是音近而不一定是音相同,如果当时见组细音字已变为 tɕi,而精组细音仍为 tsi,那也不妨碍两组字相谐,因为 tɕi 和 tsi 在听感上还是比较接近。

耿振生(1992)认为见组声母在十七八世纪就已分化。"十七八世纪的不反映这一现象,不表明那时的舌根音没分化,而是因为等韵作者习惯于运用音位学的原理审音,把[tɕ](或者[c])与[k]类当成一套声母来处理。"到十九世纪的一些韵书中,就可以见到见组字和精组字同列了。如华长忠(1805—1858)《韵籁》以"角、阙、雪"同列。许惠《等韵学》(1878)以"今、琴、心"同列。

我认为最清楚地反映见组精组细音变为 tɕ 组的是威妥玛的《语言自迩集》(1886)。书中的《总音节表》中以 ch,ch',hs (tɕ,tɕ',ɕ)为声母的共 50 组,其中见组和精组字混用的 27 组。如"七奇起气""交嚼脚叫""千前浅欠""些鞋血谢"(加线的是精组字,不加线的是见组字)。这些字完全混杂在一起,显然是完全同音了。

(二) 韵母系统

3.4.1.2《韵略易通》分二十韵。和《中原音韵》相比,只是《中原音韵》的"鱼模"在《韵略易通》中分为"居鱼"和"呼模"两韵。当然,韵部的名称以及各韵内的分等和收字也有一些不同。《韵略汇通》虽然成书比《等韵图经》晚,但分韵却和《韵略易通》接近而不与《等韵图经》接近,共十六韵,和《韵略易通》相比,主要是去掉了侵寻、缄咸、廉纤、端桓四韵。《等韵图经》分十三摄,除祝摄外,各摄都分开合,开合又各分平上去如四声,共二十五系一百韵。和《中原音韵》相比,它去掉了侵寻、监咸、廉纤三韵,把寒山、桓欢、先天三韵合并,把东钟和庚青两韵合并,和现代北京音的韵母系统已经很接近了。《等韵图经》无入声韵。《韵略易通》以入声韵配阳声韵,这是存古;《韵略汇通》也有入声韵,这是反映其方言。所以其入声韵这里均不论。下面用表格把这三部韵书的韵部和《中原音韵》以及现代北京音的韵部对比。现代北京音的韵部按王力《汉语语音史》分为十六部。

中原音韵	东钟	庚青	江阳	齐	微	支思	鱼	模	皆来	真文
韵略易通	东洪	庚晴	江阳	西	微	支辞	居鱼	呼模	皆来	真文
韵略汇通	东洪	庚晴	江阳	灰微	居鱼	支辞	居鱼	呼模	皆来	真寻
等韵图经	通		宕	垒		止		祝	蟹	臻
现代北京音	中东		江阳	灰堆	衣期	支思	居鱼	姑苏	怀来	人辰

寒山	桓欢	先天	萧豪	歌戈	车遮	家麻	尤侯	侵寻	监咸	廉纤
寒山	端桓	先全	萧豪	戈何	遮蛇	家麻	幽楼	侵寻	缄咸	廉纤
寒山		先全	萧豪	戈何	遮蛇	家麻	幽楼	真寻	寒山	先全
山			效	果	拙	假	流	臻	山	
言前			遥迢	梭波	车遮	乜邪	麻沙	由求	人辰	言前

从上表可以看出，和《中原音韵》相比，明代的韵母系统有如下变化：

（1）《中原音韵》的"鱼模"分为两韵：《切韵》鱼韵庄组字、虞韵轻唇音字和模韵字为合口，归《韵略易通》《韵略汇通》的"呼模"或《等韵图经》的"祝"。其余的鱼韵、虞韵字则为撮口，《韵略易通》《韵略汇通》归"居鱼"，《等韵图经》则归入止摄。

（2）《中原音韵》的"齐微"，包括 ei、uei 和 i 三个韵母。在《等韵图经》中，ei、uei 为垒摄，i 归入止摄。到《韵略汇通》，ei、uei 为灰微韵，i 归入居鱼韵。

（3）《中原音韵》的"东钟"和"庚青"在《等韵图经》中合并为通摄。

（4）《中原音韵》的"寒山""桓欢""先天"在《等韵图经》中合并为山摄。

（5）最大的变化是-m 韵尾并入-n 韵尾。这一点在《等韵图经》和《韵略汇通》中反映得十分清楚。但是-m 尾的并入-n 并不是从 17 世纪才开始的。早在唐代，胡曾《戏妻族语不正》诗："呼十却为石，唤针将作真。忽然云雨至，总道是天因。"说明唐代有的方言中已把-m 尾字读成-n 尾字。上面提到，在敦煌文书和宋代诗歌中也有-m 和-n 并混的。但是这些都还是个别的现象。到《中原音韵》，有一些唇音声母字的-m 尾混入-n 尾，如真文韵上声"牝品"同音，寒山韵平声阳"烦繁膰礬帆樊凡"同音，去声"饭贩畈範泛范犯"同音，而且在《正语作词起例》中一再辨别-m 尾和-n 尾的字，如"针有真，金有斤，侵有亲，深有申，森有莘"，说明在当时有的方言中-m 和-n 已经相混，但在"中原之音"中两者还是有区别的。最早反映北方话中-m 尾已并入-n 尾的，是崔世珍的《四声通解》(1517)。《四声通解·凡例》："诸韵终声┗、○、□(-n、-ŋ、-m)之呼，初不相混，而直以侵覃盐合口终声汉俗皆呼为┗，故真与侵、删与覃、先与盐之音多相混矣。"（见杨耐思 1981）可见，汉语语音发展中-m 并入-n 的这一重大变化，在 16 世纪初已经完成了。

明代北方话的韵母系统和现代北京话的韵母系统已经很接近了。两者相比较,差别只在于现代北京话中多出一个新的"车遮"(ə)韵部。这个韵部主要是从《等韵图经》的果摄和拙摄的开口呼合并而成的。如:歌哿个阁颗课可呵何和贺曷合阿娥俄萼乐(来自果摄),遮者蔗折车扯彻赊蛇捨舍舌惹热得忒特勒(来自拙摄)。《等韵图经》中果摄和拙摄的合口合并为现代北京话的梭波,果摄的齐齿和拙摄的齐齿、撮口合并为现代北京音的乜邪,这可以用下面的图表来表示:

	果 摄		拙 摄	
	喉牙　舌齿			
开	歌可何恶/酌绰若烁	(uo)	革刻劾厄者扯舍惹	ɤ
齐	爵雀削略		姐且写列	iɛ
合	科课颗(ɤ)/多拖懦罗		国或拙说	uo
撮			缺雪月劣	yɛ

这种演变是分阶段进行的。竺家宁(1994)说:ɤ韵母最先出现在一群中古收 k 的入声字里,即《拙庵音悟》(1674)中的"蝈"、"格"韵。到李汝珍《李氏音鉴》(1805)中"歌"韵双列,一类"真婀切"(牙喉音声母),一类"珠窝切"(舌齿音声母);第一类即ɤ韵母,说明ɤ的来源已扩展到非入声。但"遮""车""设""热"(《中原音韵》车遮韵)等还在iɛ韵中。这一批字是最后变为ɤ韵母的。

(三) 声调

3.4.1.3 关于声调,主要根据《等韵图经》来讨论。

(1)《等韵图经》和《中原音韵》一样,平分阴阳。《等韵图经》还专门给阳平取了一个名字,叫"如声",《凡例》说:"设如声者,如平声也。"但《等韵图经》有一点和《中原音韵》不同:中古的次浊声母平声字在《中原音韵》中全部归阳平,而在《等韵图经》中有一些归阴平,如:妮瞄摸妈咩喃颠臁溜懑等。

(2)《等韵图经》中声调分平上去如四类,无入声。旧入声归入平上去如四声,如勒垒类雷,摸抹莫魔,夫府福扶,租祖足卒(加点的是入声字),王力先生说"那是明清时代无入声的明证"(《汉语语音史》)。但入声的分派和《中原音韵》不大一样。《中原音韵》清入除一部分影母字外一律派入上声,《等韵图经》清入有十分之六归入去声,另一些归入平声和上声。

陆志韦认为,《等韵图经》中清入归入去声的为十分之六,而今音(今北京音)中清入归入去声的仅五分之二,"这样的分别叫人不得不怀疑清入声字在这顺天方言中真的变成了平上去如了没有?"他又引《等韵图经》中"凡例":"去声原设外,增……清入縠质职积之类,广成全集。"以及书后所附《引证》:"其清入声縠质类乎去声顾至之类",认为当时清入声依然存在。他认为:"顺天方言的完全失去入声,到了清初才有实在的证据。"(按:陆志韦《国语入声演变小注》中引《弘觉忞禅师北游录》中顺治帝的话"北京说话特遗入声,盖凡遇入声字眼,不论清浊,皆翻作平上去声耳。"这就是入声消失的证据。)

入声(尤其是清入)分派的变化是一个复杂的问题,《等韵图经》中清入是否存在也还可以继续研究。但是,《等韵图经》中清入的分派和今音的差别,不能用来作为清入依然存在的证据,因为,陆志韦在《国语入声演变小注》一文中也说:"最近这几十年来,清入声的读音还在那里改变。"而这是在他认为清入声确已消失之后。

二 《老乞大谚解》《朴通事谚解》中的汉朝对音

3.4.2.1 《老乞大谚解》《朴通事谚解》在第二章中已经介绍过。这里介绍怎样利用两书中的汉朝对音来研究明代的语音。

首先要介绍谚文。《老乞大谚解》《朴通事谚解》(以下简称《老朴谚解》)中的谚文有这样一些(括号中是胡明扬 1963 用国际音标所作的转写):

ㅂ(p)　ㅍ(p')　ㅃ(b)　ㅁ(m)　ㅸ(f)　ㆄ(v)　ㅱ(u)
ㄷ(t)　ㅌ(t')　ㄸ(d)　ㄴ(n)　ㄹ(l)
ㅈ(ts)　ㅊ(ts')　ㅉ(dz)　ㅅ(s)　ㅆ(z)
ㅈ(tʂ)　ㅊ(tʂ')　ㅉ(dʐ)　ㅅ(ʂ)　ㅆ(ʐ)　ㅿ(ʐ)
ㄱ(k)　ㅋ(k')　ㄲ(g)　ㅎ(x)　ㆁ(ŋ)　ㅇ(终声 ŋ)
ㅇ(初声,为零声母)　　　ㆆ(ʔ)
ㅡ(ə或i)　ㅣ(i)　ㅢ(ɿ, ʅ)　ㆎ(iʅ)
ㅗ(o)　ㅏ(a)　ㅜ(u)　ㅓ(ɤ)　ㆍ(ɐ)
ㅑ(ia)　ㅠ(iu)　ㅕ(iɤ)

(按:河野六郎用罗马字把ㅱ转写为 w,把ㅿ转写为 z,把ㅡ转写为 y,认为ㆆ是 iz,ㅿ是 yz,可以参考。又:ㅈ组应代表 tʂ 和 tʃ 两套声母。)

其次要介绍几种相关的音韵资料。

(1)《洪武正音译训》(1455)。为朝鲜的汉学家申叔舟所作。

(2)《四声通考》(1455)。也是申叔舟所作,把《洪武正韵译训》中的字去掉释义,按韵分列,同一韵内按三十一字母排列。注音分"正音"和"俗音"。"正音"是《洪武正韵》的音,"俗音"是申叔通听到的音。《四声通考》今佚,仅存《凡例》载于《四声通解》卷末。

(3)《四声通解》(1517)。朝鲜的汉学家崔世珍所作。也分"正音"和"俗音"。《四声通解》中的"正音"和"俗音"同《四声通考》。此外又有"今俗音",是崔世珍听到的音。《四声通解》"今俗音"和《四声通考》"俗音"在音系上没有很大不同。

《老乞大谚解》《朴通事谚解》也是崔世珍所作,成书大约是在 1515 年。而今天所见的《老乞大谚解》《朴通事谚解》分别是 1670 年和 1677 年的刊本。前者与崔原本有少数字改动,后者是边暹、朴正华据崔氏《老朴集览》补正,朝文部分也重新翻译,但谚文注音没有改动。

《老乞大谚解》《朴通事谚解》原来是有声点的,即在注音的谚文左边加点或不加点来表示声调。但通常见到的奎章阁本《老乞大谚解》《朴通事谚解》没有声点。在奎章阁本《老乞大谚解》《朴通事谚解》后面,附有《翻译老乞大朴通事凡例》。第二次世界大战后,在韩国陆续发现了一些带声点的本子,韩国的学者称之为《翻译老乞大朴通事》。

3.4.2.2《翻译老乞大朴通事》和《老乞大谚解》《朴通事谚解》中,在每个汉字下面都有两个谚文注音,称为"左音"和"右音"。如:

老랗란 乞킹키 大따다 朴퍅포
通퉁퉁 事쓰스 谚연연 解계계

"左音"和"右音"是有差别的。从上面的例子就可以看到,"左音"有浊音,而"右音"没有;"左音"有入声,而"右音"没有。那么,"左音"和"右音"是什么性质呢?

《翻译老乞大朴通事凡例》《谚音》:"在左者,即《通考》所制之字。在右者,今以汉音依国俗撰字之法而作字音者也。《通考》字体多与国俗撰字之法不同,其用双字为初声及ㆁ为终声者,初学虽资师授,率多疑碍,故今依俗撰字体而作字如左云。"

据此,"左音"就是《四声通考》中的"俗音",也就是15世纪时申叔舟听到的汉语的"俗音"。"右音"是16世纪时崔世珍用常见的谚文字母为他所认定的汉语"正音"注的音。但《四声通考》作于1455年,《老乞大谚解》《朴通事谚解》成书大约在1515年,其间只差60多年,"左音"和"右音"的差异大概不会是时代先后的差异,而是由于"俗音"和"正音"性质的差别。申叔舟所听到的"俗音"究竟是15世纪汉语的什么方音?为什么还保留浊音和入声?崔世珍所认定的"正音"究竟是什么语音?是16世纪的北方官话还是南方官话?这些问题还有待于研究。

尽管如此,如果把《翻译老乞大朴通事》和《老乞大谚解》、《朴通事谚解》(包括《翻译老乞大朴通事凡例》)和《洪武正韵译训》、《四声通考》(包括其《凡例》)、《四声通解》(尤其是其中记录的"今俗音")结合起来研究,对我们研究明代的语音还是有帮助的。我们可以看到下面几点:

(一)浊音清化

《洪武正韵译训·序》:"全浊之字平声近于次清,上去入近于全清。"《四声通考·凡例》:"全浊上去入三声之字,今汉人所用初声,与清声相近,而亦各有清浊之别。独平声之初声,与次清相近。然次清则其声清,故音终直低;浊声则其声浊,故音终稍厉。"(这里所说的清浊实际上是阴调阳调之别。)《翻译老朴凡例·谚音》:"《通考》所用次清之音,而全浊初声之呼亦似之。"《翻译老朴凡例·清浊声势之辨》:"大抵呼清浊声势之分,在平声则分明可辨,馀三声则固难辨明矣。"这些话清楚地表明,在申叔舟和崔世珍的时代,浊音已经清化。但《翻译老朴》的左音(即《四声通考》的"俗音")为什么还有浊音?这个问题不好解释。朱星一(2000)认为是不敢违反《洪武正音》,这个看法还需要商榷。

(二)卷舌音形成

ᅎ组声母,后面所跟的韵母大约一半有i介音,一半无i介音。《通考·凡例》:"凡齿音,齿头则举舌点齿,故其声浅;整齿则卷舌点腭,故其声深。"又:"凡舌上声以舌腰点腭,故其声难而自归于正齿,故《韵会》以知彻澄归照穿床禅。"这都说明照组和知组声母已由ȶ变为tʂ。从韵母方面看,ᅐ显然是代表ɿ和ʅ,而ᅀ则表示还保留较多的i的色彩,大约是声母处于半卷舌状态。有ᅀ韵母的字共十一个:智治致置痴迟池持志世势。前八个是知三组字,后三个是章组字。在知庄章三组中,庄组已全部卷舌化,知二也已卷舌化。说明三组卷舌化的先后是不同的。

(三) 疑母消失

《通考·凡例》:"本韵疑喻母诸字多相杂,今于逐字下从古韵喻则只书o母,疑则只书ȯ母,以别之。"按:据远藤光晓《索引》所列,中古疑母字在《通考》和《谚解》的注音中有四种情况:(a)《通考》作ŋ母,《谚解》作零声母,共有"五午悮鱼渔语碍艾宜疑硬迎月玉"14字。(b)《通考》《谚解》均作零声母,共有"鹅我卧牙衙瓦悟愚呆捱艺外义议熬傲藕严吟岸眼颜雁言砚甑顽元愿银仰乐"32字。(c)《通考》《谚解》均作ŋ母,仅"危"一字。(d)《通考》《谚解》全变为n母,仅"牛"一字。

(四) -m变为-n

《洪武正韵译训》还有9个-m韵,但其中有8个韵韵目下注"俗音ㄴ,韵内诸字终声同"。可见"俗音"中-m已变为-n。《通考》和《谚解》中有-m韵尾的只有"甚""怎"两个字。此外,《通考》中作-m尾而《谚解》中作-n尾的有一个"馅"(见远藤光晓《索引》)。《四声通考·凡例》中关于-m尾的一段话已见前引。

以上几点,和我们前面所介绍的从《等韵图经》等韵书中得出的结论一致。

(五) 入声

几种资料对汉语入声的描写不大一样。

《四声通考·凡例》:"入声诸韵终声,今南音伤于太白,北音流于缓弛。……本韵之作,并同析异,而入声诸韵,牙舌唇终声皆别而不杂。今以ㄱㄷㅂ为终声,然直呼以ㄱㄷㅂ则又似所谓南音,但微用而急终之,不至太白可也。且今俗音虽不用终声,而不至如平上去之缓弛,故俗音终声,于诸韵用喉音全清ㆆ,药韵用唇音全清ㅸ以别之。"

这里所说的"药韵用唇音全清ㅸ",是说用ㅸ来纪录演变以后的药韵韵尾。在谚文中读f,但据研究,在这里记的是半元音w。这说明药韵的入声韵尾在当时已经消失,成为阴声韵尾。"于诸韵用喉音全清ㆆ",是说除药韵外,其他入声韵尾用ʔ表示,ㆆ作终声时是ʔ。那么,是不是14世纪时汉语除药韵外其他入声韵还保留一个ʔ韵尾呢?不是的。《四声通考·凡例》说:"本韵之作,并同析异。"说明申叔舟《四声通考》对汉语入声的描写,不完全是实际语音的记录。其中的"正音"是按照《洪武正韵》的,"俗音"中把汉语除药韵外的入声记作ʔ,是为了折中南北。当时汉语的实际语音是:"南音"太白,"北音"缓弛。即15世纪中期的汉语,在南方还保留-p -t -k,而北方则比申叔舟所标的ʔ还要"缓弛",可能是入声韵尾已经消失。

《四声通解·凡例》："入声诸字取《通考》所著俗音,则依《通考》作字,加影母于下;若著今俗音……不加影母。"崔世珍说《四声通解》的"今俗音""不加影母",应该是反映16世纪初汉语的入声已经没有ʔ韵尾了。但据朱星一统计,实际上,在《四声通解》的今俗音65个入声字中,仅11字不注入声,6个字用ᇢ(w),其他48个入声字仍然标ᅙ(ʔ)。这应该如何解释,是值得研究的。

《翻译老乞大朴通事凡例·旁点》："在左字旁之点,则字用《通考》所制之字,故点亦从《通考》所点,而去声、入声一点,上声二点,平声无点。在右字旁之点,则字从国俗编撰之法而作字,故点亦从国语平仄之呼而加之。汉音去声之呼,与国音去声相同,故乡汉皆一点。汉音平声全清次清,《通考》则无点,而其呼与国音去声相似,故反译则亦一点。汉人之呼亦相近似焉。汉音上声,《通考》则二点,而其呼势同国音平声之呼,故反译则无点。汉人呼平声或有同上声字音者焉;汉音平声全浊及不清不浊之音,《通考》则无点,而其声势同国音上声之呼,故反译则亦二点。汉音入声有二音,《通考》则皆一点,而反译则其声直而高呼如去声者一点,先低后厉而促急少似平声浊音之呼者二点。"(其中所说的"国音"指朝鲜语。)

《翻译老乞大朴通事凡例·汉音》："平声全清次清之音轻呼而稍举,如国音去声之呼。全浊及不清不浊之音先低而中按后厉而且缓,如国音上声之呼。上声之音低而安,如国音平声之呼。去声之音直而高,与同国音去声之呼。入声之音,如平声浊音之呼而促急,其间亦有数音,随其呼势而字音亦变焉。如入声'轴'声本音：쥭,呼如平声浊音;而或呼如去声为：쥭。角字,呼如平声浊音为교而或作쟈；如去声为쟈；或呼如上声为쟈,又从本韵ᅧ之类。"(按:据影印本,"角"字的各种读音均无声点,疑有误。)

《翻译老乞大朴通事》对汉语入声的描写颇使人困惑。《旁点》条说"二音":去声和阳平;《翻译老朴》中每个谚音左边的声点也是两类。《汉音》条则说"或呼如上声"。那么,崔世珍所接触的那种汉语其入声的分化究竟是派入三声还是派入二声?而且,声点的两类不按声母清浊分,而按元音的高低来分(见下)。这个问题需要深入研究。

据《翻译老乞大朴通事凡例·旁点》所说,《翻译老乞大朴通事》中的"汉音"的声点,是可以和当时"国音"(朝鲜话)的声点对比的。15、16世纪朝鲜话声调的高低可由别的资料推知,把两者比较,就可以知道16世纪时汉语声调的调值。梅祖麟的 Tones and tone sandhi in 16th century Mandarin（《16 世纪官话中的声调和变调》）和远藤光晓《翻译老乞大朴通事里的汉语声调》就此进行了研究。他们构拟的调值是：

	阴平	阳平	上声	去声	入声（一）	入声（二）
梅祖麟	35	13	22	55		2
远藤光晓	45	214	11	55	5	24

关于这两个入声的区分，据韩国学者菅野裕臣[①]和日本远藤光晓对《老朴谚解》中声点的归纳，却和声母的清浊无关。具有高元音 i、u、iu 的入声字大都是一点，其他非高元音的入声字基本上是两点。这和《中原音韵》入声的分派是很不一样的。

远藤光晓认为，《翻译老乞大朴通事》的右侧音反映的是"正音"。《凡例》"正俗音"条："今之反译书正音于右,书俗音（按：指申叔舟的俗音）于左。"《朴通事集览》："谜,隐语也,正音미(mi),俗或呼믜(myi)。"而《翻译朴通事》"谜"的右侧音作미,正是"正音"。崔世珍《四声通解》说,"谜"字"今俗音或呼믜",这个"今俗音"和《朴通事集览》所说的"俗或呼믜"一致,这是崔世珍听到的"俗音",即 16 世纪时汉语的口语音。

在崔世珍的其他著作中,也有入声分派和《中原音韵》一致的描述。《四声通解·凡例》："今俗呼入声诸字,或如全浊平声,或如全清上声,或如去声,其音不定。"《朴通事集览》"搅撒"条："凡入声清声则呼如上声者多矣。"值得注意的是,这种入声的分派也被称为"俗呼"。可见,《翻译老乞大朴通事》中的右侧音和旁边的声点反映的声调是反映 16 世纪汉语"正音"的语音系统,而《四声通解》《朴通事集览》等著作中所记载的"今俗音""俗呼"是反映 16 世纪汉语某一方言的口语音。崔世珍和其他朝鲜使节、商人来往的区域是朝鲜和北京之间,崔世珍听到的"今俗音"应是当时北京的口语音。《老朴集览》引《音义》云："南方人是蛮子,山西人是豹子,北京人是대子。"대(tai)即"呔",是"说话带外地口音"之意。可见当时北京音还不是标准音,和"正音"是有区别的。

3.4.2.4 那么,当时的"正音"（官话）是以什么方言为基础的呢？远藤光晓认为,《翻译老乞大朴通事》右侧音的两个入声,在分化以前是一个

---

① 菅野裕臣的结论转引自远藤光晓的论文。

调类,所以"正音"的基础方言也应只有一个入声。在现代北方方言中,这种有一类入声(或来自一类入声)的方言有山西话、下江官话、西南官话。明朝最初定都南京,所以南京话可能成为十五六世纪时官话的标准音。

但是,从《翻译老乞大朴通事》的声母、韵母系统来看,它显然不是南京音。特别是和下面要讨论的《西儒耳目资》(反映南京音)比较,显然有很大的不同。所以,怎样看待《翻译老乞大朴通事》中的入声,还需要深入研究。

三 《西儒耳目资》研究

3.4.3.1《西儒耳目资》,金尼阁(Nicolas Trigault)著,序文作于天启丙寅年(1626)。这是中国音韵史上第一部注明拉丁音标的书。

《西儒耳目资》(以下简称《耳目资》)把声母叫作"字父",把韵母叫作"字母",字父21个,字母50摄。声调分阴平,阳平,上声,去声,入声五调。对《耳目资》进行研究的,有罗常培《耶稣会士在音韵学上的贡献》、陆志韦《金尼阁〈西儒耳目资〉所记的音》、李新魁《记表现山西方言的〈西儒耳目资〉》、张卫东《论〈西儒耳目资〉的记音性质》、曾晓渝《试论〈西儒耳目资〉的语音基础及明代官话的标准音》《〈西儒耳目资〉的调值拟测》等。下面综合这些研究成果对《耳目资》加以介绍。

(一) 声母系统

《耳目资》的21个"字父"是(括号中是陆志韦用国际音标拟的音):

p 百(p)	ṕ 魄(pʻ)	m 麦(m)	f 弗(f)	v 物("w")
t 德(t)	t́ 忒(tʻ)	n 搦(n)	l 勒(l)	
ç 则(ts)	ḉ 测(tsʻ)	s 色(s)		
ch 者(tɕ、tʂ)	ćh 撦(tɕʻ、tʂʻ)	x 石(ɕ、ʂ)	j 日(ʐ)	
k 格(k)	ḱ 克(kʻ)	h 黑(x)	g 额(ŋ)	
— 自鸣(—)				

这个声母系统和《等韵图经》的区别在于:

(1) 多两个声母:"物(v)"和"额(ŋ)"。"额"代表的声母 ŋ 在一些中古的疑母字前已失去,在一些中古疑母字前依然保留。同时,在一些中古影母字前面新增加了声母 ŋ。

(2) 字父"者(ch)""撦(ćh)""石(x)"代表 tʂ 和 tɕ 两套声母。

(3) 中古庄组字,在《耳目资》中有的变 tʂ,有的变 ts。而且 tʂ 和 ts 的重读字很多。

(二) 韵母系统

韵母 50 摄(转录自陆志韦《金尼阁〈西儒耳目资〉所记的音》,每一摄的号码照《西儒耳目资》,第 5 摄分为"甚、中、次"):

(1)a	(13)ia	(2)e	(14)ie	(3)i	
(21)ua	(22)ue	(35)iue	(23)ui		
(19)oa	(20)oe				
(6)ai	(30)iai	(44)uei		(4)o	(15)io
(43)uai		(39)(oei)		(24)uo	
(38)(oai)		(10)eu	(33)ieu	(49)uon	
(7)ao	(31)iao				
	(28)(eao)	(11)em	(17)im	(5)u 甚	
(8)am	(32)iam	(47)uem		(5)u 中	(16)iu
	(29)(eam)			(5)u 次	
(45)uam		(12)en	(34)ien	(26)um	(36)ium
(40)(oam)			(18)in		
(9)an		(48)uen	(50)iuen	(25)ul	
(46)uan		(27)un	(37)iun		
(41)(oan)		(42)(oen)			

《耳目资》每一摄元音的音色完全相同,所以这个"摄"的含义和等韵所说的"摄"有区别。e、ie、o、io、uo 五摄又各分"甚""次",u 摄又分为"甚""次""中"。金尼阁自己解释说:"甚者,自鸣字之完声也。次者,自鸣字之半声也。减甚之完即成次之半。""开唇而出者为甚,略闭唇而出者为次。"(《耳目资·列音韵谱答问》)"甚、中、次"大约是主要元音的开口度由大依次变小,发音部位由低依次升高。50 摄加上"甚、中、次",实际上共 57 摄。金氏"字母"中的 -m 韵尾实际上是 -ŋ 尾。入声韵尾一律是 -ʔ。入声韵和阴声韵相配;有不能相配的,单立一韵。

《耳目资》韵母系统的一个显著特点是除了四呼以外还有 e 和 o 介音。

《耳目资》的韵母系统和《等韵图经》等的差别比较大,显然是反映了它的方言特点。究竟它记的是哪一种方言,到下面再讨论。

(三) 声调系统

《耳目资》分清平、浊平、上声、去声、入声五调。入声只有一调,不分阴阳,也不论来历的清浊,跟《中原音韵》的分派三声不同。这是《耳目资》所记语音系统的一个特点。

陆志韦认为《耳目资》中的声调还有一个特点:浊上仍读上声,但经常和去声重读,并认为这"代表中古浊上声变为现代清去声的过渡阶段"。但这实际上是陆氏的误解。金尼阁自己解释说,这些字"古音为上,今读为去",而"音韵之书从古,愚亦不敢从今",所以并列上去两处,而且在上声处标以半圈。这一点,张卫东已经指出。

3.4.3.2 关于《西儒耳目资》的研究,最重要的还在于它所记的究竟是什么方言。有三种意见:

(1) 罗常培认为《耳目资》所记的音是"以北平音为标准音的明末官话"。

(2) 陆志韦和李新魁认为《耳目资》所记为山西方音。

(3) 鲁国尧和张卫东认为《耳目资》所记的是以南京音为标准音的明代官话。

这三种意见中,影响较大的是陆说。陆说除考察《耳目资》和山西方言的一些共同点以外,一个主要的依据是《耳目资》是金尼阁在山西时记的音。他说:《西儒耳目资》的序文作于天启丙寅年(1626)。那一年金尼阁已到了陕西。"这书所代表的语音可是他在二年以前在山西记下来的。他在1624年到了绛州,第二年就离开了。"

张卫东不同意这种观点。他引金尼阁《西儒耳目资·问答小序》:"向者旅人(按:金氏自称)初适晋,馆于景伯韩君明旦斋中,彼时或与此中人士交谈,得闻未知难知之音,或展阅此中奇书,得遇未知难知之字,一开旅人字学音韵之编,则能察字察音,随手可得,不待一一询之人也。景伯殊甚怪之,曰:'吾侪未能,是必有巧法在,幸传我勿吝。'……彼此再三问难,爰为之次第其说,几成帙矣。未几,过新安,邂逅豫石吕君,出其帙,甚许可,又多所订正。今寓关中,良甫王君酷爱其书,必欲讨之剖厥,辄又互相质证,细加评核,而成此问答之篇。"可见,《耳目资》的主体部分——《译引首谱》《列音韵谱》《列边正谱》在到山西前已经完成,在山西完成的是《问答》《释疑》《兑考》诸篇。

张文还认为,金尼阁受耶稣会派遣来华传教,他编纂《耳目资》是为了帮助传教士更快地掌握汉字汉语。出于这一目的,他也不会去记山西音。而且,《耳目资》所记的音和利玛窦的注音只是大同小异,而利玛窦根本没有到过山西,这也说明《耳目资》所记不会是山西音。

张文认为《耳目资》所记的是以江淮官话为基础方言,以南京话为标准音的明末官话。文章举出《耳目资》的音系和北京话、山西话不一致而和江淮官话相一致的若干特点作为论据。比如,上面说过,《耳目资》中知照组字有的读 tʂ,有的读 ts,韵母多达 57 个,u 分"甚、中、次",声调分为五个,而且入声只有一调等等,都是如此。

在张卫东之前,鲁国尧就提出《耳目资》反映的音系应是官话。他认为明代官话的基础方言是南京话,其论述在下一节介绍。

关于《西儒耳目资》所记的音究竟属于什么音系的问题,还可以进一步讨论。但总的看来,认为《耳目资》反映以江淮官话为基础的明末官话,这种意见比前两种更有根据。

本节参考资料

耿振生1992:《明清等韵学通论》,语文出版社。
胡明扬1963:《〈老乞大谚解〉和〈朴通事谚解〉中所见的汉语、朝鲜语对音》,《中国语文》第3期。
胡明扬1980:《〈老乞大谚解〉〈朴通事谚解〉中所见的〈通考〉对音》,《语言论集》第一集,人民大学出版社。
黎新第2005:《近百年来明代汉语共同语语音研究述略》,《重庆师范大学学报》第5期。
李新魁1982:《记表现山西方言的〈西儒耳目资〉》,《语文研究》第1期。
陆志韦1947a:《记兰茂〈韵略易通〉》,《燕京学报》第32期。
陆志韦1947b:《记徐孝〈重订司马温公等韵图经〉》,《燕京学报》第32期。
陆志韦1947c:《记毕拱宸〈韵略汇通〉》,《燕京学报》第33期。
陆志韦1947d:《金尼阁〈西儒耳目资〉所记的音》,《燕京学报》第33期。
罗常培1930:《耶稣会士在音韵学上的贡献》,《史语所集刊》第一本第三分。
梅祖麟1977: Tones and tone sandhi in 16th century Mandarin, JCL, 5:2.
邵荣芬1979:《汉语语音史讲话》,天津人民出版社。
杨耐思1981:《近代汉语-m 的转化》,《语言学论丛》第七辑。
远藤光晓1984:《〈翻译老乞大朴通事〉里的汉语声调》,《语言学论丛》第十三辑。
张鸿魁1996:《金瓶梅词话语音研究》,齐鲁书社。

张卫东 1991:《论〈西儒耳目资〉的记音性质》,《纪念王力先生九十诞辰文集》,山东教育出版社。

张玉来 1994:《韵略汇通音系研究》,山东教育出版社。

曾晓渝 1991:《试论〈西儒耳目资〉的语音基础及明代官话的标准音》,《西南师大学报》第 1 期。

曾晓渝 1992:《〈西儒耳目资〉的调值拟测》,《语言研究》,第 2 期。

朱星一 2000:《十五、十六世纪朝汉对音研究》,北京大学博士论文。

竺家宁 1994:《清代语料中的ㄜ韵母》,《近代音论集》,台湾学生书局。

第五节　近代汉语的共同语

在分别讨论了唐宋元明各个时期语音的研究之后,我们来谈一谈近代汉语共同语的问题。

众所周知,现代汉语的方言是十分复杂的,方言之间的差异可以大到操两种方言的人不能通话。在交通不发达的古代,方言之间的歧异必然比现代更甚。而中国自古就是一个统一的国家,各种不同方言的人要在一起从事政治、经济、文化方面的活动,就必须有一种共同语。这种共同语很早就存在。像《论语》中所说的"雅言",杨雄《方言》中所说的"通语",就是这种共同语。但它们不在近代汉语的范围,所以这里不拟多谈。现在要讨论的是:近代汉语的共同语是什么?它以什么为基础方言和标准音?它怎样发展为现代汉语的普通话?

有一种比较普遍的看法:隋唐时共同语的标准音是洛阳音,宋代共同语的标准音是汴洛音,自从元代建都大都以后,明清两代又相继以北京为首都,所以大都话和古北京话就成了元明清三代共同语的标准音,这就是现代汉语普通话以北京音为标准音的历史渊源。

不难看出,这种意见大致上是认为每一个朝代首都的语音就是这个朝代共同语的标准音。首都是全国政治经济文化的中心,以首都的语音为共同语的标准音是完全可能的。但事实上,情况也许并非如此简单。近年来一些文章就对这个问题提出了许多值得考虑的看法。

下面将会说到,"基础方言"和"标准音"不是一个概念。但有关的文章中,有的说"标准音",有的说"基础方言"。我们先按照原文的用语引述,然后再来讨论。

3.5.1 李新魁《论近代汉语共同语的标准音》认为:汉魏南北朝以来,汉语共同语的标准音,一直表现于两个方面。一个是书面共同语的标准音,一个是口语共同语的标准音。书面语的标准音,从南北朝到唐代,大体就是《切韵》《广韵》所反映的读音系统。口语的标准音,是河洛语音,即中州音。这两者在语音系统上没有大的出入,只是在某些具体的字音上,口语的说法和书面语的读法不完全一致。在宋代,情况也还是这样。《谈选》载:"寇莱公与丁晋公同在政事堂日,闲谈及天下语音何处为正,寇言唯西洛人得天下之中,丁曰:不然。四远各有方言,唯读书人然后为正。"这说明洛阳话是宋代口语的标准音,但此外还有读书音。

李文认为,元明两代及清代前期都以河洛一带的中州音为共同语的标准音,而北京音则是直到清代中叶以后才上升为"正音"即共同语的标准音的。文中列举不少材料证明这一点。如明代桑绍良《青郊杂著》说:"周德清当戎狄乱华之日,壬生江右,慭广闽之语戾中土之音,著为《中原音韵》,以期南北大同。"可见《中原音韵》所根据的是"中土之音"。元代孔齐《至正直记》:"北方声音端正谓之中原雅音,今汴、洛、中山等处是也。"也说明元代的"雅音"是河洛之音。明代初年敕编《洪武正韵》,序中说《洪武正韵》"一以中原雅音为定"。明人沈宠绥《度曲须知》解释说:"夫雅音者,说者谓即《中原音韵》也。"明代中期吕坤《交泰韵》说:"中原当南北之间,际清浊之会,故宋制中原雅音,会南北之儒,酌五方之声,而一折衷于中原。谓河洛不南不北,当天地之中,为声气之萃。我朝《正韵》,皆取裁焉。周氏德清,高安人也,力诋沈约,极服中原。"又说:"万历中,余侍玉堰,见对仗奏读,天语传宣,皆中原雅音。"这个"雅音",就是"不南不北"的河洛之音。直到康熙年间潘耒《类音》中还说:"或曰:河洛天地之中,雅音声韵之正。"提出以北京语音为正音的是在清代中叶以后。陈钟庆《古今音韵通转汇考》:"国朝建都于燕,天下语音首尚京音。"道光年间,禧恩为其弟裕恩所著《音韵逢源》写的序文说:"惜其不列入声,未免缺然。问之,则曰五方之音,清浊高下各有不同,当以京都为正。"

3.5.2 鲁国尧等的观点又与此不同,他们认为明代官话(共同语)的标准音既不是北京音,也不是河洛音,而是南京音。

在本书的上一节(3.4.2.1)中,已经提到远藤光晓的观点。他从翻译《老乞大朴通事》中入声的特殊性质而推想到南京话可能是当时的标准音。他说:"明朝成立(1368)时最初奠都南京,考虑到这个历史背景,属于下江官话的南京话在当时最可能占有标准音的地位。明代官修韵书《洪武正韵》(1375)就是以南京话为主要依据的。到了1420年,首都从南京迁到北京,想必那时有相当多的官民伴随皇帝来北京。我认为《翻译老乞大朴通事》右侧音反映的是来自南京而当时通行于北京一带的官话。当然,这个设想还需要由今后大量的研究来检验。"

鲁国尧《明代官话及其基础方言问题——读利玛窦中国札记》更是专门探讨这一问题的。文中引利玛窦《中国札记》:"有一种整个帝国通用的口语,被称为官话(Quon-hoa),是民用和法庭用的官方语言。……这种官方的国语用得很普遍,就连妇孺也听得懂。"这种官话的基础方言是什么?利玛窦并未直接提及,但书中提到,1600年利玛窦再次由南京去北京,新来的庞迪我神父是他的助手,他们乘坐由一个姓刘(?)的太监率领的马船船队沿运河北上,到了山东省西北的临清,太监因故先行,"把他在南京买的一个男孩作为礼物留给了神父们,他说他这样送礼是因为这个男孩口齿清楚,可以教庞迪我神父纯粹的南京话"。书中在后面说,后来,"作为利玛窦神父在北京伴侣的庞迪我神父学会了说中国话。"可见南京话是当时官话的基础方言,否则,正要去北京的神父是没有必要学南京话的。鲁国尧认为:"明代初年,太祖朱元璋、建文帝朱允炆及成祖朱棣早期建都于南京,从洪武元年算起长达五十四年,徐达攻取大都,朱棣坐镇北平及后来迁都北京都曾带了大批南京人及其他江淮方言区的人北上,南京话在明代占据一个颇为重要的地位,或许即为官话的基础方言。"当然,他也说这个假设尚需进一步论证。

张卫东更是力主明代的共同语是南京话,他在(1998a)(1998b)(1998c)(2000)一系列文章中申述了这一观点。下面摘要引用他列举的一些材料:

《利玛窦全集》:

卷一 p.22:"为补救语音之不足,他们把每个音分成五个音调,区分相当微妙,用以区分每一词或字。"

卷一 p.23:"在中国的许多方言中,有一种称为官话,是为行政及法院用的,很容易学;无论哪一省的人,只要常听就会;所以连妓女及一般妇女,都能与外省人交谈。"

卷一 p.114:"意大利人罗明坚神父于1579年来到澳门,……第一件事就是学习中国话——宫廷里的官话,全中国所用的话。"

卷三 p.446—447:"对于一个欧洲人来说,汉语的发音尤其困难,……每一个词有五个不同的声调。"

约瑟夫·埃德金斯《汉语口语(官话)语法》(1864,上海):

南方官话通行的范围比北京话更大,尽管后者更为时髦;"那些想说帝国宫廷语言的人一定要学北京话,而净化了它的土音的北京话,就是公认的'帝国官话'。"

威妥玛《语言自迩集》(1867):

官话标准音之争,大约始于20年前。老派认为应该继续以南京话为标准,新派则认为南京音已属于"废弃不用的"系统,应该以朝廷和帝国政府的主要官员说的北京话为标准。

六角恒广《日本中国语教育史研究》：

从江户时代到明治初年，教的中国话都是"唐通事时代的南京话"，于明治九年(1876)春改教北京话。

濑户口律子《琉球官话课本研究》：

五种琉球官话课本多是清乾隆年间编写的，课本的语音特点是"跟南京话相一致"(五个声调)。

3.5.3 平田昌司(2000)讨论了明清时期的标准音。文章所依据的不是韵书韵图，而是朝廷里的朝仪唱赞，角度很新颖。文章的主要论点如下：

(1)明代万历年间的朝仪唱赞，一般使用"中原雅音"。

(2)清代初年的鸿胪寺承袭明代朝廷的标准语观念，把直隶、山东、山西、河南四省的"中原雅音"定为正音。到乾隆十七年，直隶音(辽东、幽燕官话的后裔)取代"中原雅音"正式获得鸿胪寺正音的地位。其依据的资料是：

雍正六年。"鸿胪寺序班，经制六缺，于直隶、山东、山西、河南四省生员，拣选仪度端庄，声音洪亮者，暂给顶戴，在寺学习行走。"

乾隆十七年。"该寺以山东、山西、河南三省在寺行走者，声音各别，土语难变，不能合式，请将山东等省裁去四缺，仍留二缺，一并归于直隶学政咨取。"三省生员"虽极力教演，究难合式"。惟直隶生员"易于合式"。

(3)"北音"失去了许多传统音类的区别，明清时期的江南士大夫一般对它不大重视，也不屑于积极去学习它。对他们来说，"南音"才是真正的标准官话。

(4)明清时期日本人和朝鲜人学习汉语所采用的标准音不同，是因为他们和中国接触的地区不同。朝鲜申维翰《海游录》："长崎……所学语音，乃苏杭闽浙福建以下。故与我人北京译差异。"

3.5.4 下面就综合这些意见，对近代汉语各个时期共同语的基础方言或标准音进行讨论。

3.5.4.1 首先要讨论的是：什么是近代汉语共同语的标准音？近代汉语共同语有没有标准音？

耿振生(1993)和(2007)认为："历史上的官话有基础音系而无标准音。""在清末'国语运动'之前，近代的官话一直没有形成真正意义上的标准音。"这个意见很值得重视。

现代汉语普通话是有标准音的,"以北京语音为标准音"。这是在1955年的"现代汉语规范问题学术会议"上规定的。普通话的标准音规定得很明确,很严格,如果一个人说的话的基本上合乎北京语音,但掺杂一些方言音系的成分,那么汉语水平测试的成绩就不高。

那么,在此以前的"官话"是否有标准音呢?

我们今天所说的"近代汉语的共同语",在明清时叫作"官话","官话"一词最早见于《朝鲜王朝实录》成宗十四年(1483)九月庚戌条:"头目葛贵见《直解小学》,曰:'反译甚好,而间有古语不合时用,且不是官话,无人认听。'"明代张位《问奇集》:"大约江以北入声多作平声,常有音无字,不能具载;江南多患齿音不清。然此亦官话中乡音耳。若其各方土语,更未易通也。""官话"是自然形成的,它不可能有一个明确的规范,当然也不会有普通话这样明确的标准音。如张位所说,"官话"在江北和江南还有不同的语音特点,有入声的是官话,无入声的也是官话。这和普通话的情况是很不相同的,今天如果谁的说话中还带入声,就绝不是普通话了。

直到民国初年,钱玄同还说:"官话虽然号称普通话,通行区域很广,然而夷考其实,是全无标准的。"(《理想的国语》,《钱玄同文集》第三卷,p.229。)1913年民国政府召集的"读音统一会",根据以北京音为基础"折衷南北,牵合古今"的方针确定了国语标准音,称为"国音"(或"老国音")。这才明确制定了一个标准音。这种"国音"是在北京音系的基础上,增加三个浊声母兀、万、广,一个入声调,韵母保留尖团音的区分。1919年的官方字典《国音字典》就是根据这种标准注音的。因为这不是"活的语言",所以很难推行。赵元任说:"由于国音不可能是任何一个教员的家乡音,于是一项任务落到我的头上:给这种标准音灌唱片,并在所有学校推行。1922年哈佛大学在中断了四十年之后,重新开设汉语课,那时我在哈佛大学教的,实际上就是这套音。不管有没有唱片,教一种没有人说的语言,总是难事。在十三年的时间里,这种给四亿、五亿或者六亿人定出的国语,竟只有一个人在说。到了1932年,未公布任何根本性的变动,《国语字典》悄悄地修订成了《国语常用字汇》,它实际上是以北京话作为基础,这一下子就涌现出了一百万以上可能的师资来代替我这个孤家寡人。"(《赵元任语言学论文集·什么是正确的汉语》)这种"纯以京音为标准"的标准音称为"新国音"。北京语音作为共同语的标准音,是到这个时候才形成的。在此以前,官话并无明确的标准音。

"老国音"行不通,"新国语"能很快推行,这说明人们在学官话时,不可能依据某种人为的语音体系，而只能是模仿某种比较权威的"活的语言"，这就是官话的基础音系或基础方言。而且，在模仿某种基础音系的时候，不一定模仿得十分到家，而往往会带有一些乡音。赵元任说："我们家里上两辈都说常州话，可是我们孙子辈就说一种南边口音很重的北京话。"(《赵元任语言学论文集·我的语言自传》)，清末民初尚且如此，明清两代说"官话"的情况就更可以想见了，张位所说的"官话中乡音"就是这种情况。

那么，明清两代的"官话"的基础方言是什么？上面所引述的诸家的讨论中，都说到了北京话和南京话。确实，这两种话都有成为基础方言的可能。但除此之外，是不是就没有别的基础方言了？耿振生（2007）引王力（1926）《浊音上声变化说》说："广西的话可以分为官话非官话两种，大概广西北部说的是官话，而南部说的是非官话。说非官话的人便要学官话，以便将来见官或作官，所谓官话，是以桂林话为标准的。古人云：'北以北京为宗，南以桂林为正。'故又谓之正音。"据此，耿振生说："官话在各地有不同的正音标准，因此也就谈不上全国唯一的标准音，而且也不是仅仅有南北两系标准音。"这个意见我也同意。威妥玛《语言自迩集》第一版序言说："埃德金斯先生，谁也不如他那么勤奋地去探究过这些不同方言的规则与界线，他把官话划分为三个主要系统：南方官话（the southern），北方官话（the northern）和西部官话（the western），他以南京、北京和成都——四川省省会，分别代表各个官话系统的标准。"这说明在当时除北京话和南京话以外，还有成都话也是一种官话的标准。

而且，在没有明确语音规范的情况下，人们学说共同语，所模仿的未必严格限制于某一个地点方言的语音，也可以是和这个地点相邻近的其他地点方言的语音。尽管这些不同地点方言的语音会有些差别，但只要差别不大，在主要方面相同，听起来觉得差不多，这些方言的语音都可以是学说共同语的模仿的对象。比如前面所引的元代孔齐《至正直记》所说："北方声音端正，谓之中原雅音，今汴、洛、中山等处是也。""汴"在今开封，"洛"在今洛阳，"中山"在今河北定州，在元代时这三地的方音不会完全相同。但如果当时一个南方人学说北方话，不论他模仿的具体对象是汴音还是洛音还是中山音，只要学得差不多，就都可以说是学会了"中原雅音"，即元代的共同语。因此，汴、洛、中山的语音，都可以是元代共同语的语音标准。而现代汉语普通话的标准音只能是北京音，不能是天津音或保定音。在这一点上，近代汉语共同语的语音标准和现代汉语普通话的标准音也是不相同的。

当然，这些以不同的方言为基础的各种官话，其地位是不同的，这一点将在下面说到。

3.5.4.2 根据上述看法，我们来讨论元代以来共同语的基础方言。

元代肯定有一种通行全国的共同语。《中原音韵·自序》："余尝于天下都会之所，闻人间通济之言。……混一日久，四海同音，上自缙绅讲论治道，及国语翻译，国学教授言语；下至讼庭理民，莫非中原之音。"这种通行全国的共同语是以什么方言为基础的？我们在本章第三节中已经说过，就《中原音韵》来说，它的基础方言是大都话而不是洛阳话。当然，《中原音韵》主要是为元曲的创作而作的，元曲是当时的一种大众艺术，《中原音韵》的基础方言未必就是朝廷和官场中使用的标准语。有些学者认为元明时期宫廷里的标准语是"中原雅音"，有的还根据上面引的吕坤《交泰韵》中说的话，认为"中原雅音"就是"不南不北"的河洛之音。对这个问题，我们在上面已经讲过：对"中原雅音"的理解应该宽泛一点，汴、洛、中山等处的话都可以是"中原雅音"。根据今天的情况，我们不难想象，在元代明代的宫廷里，大臣们说话的口音绝不会是完全一致的，不可能个个都合乎大都话或洛阳话的标准，所以，对吕坤所说的"对仗奏读，天语传宣，皆中原雅音"，也只能作宽泛的理解，即他们在朝廷里不说北方话以外的方言，而是说大家都能懂的北方话，可能是北京话，也可能是洛阳话，也可能是带有乡音的北京话或洛阳话，这就是吕坤所说的"皆中原雅音"。当然，我们在本章第三节中也说过，大都话和洛阳话在语音体系上是有些区别的。在元明时期士大夫的心目中究竟哪一种最"纯正"，这个问题还应该根据更多的资料来进行研究。

明代共同语（官话）的基础音系是不是南京音？确实，有一些材料说明，当时西方的传教士认为学会了南京话就是学会了官话。但同时还有另一些材料，说明当时朝鲜人认为北京话是官话的标准音系，这些材料同样是不可忽视的。比如：

> 申叔舟《洪武正韵译训·序》（1455年）："语音既异，传讹亦甚，乃命臣等就正于中国之先生学士。……燕都为万国会同之地，而其往返道涂之远，所尝与周旋讲明者，又为不少。以至于殊方异域之使，释老卒伍之微，莫不与之相接，以尽正俗异同之变。且天子之使之国，而儒者则又取正焉。"

朝鲜《成宗实录》十三年(1482)记载:"世宗朝如金何、李边赴京三十馀度,故能汉语。"

《成宗实录》十四年(1483)记载:"上语副使曰:'我国至诚事大,但语音不同,必学得字音正,然后语音亦正。'……命召葛贵赐酒,谓曰:'汝尽心教诲,予深喜悦。'贵启曰:'俺南方人,字韵不正,恐有差误。'"又记载葛贵在论及朝鲜人学习汉语的课本《直解小学》一书时说:"反语甚好。而间有古语,不合时用,且不是官话,无人认听。右小学一件送副使处,我当赉还京师,质问以送。"

《成宗实录》十五年(1484)记载:"汉音有关事大,不可不虑。予欲遣此子弟于义州,使之来往辽东,传习汉语如何?佥曰:'辽东乃中国一方,语音不正。臣等以为,前所选子弟,使之仍仕司译院,常习汉语诸书,每于本国使臣入京时并差入送。如此循环不已,则汉音自然通晓。'"[①]

我的看法是:当时的官话(共同语)分南北两支,以北京音为基础音系的是官话,以南京音为基础音系的也是官话。这在前面所引的张位的《问奇集》的一段话中已说得很清楚。所以,同样是在明代,同样是外国人学习汉语,《老朴谚解》用的是北京话音系,《西儒耳目资》用的是南京音系。他们都没有错,不管是学会了哪一种音系,都是学会了"官话"。

但是,这两种官话的情况是不同的。首先是使用的地域不同。大概在北京周边地区的居民说官话时会用北京官话,在南京周边地区的居民说官话时会用南京官话。更重要的是地位不同。明代的北京音系和南京音系的一个最大的不同,是前者入声已经消失,而后者保留入声。当时的上流社会有一种"正音"的观念,认为有入声的是古代读音,是正式的读书音,所以有入声才是"正音",没有入声是"俗音"。《洪武正韵》正因为是正音,所以保留入声。当时,在北京的宫廷中,也许日常说话是北京话,但在朝廷上和其他正式场合,用的是以南京音系为基础的官话。下面一条材料可作参考:

于慎行(1547—1607)《谷山笔麈》卷二记载:"丁丑,行在讲筵。一日,讲官进讲《论语》,至'色,勃如也',读作入声,主上读'背'字。江陵从旁厉声

---

① 以上材料均转引自朱星一博士论文《十五、十六世纪朝汉对音研究》。

曰：'当作"勃"字！'上为之悚然而惊，同列相顾失色。"（转引自张玉来2016）

皇帝读"勃"字已不用入声，但张居正认为读《论语》时非用入声不可。可见当时朝廷里在正式场合用的是有入声的官话。

从这个角度看，明代几种音韵资料的差异很好理解。《老乞大谚解》《老乞大谚解》中谚文的右音（崔世珍音）无入声。从地域看，那些朝鲜商人来往的是辽东和北京地区，从地位看，那些商人以及和他们交往的汉人都是普通百姓；所以，这记的是以北京音为基础的北方官话。利玛窦的罗马字注音资料、罗明坚、利玛窦《葡汉辞典》和金尼阁的《西儒耳目资》所记的汉语音系都有入声。从地域看，这些传教士和使者活动的地区大多在南方（金尼阁也到过山西）；从地位看，他们活动的都是官场和传教、外交场合，所以，这记的是以南京音为基础的南方官话。北方官话和南方官话在当时都存在，但不论南方北方，在官方正式场合用的是以南京音为基础的南方官话。

到清代，情况有了变化。

首先是乾隆十七年（1752），直隶音（辽东、幽燕官话的后裔）取代"中原雅音"正式获得鸿胪寺正音的地位。前面我们说过，在民国初年"国语运动"之前，共同语（官话）不存标准音，只有基础音系或基础方言。但鸿胪寺的唱赞却是有标准音的。鸿胪寺的唱赞的标准音换成了直隶音，这表明，北京音系得到了朝廷的重视。不过，根据平田引用的材料，在乾隆十七年以前，用的是四省的生员，"三省生员虽极力教演，究难合式。惟直隶生员易于合式。"可见乾隆十七年以前其"式"（标准音）就已经是"直隶音"。只不过对"式"的要求由宽到严，即在乾隆十七年以前就以北京音为标准教习，但教习后仍带一点三省口音也还可以使用；乾隆十七年以后，则要求纯正的北京音。至于清代宫廷里的朝仪唱赞什么时候开始有"式"（标准音），其"式"（标准音）是否有过改变，这是还需要进一步研究的。

但在其他官方正式场合，使用的可能还是以南京音系为基础的南方官话。到了清代后期，以南京音系为基础的南方官话的地位被以北京音系为基础的北方官话取代。这种取代的时间和过程，在威妥玛《语言自迩集》的两篇序中说得很清楚。

威妥玛《语言自迩集》第一版序言（1867年）：

"埃德金斯先生，谁也不如他那么勤奋地去探究过这些不同方言的规则与界线，他把官话划分为三个主要系统：南方官话（the southern），北方官话（the northern）和西部官话（the western），他以南京、北京和成都——四川省省会,分别代表各个官话系统的标准。他认为南京官话(Nanking Mandarin)在更大的范围被理解,尽管后者更为时髦;可是他又承认'那些想说帝国宫廷语言的人一定要学北京话,而净化了它的土音的北京话,就是公认的'帝国官话(Kuan Hua of the Empire)。'"

"这里引证这种观点,只是要进一步证实我自己很久以前的一个结论,即北京话(Pekingese)是官方译员应该学习的语言。自从带有许多学生的外国公使馆在北京建立,不首先学这种语言那几乎是不可能的了,因为它比任何其他语言都更重要。在总理各国事务衙门服务的初学者,用不了多久就会发现,他正在学习的语言恰是帝国政府主要官员所说的话。同时,他的老师、仆人,他所接触的十之八九的人,都很自然地讲这种话。……我见过一位译员,他确实精通北京话,他在汉口和在京师一样地被理解。……"

"选择并确定一种话(a dialect),这大约是 20 年前的事,其次就是建立表音法。那时没有人把北京话作为写作对象,而各种表音法都声称描写的是南方官话(the southern mandarin)——诸如莫里逊博士(Dr. Morrison),即第一部汉英辞典的编撰者……对于莫里逊表音法,有人主张把它看作官话表音法,埃德金斯先生根本否定任何这类主张。他说:'莫里逊正在编撰他的很有实用价值的音节辞典(syllabic dictionary),却没有意识到他所列的音根本不是官话音,而是已经废弃不用的发音。'"

威妥玛《语言自迩集》第二版序言(1886 年):

"对第五声即入声的失踪,威廉姆斯博士最近已断然提出抗议。……在北京话的口语中,这个声调已不复存在,而第一次唤起我注意的是应龙田,一位受过良好教育的北京人,……一年之后我住进北京的时候,我发现应龙田是对的。""第五声在书面语中被学究式地承认,……一个人在朗诵书面语时用不同的声调,跟他说话时用的调是有区别的。五个声调的法则束缚着中国人,不论他讲什么方言。"(均据《语言自迩集》张卫东中译本)

威妥玛说的 20 年前还"没有人把北京话作为写作对象",大约是在 1847 年前后的事。而清廷在北京设立外国公使馆是在 1864 年,那时,这些外交官就已经觉察到北京话的重要地位。

但是,据王洪君(2016),"蒙老北京人、北昆一级演员张卫东先生告知,清代国子监一直沿用明代官话诵读经典,他从小师从吴承仕次子吴鸿迈学会了按清国子监传统诵读的《孝经》《大学》《论语》《孟子》等。据王福堂先生鉴别,张的诵读更接近杭州话而非南京话"。"明代官话"音是《洪武正韵》的音系,而据作者调查,在现代方言中,和《洪武正韵》最切合的是杭州、南京、合肥和开封、洛阳。这是和地道的北京话音系不同的。所以,直到清末民初,在读书人心目中,地道的北京话的地位是不高的。清代读书人日常说的官话,是"净化了它的土音的北京话",而在国子监教书时则使用明代官话。直到民国初年依然如此,赵元任学说北京话,傅斯年学说北京话,都被人讥笑为"说老妈子话"。赵元任念书的时候,特意从常州请一位先生到北边来教他,是为了保存乡音。"对于北京话……总觉得那是日常的随便说话,常州音好像高一等似的,因为我念古书作诗文都是用常州音的。"(《赵元任语言学论文集·我的语言自传》)

3.5.5 在讨论近代汉语共同语,特别是在讨论近代汉语共同语与现代汉语普通话的继承和发展关系的时候,还必须把历史上人口流动、居民迁徙对语言的影响考虑在内。从元初到清末,除了明初五十年外,北京一直是首都,但是这个城市的人口居民却经历了几番大的变动。而居民的变动,必然会对这个城市的语言产生一定的影响。

俞敏《北京音系的成长和它受的周围影响》一文谈到了这个问题。文章说:现在的北京口语未必是元大都话的直系后代。要说现代北京人是元朝大都人的后代,还不如说他们是明朝跟着燕王"扫北"来的人的后代合适。这些人是古北京话的主人。清代满人入关,从山海关圈地直到保定。其中的汉军旗人,民族是满族,血统、语言是汉族。他们是老北京话的主人。古北京话是大河北方言,这是从山东德县望北的沧县、天津、武清、延庆这条线(运河线)的话。武清和延庆是这条线上的两个断头,是被从山海关到保定这条线冲开的。今日城区北京音就是老北京话中保留古北京话的某些遗迹再加上受其他方言的各种影响而形成的。

林焘《北京官话溯源》主要是谈北京官话区形成的历史原因,但其中也谈到民族交往和移民对北京话发展的影响。文章说,从辽到金,燕京的居民和外族语言长期接触,和中原地区本族语言反而疏远,这样一种特殊的语言背景对北京话的发展起了很大的推动作用,使得北京话在辽金时期就可能已经成为我国发展最快、结构最简单的汉语方言。元代建都大都,但估计蒙古话对北京话影响不大。所谓元大都话,实际上是辽金两代燕京的汉族居民和契丹、女真等族经过几百年密切交往而逐渐形成的,到元建大都时已趋于成熟,成为现代北京话的源头。经过元末的大动乱,北京人口大为减少。明初有大量移民进入北京,北京话也受到中原和长江以南诸汉语方言的影响。清兵入京,使北京话再一次受到影响。但清兵带来的不是满语,而是一种汉语方言。因为,满族在入关前,就和东北汉族关系密切,满族统治者又多次从北京附近和河北、山东俘获大批汉人入东北,原有的满族人和人数众多的汉族人说话,不能不用汉语,而新加入满族的汉人更是使用他们原来的汉语方言。在清入关前,满族人之间一般已用汉语对话,满语在满族中已退居次要地位。清兵入京后,八旗驻内城,汉人居外城,外城人说的是土生土长的北京话,内城八旗人说的是从东北带来的汉语方言,其源头是辽金时期以燕京话为中心的幽燕方言。这两种方言来源相同,差别不大,经过长时期的交流,就逐渐融为一体,成为现代的北京话。

关于历史上的移民对北京话所起的影响问题,现在还研究得不很深入,研究者对这个问题的看法也还不很一致。如林焘(1987)就对俞敏(1984)的某些论点提出异议,认为元末随燕王"扫北"来北京的军队只是明初北京移民的一小部分。这些问题,还是可以进一步讨论的。但无论如何,历史上居民的变化,对北京话的形成和发展肯定是会有影响的。今后应当注意把近代汉语的研究和对于历史、人文的研究结合起来,这将会使近代汉语的研究趋于深入。

本节参考资料

耿振生1993:《论近代书面音系研究方法》,《古汉语研究》第4期。
耿振生2007:《再谈近代官话的"标准音"》,《古汉语研究》第1期。
黎新第1995a:《南方系官话方言的提出及其在宋元时期的语音特点》,《重庆师院学报》第1期。
黎新第1995b:《明清时期的南方系官话方言及其语音特点》《重庆师院学报》第4期。
黎新第1995c:《近代汉语共同语语音的构成、演进与量化分析》,《语言研究》第2期。
李新魁1980:《论近代汉语共同语的标准音》,《语文研究》第1期。
林　焘1987:《北京官话溯源》,《中国语文》第3期。
鲁国尧1985:《明代官话及其基础方言问题——读利玛窦〈中国札记〉》,《南京大学学报》第4期。
平田昌司2000:《清代鸿胪寺正音考》,《中国语文》第6期。
钱玄同1925/1999:《理想的国语》,《国语周刊》第13期,1925年9月6日。收入《钱玄同文集》第三卷,中国人民大学出版社。
王洪君2017:《〈中原音韵〉〈洪武正韵〉和当代方言中的见开二——北京话溯源之一瞥》,《方言》第2期。

俞　敏 1984:《北京音系的成长和它受的周围影响》,《方言》第 4 期。
张卫东 1998:《威妥玛氏〈语言自迩集〉所记的北京音系》,《北京大学学报》第 4 期。
张卫东 1998:《试论近代南方官话的形成及其地位》,《深圳大学学报》第 3 期。
张卫东 1998:《北京音何时成为官话的标准音》,《深圳大学学报》第 4 期。
张卫东 2000:《论十九世纪中外文化交往中的汉语教学》,《北京大学学报》第 4 期。
张玉来 2016:《论中原音韵萧豪/歌戈入声字又读的音变性质》,《语文研究》第 2 期。
赵元任 1961:《什么是正确的汉语》,《赵元任语言学论文集》,商务印书馆。
赵元任 1971:《我的语言自传》,《赵元任语言学论文集》,商务印书馆。
威妥玛《语言自迩集》(张卫东译),北京大学出版社,2000 年。

第四章　近代汉语语法研究

在第一章中,我们引述过吕叔湘先生的说法:现代汉语的语法是近代汉语的语法,只是在这个基础上加以发展而已。确实,我们把现代汉语语法和上古汉语语法加以比较,可以看出它们有相当大的不同。而现代汉语语法那些不同于上古汉语的重要语法形式,大多是在近代汉语时期就已形成,或者是在中古汉语时期已经出现,在近代汉语时期广泛使用的;在此基础上再经过长期的历史演变,发展成今天的语法系统。这些不同于上古汉语语法的新发展,包括以下一些:(1)新的代词体系的产生与发展;(2)动态助词"了""着"和结构助词"地""底""的"的产生与发展;(3)述补结构的产生与发展;(4)处置式的产生与发展;(5)被动式新形式的产生与发展;(6)新的语气词体系的产生与发展。本章将分节加以介绍。

第一节　近代汉语的代词

近代汉语的代词和古代汉语的代词有明显的不同。除了第一人称代词"我"和指人的疑问代词"谁"以外,现代汉语官话中的代词"你""他""这""那""什么""怎么"以及人称代词词尾"们"都是在近代汉语阶段产生或广泛使用的。

一　人称代词

(1) 你

4.1.1.1　王力(1958)说:你"表面上像新的形式,实际上是由古音演变来的,只是字形不同罢了";"是'爾'字古音保存在口语里(nʲa—nʲə—ni)"。吕叔湘(1985)说:"第二身代词你就是古代的爾。"汉晋以来,"爾"

的草书写作"尔","至于什么时候又在左边加上'亻'旁,那一定是在'爾'的语音跟读音已经分歧之后,借这个来分别一下。"

"你"是"爾"的音变,这是没有问题的。但"你"这个字形是什么时候产生的呢?

吕叔湘(1985)指出"你"较早的用例是在唐朝人编纂的《北齐书》《周书》《隋书》等史书中。如:

你父打我时,竟不来救。(北齐书,卷一二)
阿那瓌终破你国。(北齐书,卷五)
你能作几年可汗?(周书,卷五)
狐截尾,你欲除我我除你。(隋书,卷二二)

其中《北齐书》卷一二例,小川环树(1953)曾经举过,认为出现在对话里,很值得注意,也就是说,可能是北齐时实际语言的记录。但是此例的"你"在《北史》中作"爾",所以究竟是北齐时的实际语言还是唐代修史者所使用的语言还不好确定。吕叔湘(1985):"大概'你'的写法也是南北朝的后期已经出现,隋唐之际已经相当通行,到了修史的文人或誊写的钞胥敢于录用的程度。"这个论断比较谨慎。

"你"在唐代就出现得很多了。高名凯(1948)举《悟本语录》:"儞每日噇个甚么"为例。据太田辰夫(1958)认为,《悟本语录》等唐代禅家语录的刊本出现得很晚,不能用作唐代的语言资料。但梅祖麟(1986)举出敦煌本《六祖坛经》中一例:

童子答能曰:"儞不知大师言,生死事大……"

这确定无疑是唐人的写法。

唐代其他文献(如《朝野佥载》《隋唐嘉话》等)中用"你"的很多,此处不一一列举。

日本学者平山久雄(1995)持另一种看法。他认为在上古到中古的第二人称代词中,"汝"比"尔"用得多得多,所以,很可能"你"是从"汝"演变而来的。他认为"汝"古代是日母鱼韵,鱼韵在古代主要元音和介音都是不圆唇的,其音值为 iə,后来主要元音为介音所吸收,变为单纯的 ɪ、i 之类的元音,而日母也弱化为泥母,就读作 ni,文字上写作"你"。

(2) 他

4.1.1.2 在古代汉语中没有第三人称代词,"彼"(用作主语、宾语)、"其"(用作定语)、"之"(用作宾语)尽管有时可指人,但都是指示代词。"他"在古代汉语中是"别的"的意思,也不是人称代词。"他"发展为第三人称代词是在唐代。杨树达《高等国文法》举《后汉书·方术传》:"还他马,赦汝死罪"作为"他"用作第三人称代词的例证。但是这个句子在前面没有先行词出现,而是一开始就用"他",所以"他"不是第三人称代词而是"别人"之意。同书又引《晋书·张天锡传》:"他自姓刁,那得韩卢后邪"为例,但太田辰夫(1958)认为,这句话见于《太平广记》卷二四六所引《启颜录》,作"他人自姓刁"。太田认为这是《晋书》抄《启颜录》的,因为"《晋书》采用小说杂书之文,这一点早已为刘知几所讥,可以认为这话是《启颜录》在先,不能因为《晋书》用这个例子就认为是晋代的词。"按:太田的意见是对的。《太平广记》卷二四六引《启颜录》:"晋张天锡从事中郎韩博,奉表并送盟文。博有口才,桓温甚称之。尝大会,温使司马刁彝谓博曰:'卿是韩卢后。'博曰:'卿是韩卢后。'温笑曰:'刁以君姓韩,固相问耳。他人自姓刁,那得是韩卢后?'博曰:'明公未之思尔,短尾者则为刁。'阖坐雅叹焉。"这段文章显然是嘲谑性质的,应是《晋书》采自《启颜录》。

吕叔湘(1985)认为,"他"指"别人"是泛指的,而作为第三人称代词必须是专指的,而且不能是无定的,必须是有定的。《后汉书·方术传》:"还他马,赦汝罪"等句中的"他"虽然已是专指一人,但还是无定的,所以不是第三人称代词。下面几例中的"他"字,或是指点已经说起过的一个人(第一个"他"字是别人,第二个"他"字就是"那个人"="他"了);或者指点就在面前的一个人,所以是第三人称代词:

　　如彼愚人,被他打头,不知避去,乃至伤破,反谓他痴。(百喻经,上5)
　　甲与乙斗争,甲啮下乙鼻。官吏欲断之,甲称乙自啮落。吏曰:"夫人鼻高耳(而)口低,岂能就啮之乎?"甲曰:"他踏床子就啮之。"(笑林,钩沉186)
　　颜置脯斟酒于前。其人贪戏,但饮酒食脯,不顾。数巡,北边坐者忽见颜在,叱曰:"何故在此?"颜唯拜之。南边坐者语曰:"适来饮他酒脯,宁无情乎?"(干宝搜神记3.34)

《搜神记》例,高名凯(1948)也举过。郭锡良(1980)认为此例中"他"仍指"别人"。梅祖麟(1986)认为《百喻经》中的"他"也是指"别人"。我同意他们的看法。还可以补充一点:《搜神记》"颜超"条汪绍楹校注云:"本条未见各书引作《搜神记》。按:本事仅见于勾道兴《搜神记》。《稗海》本《搜神记》从勾本出,文字有异,叙事全同。本条取《稗海》本《搜神记》文,加以删节,而成此条。……其因袭之迹甚显,参考勾本、《稗海》本原文可见。"所以此条并非晋代干宝所作,而是后人据《稗海》本《搜神记》删节而羼入。据江蓝生考证,《稗海》本《搜神记》是唐代人的作品(见本书第六章第一节)。所以用这条作为唐以前的例证不合适。又:此事在敦煌本句道兴《搜神记》中也有记载,有关语句作:"凡吃人一食,惭人一色,吃人两食,与人著力。朝来饮他酒脯,岂可能活取此人?"例中的"他",和前面的"人"一样,应当是泛指。这也可用来作为"适来饮他酒脯,宁无情乎"中的"他"不是第三人称代词的一个佐证。

郭锡良(1980)认为"他"作为第三人称代词是始于唐代。寒山诗和《游仙窟》中有这样的例子。而最没有疑义的是高适《渔父歌》中的"他"。

曲岸深潭一山叟,驻眼看钩不移手。
世人欲得知姓名,良久问他不开口。

遇笑容(2000)说:在《贤愚经》中有一个故事,讲一个婆罗门向人借牛,和牛的主人发生争执,其中多处出现"他"。开始是婆罗门把牛还到主人家门口,但没有告诉主人:(下面的例句并非完全依照遇笑容文,有些是截取其中一部分)

1. 践谷已竟,驱牛还主,驱到他门,忘不嘱咐。
2. 虽不口付,牛在其门。

后来牛丢失了。牛主人和婆罗门争吵,两人一起向国王告状。一路上婆罗门又和牧马人、木工、酒家、织公发生纠纷,最后这些人一起去找国王,国王判决剜牛主人的眼,截婆罗门的舌。牛主说:

3. 请弃其牛,不乐剜眼、截他舌也。

国王说:是牧马人叫婆罗门的,而婆罗门却打折了马腿,所以两人都该罚:

4. 由汝唤他,当截汝舌,由彼打马,当截其手。

木工告婆罗门弄丢了他的斧子,国王说:

5. 汝复何以失他斲?

酒家告婆罗门杀死了他的儿子,国王说:

6. 何以乃尔枉杀他儿?

织公的儿子告婆罗门弄死了他父亲,国王说:

7. 汝以何故,枉杀他父?

上述7个例句,2可以和1比较,说明"他门"就是"其门"。其他5个例句中的"他"都不能解释为"他人"。这6例的"他",都是定指的,而且都是回指,应该是第三人称代词。

《贤愚经》是元魏觉慧等译,时间在公元2—3世纪之间。所以,第三人称代词"他"出现的时间应该提前。(文章还涉及其他有"他"字的例句,此处不一一引述。)

梁银峰(2012)提出一种新的看法。他认为:"他"究竟是泛指还是定指,在具体语境中不容易区分。旁指代词"他"在作主、宾语时发展出作定语的用法,"在'他'由旁指代词向第三人称代词转变的过程中,如果'他'回指它前面出现的某个特定的指人名词,而且又充当句子的主语,那么就可以认定'他'发展成了第三人称代词,换言之,这两个语义句法条件可以作为第三人称代词'他'的判别标准。"根据这一标准,他认为历来研究者所提到的那些唐代以前的"他"都不是第三人称代词,"在晚唐五代的文献如敦煌变文和《祖堂集》中,'他'单独作句子的主语就很常见了,这时它肯定已是成熟的第三人称代词。"

应该怎样看待这个问题?我认为,"他"究竟是定指还是泛指,在具体

上下文中有时确实不容易区分,像前面讨论过一些例句:

《后汉书·方术传》:"还他马,赦汝死罪。"
《晋书·张天锡传》:"他自姓刁,那得韩卢后邪?"
《百喻经,上5》:"如彼愚人,被他打头,不知避去,乃至伤破,反谓他痴。"

其中的"他"究竟是第三人称代词还是旁指代词(别人/那个人),确实不太好区分,所以才会产生不同的看法。上述遇笑容(2000)所举的《贤愚经》之例3、5、6、7,如果理解为"他人"也未尝不可。文中所举的《贤愚经》之例1、例4,从文意看,"他"只能是定指,而不能是旁指,这还是可以区分的,不能因为不是作主语,就否定它们是第三人称代词。

反过来说,也不能因为"他"作主语,就认定为第三人称代词。梁文认为《晋书》例的"他"是作主语的,因此,无论如何都不能再把这个"他"看作旁指代词了。其实,上引太田已经指出,这句话见于《太平广记》246所引《启颜录》,作"他人自姓刁","他自姓刁"的"他",仍是旁指,所以不是第三人称代词。

至于第三人称代词是否一定是先做主语,然后才发展为定语或宾语,这也还可以讨论。遇笑容(2000)有两个统计数字:安世高译《修行道地经》中,"他"共有65次,作定语50次。在《贤愚经》中,"他"共有45次,作定语33次。在用法最频繁的定语位置上,首先发生变化,从旁指到定指,而且是回指,发展为第三人称代词,这完全是可能的。其演变的路径未必一定是从作主语到作定语。当然,如果在《贤愚经》中第三人称的"他"只能作定语,其功能还是不完全的,要再晚一点(比如到了唐代),出现了作主语的用法,"他"的第三人称代词用法才完全成熟。

(3) 们

"们"一般都认为是表复数的词尾。但实际上,汉语的"们"和英语的-s不完全相同。首先是"们"不能用在指物名词后面,不能说"桌子们""马们",其次,就是在表人的名词后面也有的不能用,如不能说"三个学生们"。黄正德等《汉语句法学》比较深入地讨论了现代汉语"们"的属性,认为"们"后缀于代名词、专有名词、和某些普通名词之上,附于专有名词时可表复数义或集合义,普通名词带"们",不与数目短语共现。(见《汉语句法学》第八章)这些属性,大致也适用于近代汉语的"们",只是在元代,

"们"可以放在指物名词后面,这在下面会说到。

4.1.1.3 "们"字始见于宋代,有懑(满)、瞞(懑)、门(们)等写法:

孩儿懑切记,是年且莫教我吃冷汤水。(默记,王溥父祚卜者许寿条,说郭32、35引)

先笑他满懑撩乱。(克斋词4)

问桃杏:贤瞞怎生向前争得?(乐府雅词102刘焘词)

始初内臣宫嫔门皆携笔在后抄录。(程语290)

郎君们意思,不肯将平州画断作燕京地分。(燕云奉使录4.5)

到元代和明初写作"每":

枉惹的街坊每耻笑,着亲邻每议。(元曲选,神奴儿)

到明代中叶以后"们"字才又多起来(以上均见吕叔湘1985)。

关于"们"要讨论两个问题。

4.1.1.3.1 "们"的来源。

"们"的来源有多种说法。

1. 吕叔湘(1985)认为"们"是从古代汉语的"辈"发展为"弭""伟",再发展为"们"。他举出唐代文献里用"弭""弥"和"伟"表示复数的例子,如:

卢尚书宏宣与弟衢州简辞同在京。一日,衢州早出,尚书问有何除改。答曰:"无大除改,唯皮氇叔蜀州刺史。"尚书不知皮是氇叔姓,谓是宗人,低头久之,曰:"我弭当家没处得卢皮氇来。"衢州为辨之,皆大笑。(因话录4.10)(《唐语林》引作"弥")

今抛向南衙,被公措大伟乾邓邓把将作官职去。(嘉话录,广记260.6引)(按:《太平广记》作"把将他"。)

儿郎伟,重重祝愿,一一夸张。(司空表圣文集10.58障车文)

又引宋代楼钥对"伟"的解释,认为"弭""弥""伟"和"们"大概有语源上的关系。

上梁文必言"儿郎伟",不晓其义。……在敕局时,(见刑部例)有

"我部领你懑厮逐去。"…"我随你懑去。"懑本音闷,俗音门,犹言辈也。独泰州李德一案云"自家伟不如今夜去"云。余哑然失笑曰:"得之矣!所谓儿郎伟者,犹言儿郎懑,盖呼而告之,此关中方言也。"(攻愧集 72.660)

吕叔湘(1940)说:"楼文云:'或以为唯诺之唯,或以为奇伟之伟',可见二字当时读音已同,既非伟之《切韵》音 jwei,亦非唯之《切韵》音 wi,大致已读如今日之 uei,或更唇化而为 vei(如今西安音),v-既多为 m-所蜕变,则此 vei 字原来可能为 mei。"

他认为"辈"是"们"的语源,由"辈"发展为"弭""弥""伟",再发展为"们"。"我们现在固然不能肯定地说们是辈的化身,但是也不能忽视这两者之间可能有的关系。"(吕叔湘 1985)

吕叔湘先生对自己的看法持慎重态度,但这种看法是很值得考虑的。近年来有一些文章可以支持这种看法:

储泰松(1998)从音理上说明"伟"和"懑"的关系:"伟"是喻三,据梵汉对音为 w,是一个强擦音,也可作 v,读同微母。"懑"明母字,唐代西北方言明母读 b,与 v 相近。《阿弥陀经》"往"(喻三)作 bwan 可以为证。

李小平(1999)指出,在山西临县方言中还保留一个亲属领格代词"弭",它通常是表示复数的,如说"弭爹""弭妈",通常意味着"我们爹""我们妈"的意思。可见唐代的"弭"在现代方言中还能找到一些踪迹。

2. 江蓝生(1995)也认为"们"是由"弭"发展来的,同时又进一步阐发,提出"们""么"同源,都由"物"演变而来,并且用"叠置式音变"来解释其演变。

文章认为,从语音方面看,"么"由"物"发展而来,同样,"弭"也由"物"发展而来,其语音变化的过程是:

物——弭:* mjuət—mjue—mjə—mje—mi

从词义引申来看,"在历史上,'侪、等、辈、曹、属'这些表示类别的词都可以用在人称代词或名词的后面表示某一类人,……从'公等'、'彼等'表示某一类人的复数,以及'何等'、'等'用作疑问代词这一事实出发,根据同义词类同引申的规律,我们推测:既然'何物'与'没'(<物)同样用作疑问代词,那么跟'何等'的'等'意义相同的'物'(类也)原则上也应该可以用在人称代词或指人名词之后,表示某一类人,进而虚化为复数词尾。"

那么"弭"又怎么变为"么"呢?文章认为,这是历史上发生的"叠置式音变"。

在现代山东博山方言中,"弥"和"门"有这样的叠置:

"弥"和"门"的文读不同音,但白读同音,因此,人们会认为"弥"也可以读成"门"。由此推想历史上"弭"变为"门"的情形也是如此。"从博山方言可以推知,'弥、每'的读音因跟'门'的白读音相同而合流,处于跟'门'的文读音对立的位置,最后'门'的文读音在竞争中排挤、取代了它的白读音,从而确立了'门(们)'的地位。"

这是一种很有意思的推想,尤其是用现代方言中的"叠置式音变"来解释从"弭"到"们"的变化,对人是有启发的。但是这里还有两个问题:1.所谓"同义词类同引申",只能说是一种可能性,而不是一种必然的规律。就以文章所举的一组同义词"侪、等、辈、曹、属"为例,"等"确实是既可以表示复数,也可以用作疑问词,但与"等"同义的"侪、辈、曹、属"却并没有"根据同义词类同引申的规律"而产生疑问词的用法。那么,"跟'何等'的'等'意义相同的'物'为什么就一定会"根据同义词类同引申的规律"而虚化为复数词尾呢? 2.叠置式音变是有条件的,某种叠置式音变只在某个历史层面的某个方言中才能发生。比如,"弥"和"门"的叠置,只在现代山东博山方言中才有可能。如果换一个地方,或者是在不同时代的博山方言中,"弥"和"门"白读不同音,那么"叠置"就无从发生。这样,如果要证明从"弭"到"们"的变化是叠置式音变的结果,其前提就要证明在唐代的确有这样的方言"弭"和"们"的白读相同。而这几乎是不可能的。

当然,对历史语言的研究,我们不能过分苛刻。在很多情况下,我们只能论证某种历史变化的可能性,而无法论证其必然性。但即使说的是可能性,也最好是一种较大的可能性,而不是很受限制的可能性。从这方面来说,我比较赞成平山久雄(1987)的一种说法:

我推测韵尾/məi/曾经读得极弱而读成[mət],因而在某些方言里被认为是/mən/的草率表现,要说清楚一点就说成[mən],于是就产生"们"等字形了。

这虽然也是对从"弭"到"们"的演变的可能性的推测,但这种可能性比较大,不需要那么严格的先决条件,所以是比较可取的。

李蓝(2013)论证了从"辈"到"们"的语音演变过程。他认为:从"辈"到"们"发生了三次音变:

(1)第一次音变:从"辈"到"弭"。这是声母由帮母变为明母。其原因是"辈"作为后字和人称代词连用,而古汉语中最常见的四个人称代词"吾""我""尔""汝"声母都是鼻音。

(2)第二次音变:从"弭"到"每"变为上声。"我""尔""汝"都是上声字,"弭"也受感染而由浊平变为上声,写作"每"。"每"是早于"们"的形式。

(3)第三次音变:从"每"到"们"因受鼻音声母(m-)的影响而增生了一个鼻音韵尾。在现代汉语方言中,[m- n- ŋ-]等鼻音声母影响圆唇母音或高母音韵母使其变为鼻音韵尾不是一种特别少见的音变现象。文章举了若干方言的例证。

3. 太田辰夫《中国语历史文法》:"'们'的语源是'门',大概指同一族的人。"俞敏《古汉语的人称代词》的看法相同。

李艳惠、石毓智(2000)也持这种看法,而且有更详细的论证。文章指出,现代方言中有用"家"表示复数的,这和历史上"门"发展为表复数是同一路径。

当然,宋代表复数的词尾有写作"门"的。从词义引申的角度来看,正如在现代汉语方言中"家"可以由表家族发展为表复数一样,"门"由表家族发展为表复数也并非不可能。但"门"的情况和"家"有一点不同:"家"表复数只有一种写法,而"门"表复数还有"懑、满、瞒、憫、们"等多种很不相同的写法。这一点不同非常重要,显示表复数的"家"和表复数的"懑、满、瞒、憫、们、门"属于两种不同的演变途径。从本章所讨论的近代汉语新的代词产生的情况来看,有两种不同的类型:(1)一种是"他"这一类,新的第三人称代词"他"是从原有的表他称的"他"通过语义的引申而产生的,由于原有的词的语义和新词的语义联系密切,人们就用原有的词的字形来表示新词,新词的字形就只有一个,没有很多不同的写法。以后将会讨论到的"把""被"也属于这一类。实际上,第二人称代词在早期也写作俐,这也显示了人们意识到"尔"和"你"的语源关系。(2)另一种是"这"一类,这个新产生的指示代词开始时有"者、遮、赭、这"多种写法。这就意味着当时的人不清楚这个新词的语源,所以无法用一个与之意义相关的旧词来表示,只能用各种不同的同音字来记这个新词的音,实际上,这个新词是由某个旧词 X(比如"之"或"者")经过音变而来的,或者是在口语中新产生的。显然,表复数的"家"属于第(1)种途径,而表复数的"懑、满、瞒、懜、们、门"属于第(2)种途径,也就是说"懑、满、瞒、懜、们、门"不可能是由原来表"家族"的"门"通过语义的引申而产生的,这个新的表复数的词缀很可能是通过"辈——伟、弭——懑、满、瞒、懜、们、门"这样的音变途径而产生的。

4. 梅祖麟(1986)认为从"弭""伟"发展为"们"是受阿尔泰语的影响。在共同阿尔泰语中,有 ＊-n、＊-s、＊-d 三个复数词尾;在语根收 ＊i 尾,或者收以 ＊i 居末位的二合元音时,加复数词尾 ＊-n。北宋时宋辽对峙,华北一部分在契丹人控制下(契丹语属蒙古语系),那里兼操汉语和契丹语的人相当多,他们把"弭""伟""每"看作收 i 尾的语尾,于是再加上-n 尾,变成写作"懑""门""们"的复数词尾。阿尔泰语的复数词尾是可以加在任何名词后面的,所以元代"每(们)"能加在指物名词和"这"、"那"后面也是受阿尔泰语影响。但这种说法遇到一个障碍:元代应是受阿尔泰语影响最强的时候(在指物名词后面加"每"就是在元代),但偏偏元代不写作"懑""门"而写作"每"。

吕叔湘把"们"和"每"看作不同的方言。吕叔湘(1940)说:"你每,我每殊少见,金人两种诸宫调固绝无此式,元曲曲词中本文作者亦未及见。三国及五代两平话及臧选道白中有其例而不多。见例较多者为元秘史之总译,而在较富保守性之字译中又不复见。""们与每之消长,无非由于两种方言之伸缩而已。"吕叔湘(1985)认为,宋元明之间们＞每＞们的反复,较为近情的假设是把"每"和"们"认为属于官话系的不同的方言,官话区的北系方言用"每"而话本所代表的南系方言[①]用"们"。北宋时中原方言还是属于南方系,到金元时北方系官话(其前身是燕京一带的方言)才通行到大河南北,而南方系官话更向南引退。我觉得这种解释更有说服力。

---

① 吕叔湘先生在《释您、俺、咱、喒,附论们字》一文的注中说:"此所云南北方言之分,实皆官话系统。所云南方语,约与今长江官话相当,既非吴语,更非闽粤方言。"

4.1.1.3.2 近代汉语中的"们"和现代汉语有两点不同:
① 近代汉语中名词或代词加"懑""门""每"也可以表示单数。如:

  自家懑都望有前程。(晁端礼词《鹊桥仙》)
  我扶你门归去。(张协状元,第四十一出)
  教他好看承我爹娘,料他每应不会遗忘。(巾箱本《琵琶记》,第二十三出)

所以王力(1958)说,"它并不单纯表示复数,只简单地作为人称代词和某些指人的名词(特别是有关人伦方面)的词尾。"
② 在元代,"每(们)"不但可以加在指人的名词后面,而且可以加在"这"、"那"的后面。吕叔湘(1985)说"这们"和"那们"意思是"这些人"、"那些人",实际上等于"他们":

  这每取经后不肯随三藏。(董西厢)
  那每殷勤的请你,待对面商议?(董西厢)

在《老乞大》《朴通事》中又有动物后面加"们"表示复数的例子,如:

  这伙伴你切的草忒粗,头口们怎生吃的?(老乞大)
  这般时,马们分外吃得饱。(老乞大)
  马们怎么来的迟?(朴通事)
  两个汉子,把那骡们喂的好着。(朴通事)

陈治文(1988)又举出下列指物名词后面加"每"的例句:

  若论今日,索输与这驴群队。果必有征敌,这驴每怎用的?(刘时中《新水令·得胜令》《代马诉冤》)
  窗隔每都颭颭的飞,椅桌每都生生的走,金银钱米都消为尘垢。(钱素庵《哨遍·三煞》)
  门前拴着带鞍的白马来,不知怎生走了,不知去向。你写与我告子,各处桥上、角头每贴去。(朴通事卷下)(角头:市场)
  鹿皮热当不的,脚踏锅边待要出来,被鬼们当住出不来,就油里

死了。(朴通事卷下)

孙锡信《元代指物名词后加"们(每)"的由来》指出：指物名词后加"们(每)"的用法在元明以前不见其例，在《元朝秘史》中大量出现，这是对译蒙古语的结果，所以，《老乞大》《朴通事》中动物后面加"们"的用法，是汉语受蒙古语影响留下的痕迹。

(4) 俺、您、偺

4.1.1.4 近代汉语中的"俺""您""偺"是含有"们"的合音字，俺＝我们，您＝你们，偺＝咱们。前两字出现于宋代，后一字稍晚，出现于元代。例如：

> 好恨这风儿，催俺分离。(金谷遗音13)
> 不索打官防，教您夫妻尽百年欢偶。(董西厢)
> 隋何，偺是绾角儿弟兄。(古今杂剧三十种《气英布》)

但这三个字都有用作单数的。如：

> 对我曾说道："俺娘乖。"(刘知远诸宫调，第十五)
> 您妻子交来打听消息，你却这里又做女婿。(刘知远诸宫调，第十四)
> 你那里问小僧，"敢去也那不敢？"我这里启大师，"用答也不用答？"(西厢记，第二折)

"俺"和"偺"，"我们"和"咱们"的区别是排除式和包括式。排除式和包括式的对立也是在近代汉语中产生的。吕叔湘(1940)说："包容排除二式之分，疑非汉语所固有。""颇疑缘于北方外族语言之影响。"刘一之(1988)的调查表明，最早出现这种对立的文献是《刘知远诸宫调》，《董西厢》《元刊杂剧三十种》《老乞大》《朴通事》《琵琶记》也都有这区别。梅祖麟(1986)认为，汉语中排除式和包括式对立的出现，是受了阿尔泰语的影响。

这牵涉到语言接触的问题。汉语在漫长的发展过程中，不断地和其他语言接触，肯定会受其他语言的影响。以往对这方面的问题注意得不够，今后应当加强。认为汉语中排除式和包括式对立的出现是受了阿尔泰语的影响,这种看法已得到普遍认可。不过这里还想讨论两个问题:(1)在受阿尔泰语影响以前,汉语没有这种语言形式的对立,但说汉语的人是不是就没有这种观念上的区分?(2)后来汉语接受了阿尔泰语的影响,产生了排除式和包括式的对立,这种原非汉语所有的语法形式为什么能在汉语中生根?

先说第(1)个问题。我想,回答应该是否定的。自古以来,说汉语的人在讲话时,有时要把对方和自己分开,有时要把对方和自己放在一起,这种区分不会没有。如:

我无爾诈,爾无我虞。(左传·宣公十五年)
尔为尔,我为我。(孟子·公孙丑上)

这是把对方和自己分开。

用之则行,舍之则藏,惟我与爾有是夫!(论语·述而)

这是把对方和自己放在一起。只不过这种区别是用词汇手段(用"我与爾"表示包括对方)而不是用语法手段(比如后来的"咱们")而已。

吕叔湘(1940)还讲到,有时活用的第一人称也可以意谓"尔或我,或任何人",即包括听话人在内,如:

吾生也有涯,而知也无涯。(庄子·养生主)

这个"吾"显然不是只指说话者自己,而是指所有的人,包括听话者在内。古代是如此,后来也是如此。"尔或我"很容易转而为"尔与我"。宋代产生的"自家"就是这样的,如下面《朱子语类》例的"自家"如果改为"咱们"亦无不可;下面《范文正公集》例的"自家"其为"尔与我"之义更为明显,即包括听话者在内:

人生天地间,都有许多道理。不是自家硬把与他,又不是自家凿开他肚肠,白放在里面。(朱子语类25)
自家好家门,各为好事,以光祖宗。(范文正公集225)

说到这里,就可以回答第(2)个问题。金元以后,汉语中表示包括式的是"咱"正是"自家"的合音。为什么这种形式能为汉语接受?这是因为,尽管"包括式"这种语法形式是外来的,但这种观念并不是汉语中没有的,而且汉语中本来就可以用"自家"来表达这种观念。所以,当金元以后,在汉语中用"咱"或"偺"来表示包括式,说汉语的人比较容易接受,甚至不会感到这是外来的东西,这样就在汉语中生了根。

二 指示代词

(1) 这(這)

4.1.2.1 为讨论方便,本节中指示代词都写作"這"。

指示代词"這"产生在唐代,最早还有"赭""遮""者"几种书写形式。如:

夏天将作衫,冬天将作被,冬夏递互用,长年祗這是。(寒山诗)
者汉大痴,好不自知。(燕子赋)
时奈遮贼。(韩擒虎话本)
赭回好好,更看去也。(历代法宝记)

据志村良治(1984)统计,在《敦煌变文集》中,"這"有 24 例,"者"有 8 例,"遮"有三例。"赭"只有《历代法宝记》一例。

关于"這"的来源,有几种看法:

① 吕叔湘(1955)和(1985)认为来源于古代汉语的"者"。"者"原为上声字,作指示代词用的"者"和"這"在宋代已读去声,和现代汉语中"这"的声调一致了。

② 高名凯(1948)、王力(1958)等认为来源于古代汉语的"之"。王力(1958)说:"'者'字一向是被饰代词……,怎么能够忽然调换了一个相反的位置,变为定语呢?比较近理的推测应该是由指示代词'之'字转变而来。'之'和'者'同属照母。由于口语和文言读音的分道扬镳,'之'字的口语音到了中古,和文言的'者'音相混了(声调微异),就有人借'者'字表示。但是,许多人觉得'者'字并非本字,所以又写作'遮'。至于'這'本音彦,是'迎'的意思(据《玉篇》),为什么能被借来用作指示代词,还是一个谜。"

按《玉篇》:"這,迎也。"《广韵》:"這,鱼变切。""這"为什么能借来作指示代词？高名凯（1948）、周法高（1963）、陈治文（1964）认为"這"是"適"的借字。"適"的草体楷化变成"這"。玄应《一切经音义》卷三："適生，三苍：古文啇、這二形，同。之尺反。"《文殊师利问菩萨署经》："這有四念，便见佛在虚空中住。"宋元明版及日本宫内省寮本"這"作"適"。俞理明《佛典文献语言》说：表示"適"的"這"，从东汉到西晋的佛经中有近百例。可见当时人们习惯于用"這"表示"適"，这个"這"实际上和音"鱼变切"义为"迎也"的"這"毫无关系，等于是"適"的另一个写法。那么"適"为什么可以用来记录唐代新产生的指示代词呢？高名凯（1948）认为，"適"在《广韵》中有"之石切"一读，音 ɕiek 或 ɕiek，和 tɕi 很相近，而中古音"之"音 tɕi，所以，"這（適）""其实是古音'之'保留在口语里的'音标'。"但古代汉语的"之"是平声，唐代的指示代词除了写作"這"以外，还写作"者""遮""赭"，这些是平声或上声字，现代汉语方言中的近指代词也很少有入声的，为什么唐代偏偏用一个入声的"適（這）"来作为指示代词的"音标"？这不好解释。周法高、陈治文举出现代汉语方言中有一些指示代词是入声的，而且就读"之石切"，但这毕竟是少数。

③ 志村良治（1984）的意见和上述诸家不同。他认为不应拘泥于"這"是来源于"之"还是"適"，而应该首先以这个在口语中产生的近指代词在唐代汉藏对音材料中反映出来的读音为中心，从音韵上探求这个词的来源，考察它在上古时和什么音相应。"這""者""遮""赭"都是音同或音近的。其中的"者"，据罗常培《唐五代西北方音》所记，在《阿弥陀经》《金刚经》中音 ca(c=tɕ)。在《广韵》中"者"为马韵，则这个口语中的近指代词应为照母(tɕ)，马韵三等(ia)；但在唐代西北方音中失去 i 介音，故读为 ca(=tɕa)。再看上古，上古汉语的指示代词分为近指和远指两系：舌齿音 t 系、ts 系（之、斯、是、兹）是近指，舌音 n 系（尔、若）、牙喉音 k、h 系（其、焉、渠）、唇音 p 系（夫、彼）为远指。照母上古的音为 t，属于舌音，后来受颚化的影响，上古 ti 变为 t̂i，再进一步变为 tɕi，成为正齿音。所以"者"在上古为 tiag，唐代变为 tɕia（西北音为 ca）。在《中原音韵》中，"者"的读音为 tʂə（据赵荫棠拟音），现代变为 tʂə。而且，宋代杨万里《舟过安仁》，"只者天时过湖得"，自注"者"为去声，可能作指示代词的"者"在唐末就已读去声了。所以，敦煌文书中记作 ca 的近指代词是和上古舌音系近指代词有关系的。

④ 梅祖麟提出一个假设："這"的前身是"只者"。他认为，"只"在唐

代有时有"這"义,如:

> 道只没道,亦无若为道。(南阳和尚问答杂征义:刘澄集)
> 只言知了尽悲伤。(敦煌文书《欢喜国王缘》)

然后"只"与"者"结合,形成双音节的指示代词。再进一步发展,"只者"产生合音词,还写作"者",或者"只者"失落"只"字,由"者"承担"只者"原来的意义,所以近指代词就写成"者",也可以写成"這""遮""赭"。但作者自己也说这"只能算是一个没有证实的假设"。作者没有举出"只者"的例证,对"只"何以能有"这"义,论证也还不够充分。

以上各种说法都有不很完满的地方,所以这个问题还需要进一步研究。

(2)那

4.1.2.2 指示代词"那"最早见于唐代。如:

> 必是那狗。(朝野金载)
> 不是那个大开口。(敦煌文书·唐太宗入冥记)

关于指示代词"那"的来源,王力(1958)说:"如果不是上古的指示代词'若'字,就是'尔'字。我们比较地相信是来自'尔'字。"后来(1989)改变了看法,认为是从疑问代词转变来的。但志村良治(1984)认为询问事理的"那"和指示代词"那"是不同的来源。吕叔湘(1985)说:那"跟第二人称代词'尔'(爾)和'若'有关系。……如果从语音上考察,似乎不如假定'那'从'若'出较为合适。"孙锡信(1992)也认为来自"若"。

疑问代词"那"最早出现在东汉的汉译佛典中的,问事理的较早,问处所的稍晚。如:

> 已无有中,当那得住? 已不得住,当那得生? 已不得生,当那得老病死? (安世高《道地经》)
> 诸妹那来? (康孟祥、昙果译《中本起经》)

疑问代词"那"的来源,王力(1989)引顾炎武说,认为是"奈何"的合音。吕叔湘(1985)认为这种"那"的来源是"若何"。

唐代还有一个表示选择的"那",常说成"阿那",如:

阿那甘心入死门?(敦煌掇琐,第四十一种)
南北东西行七步,问阿那盘陀石最平?(敦煌杂录)

吕叔湘(1985)认为这个"那"也是从"若"变来的,但始终保持上声,不像指示代词"那"那样在近代变成去声。孙锡信(1992)认为表选择的"那"是询问事理的"那"扩大了用途。

三 疑问代词

(1) 什么

4.1.3.1.1 疑问代词"什么"始见于唐代于頔撰《庞居士语录》:

俗人频频入院,讨箇什么?(庞居士语录上)

但《庞居士语录》是太田辰夫所说的"后时资料",不一定可靠。从多数资料看,"什么"是宋代才出现的。

在石井本《神会语录》中,写作"是物""是勿""是没"。石井本《神会语录》卷末有贞元八年(792)的题记,是目前见到的"什么"的最早书写形式:

见无物唤作是物?
是勿是生灭法?
远法师言:"见是没?"

在《敦煌变文集》中写作"甚没""什没""甚谟":

是甚没人。……作甚没来?(李陵变文)
前生为什没不修行?(阿弥陀经讲经文)
毕竟唤作甚谟物?(三宝问答)

也有单写作"没""莽"或"甚"的:

金刚经道没语?(石井本《神会语录》)
缘没不攒身入草?(李陵变文)
佛是谁家种族?先代有没家门?(降魔变文)
复向何边投莽人?(捉季布传文)
甚是身?甚是业?(庐山远公话)

《祖堂集》中写作"甚摩""什摩":

甚摩处来?(祖堂集,卷四)
阇梨名什摩?(祖堂集,卷八)

《景德传灯录》中写作"甚么""什么":

为甚么不识?(景德传灯录,卷一四)
遮个是什么?(景德传灯录,卷九)

也有单作"甚"的,例略。

此外,《集韵·果韵》"没"字注:"不知而问曰拾没。""没"音母果切(mua)。

4.1.3.1.2 这些不同的写法反映这个疑问代词的语音演变过程。志村良治(1984)列表如下:(ś表示 ç、ɕ、ʃ)

śimiuət >	śimuət >	śima >	śiᵐma >	śimma >	śimmo
是物(勿)	是没	是没	甚没	甚摩	甚么
			甚谟	什摩	什么
8世纪前半	8世纪前半—中叶	8世纪后半	9世纪	10世纪中叶	10世纪后半

他认为,"是""甚""什"都是禅母,但当时已清化变为审母。"物""勿""没"都是收-t 尾的入声字,但"物""勿"是三等字,有 i 介音,"没"是一等字,无 i 介音。《大乘中宗见解》中"是没"的"没"注音为 ma,可见在 8 世纪后半已舒声化了,变得和明母模韵的"谟"或明母戈韵的"磨""摩"读音相近。

然后，由于连音变读，"是没"的前一音节受后一音节声母 m 的影响，带上了-m 尾，所以就写成"甚"。"什"本是-p 尾的入声字，在晚唐时韵尾弱化为-b，当后接一个带鼻音声母的字时，韵尾就同化为-m。在敦煌发现的汉藏对音《法华经》和《九九表》中，"十二""十五"的"十"就读为 śim。陆游《老学庵笔记》中有"谓十为谌"的记载，表明"十（什）"读为平声。所以，在 10 世纪中叶，"甚摩"又可写成"什摩"。到宋代又写成"甚么""什么"，表明这个疑问代词的读音已由 śimma 变为 śimmo。

但是，"是物""是勿"又是怎样来的呢？志村良治认为，"是物"与汉代的疑问代词"何等"、南北朝的疑问词"底"有关。"何等"在《论衡》中用得很多，如：

所谓尸解者，何等也？（论衡·道虚）

也可以单用"等"表疑问，如：

用等称才学，往往见叹誉。（魏·应璩《百一诗》）

"等"是"何等"的省缩，或者是由于经常"何等"连用，而使得"等"也具有了表疑问的意义。

"底"在南朝乐府中很常见，可能是一个南方方言词：

君非鸬鹚鸟，底为守空池？（劝闻变歌）

在唐诗中也用"底"作疑问词，并且有"底物"一词：

陶冶性灵存底物，新诗改罢自长吟。（杜甫《解闷》十二首之七）
渠将底物为香饵，一度抬竿一箇鱼。（杜荀鹤《钓叟》）

"等""底"均为端母，在唐代某些方言中同音。颜师古《匡谬正俗》卷六说"底"音"丁儿反"(ti)；"等""本音都在反，又转音丁儿反"，"今吴越人呼齐等皆为丁儿反"。"是"为禅母，但古音与"底"相通：以"是"为谐声偏旁的有"题"，反之，与"底"同谐声偏旁的有"祇"。到中古，"是"的声母变为齿音，读为 zi̯ə，唐代又变入审母，读为 ɕie 。但在唐代的南方方言中可能还保留着古代的舌音,读为 diəg。这种痕迹现代还保留在一些南方方言中,如:高名凯《汉语语法论》说江苏太仓县"是箇"音如"敌";赵元任《现代吴语研究》说疑问词溧阳为 dii,丹阳为 digoh,靖阳为 digo。"是物"一词可能是产生于南方,然后推行到北方。"是物"和"底物"一样,是当时口语中一个音为 ti-miuət 的疑问词。

以上介绍的是志村良治(1984)的意见。

4.1.3.1.3 吕叔湘(1985)持另一种意见。他认为"是物"的"物"就是"何物"的"物",这个"物"不是"万物"之"物",而应解作"等类""色样"。"何物"在南北朝很常见,近代汉语中常常在做主语的疑问词前面加个"是"字,成为"是何物","是何物"省缩就成了"是物"。但是,"是何物"连文还缺少实例。

吴福祥(1996)的意见稍有不同。他说:"唐代的'是物'来自六朝的'何物',这是学术界公认的。问题是'何物'何以变成'是物',吕叔湘先生(1985)认为'是物'为'是何物'的省减,但我们苦于在文献里找不到'是何物'的用例,而且也不便解释唐五代'没'单独用作疑问词的现象。我们宁愿把'物'看作'何物'的省减,就像六朝'何等'省减为'等'一样。虽然疑问代词'物'不见于唐代,但敦煌写卷里其音借字'没'多见,字又作'莽'。"他认为在"没""莽"前加上前缀"是"就成了"是没"。"'没'是实语素,而'是'为前缀。"在把"是"看作前缀这一点上,他和吕叔湘先生看法一致。

4.1.3.1.4 下面谈谈我的看法。我认为志村良治的意见是值得考虑的,但也有欠缺之处。

关于从"是物(勿)"到"什么"的演变,志村良治已说得比较清楚。现在要讨论的是"是物(勿)"的来源。

志村良治认为"等——底——是"都是疑问词,它们是音变关系,这大体是可信的。

东汉到魏晋,"等"用作疑问词的例子不少,除了志村良治举的应璩例以外,还可举出一些(见下)。为什么"等"可以作疑问词呢?志村良治说"等"是"何等"的省缩,这可以进一步加以说明。"何等"本来是"何(疑问词)+等(名词)",后来凝固为一个疑问词"何等",然后再由"何等"省缩为"等"。如果把下面的例子联系起来看,这一过程可以看得很清楚:

王夫人曰:"陛下在,妾又何等可言者?"(史记·三王世家)
王之所行,中诗一篇何等也?(汉书·武五子传·昌邑哀王髆)

> 所谓尸解者，何等也？（论衡·道虚）
>
> 伦父欲食饼否？姓何等？（世说新语·雅量）
>
> 死公！云等道？李贤注："等道，犹今言何勿语也。"（后汉书·祢衡传）
>
> 今当名天师所作道德书字为等哉？（太平经，卷四一）

《史记》的"何等"，看作词组和词都可以，《汉书》和《论衡》的"何等"就只能看作一个疑问词了。然后"何等"省缩，就成了疑问词"等"，这就是《后汉书》和《太平经》的例子。

"等"音变为"底"，这是完全可能的。在《广韵》中，"等"除了等韵的"多肯切"一读外，还有海韵的"多改切"一读，和荠韵的"底"（都礼切）音近。而且，据上引颜师古《匡谬正俗》的说法可以知道，在唐代的某些方言中，"等"和"底"都读"丁儿反"。"底"作为疑问词的例子志村良治已经举过。《匡谬正俗》："俗谓何物为底，此本当言'何等物'，后省'何'，直言'等物'耳。……今人不详根本，乃作'底'字，非也。"这个说法还是有参考价值的。

"底"音变为"是"，从音理上看，志村良治说得也有道理，只是我们在文献上没有见到单个的"是"作疑问词用，只见到唐代有"是物（勿）"作疑问词。在这一点上，他的说法是有欠缺的，不能得到文献资料的充分支持。而且，他说"是物"是"口语中一个音为 ti-miuət 的疑问词"，但对于这个词中的"物（miuət）"究竟是什么成分并没有说清楚。

那么是否可以采取吕叔湘先生或吴福祥的说法呢？我认为他们的说法同样缺乏文献资料的充分支持。吕叔湘先生认为"是物"是"是何物"的省缩，但在文献中找不到"是何物"的用例。吴福祥认为"是没"是疑问词"没"加上前缀"是"而成，但在文献资料中，"是物/是勿/是没"和"没"同时见于《神会语录》（均见上引），而且在此之前找不到"是物/是勿/是没"和"没"的用例，这就使我们很难断言，究竟是先有"没"然后加上前缀成为"是物/是勿/是没"，还是先有"是物/是勿/是没"然后省缩为"没"。

也许，这是研究历史语言经常碰到的一个问题：一些口语中处于萌芽阶段的语言事实不可能全部在文献资料中记载下来，所以，只根据文献资料有时会难以确定某些语言演变的过程。面对这样的情况，我们只能根据多方面的语言资料作出一些推断。应该说，上述三种说法都有自己的推断，而且都有其合理性。但比较起来，我还是倾向于志村良治的说法。因为，在东

汉——唐代,下面这样一种疑问词语的发展方式是常见的:

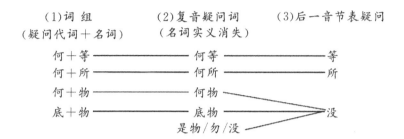

表中"何等"和"等"、"底物"和"是物/是勿/是没"以及"没"的例子已见上文。"所""何所"和"何物"(疑问词)的例子如:

> 道士何来?今欲所之?(中本起经,卷下)
>
> 佛告诸比丘:"比丘!若有嗟叹我及法、比丘僧者,汝当念言:实有是事。所以者何?其少知者、但有诚不能多闻者,便嗟叹佛。"诸比丘问佛言:"何所是少知、但有诚不多闻、嗟叹佛者?"(《梵网六十二见经》,1/264b)
>
> 若有异道人,所知何谓。其异道人,所见如是,所说如是:"不我如。何所善、何所恶?当行何等、不行何等?何所恶道、何所善道?何所是现世宝、何所是后世宝、常当作何等行为苦、当作何等行为乐?"若有沙门婆罗门……来到其所,安谛问之:"何所善恶?当行不行何等?何所善恶之道?何所是现后世宝?常当作何等行为苦乐?(《梵网六十二见经》,1/268a)①
>
> 北方何物可贵?(世说新语·言语)
>
> 牛屋下是何物人?(世说新语·雅量)
>
> 何物老妪,生宁馨儿?(晋书·王衍传)

这个表中有一些缺项:"是物/是勿/是没"没有词组的形式。但它们都由双音的疑问词语(词组或词)省缩为单音的疑问词,而且都是省去了前一音节的表疑问的成分,而由后一音节来表示原来整个疑问词语的意义,这

---

① "何所"的例句承朱冠明教授见示。

种趋向是非常一致的。上面说过,志村良治认为,"是"是一个由"等"——"底"——"是"这样发展下来的疑问词,"底"和"是"有音变关系,这是可信的。那么,"是物/是勿/是没"和"何物""底物"应属于同一系列,甚至可以把"是物"看作"底物"的音变形式。既然"何物""底物"都可以省缩为"没"("物"的音变),那么"是物/是勿/是没"也可以省缩为"没"。这是符合上述疑问词语的发展趋势的。

(2) 怎么

4.1.3.2.1 "怎么"始见于宋代,如:

欲执此二者之中,不知怎么执得?(河南程氏遗书)

关于"怎么"的来源,王力(1958)认为:现代汉语的"怎么",在唐代只用"争"字来表示。到宋代才用"怎"字,同时产生了"怎生""怎么(怎末)""怎的"等。"争"是"怎"的前身。"争"和"怎"是 tsəŋ 和 tsəm 的差别。"怎么"是"怎"的分音。唐代以后还有个"作么生","怎生"可能来自"作么生"。"作么生"和"争"或"怎生"在语音上是可以相通的。

"争"的例子如:

见说白杨堪作柱,争教红粉不成灰?(白居易诗《燕子楼三首》之三)

吕叔湘(1985)持另一种意见。他认为"争"和"怎"没有历史上的联系。因为"争"和"怎"声韵调无一相同;在用法方面,两个字也不完全相同。(1)"争"字没有做定语、谓语的用法,只用作状语,尤其是常用在"争似""争如""争得""争敢""争知""争忍""争奈"(多作"那")等熟语里,和一般动词连用的例子较少。(2)"争"字的用法,与其说是问方式,不如说是问情理,不像"怎"字兼有这两方面的用法。他认为"怎么"源出"作勿生","怎"只是"作"字受了"么"字的声母影响而产生的变音(tsak mua—tsam mua),而"怎生"是"怎么生"省缩的结果。

4.1.3.2.2 我赞成"怎么"来源于"作勿生"的说法。但还有一些问题要进一步讨论。

我们先把这个疑问词的各种写法按时代先后排列一下。例句全部转引自吕叔湘(1985):

皎然易解事,作么无精神。(寒山诗)

作勿生是定[惠]等?(神会语录)

作没生得见无物?(神会语录)

昨朝今日事全殊,怎生受得菩提记!(敦煌变文·维摩诘经讲经文)

僧曰:"和尚还传也无?"师云:"作摩不传?"(祖堂集,卷一一)

忽有人问百年后什摩处去,作摩生向他道?(祖堂集,卷六)

教老僧作么生说?(景德传灯录,卷八)

尔当哆哆和和时作么不来问老僧?(景德传灯录,卷二八)

南泉行数步,师召云:"长老!长老!"南泉回头云:"怎么?"(景德传灯录,卷六)

问君终日怎安排心眼?(东坡乐府 37)

最早的例句是寒山诗,寒山是初唐人。但是这个例句中的"作么"可疑,因为在唐五代只见到"什(甚)摩""恁摩""与摩",而没有见到"什(甚)么""怎么"的,不可能单在寒山诗中作"作么"。《神会语录》是可靠的,前面(4.1.3.1)说过,它是 792 年的写本,所以其中的"作勿生""作没生"是"怎么"的最早的书写形式,和"是勿""是没"相应。其次是《维摩诘经讲经文》,它是 947 年的写本,这里已出现"怎"和词尾"生",《敦煌变文集》中共 5 例,都在《维摩诘经讲经文》中。《祖堂集》序作于 952 年,时代和《维摩诘经讲经文》相近,其中未见"怎"字,只作"作摩"和"作摩生",和"什(甚)摩"相应。到宋初的《景德传灯录》,"作摩"和"作摩生"的"摩"改成"么",和"什(甚)摩"改成"什(甚)么"相应;并出现"怎么"这种写法。单写作"怎"的在《景德传灯录》以后,见于苏轼等人的作品。

下面把这些不同的写法按时代排列成表,而且和"什么"发展系列加以对比:

	8 世纪	8—10 世纪中	10 世纪后半
[什么]	是物(勿),是没	甚没、甚摩、什摩	甚么、什么
[怎么]	作勿生,作没生	怎生,作摩(生)	作么(生),怎么,怎

由此可以看到:①"怎生"的产生早于"作么""作么生"。准确地说,应该说"怎"是"作"字受了"勿"或"没"声母的影响而生的音变。②这些书写

形式中,最早的"作勿(没)生"和"怎生"都带有词尾"生",不带"生"的"作摩"和"怎么"是后出现的,单个的"怎"出现得最晚。③"怎么"和"什么"有密切的关系,两者基本上是同步发展的。

因此,有两个问题需要进一步讨论:(1)"怎么"和"什么"是什么关系?(2)"作摩(么)"和"作摩(么)生"有没有区别?

第一个问题,高名凯(1948)就曾说过:"'怎么样'的意思是从'作什么样子'转来的。这些语录(按指唐代禅家语录)里所用的'作么'除了一两个地方有'怎么'的意思外,多半有'作甚么'的意思。例如:

1. 又来这里作么?(《悟本》第508页下第2行)
2. 回首转脑作么?(同上第512页中第7行)
3. 又问曹山作么?(《本寂》第538页上第26行)
4. 达摩又来作么?(同上第540页上第6行)

这里的'作么'就是现代的'干吗',本来是'做甚吗'的意思。"

吕叔湘(1985)也说:"'怎么'原来就是'作么','作么'就是'作什么','怎么'的用法有一部分跟'作什么'相同(8.2.3),不是偶然的。我们甚至还可以说,当'何物'这个语词一方面跟'是'字结合,造成一个新的疑问代词'是勿'(='什么')的时候,它在另一方面又跟'作'字结合,造成另一个疑问代词'作勿'。"

这里所说的"'怎么'的用法有一部分跟'作什么'相同",指的是吕叔湘(1985)8.2.3所说的"怎么"位于动词之后的那一类句子,如:

某甲怎么道未有过,打怎么?(景德传灯录,卷二四)

其实,上面所引的《景德传灯录》卷六:"南泉回头云:'怎么'?""怎么"单用,也是"作什么"之意。"作摩"用作"作什么"之意的更多。除上面高名凯(1948)所举的例子外,《祖堂集》中也有不少"作摩"意为"作什么",如:

登时三平造侍者,在背后敲禅床,师乃回视曰:"作摩?"(祖堂集,卷五)

更能说明问题的是以下两句的对比:

师云:"又是乱走作摩?"(祖堂集,卷一三)
师云:"又乱走作什摩?"(祖堂集,卷一一)

显然,"作摩"就是"作什摩"。

"作摩"早期的书写形式就是"作勿"或"作没"。单用"勿"表示什么,在文献中尚未见到实例,但在闽南方言中"物(勿)"可用作疑问词。"没"表示"什么",在敦煌文书中不乏其例,如:

金刚经道没语?(神会语录)
于身有阿没好处,乃是自招祸恤。(燕子赋,P6253.)(P2491 作"于身有甚好处"。P3666 及 S214 作"阿莾")
缘没不攒身入草。(李陵变文)

可见在疑问词"没(物、勿)"前面加上"作"就变成"作没(勿)"。"作没""作摩"本是一个动宾词组,表示"做什么"之意,后来发展为表示询问原因或目的的疑问词。

第二个问题:"作摩(么)"和"作摩(么)生"的区别。"生"是南北朝至隋唐很活跃的一个词尾,通常用来表情状。上面我们看到"作摩(么)"开始就是"作什么"的意思,后来发展成为询问原因和目的的疑问词,但两者在形式上是一样的。加上词尾"生"以后,就很明确地是一个疑问词,和表示"作什么"的"作摩(么)"区分了开来。"作摩(么)生"和"作摩(么)"的分布也有区别:它们都可以用在句末,但"作摩(么)"只出现在动词或动宾词组后面作为谓语的一部分(例见上),这种"作摩(么)"不能换成"作摩(么)生"。而"作摩(么)生"可以单独作谓语,如:

阿你作摩生?(祖堂集,卷一)
古人石上栽花意作摩生?(祖堂集,卷四)
那边事作摩生?(祖堂集,卷六)
黑风猛雨来时作摩生?(祖堂集,卷五)
和尚迁化后作摩生?(祖堂集,卷五)

或者前面加上"又""毕竟"等副词作谓语,如:

一瞖又作摩生?(祖堂集,卷四)

僧曰:"毕竟作摩生?"(祖堂集,卷五)

这种"作摩(么)生"都是询问情状的,不能换成"作摩(么)"。

"作摩(么)"和"作摩(么)生"放在动词前面时用法也有些差别:"作摩(么)"常用以询问原因或目的或表示反诘,"作摩(么)生"常用以询问方式(例见上)。当然也有用"作摩(么)"询问方式的和用"作摩(么)生"表示反诘的,如:

世界坏时作摩坏?(祖堂集,卷七)

你是愚痴人,作摩生会?(祖堂集,卷一)

但这大概是后来发展的结果。

近代汉语代词还有加词头"阿"的,如"阿你""阿侬""阿那""阿那里"。还有一些近代汉语中特有的代词,如第三人称"渠""伊""恁摩""与摩""兀底"等等。这些在吕叔湘(1985)和其他一些论文中有详细的讨论,此处从略。

本节参考资料

曹广顺 1999:《佛本行集经中的"许"和"者"》,《中国语文》第 6 期。

陈治文 1964:《近代指示词"这"的来源》,《中国语文》第 6 期。

陈治文 1988:《元代有指物名词加"每"的说法》,《中国语文》第 1 期。

储泰松 1998:《梵汉对音与中古音研究》,《古汉语研究》第 1 期。

高名凯 1948:《唐代禅家语录所见的语法成分》,《燕京学报》第 34 期。

郭锡良 1980:《汉语第三人称代词的起源和发展》,《语言学论丛》第 6 辑。

黄正德、李艳惠、李亚非著,张友和译 2013:《汉语句法学》,世界图书出版公司。

江蓝生 1995:《说"么"与"们"同源》,《中国语文》第 3 期。

黎新第 2001:《也说"们——每——们"的反复变化》,《重庆师院学报》第 1 期。

李 蓝 2013:《再论"们"的来源》,《综古述今 钩深取极》(《语言暨语言学》专刊系列之五十),"中研院"语言所。

李小平 1999《山西临县方言亲属领格代词"㧑"的复数性》,《中国语文》第 4 期。

李艳惠、石毓智 2000:《汉语量词系统的建立与复数标记"们"的发展》,《当代语言学》第 1 期。

梁银峰 2012:《第三人称代词"他"的判别标准》,《语文研究》第 4 期。
刘一之 1988:《关于北方方言中第一人称代词复数包括式和排除式对立的产生年代》,《语言学论丛》第 15 辑。
吕叔湘 1940/1984:《释您、俺、咱、偺,附论们字》,《汉语语法论文集》(增订本),商务印书馆。
吕叔湘 1955:《这那考源》,《汉语语法论文集》,科学出版社。
吕叔湘著,江蓝生补 1985:《近代汉语指代词》,学林出版社。
梅祖麟 1986:《关于近代汉语指代词》,《中国语文》第 6 期。
平山久雄 1987:《论"我"字例外音变的原因》,《中国语文》第 6 期。
平山久雄 1995:《中古汉语鱼韵的音值——兼论人称代词的来源》,《中国语文》第 5 期。
孙锡信 1990:《元代指物名词后加"们(每)"的由来》,《中国语文》第 4 期。
孙锡信 1995:《中古汉语鱼韵的音值——兼论人称代词你的来源》,《中国语文》第 5 期。
孙锡信 1992:《汉语历史语法要略》,复旦大学出版社。
孙锡信主编、杨永龙副主编 2014:《中古近代汉语语法研究述要》,复旦大学出版社。
王 力 1958:《汉语史稿》,科学出版社。
王 力 1989:《汉语语法史》,商务印书馆。
吴福祥 1996:《敦煌变文语法研究》,岳麓书社。
小川环树 1953:《你と尔および日母の成立》,《言语研究》。
俞 敏 1989:《古汉语的人称代词》,《俞敏语言学论文集》,黑龙江人民出版社。
遇笑容(2000):《〈贤愚经〉中的代词"他"》,《开篇》20 卷,日本东京好文出版社。
志村良治 1984a:《这と那》,《中国中世语法史研究》,三冬社。
志村良治 1984b:《中世中国语における疑问词の系谱》,《中国中世语法史研究》,三冬社。
志村良治 1984c:《指示副词"恁么"考》,《中国中世语法史研究》,三冬社。
周法高 1963:《中国语文论丛》,台北正中书局。

第二节 动态助词和结构助词

"了""着"和"地""底""的"都是在近代汉语时期产生的。对于它们的性质,学者们有不同的看法,有的把它们称为"词尾",有的把它们称为"助词";还有的把"地""底""的"分为两个,一是结构助词,一是词尾。我们把"了""着"称为动态助词,把"地""底""的"称为结构助词,但在引用各家的说法时,仍按各人的不同称呼,或作"词尾",或作"动态助词""结构助词"。在这里着重要讨论的是它们的产生和发展。

近代汉语的动态助词除了"了"和"着"以外,还有"过""却""将""取""得"。近代汉语的结构助词除了"地""底""的"以外还有"个"。这些在曹广顺(1995)中都有详细的论述,本书从略。

一 了

4.2.1 近代汉语和现代汉语中有两个"了",一般称为"了$_1$"和"了$_2$"。本节主要讨论"了$_1$",为了方便就写作"了"。本节也会讨论"了$_1$"和"了$_2$"的关系,在涉及两个"了"的时候,则分别标作"了$_1$"和"了$_2$"。

"了"(指"了$_1$",下同)和"着"都是动态助词,表示动词的体貌(aspect,又译为"体"或"态"),在现代北方话中,"了"表示完成貌,"着"表示持续貌和进行貌。

我们为什么把"了"称为"动态助词"而不称为"词尾"呢?因为在近代汉语中,还能看到这样的句子:

> 今夫春生夏长了一番,皆是道之生长。(程氏遗书,卷一五)
> 断颈分尸了父亲,划地狠毒心所算儿孙。(元刊杂剧,赵氏孤儿)

(转引自石锓2000)

"动词词尾"应该是紧贴在动词后面,是动词的"词内成分",近代汉语中"了"可以放在词组后面,说明它还不是词尾。"着"的性质应该和"了"一样。但我们称之为"动态助词",并不意味着我们认为它们是独立的词。

照我的理解,"动态助词"应该是类似 clitic 的成分。而且,不管是称之为"动词词尾"还是"动态助词",它们的语法功能是表示动词的体貌,这一点大家没有分歧。

王力(1958)说:"动词形尾'了'和'着'的产生,是近代汉语语法史上划时代的大事。"这是说得很对的。从用词汇形式(如时间副词)来表示动词的体貌发展到用语法形式来表示动词的体貌,这是汉语语法体系的一个很大的变化。

关于动态助词"了",有三个问题需要讨论:(1)"了"产生的时代。(2)"了"形成的过程。(3)"了$_1$"和"了$_2$"的关系。

4.2.1.1 动态助词"了"产生的时代

动态助词"了"是什么时候产生的?这要从"了"的历史演变说起。"了"最初是一个义为"了结"的完成动词,这种"了"最早见于晋宋时期①,曹广顺(1995)举了 4 个例句,今转引其中 3 个:

> 公留我了矣,明府不能止。(三国志·蜀书·杨洪传)
> 臣松之以为,权慭谏违众,信渊意了,非有攻伐之规,重复之虑。(三国志·吴书·吴主传裴注)
> 益部耆旧传令送,想催驱写取了,慎不可过淹留。(王献之《杂帖》)

这种处于"V+O+了"位置的"了"显然还不是动态助词。

到了晚唐五代,"了"的位置出现了变化,出现了"V+了+O"的格式,"了"从处于宾语后变到紧贴在动词后,研究者就把这种"了"看作词尾或动态助词。如王力(1958)举出李煜词的例子:

> 林花谢了春红,太匆匆。(李煜《乌夜啼》)

认为词尾"了"产生在五代。

其他学者也找出了一些较早的"V+了+O"的例句。如:

太田辰夫(1958)举了三个例子:

---

① 西汉王褒《僮约》:"晨起早扫,食了洗涤,居当穿臼缚帚,裁竿凿斗,……"这个"了"是完成动词。但《僮约》的时代有人表示怀疑。

将军破了单于阵,更把兵书仔细看。(沈传师《寄大府兄侍史》)
几时献了相如赋,共向嵩山采茯苓。(张乔《赠友人》)
若道不传,早传了不传之路。(祖堂集,卷四)

赵金铭(1979)找出敦煌变文中的四句:

说了夫人及大王,两情相顾又迴惶。(欢喜国)
切怕门徒起妄猜,迷了甚多谏断。(维摩诘)
见了师兄便入来。(难陀)
唱喏走入,拜了起居,再拜走出。(唐太宗)

梅祖麟(1981)举出《六祖坛经》中一例和《花间集》一例:

如今得了迎(递)代流行,得遇坛经,如见吾亲授。(敦煌本《六祖坛经》)
绣阁数行题了壁,晓屏一枕酒醒山。(孙光宪《浣溪沙》)

曹广顺(1995)举出唐诗二例:

补了三日不肯归婿家,走向日中放老鸦。(卢仝《与马异结交诗》)
鬒鬟鞾轻松,凝了一双秋水。(白居易《如梦令》)

吴福祥(1996)举出《敦煌变文新书》中的二例:

前皇后帝万千年,死了不知多与少。(维摩碎金)
寻时缚了彩楼,集得千万个室女。(悉达太子修道因缘)

连同王力先生所举的李煜词一例,共有唐五代时出现的"动+了+宾"式14例。

现在我们来检查一下这些例句。其中有六句应该排除:

① 已后传法,递代教授一卷坛经,不失本宗。不禀受坛经,非我

宗旨。如今得了,递代流行,得遇坛经者,如见吾亲授。(六祖坛经)
　　② 向上一路古人宗,学者徒劳作影功。若道不传早传了,不传之路请师通。(祖堂集,卷四)
　　③ 说了夫人及大王,两情相顾又迴惶。(欢喜国王缘)
　　④ 迷了蕯多谏断,悟时生死免轮回。(维摩诘经讲经文)
　　⑤ 唱喏走入,拜了起居,再拜走出。(唐太宗)
　　⑥ 绣阁数行题了壁,晓屏一枕酒醒山。(孙光宪《浣溪沙》)

　　第①②两句是标点有误,曹广顺(1986)已经指出。第③句意思是:说完后,夫人及大王两情相顾又迴惶。诗的节律与句子结构不一致,是唐代诗歌中常有的现象。第④句"迷了"和"悟时"对仗,意思是:若迷了,则蕯多谏断;若悟时,则生死免轮回。第⑤句"拜了起居"的"起居"是动词,"问候"之意,不是"拜了"的宾语。(见李明 2004)第⑥句"题了壁"和"酒醒山"对仗,意思是"题了之壁""酒醒(后)之山"。所以这六句都不是"动+了+宾"式。

　　另外,卢仝诗固然也可以说是"V+了+O",但是"三日"不是受事宾语,而是表时间的准宾语,也可以说是时间补语,所以也可以看作是"V+了"而不是"V+了+O"。《维摩碎金》例的结构也比较特殊,也不是受事宾语。

　　又:白居易的这首《如梦令》未见于白居易的诗集,仅见于清编《全唐诗》,所以也未必真是白居易的作品。沈传师《寄大府兄侍史》一诗,《全唐诗》于题下注:"见《云烟过眼录》。"《云烟过眼录》是宋代周密所作,是属于太田所说的"后时资料",句子可能经后人改动(南宋时"动+了+宾"已是很常见的句式了),所以最好不用作依据。这样,可靠的只有变文中二例,以及张乔诗一例,李煜词一例。张乔是咸通(860—873)进士,可见动态助词"了"的出现是在晚唐五代。

　　能不能找到更早的材料?
　　寒山诗中有一例,有人认为其中的"了"是词尾:

　　　　但看木傀儡,弄了一场困。

　　按:此例中的"弄"是"作(木偶)戏"之意。"弄了"等于说"弄毕""弄罢"。王梵志诗:"造化成为我,如人弄郭郎。"《景德传灯录》卷一二:"看取棚头弄傀儡,抽牵全籍里边人。"敦煌写本《维摩诘经讲经文》:"机关傀儡,皆因绳索抽牵,或舞或歌,或行或走,曲罢事毕,抛向一边。"都和"弄罢一场困"义近。"弄了一场困"等于说"弄罢则一场困","一场困"并非"弄了"的宾语。

廖名春(1990)举出《吐鲁番出土文书》第五册中一句:

> 张元爽正月十九日取叁拾,同日更取十文,八月十六日赎了物付仓桃仁去。

这是真正的"V+了+O",其中的"了"应是真正的动态助词,而且吐鲁番出土文书是"同时资料",不可能经后人改动。吐鲁番文书的写作年代是初唐,因此,这个例子说明动态助词"了"有可能在初唐就已产生。但是,如果动态助词"了"和"动+了+宾"的语序在初唐已经产生,而且在民间的契约中已经运用,那么为什么从初唐到晚唐的二百多年间,在保留到今天的大量资料中见到的都是"V+O+了",而"V+了+O"只在晚唐时见到四例?这仍然是一个疑问。民间的契约书写不很认真,在这惟一的例子中,有可能是把"赎物了"误写作"赎了物"。所以,除非我们在吐鲁番文书中或同时期的其他资料中找到更多的"V+了+O",对于这个惟一的例子最好还是取慎重态度。

根据这些语言材料,大致可以确定动态助词"了"产生的时代是晚唐五代。

潘允中(1982)把动态助词"了"产生的时代提得更早,认为它产生在南北朝,举了三个例子:

1. 禾秋收了,先耕荞麦地,次耕余地。(齐民要术·杂说)
2. 自地冗后,但所耕地,随向盖之,待一段总转了,即横盖一遍。(同上)
3. 切见世人耕了,仰着土块,并待孟春。(同上)

但实际上,这三例中所出现的"了"字仍是义为"完毕"的动词而不是动态助词。而且,《齐民要术·杂说》可能是后人伪托的(参见柳士镇1989)。

上面讨论了动态助词"了"产生的时代。不难看出,动态助词"了"产生的时代是和动态助词"了"的判定标准联系在一起的。上述学者都是把"了"出现在"V+了+O"格式中作为动态助词"了"的判定标准,所以,找到了"V+了+O"格式出现的时代,也就确定了动态助词"了"产生的时代。但是,有的学者有不同的看法。有的认为有些"V+了"中的"了"就已经是动态助词,有的认为"V+了+O"中的"了"还只是动相补语而不是动态助词。而这个问题又和动态助词"了"的形成过程有关,所以我们放到 4.2.1.2 中一起讨论。

4.2.1.2 动态助词"了"的形成过程

4.2.1.2.1 "了"从一个表完成的动词发展为动态助词,经历了一个很长的语法化过程。这不仅要考察"V+O+了"怎样变为"V+了+O",而且要把它放在整个汉语语法演变的广阔背景上来考察。在这方面,首先要提到梅祖麟和曹广顺所做的研究。

梅祖麟(1981)提出了两个问题:(1)词汇兴替和结构变化。(2)对语法演变的描写和对语法演变的解释。这不但深入讨论了动态助词"了"的形成过程,而且对整个汉语语法史研究都有重要意义。

(1) 词汇兴替和结构变化

梅文的题目是《现代汉语完成貌句式和词尾的来源》,他是把"句式"和"词尾"分开谈的。"词尾"指"了"字,句式指"动+了+宾"这种格式。这种句式的前身是"动+宾+了",而"动+宾+了"这种句式的来源又可追溯到南北朝时期,那时已有"动+宾+完成动词"这种结构出现,但是那时期用"毕、讫、已、竟"这些动词来表示完成。例如:

谢公与人围棋,俄而谢玄淮上信至,看书竟,默然无言。(世说新语·雅量)
世尊以说法讫,即从座起,还诣所在。(增壹阿含经,Ⅱ,665 上)
佛说此经已,结加跌坐……。(妙法莲华经,卷九)
王饮酒毕,因得自解去。(世说新语·方正)

到了唐代,"动+宾+完"这个结构的框子没有变,填框子的词汇发生变化:"了"代替了其他词汇,变成最常用的完成动词,而"讫、已、毕"逐渐被淘汰。这样就形成了唐代的"动+宾+了"式。

梅文说:"现代完成貌的前身在什么时候出现?如果着重'了'字,把变文中的'动+宾+了'看作前身,答案是唐代。如果着重句式,认清'动

+宾+完成动词'是前身,答案是5世纪,或者更早。

"句法结构不变,词汇中的新陈代谢就像接力赛跑,一个运动员跑累了,另一个接棒跑下去。汉语语法史常有这样的现象,所以有些现代汉语句型的渊源,一直可以追溯到5世纪,完成貌便是明显的例子。

"但是这里应该指出:完成貌至晚在五世纪形成'动+宾+完'这种结构,单靠词汇兴替,只能把演变史带到唐代'动+宾+了'这阶段,以后再发生结构变化,才能形成现代的'动+了+宾'。"

这就是说,在南北朝时出现"动+宾+完"结构,这是一次结构变化,由南北朝的"动+宾+完"发展为唐代的"动+宾+了",这是词汇兴替。而由"动+宾+了"发展为"动+了+宾",这是又一次结构变化。现代汉语完成貌是通过这一系列变化而形成的。

这个看法对汉语语法史的研究十分重要。以往在汉语语法史的研究中,对虚词的演变注意得较多,对于句型的演变注意得不够。而在研究结构变化时,又往往和词汇兴替分割开来。只有同时注意结构变化和词汇兴替,对一些问题才能观察得更深入。关于这一点,在梅祖麟(1978)关于现代汉语选择问句来源的研究中已经这样做了,因为这篇论文的具体内容和"了"的形成无关,在这里就不再转述,关心语法史研究方法的读者可以自己去看。

后来,梅祖麟(1999)又从六朝再往上追溯,研究了先秦两汉完成貌句式"V+毕""V+竟""V+讫""V+已"的发展,把完成貌句式的历史发展过程描写得更加细致。

(2) 对语法演变的描写和对语法演变的解释

梅祖麟(1981)说:"现在要解释现代汉语完成貌的词序是怎样形成的。上古和中古根本没有情貌动词词尾这个词类,也没有放在动词和宾语之间的完成貌词尾。上面说过,10世纪才出现'动+了+宾',这种新兴结构的形成过程需要解释。

"以前讨论这问题时总有人说'了'字开始虚化,'了'字从动宾短语的后面挪到宾语的前面,'虚化'和'挪前'是描写,是很正确的描写,但不是解释。所谓解释,一则是要把需要解释的现象和其他的类似的现象连贯起来,二则是要说明以前没有的结构怎么会在那时期产生。"

梅祖麟的解释是,"了"的挪前是受到同类格式的影响。他认为:

① 动补结构在南北朝和唐代有两种形式:"动+宾+补"和"动+补+宾"。如:

复吹霾翳散,虚觉神灵聚。(杜甫《雷》)
春杂宝异香为屑,使数百人于楼上吹散之。(拾遗记)

"了"表示完成貌,动补结构也表示完成貌,它们的语意功用相同,但语法结构只有一半相同:"了"最初只能出现于"动+宾+了"这种格式中,所以,结果补语的这两种词序促使"了"字挪到动词和宾语之间。

② "动+宾+(不)得"和"动+宾+了"两个句式里各成分之间的语义关系是平行的,表示情态的"(不)得"和表示体貌的"了"都在宾语后面。如:

今壹受诏如此,且使妾摇手不得。(汉书·外戚传下)
子胥解梦了,见吴王嗔之,遂从殿上褰衣而下。(伍子胥变文)

但宋代以后"不得"往前挪了,如:

在古虽大恶在上,一面诛杀,亦断不得人议论,今便都无异者。(河南程氏遗书,卷二下)

"动+宾+不得"的结构是和"动+宾+了"相同的。从唐到宋,"动+宾+不得"改变了词序,变成"动+不得+宾",这也是使"了"字挪前的一个因素。

梅(1981)这种解释是否合适还可以商榷。比如,他所说的第二点,"动+宾+不得"变为"动+不得+宾"发生在宋以后,而"动+了+宾"在晚唐五代已经出现,所以从时间上看"不得"的挪前不可能是"了"挪前的原因。但是,研究语法史不但要描写语法演变的情况,而且要解释语法演变的原因,这一意见无疑是应当引起重视的。所谓"解释",正如作者所说,就是要把各种有关的语言现象(包括语音、语法、词汇)联系起来考察,并从语言内部和外部来说明某种新的语法现象为什么会在此时产生。当然,强调"解释"并不是说"描写"不重要;"描写"是语言研究的基础,语言研究的第一步就是要把各种语言现象和发展演变的情况描写清楚,没有细致、清晰的描写就谈不上语言研究,离开具体的描写而大谈"规律"是毫无意义的。但是,在描写的基础上,还应该进一步作出"解释",只有这样,才能把有关的语言现象放到更广阔的背景上加以考察,从而看得更清楚,更准确;只有这样,语言研究才会不停止于现象的罗列,而能在描写的基础上进一步总结出语言发展演变的规律。

和描写一样,解释也不可避免地包含研究者主观的判断。由于语言现象的纷繁复杂,不同的研究者可能会对同一种现象作出不同的解释。从学术研究来看,这不是坏事而是好事。各种不同解释的讨论往往可以互相补充,互相启发,从而使人们的解释越来越接近语言事实。下面可以看到曹广顺对此有另一种解释。

曹广顺(1986)把表完成的"了"和"却"联系起来考察,认为"了"越过宾语而移到动词后面是受到完成貌助词"却"的影响。在唐代,表示完成貌最常用的是"却"。"却"出现在"动+却"和"动+却+宾"两种格式中。如:

僧曰:"不免施又如何?"师云:"对汝道却!"(祖堂集,卷二)
担却一个佛,傍家走飐飐。(祖堂集,卷五)

"却"的语法功能和意义与"了"相近。由于"却"的广泛使用,使"动+宾+了"的句式受到影响。从晚唐起,表示完成的动词"了"出现虚化趋势,位置从"动+宾"之后逐渐前移到"动+宾"之间"却"的位置上。

后来,梅祖麟(1994)通过对闽南话的考察修改了自己的结论。简单地说,他的论证是这样的:关于"了"挪前的原因,有两种说法。一种认为是受结果补语的影响,一种认为是受状态补语(phase compliment)"却"的影响。两种说法哪一种对? 可以看看闽南话的情况。闽南语有"V+RC(结果补语)+O",如"拍死伊"。但没有"V+PC(状态补语)+O",如果状态补语和宾语同时出现,宾语一定要前移,说成"O+V+PC"。如:只能说"代志犹未做煞"(事情还没有做完),"亲情一定会做成"(婚事一定能谈成),"阿英衫洗了也"(阿英衣服洗完了),"电影看完也"(电影看完了),不能说"犹未做煞代志","一定会做成亲情","阿英洗了衫也","看完电影也"。如果晚唐"V+O+了"中的"了"是受结果补语的影响而挪前的话,闽南话中既然有"V+RC+O",也就应该有"V+了+O"。但闽南话中没有"V+了+O",而只有"V+O+了",这是因为它没有"V+PC+O",所以,闽南话虽然接触了外来的"V+了+O",仍然把这种结构拒之门外。由此可见,在晚唐影响"了"挪前的,不是结果补语,而是状态补语"却"。

梅祖麟对不同学术观点的评价,不是简单地说这种比那种好,而是力图用语言事实和逻辑推断来检验,并且修正了自己原来的观点。这对我们是有启发的。

曹广顺研究的特点是把近代汉语动态助词和语法格式联系起来,而且作为一个系统来考察。曹广顺(1995)对近代汉语的动态助词"却""了""着""过""将""取""得"作了深入的研究,概括了它们共同的演变过程:"实词——补语——虚词"。他认为"助词'却'产生的时间,应当在唐代以前",助词"却"的形成"产生了一个新的词类和一个新的语法格式"。他还指出:助词是一个体系,"助词的发展变化是在语法格式的演变中实现的,是在助词体系的制约下进行的,只有放在格式与体系的框架之内,才能清楚地显示单个助词发展的历史过程。"这些意见都是很值得重视的。

曹广顺(2000)更明确地总结了汉语动态助词形成的规律,并在此基础上说明"了"前移的原因。他认为动态助词的发展经过了连动式到动补式到动词加助词三个阶段。古代汉语中的连动式"$Vt_1+Vt_2+\cdots\cdots Vt_x+O$"中动词都是及物的,分别与句中宾语构成动宾关系,宾语的位置在所有的动词之后。如:

射杀一鱼。(史记·秦始皇本纪)
以天之福,吏卒良,马强力,以夷灭月氏,尽斩杀降下之。(史记·匈奴列传)

汉代以后,部分连动式中的 Vt_2 出现了不及物化的倾向。如:

祥尝在别床眠,母自往闇之,值祥私起,空所得被。(世说新语·德行)
复饰园林,除却沙石及诸粪秽。(佛本行集经,卷一四)

这种变化造成了一种新的格式,即:

$$Vt_1+Vt_2+O \rightarrow Vt+Vti+O$$

Vti 使汉语中出现一个新的语法成分——补语,Vt+Vti+O 的产生也打破了以往在 Vt 与 O 之间不能插入其他成分的限制,为动态助词的产生,提供了一个语法位置。

"了"原是一个不及物的完成动词,按照原有的语法规律,只能处在"V+O+了"和"V+了"的位置上。到唐五代时"Vt+Vti+O"出现后,"却"已经作为完成助词出现在"Vt+O"之间,Vi 也早就作为补语用在同样位置上,所以"了"也可以从"V+O+了"变成"V+了+O",而不一定需要经过一个"V+了"中的"了"虚化,然后再加上"O"的过程,重建一个"V+了+O"格式。

4.2.1.2.2 上述学者都认为由"V+O+了"变为"V+了+O"是"了"前移的结果,但有的学者认为,"V+了+O"的出现不是由于"了"的前移,而是首先在"V+了"的格式中"了"就演变为动态助词,然后,"V+了"后面在加上宾语 O,这才出现"V+了+O"。这种和"前移"相反的说法,可以称之为"后加"。

首先明确提出这种看法的是吴福祥(1996),他认为:"'了'字首先在'动+了'格式中虚化为动态助词,然后带上宾语就形成了'动+了+宾'格式。"

当然,他并不认为所有"V+了"格式中的"了"都是动态助词,他认为,当"了"前面的是下列几类成分时,"了"就是动态助词:

瞬间动词("死、辞"等)+了

状态动词("迷、悟"等)+了

形容词("安健"等)+了

动补结构("长大"等)+了,

或"V+了"和"未+V"同现,则"了"为动态助词。

他认为"V+O+了"中的"了"并没有前移,而是留在原来位置上,逐渐虚化为事态助词"了$_2$"。他说:如果是"V+O+了"中的"了"前移,"我们将难以解释后来出现的'动+宾+了$_2$'的格式从何而来。"

李讷、石毓智(1997)也持这种意见。文章说:

在唐五代时期"了"还只能出现在以下两种格式中:(一)动+了,(二)动+宾+了。"了"形态化的句法环境是(一),一旦变成体标记后,就与动词形成一个语法单位,这时宾语就可以出现在"了"之后。"了"不能在格式(二)中形态化。在刘、蒋的约 40 万字唐五代白话文资料中,格式(二)69 例,其中 41 例"了"前有修饰语,说明"了"还是动词。而格式(一)43 例中,只有 2 例"了"前有修饰语,修饰语是出现在整个"动+了"之前的。"所以准确地说,'了'的形态化过程不是由宾后'挪前',而是'动+了'之后'加宾'。"

后来,吴福祥(1998)对自己的意见作了修改,同时,又进一步申述了"后加"说。他把"了"的演变分成"完成动词""结果补语""动相补语""动态动词"四个阶段:

1. 动+宾+了

"了"是完成动词。

2. 动+了

甲类"了"是结果补语。

乙类"了"是动相补语。

乙类中在"了"前面的成分是:A. 瞬间动词(如"死"),B. 状态动词(如"迷"),C. 形容词(如"安健"),D. 动补结构(如"长大")。

3. 动+了+宾

由于"了"字用作动相补语已开始"形态化",原先"动+了动相补语"格式不能带宾语的限制被打破,于是"动+了动相补语"格式开始带上宾语,这就形成了"动+了+宾"格式。

这种结构变化的动力是:跟唐五代其他动相补语所处格式的类化有关。其他动相补语"却""得""将""取""来"都有"动词+却(得、将、取、来)+宾语"和"动词+却(得、将、取、来)"两式,而"了"只有"动+了"一式。因此,类化而产生"动+了+宾"式。"动+宾+了"中的"了"没有前移,而是逐渐虚化,最终在宋代变成事态助词,即现代汉语"了$_2$"的来源。

4. 动+补+了+宾

"动+了+宾"式中的"了"进一步虚化,到此格式中才是动态动词。

放下了日多萦系。(毛滂《惜分飞》)

值得注意的是,他认为"动+了+宾"格式中的"了"只是动相补语,只有在"动+补+了+宾"格式中,"了"出现在补语后面,不可能再是补语,所以能确凿无误地断定是动态助词。

这里牵涉到一个问题:动相补语和动态助词的区别是什么?

吴福祥在同一篇文章中说:我们不具备古人的那种语感,"因此,在给这些语法成分定性时,不能完全依靠语义分析和意念把握,而应该更多地着眼于形式分析,寻求形式上的根据。"他把动相补语和动态助词的鉴别方式归纳为4点:

1. 有无可能式：含有动相补语的动补结构，可以在动词和动相补语之间插入"得/不"变成可能式动补结构。动词和完成体助词（如"了₁"）之间则不能插入"得/不"变成可能式。

2. 能否用在动结式之后：完成体助词（如"了₁"）可以用在动结式动补结构之后、宾语之前，如"气死了周瑜"。动相补语通常兼有"结果"义，所以一般不用在动结式之后、宾语之前的位置上。

3. 能否后接完成体助词："动词+动相补语"格式可以后接完成体助词，如"逮着了耗子"，而"动词+完成体助词"之后不能再出现同类的体助词。

4. 音韵形式：动相补语可以表达焦点信息，能念焦点重音；完成体助词不能表达焦点信息，不念焦点重音。而且在普通话以及有轻声的方言里，完成体助词总是念轻声，并有元音弱化现象；动相补语或念轻声，或不念轻声。

杨永龙（2009）也谈到动相补语和动态助词的区别。文章说：

其实现代汉语中称作动态助词和事态助词的"了₁"和"了₂"都不是整齐划一的标准件，各自都含有语法化程度不同的成员。为它们贴上"助词"或"了₁"和"了₂"之类的标签，本来是为了研究的便利，如果因此而带来不便就有违初衷了。研究的主要任务不在于如何判断是不是动态助词，而在于如何根据语法化程度的不同，理出演化路径，并对有关演变加以解释。上文显示，句法格式、篇章结构、信息结构、情状类型等都能反映语法化程度的不同。……就动态助词"了₁"和事态助词"了₂"的产生标志而言，除了以 B 式作为"了₁"的产生标志外，关键是看"了"还是不是焦点，是不是强调先后或强调已然。如果不再强调先后，那么，在 A₁ 式的"V 了"、A₁′式的"V 了 O"、A₂ 式的"V 了 O"中，"了"都已经是动态助词；如果不再强调已然，那么 A₂ 式句末的"了"就已经是事态助词。

文章认为，同样是"V+了+O"，其中的"了"有的是动相补语，有的是动态助词。如"见了师兄便人来"，"见师兄"有一个延续的过程，"了"焦点性强，是完毕义动词做补语，相当于"完"。"将军破了单于阵"，"破单于阵"是终结情状，从上下文看，附着其上的"了"焦点性比较弱，不强调先后而重点在于说明"破阵"的实现，与现代的"了₁"无别。

这些意见使人们对"了"语法化的过程作进一步的思考，从而把研究推进了一步。特别是把动相补语和动态助词加以区分，是语法研究的深化。有些问题已经有了共识，如《贤愚经》的"父已死了"，尽管是完成貌，但不是动态助词。有些问题还需要深入讨论,如"V+了+O"中的"了"究竟是动相补语还是动态助词?

(1) 确定"V+补+了+O"中的"了"是动态助词,大概是因为在"V+补"后面不能再跟一个补语。在唐五代的文献中,没有"V+补+了+O"的例句,但有"V+补+了"的例句。如:

<u>长大了</u>择时娉与人,六亲九族皆欢美。(敦煌变文校注·父母恩重经讲经文)

对云:"<u>拈却了</u>也。"(祖堂集·云门和尚)

仰山危手<u>接得了</u>,便礼谢,吃。(祖堂集·沩山和尚)

这种"V+补+了"中的"了"该怎么分析?如果说在"V+补"后面的不能是动相补语,那么,这种"了"是不是动态助词?回答应该是否定的。因为,如果出现了宾语,"了"还是在宾语后面。如:

目连剃除须发了,将身便即入深山。(敦煌变文校注·大目干连冥间救母变文)

雪峰便放却垸水了,云:"水月在什摩处?"(祖堂集·钦山和尚)

那么,为什么"V+补+了"的"了"不是动态助词,而"V+补+了+O"的"了"就是动态助词?这需要进一步论证。

(2) 拿"V+补+了+O"和"V+了+O"相比,确实前者的"了"比后者的"了"语法化程度更高,说"V+补+了+O"中的"了"是动态助词,应该没有问题。但能不能反过来说,除了"V+补+了+O"中的"了"就都不是动态助词?汉语史上的动态助词有"了"和"着"两个,在吴福祥《也谈持续体标记"着"的来源》中,完成体助词的"着"举了两例"V+补+着+O":"孟子辨告子数处,皆是辨倒著告子便休,不曾说尽道理。"(朱子语类,卷五九)(另一例也是《朱子语类》例,从略),而持续体助词的"着",举的例子都是"V+着+O",如:"如见阵厮杀,擂著鼓,只是向前去,有死无二,莫便回头始得。"(朱子语类,卷一二一)如果认为"V+了+O"的"了"不是动态助词,而"V+着+O"的"着"是动态助词,那么,为什么判断动态助词的标准这样不一致?

（3）区分动相补语和动态助词的标准不只这一条，吴福祥（1998）和杨永龙（2009）都提到了焦点的问题，而且，杨永龙更强调焦点，他认为同样是"V+了+O"，其中的"了"可以是动相补语，也可以是动态助词；"关键是看'了'还是不是焦点，是不是强调先后或强调已然。"当然，这只是他个人的看法，但说明"V+了+O"中的"了"是不是就一定不是动态助词，这个问题还可以讨论。

动相补语和动态助词的区分是一个相当复杂的问题，这个问题还需要进一步研究。

4.2.1.2.3 现在再来讨论"V+了+O"的出现究竟是"前移"还是"后加"。

在 2005 年版《概要》中，我对这个问题的看法说得不明确，大致是不赞成"后加"说的。现在，我的看法有改变。下面是我现在的看法。

首先应该说明，所谓"前移"和"后加"，不能作简单化的理解。比如，"杀人了"变为"杀了人"，"了"原先在宾语"人"后面，后来移到宾语"人"前面去了，这是"前移"。"了"原先后面没有宾语，后来"了"后面加上了宾语"人"，这又是"后加"。学术界讨论的"前移"和"后加"，不是这样简单的问题，讨论的是"V+了+O"这种句法格式出现的原因和过程。

"前移"说是梅祖麟和曹广顺提出的，在曹广顺（1986，2000）里有进一步的论述，他认为"V 了 O"的出现，是受了"V 却 O"的影响，本来是"VO 了"的形式，变成了"V 了 O"，所以是前移了。而且，他还进一步从理论上论证说，汉语述补结构的出现，不但使汉语中出现一个新的语法成分——补语，而且在动词和宾语之间形成了一个语法槽，即"V_O"，"了"虚化后就可以进入这个语法槽。这种"V+P+O"的格式早已形成，不一定需要经过一个"V+了"中的"了"虚化，然后再加上"O"的过程，重建一个"V+了+O"格式。这种看法，从语法演变的系统性和两种相关句式的相互影响来看问题，自有他的道理。

曹广顺认为"V 了 O"的出现是受了"V 却 O"的影响，根据的是这样的语言事实：

《续古尊宿语要·白云端和尚语录》中有洞山和尚的一首诗："天晴盖却屋，乘时刈却禾。输纳皇租了，鼓腹唱讴歌。"到《灵隐大川济禅师语录》中，却变成："趁晴盖了屋，乘时刈了禾。输纳皇租了，鼓腹唱讴歌。"

这条材料确实是很有价值的，可以说明"了"对"却"的替换。从"乘时刈却禾"到"乘时刈了禾"，"了"取代了"却"的位置，处在"刈"和"禾"的中间。这是原先没有的语法格式,原先只能说"乘时刈禾了"。如果把后来的形式"乘时刈了禾"和原来的形式"乘时刈禾了"比较,也可以说是"了"的前移。但是,原先"乘时刈禾了"的"了"是"刈禾"的谓语,动作性很强,如果没有虚化,是不能前移到"V_O"的位置的。曹广顺也说,"了"是虚化后进入这个语法槽的。那么,问题归结到:"了"是怎样虚化的?

"后附"说是吴福祥(1996,1998)提出的,他的解释是:"了"先在"动+了"格式中虚化为动相补语,"动+了动相补语"因为经常连用而形态化,所以打破了原先"动+了动相补语"格式不能带宾语的限制,形成了"动+了+宾"格式。

确实,"动+了"中的"了"容易虚化,特别当"V"是瞬间动词、状态动词时,后面的"了"虚化程度相当高,以致一些学者认为这种"了"已经是动态助词了(见前)。由于"了"虚化,后面就可以带上宾语。这就是"后加"。我觉得"后加"说强调"了"虚化而使得后面可以带宾语,这样的看法是合理的。

当然,不能否认,在"V+了+O"出现之前,已经有大量表完成的"V+却+O",从"V+却+O"到"V+了+O",会有类推在起作用。但正如杨永龙(2009)所说,类推的前提是"了"取得了与"却"类似的功能之后,才能逐渐取代了"却"。也就是说,"了"必须首先虚化。

"前移"说和"后加"说的讨论,牵涉到替换和语法化的关系。在语言发展的过程中,"替换"是经常发生的,不论是实词还是虚词,在历史上都会有词汇替换。替换有一个前提:A 替换成 B,B 的意义或用法必须和 A 相同。如果 B 原来的的意义或用法和 A 不同,那就必须经过变化(就虚词来说,就是语法化),变得和 A 相同。否则"替换"是无从发生的。所以,替换是演变(语法化)的结果,而不是演变(语法化)的动力。当然,有些替换发生以后也会引起一些变化,比如,处置的标记发生了从"将"到"把"的替换,后来"把"字句的使用范围比"将"字句广得多,发展出一些"将"字句没有的功能。但那是替换以后的发展;而在替换发生的时候,必须看到,演变是因,替换是果。这个问题,在讨论处置式的时候还会谈到。

和"后附"说相关的有另一个问题。吴福祥《重谈"动+了+宾"格式的来源和完成体助词"了"的产生》说:"既然'动+宾+了'格式中的'了'没有前移,那么它后来'何处去'了?我们认为这类'了'是现代汉语'了$_2$'的来源。从晚唐五代开始,'动+宾+了'里的'了'逐渐虚化,最终在宋代变成表示新情况出现的事态助词。"

我认为这只能是一个大致的说法,并不是所有"V+O+了"中的"了"后来都会演变为"了$_2$"。杨永龙(2009)在分析完成体构式演变时,使用了背景(background)和前景(foreground)的概念,"了$_2$"都用于结句,也就是都用于前景。而唐五代时绝大多数"V+O+了"中的"了",都是要接下一句的,也就是用于背景。如下面一些句子:

> 杀人了,即曰我有时而杀,非故杀也。(白居易:论姚文秀打杀妻状。)(转引自曹广顺1995)
> 师看经了,便去大雄山出世。(祖堂集·卷一四)

这些"了"不可能留在句末而演变为事态助词。这种接下一小句的"杀人了""看经了",后来会说成"杀了人""看了经",演变为动态助词;就其演变结果而言,"了"是前移了,并没有留在原来的位置上。我们只能说,唐五代的"V+O+了"如果是表示前景的,也就是说"了"用于句末的,后来会留在原来的位置上,并演变成事态助词。如:

> 遂□□(即执)笏奏曰:"臣与陛下勾改文案了。"(敦煌变文校注·唐太宗入冥记)

这个问题和事态助词的产生有关,下面就会谈到。

4.2.1.3 下面讨论动态助词"了"和事态助词"了"的关系。

在近代汉语中,除了动态助词"了"还有事态助词"了"。首先要讨论的是:什么是这两者的区别?

我在2005年版《概要》中说:"事态助词'了'和动态助词'了'的区别在于:动态助词'了'表示动作的完成,它紧贴在动词后面,如果有宾语时总在宾语前面(除极少数例外)。事态助词'了'表示事件的完成,它总是处于句尾,如果有宾语时总在宾语后面。"这只是从句法形式来看问题,而且只看小句内的结构。现在我觉得,这两者的区别还有一个重要方面:动态助词的"V+了+O"表示某一动作的完成,但通常在后面跟着另一动作或另一小句,表示做完一事又做另一事,前面一事是后一事的时间背景(background),后面一事才是前景(foreground)。事态助词的"V+O+了"表示事件的完成,后面一般不再有别的动作或小句,整个句子是叙述时间的进程,本身就是前景。在讨论"了₂"的形成过程时,应当把这两个方面综合起来加以考虑。这是受到杨永龙(2009)的启发。

"了₁"和"了₂"是同一来源。曹广顺(1995)说:在唐代,"了"可以构成表示完成状态的"动词+宾语+完成动词"句式,"充当的是谓语性成分。""它的功能,是对事件的状态作出陈述。""事件"又可分两类,一类是完整的事件,一类是简单的事件(一个动作)。陈述后者的"了"后来发展为动态助词,陈述前者的"了"后来发展为事态助词。他的说法大体是对的,只是要补充一点:唐代除了"V+O+了"外,还有"V+了",这两种格式中的"了"在开始时性质都是一样的,是充当谓语的完成动词,"了₁"和"了₂"是由这种充当谓语的"了"分化而成的。

"了₁"和"了₂"哪一个产生得早?

石锓(2000)认为"了₂"的产生早于"了₁"。他在唐代的文献中找到了这样一些例句:

1. 者一队汉,向这里觅什摩? 趁出了。(祖堂集,卷一)
2. 仰山危手接得了,便礼谢,吃。(祖堂集,卷一六)
3. 与摩则大唐国内山总被阇梨占却了也。(祖堂集,卷六)
4. 若是文殊、普贤,昨夜三更各打一二棒,趁出院了也。(祖堂集,卷一六)
5. 雪峰便放却垸水了,云:"水月在什摩处?"(祖堂集,卷八)
6. 我亦见你行脚人,入门便识得汝了也。(祖堂集,卷一六)
7. 大土梁是,童子当日一问二问三问尽有人了也。(祖堂集,卷一)

石锓认为:这些例句中"了"前面的是动补结构和非动作动词,动补结构和非动作动词不能带补语,它们所带的"了"应该是助词。而且,这些语法化了的助词全都位于全句末尾或分句末尾,没有位于句中谓语和宾语之间的。"因此,我们可以断定:晚唐五代,助词'了₂'已经产生,助词'了₁'还没有出现。"

在2005年版《概要》里,我完全赞同他的意见。但是,现在看来,对他所举的"了"字还要作一些分析。

(一) 例1"趁出了"是吩咐的口气,"了"并不表示事件的完成,例4"趁出院了也"才是表示事件的完成(但最后有一个"也"字)。例2、例5"了"都在小句句末,"接得了"和"放却垸水了"后面都跟着另一小句,"了"

所在的小句,只是后一小句的背景。虽然从结构来看,这些"了"已经不是动词,而是虚化了,但是否就已经是"了$_2$",还很难说。

(二)其余的"了",虽然处于主句的末尾,但后面都有一个"也"。这是和后代大不相同的。大约到北宋,"了"后的"也"才开始消失。如:

早个呈似和尚了也。(祖堂集·卷一五)
早个呈似和尚了。(景德传灯录·卷七)

师云:"汝得入处作摩生?"对曰:"共和尚商量了也。"(祖堂集·卷七)

师问慧全:"汝得入处作么生?"全曰:"共和尚商量了。"(景德传灯录·卷一六)

这个"也"是什么性质?一般认为是语气词。李崇兴(2008)说:"'也'字的作用是对事态变化加以确认,大体相当现代汉语的'了$_2$'。"唐代"了"用在主句的句末,后面还必须有个"也",说明当时的这种"了"不但不同于现代汉语的"了$_2$",而且还不是一个成熟的事态助词。

这种情形,在现代汉语一些方言中还保留。

刘勋宁(1985)说,在陕西清涧话中,还有"也"这个语气词,音[·ε],可用于三种场合:

1. 用于句尾。如:

我山里去·ε。

2. 用于呼语后。如:

孩儿·ε,看你那容颜。

3. 用于选择问句中。如:

你吃·ε不?

清涧话中词尾"了"读〔•lɔ〕,语气词"了"读〔•lɛ〕,两者有区别。

人老〔•lɔ〕,身体也差〔•lɛ〕。(前一分句是时间修饰)
人老〔•lɛ〕,身体也差〔•lɛ〕。(两个分句并列)

〔•lɛ〕就是"了也"的合音。
而在《祖堂集》中,"了"可处于两种句式:
1. "V(O)了(♯)VP",即"V(O)了"是黏着的,后面总有后续成分跟着。如:

其时天降白乳,入口味如甘露,食了轻健,乃作是言:……
和尚见了云:灼然是生我者父母,成我者朋友。
过江了,向行者云:你好去。

2. "V(O)了也♯",即"了"处于句尾时,必须加上"也"来结句。如:

师问僧:吃饭也未? 对云:吃饭了也。
师曰:何不问老僧? 僧曰:问则问了也。
其鬼使去后,寺主商量:这个事鬼使则许了也,某甲一日作摩生修行?

这两式与现代汉语的两种"了"字句是严格对应的:

1　V(O)了(♯)VP　　→　　V 了$_1$(O)(♯)VP
　　过江了,向行者云　　　　过了江,向行者说
2　V(O)了也♯(VP)　→　　V(了$_1$O)了$_2$♯(VP)
　　吃饭了也　　　　　　　吃了饭了

现代汉语的"了$_2$"来源于(2)式,是"了也"的合音。"也"作为句尾语气词轻读弱化,以至于跟前面的音节并合成一个音节。
另外一点值得注意的是:在《祖堂集》里,现代汉语中"吃了饭了"一类的句子还没有出现。我们只看到这样的句子:

雪峰便放却垸水了,云:"水月在什摩处?"(祖堂集·卷八)

直到《朱子语类》里,才见到这样的句子(参见木霁弘1986):

某之次却移了这位次了。(朱子语类,卷二)
自有物无始以来,自己是换了几个父母了。(朱子语类,卷一二〇)

这也说明,在《祖堂集》里,"了"还没有成为成熟的事态助词。

杨永龙(2009)认为,"确定事态助词的标准是:首先,'了$_2$'所在句子必须是前景句;其次,后面不能再接别的助词;第三,表示状态实现,并把它作为新情况告诉听话者;第四,'了'不是焦点,不强调已然。"

他举出这样一些例句,认为是事态助词"了$_2$",如:

问:"一树还开华也无?"师曰:"开来久矣!"僧曰:"未审还结子也无?"师曰:"昨夜遭霜了。"(景德传灯录,卷十三)
问:"敬还用意否?""其始安得不用意？若能不用意,却是都无事了。"(二程遗书,卷十八)

按照作者的看法,"了"成为成熟的事态助词,是在《景德传灯录》《二程遗书》等作品中,即宋代。

但李崇兴(2008)提出一个看法:事态助词"了"的成熟,有地域的差别。他认为,"了"作为事态助词,确认事态变化,"在元代北方汉语中还没有发育成熟"。他的理由是:在《古本老乞大》和《元刊杂剧三十种》里面,"处于句末的'了'后面常常加个'也'字来对事态变化加以确认。"如:

这弓和弦都买了也。(老)
妹子,我和你哥哥厮认得了也!(拜月亭,四折,[胡十八]白)
这早晚小千户敢来家了也。(调风月,二折白)
那个老宰相不肯躲那火,抱着黄芦树,现今烧死了也!(介子推,四折,[紫花儿序]白)

而且,两种材料里都没有"动+了+宾+了",但有"动+了+宾+也",如:

这店里都闭了门子也。(老)
我虽有这罪过,如今赦了我也!(气英布,一折[寄生草]白)
嗏媳妇儿去时,有三个月身子,经今去了十七年也。(汗衫记,三折[上小楼,幺篇]白)

黄晓雪(2015)赞同李崇兴的看法,并明确提出:"'了$_2$'是否发育成熟,可以用两条标准来加以检验:一是'了'摆脱对语气词'也'的依赖,能用以足句;二是'动＋了＋宾＋了'格式的出现。"

她也强调地域差别:"(在南方)'了$_2$'从北宋开始能用于句末,有成句作用,南宋普遍使用,这个时间要比北方早。""在北方,'了$_2$'发育成熟及其大量使用的时间是在明代。"而且认为南方和北方"了$_2$"的来源和语法化路径不同:在南方,"了$_2$"由处于句尾的"动(＋宾)＋了"的动相补语"了"发展而来,"了$_2$"的产生稍早于"了$_1$"。在北方,"了$_2$"由处于句尾的"动＋了"中的"了$_1$"发展而来,句末的句法环境使"了$_1$"由附着于动词逐渐发展为附着于整个句子,由表动作的实现发展为表事态出现变化的事态助词"了$_2$"。

他们注意到汉语语法演变的地域差别,认为在不同的地域,同一种语法现象(如"了$_2$"),不但成熟的时间会有先后,而且语法化的途径也可能有差别。这一点很重要,是研究汉语历史语法所应当注意的。但是,宋代北方汉语中有没有成熟的事态助词"了$_2$",这还可以进一步讨论。前引杨永龙(2009)就举出一些宋代北方汉语中事态助词"了$_2$"的例子。在宋代北方文献中究竟有没有事态助词"了$_2$"? 有多少? 这是可以进一步调查的。如果宋代北方的文献已有事态助词"了$_2$",而在《古本老乞大》和《元刊杂剧三十种》里面却没有,这一现象如何解释呢? 曹广顺(1987)曾说到:《朱子语类》中"动＋了＋宾＋了"的句式不少于 8 例,元代这种句式少见,到明代又重新发展起来。文中指出,像这样的反复现象不止一个,如:"就——便——就","快——疾——快","们——每——们"都是。他把这种反复现象归之于政权更迭所造成的政治、权力中心的两次转移对官话系统的影响。(详见本书第六章第一节 6.1.7)曹广顺(2003/2006)中再次说到这个问题,认为政治中心的改变会影响到官话的基础方言的改变。吕叔湘(1940/1984)已经提到了官话系统的南北两种方言之"伸缩",这个问题,对宋、元、明三个时期语言发展的关系很大,是值得深入研究的。

魏培泉(2002)认为,《祖堂集》的句末助词"也"的来源是上古汉语的助词"矣",而《祖堂集》的助词"了"相当于现代汉语的"了$_1$"。现代汉语的"了$_2$"不是由《祖堂集》的助词"了"发展出来的,而是承接《祖堂集》的句末助词"也"的功能,其发展途径或者是经由"了也"的合并,或者是因为"了"和"也"经常合用而使得"也"脱落,并由"了"的外壳来承接"也"的功能。他的说法也可以参考。

二 着

4.2.2.1. 王力(1958)谈了动词进行貌词尾"着"的产生和发展过程。"着"原来是动词,"附着"的意思,最早写作"著",后来写作"着"。"著(着)"在南北朝时开始虚化,放在动词后面,构成类似使成式的结构,后面接的是表示处所的词。例如:

> 长文尚小,载箸车中;文若亦小,坐箸膝前。(世说新语·德行)
> 雷公若二升椀,放著庭中。(《三国志·魏书·曹爽传》注)
> 以绵缠女身,缚着马上,夜自送女出。(同上《吕布传》注)①

这种"着"字颇有"在"的意义(附着某处就是在于某处),但它是连上念的,不是连下念的,所以和"在"不同。在这个时候,动词后面并不带有宾语。

到了唐代,带"着"字的动词后面开始可以有宾语,"着"字的意义也有了变化,它带有"到"的意思。例如:

> 衔泥点污琴书内,更接飞虫打著人。(杜甫《绝句漫兴九首》之三)
> 还应说著远行人。(白居易《邯郸冬至夜思家》)
> 道著姓名人不识。(白居易《恻恻吟》)
> 日暮拂云堆下过,马前逢著射雕人。(杜牧《游边》)

但它们不是形尾。真正的形尾似乎还是继承了表处所的"着"字。下面这些例子显示着过渡时期的情况,因为这些"着"字还只表示着一种静

---

① 本书讨论的是近代汉语"着",但古书中多写作"著"或"箸",例句中仍用古代的写法。

态,而没有表示行为正在进行中。例如:

  堆着黄金无买处。(王建《北邙行》)

真正表示行为在进行中的形尾"着"字在宋代已经存在了。例如:

  如战阵厮杀,擂著鼓,只是向前去,有死无二。(朱子语类辑略,卷七)

  王力先生所举的"堆着黄金无买处"一类的"着",其他研究者多称之为"持续态词尾"。这种词尾在现代汉语中也依然存在。
  4.2.2.2 太田辰夫(1958)谈到了持续态后助动词(即通常说的"词尾")。他也认为"着"有表示"到达"以及和介词"在"一样的两种用法,但举的例子都是唐以前的。
  (1) 表示到达:

  先担小儿,度著彼岸。(贤愚经 3)
  城南美人啼著曙。(陈·江总《栖乌曲》)
  负米一斛,送著寺中。(六度集经 4)

  (2) 和"在"相同:

  其身坐著殿上。(六度集经 2)
  嬖妾悬著床前。(六度集经 4)
  畏王制令,藏著瓶中。(过去现在因果经 1)
  法力素有膂力,便缚著堂柱。(述异记·广记 327)

  他认为,上述例句"也可以把它看作是持续态的一种"。此外,他也强调这类句子唐以前和唐以后的不同是:唐以前在"动+着"后面的是动作的处所,唐以后"动+着"后面的是动作的承受者,所以就变得大致和现代汉语相同了。如:

  还应说着远行人。(白居易诗)

堆著黄金无买处。(王建诗)
看著闲书睡更多。(王建诗)
房房下著珠帘睡。(王建诗)

4.2.2.3 梅祖麟(1989)提出一种新的看法。他认为六朝时的"着"分两种:①静态的"着",普通话说"在"。发展为现代汉语北方话中的持续貌词尾,也发展为现代汉语吴语中的持续貌词尾(写作"仔",如"骑仔马找马"),发展为现代汉语闽语中的方位介词(如厦门话"坐[ti²]椅顶")。②动态的"着",普通话说"到"。发展为现代汉语吴语中的完成貌词尾(写作"仔",如"吃仔饭哉")和湘鄂方言中的完成貌词尾(写作"达",如"吃达饭达")。文章在语音演变方面有详细论证,这里从略。此处只介绍梅文在语法、语义方面的论证。

关于北方话和吴语中的持续貌词尾,梅文引述赵金铭(1979)的论述,并进一步明确认为,持续貌词尾"着"是由六朝时的方位介词"着"(即静态的"着")演变而成的。

关于吴语和湘鄂方言中的完成貌词尾来源于动态的"着",梅文是这样论证的:"……介词'著'字在'负米一斛,送著寺中'这种句子里可以换成'到'字,在'坐著膝前'这种句子里可以换成'在'字。'送'这样有动向的动词是从起点趋向目的地。如果达到了目的地,'送'这个动作算是完成了。否则只有企图,没有结果。我们以前(梅祖麟1981)曾经说明动结式中的结果补语有完成貌的语法意义,在北方话里促成完成貌词尾的产生。'送著'是动结式,'送著'中的'著'字在语法意义方面像结果补语,有变成完成貌词尾的潜能。因此,在'坐'类静态动词后面的'著'字是吴语持续貌'著'的来源,在'送'类动态动词后面的'著'字是完成貌的来源。""因为六朝文献里的'著'字兼有'在''到'两个意思,所以当'著'字在吴语和其他方言中变成动词词尾时,'著'字既能标志持续貌,又能标志完成貌。"

梅文还认为宋元时期江南白话文献里就有完成貌"着"的用例。如:

彼既自眼不明,只管将册子上语,依样教人。遮个作么生教得?若信著遮般底,永劫参不得。(大慧书·答曾侍郎开第三书)

佛云:"是法非思量分别之所能解",解著即祸生。(大慧书·答吕舍人居仁第一书)

古人胸中发生意思自好,看著三百篇,则后世诗不足观矣。(朱子语类80)

只见老大,忽然死著,思量来这是甚则剧,恁地悠悠过去了。(朱子语类辑略)

同着殿中侍御史陈师锡共写着表文一道。(《宣和遗事》元集)

若不实说,便杀着你。(三国志平话卷中)

其中《宣和遗事》和《三国志平话》例,王力(1958)引过,王力认为这说明在元代"了"和"着"的分工是不明确的。梅文不同意这种说法,认为敦煌变文和宋元时代北方的白话文献中"了"和"着"分工是明确的,"着"表示完成貌是南宋以后南方话的现象。朱熹和《大慧书》的作者宗杲都是南方人,而《宣和遗事》和《三国志平话》中的这种现象是受南方话影响的结果。

在梅祖麟(1998)中,他又结合现代汉语方言对历史上完成态"着"作了进一步论述。

4.2.2.4 除上述三位学者之外,赵金铭(1979)、志村良治(1984)、杨秀芳(1992)、曹广顺(1995)、孙朝奋(1997)、张赪(2000)、吴福祥(2003)都对动态助词"着"作过专门研究。下面,根据各个学者的研究,把"着"的演变过程作一个简单的叙述,着重对"着"的语法化过程谈谈自己的看法。

很多学者已经指出,从先秦到东汉,"着"是一个"附着"义动词。如:

著于丁宁。(左传·宣公四年)①

风行而著于土。(左传·庄公二十二年)

鏖如黑子之著面。(汉书·贾谊传)

甘露……著于树木,不着五谷。(论衡·是应)

八十种虫生身中,二种发根生,三种著头,一种著脑,二种著中脑,三种在额。(道地经)

在东汉时,"着"可以放在另一个动词后面,构成连动式。如:

不留心于明,贪着世间。(大宝积经,卷九三)

犹如花朵缠着金柱。(佛本行经,卷二)

---

① 本书例句大多转引自上述研究专著,不一一注明。

第一个例句中,"着"前面的是表心理活动的动词。这一类句子和本节要讨论的问题无关,这里不细说。第二个例句代表另一种类型,"着"前面的动词表示物体在空间的运动(包括位移和停止),"着"仍是"附着"义动词,在连动式中,它是前一动词的结果,表示物体位移或停止以后附着于某一处所。受"V"和"着"的语义的制约,后面所跟的总是表处所的名词。

到魏晋南北朝时期,述补结构已经产生。在本书的下一节中将会看到,述补结构是由连动式演变而成的。随着这种演变的趋势,连动式"V+着"也演变为述补结构,"着"从连动式的第二个动词发展成补语。连动式"V+着"和述补结构"V+着"的联系和区别,在下面一个例子中可以看得比较清楚:

其人……语贫人言:"今可脱汝麤褐衣著于火中。"……贫人便即脱著火中。(百喻经•贫人烧麤褐衣喻)

"脱汝麤褐衣著于火中"是连动式,前一动词"脱"可以带宾语,后一动词"著"后面可以有介词"于",这很明白地显示"著"是个动词而不是介词。"脱著"是述补结构,前后两个成分结合得比较紧,一般不插入前一动词的宾语;仔细分析"著"仍有"附着"义,但已不太明显,我们今天读起来,会觉得"著"等于"到"。这表明,述补结构"V+著"中的"著"已经减少了动词性,更多的是表示语法关系,这是"著"语法化过程中的第一步。但述补结构"V+著"中的动词仍然是表示物体在空间的运动(包括位移和停止)的;"V+著"后面出现的仍然必须是处所名词①,这是魏晋南北朝时期述补结构"V+着(著)"的重要特点。

述补结构"V+着"中的动词,有动态(+位移)和静态(-位移)之分。述补结构"V+着"中的"着",性质都是一样的,都是表示经过空间运动(包括位移和停止),物体处于某个处所,或是到达某个处所,或是停留在某个处所。但随着前面动词"静态""动态"的区别,"着"的意思也略有不同。今天读起来,前一种"着"相当于"在",后一种"着"相当于"到"。例如:

(1)静态:长文尚小,载箸车中;文若亦小,坐箸膝前。(世说新语•德行)

---

① 也有"城南美人啼著曙"(陈•江总《栖乌曲》)这样的例句,"V+着"后面跟的是时间名词,但不多见。

(2) 动态：负米一斛，送著寺中。(六度集经 4)

到了隋唐，"V＋着"有了很大的变化：1."着"前面的动词，已经不限于表示物体在空间的运动(包括位移和停止)。2."V＋着"后面不但可以是处所名词，而且可以是实体名词，是动作的对象。和魏晋南北朝相比，"着"进一步语法化，它已经完全失去了"附着"的意义，只表示动作的态，成为动态助词。但"着"前面的动词有可持续貌和不可持续的不同，"着"也有表持续貌和表完成貌的区别：

(3) 持续貌：余时把着手子，忍心不得。(张鷟《游仙窟》)
(4) 完成貌：莫为此女损着符(府)君性命。(敦煌变文·叶净能诗)

为了醒目，我们可以把上述四种格式简化，放在一起加以比较：

魏晋南北朝："着"是补语。
(1) V_{1a}＋$着_1$＋L　　坐箸车中
　　V 表空间运动，[−位移]。$着_1 \approx $ 在。
(2) V_{1b}＋$着_2$＋L　　送著寺中
　　V 表空间运动，[＋位移]。$着_2 \approx $ 到。
隋唐："着"是动态助词。
(3) V_{2a}＋$着_2$＋O　　把着手子
　　V 为一般动作动词，[＋持续]。$着_3$——持续貌。
(4) V_{2b}＋$着_4$＋O　　损着府君
　　V 为一般动作动词，[−持续]。$着_4$——完成貌。

说明：V_1 是表空间运动的动词，V_2 是一般动作动词。L 表示处所名词，O 表示动作对象。

这里要说明一点：在魏晋南北朝的文献中，在《齐民要术》中有两个"V 着＋实体名词"的例子：

看干湿，随时盖磨着，切见世人耕了，仰着土地，并待孟春。(齐民要术·杂说)

　　　　常记十月、十一月、十二月冻树日种之,万不失一。冻树者,凝霜封着木条也。(齐民要术·黍穄)

　　但这都是不可靠的。《齐民要术·杂说》已证明是伪作,第二例的"封着木条"是《齐民要术》的注。《四库全书总目提要》认为《齐民要术》的注为唐代孙公所作,《齐民要术》的整理者缪启愉说是"贾氏自注",但有的是后人乱插。可靠的"V着+实体名词"只有到隋唐才见到。

　　"着"的这些不同用法,很多学者都已经讲了。现在要说明从魏晋南北朝到隋唐的这种变化是怎样产生的,变化的原因是什么。

　　以前通常是这样解释的:在隋唐时期,"着"前面动词的范围扩大了,"V+着"后面也由原来的处所变为动作的对象。这种组合关系的变化,促使"着"进一步语法化,从补语演变为动态助词。

　　这种说法看来是为"着"的语法化找出了动因,但是,我们要进一步问:"着"前面的动词和后面的名词变化的原因又是什么?"着"的组合关系(前面是什么动词,后面是什么名词)的变化和"着"本身的语法化,哪一个是因,哪一个是果?

　　按照通常的说法,似乎"着"的组合关系的变化是因,"着"的语法化是果;而且,可以从语言事实得到证明:从上述(1)(2)到(3)(4),"着"前的动词和"着"后的名词都变了,所以,"着"的性质也随之而发生变化。但是,这样的说法是经不起推敲的。从上述(1)(2)到(3)(4),这种语言事实只告诉我们"着"的组合关系和"着"本身都有了变化,而没有告诉我们哪一种发生在前。我们也完全可以反过来说,由于"着"的语法化,引起了它的组合关系(前后成分)的变化。

　　一个语言单位本身的变化和它的组合关系的变化究竟孰先孰后,这个问题不能一概而论。一般来说,如果组合关系的变化不大,那么这种变化可能是在语言使用中由类推引起的扩展,这种组合关系的变化出现得多了,可以引起语言单位的变化。比如,我在《汉语历史词汇学概要》第六章中说到的"走"的演变。"走"本是一个不及物动词,后面一般不带宾语;但后面可以带处所名词,表示"走"的目标,如《左传·宣公十二年》:"赵旃弃车而走林。"这样的组合关系是"走"的词义和句法功能所允许的。但这样的组合出现得多了,会引起词义的变化。《史记·楚世家》:"射伤王。王走郧。"《正义》:"走音奏。"这时"走"的意义并没有改变,但后代的注释者就把它变读了,这说明在后代人看来,"走"的意义有了改变。《史记·

张释之列传》:"上指示慎夫人新丰道,曰:'此走邯郸道也。'"《集解》:"如淳曰:'走音奏,趋也。'"《索隐》:"音奏。案:走犹向也。"这个例句中的"走"词义确实改变了,成为"趋向"之义。这是组合引起的词义变化。但并非所有的词义变化都是组合变化引起的,更多的情况是反过来,词语的变化(特别是语法化)引起组合关系的变化。像上面说的"了"就是这样。"了"原来是不能带宾语的,到唐代出现了"见了师兄便入来"这样的句子。我们绝不会说是因为"了"后面出现了宾语,所以引起"了"的语法化,只能说是"了"的语法化,使它能带宾语。

那么,"V+着+处所名词"到"V+着+实体名词"的变化属于哪一类呢?应该是后一类。"处所名词"和"实体名词"的差别较大,在"着"的性质和功能没有变化的情况下,"着"后面不可能跟实体名词。事实上,从"V+着+处所名词"到"V+着+实体名词"不但有一个时间差距,而且有一个演变过程。请看下面的例句:

帝闻而恶之,以为狂言,命锁著一室。(拾遗记,太平广记卷 91)

这句话很容易理解为"一室"是"锁着"的宾语,其实不是。这个句子还是"V+着+L","一室"是处所名词,而不是动作对象;动作对象是"恶之"的"之";动作的对象在句中出现,但出现在前面,而不在"V 着"之后。上面《六度集经》的例句"负米一斛,送著寺中"和这一样,"送"的对象"米"出现在前面。

在魏晋南北朝时期,在有"V"和"着"的句子中,要说出动作的对象,还有一种表达法:把对象 O 放在"V"和"着"之间,这就是"V+O+C"的格式:

辄含饭著两颊边。(世说新语·德行)
埋玉树著土中。(世说新语·伤逝)

不论是哪一种格式,"着"后面都只能是处所名词,而不能是作为动作对象的实体名词。从语义上看,"着"都和后面的处所名词关系很密切,都是表示经过空间运动(包括位移和停止)物体处于某个处所,和后面的处所名词联系很紧。在这种情况下,"V 着"后面是无法出现实体名词 O 的,所以,也不可能因组合关系的变化而引起"着"的语法化。

但是,到南北朝的后期和隋代,出现了这样的句子:

  作诸功德,如值宝箧.为身见镜之所惑乱,妄见有我,即便封著,谓是真实。(百喻经·宝箧镜喻)
  仁者善友,我心留在优昙婆罗树上寄著,不持将行。(佛本行集经·三一)

  第一例"封着"的对象是"宝箧",第二例"寄着"的对象是"我心",都出现在前面;但"V着"后面悬空了,没有跟处所名词。这就为"着"的语法化提供了条件。因为"着"后面没有处所名词,"着"的表示经过空间运动(包括停止和位移)物体处于某个处所的语义就逐步淡化,而"着"就和前面的动词贴得更紧,因此,"着"就逐步演变为表示动作的状态(持续或完成),并从动相补语演变为动态助词。当这个演变完成之后,"V着"后面就可以跟实体名词的宾语了。因为"V着"的"着"只是一个动词的附加成分,"V着"的主体是动词"V",动词"V"带实体名词宾语是理所当然的了。
  从"V+着+处所名词"("着"是补语)和"V+着+实体名词"("着"是动态助词)这两个结构的整体来看,前者是表示一个在处所中停留或位移的事件,后者是表示一个在时间中持续或完成的事件。事物在空间运动(停止或位移)总是在一定时间内发生的一个过程,在空间停留就是这个过程的持续,在空间到达就是这个过程的完成。从人们的认知来说,空间和时间的关系很密切,从处所(空间)到时间的投射是很常见的。"之前""之后"本是表处所的,后来可用于表时间。"之间""之际"本来也是表处所的,后来也可用于表时间。甚至本来很明确表处所的名词"处",到后来也可以表时间,如"怒发冲冠,凭栏处,潇潇雨歇","处"的意思是"时"。所以,从"V+着+处所名词"("着"是补语)到"V+着+实体名词"("着"是动态助词)的演变,是合乎语言演变的规律的。
  4.2.2.5 吴福祥(2003)对"着"的语法功能提出一种看法:"唐五代时期,'着'跟'了''却''得''将''取'的性质相同,都是表实现或完成的动相补语,以往所谓'着'表示'状态持续'的用法,其实是由'着'前动词的情状特征决定的,而不是'着'本身表示的语法意义。""着"到宋代才发展为表持续的体助词。"唐五代出现的动相补语'着'以及宋代产生的持续体标记'着'均源自魏晋南北朝时期的'动+着+处所词'格式中'到'义趋向补语'着',而跟格式中'在'义的'着'没有直接关系。"

这提出了一个很有意思的问题:持续和完成的关系应该怎么看？一般来说,似乎应当是动作完成以后状态会持续下去,而不会是状态持续以后动作完成。那么,是不是吴福祥(2003)说得有道理？

陈前瑞(2009)对这个问题提出了自己的看法。

首先,他对与"V+着+O"有关的语料做了详尽的调查和分析,结果是：

初唐时期,持续例:完成例=5:3。表持续的动词:表完成的动词=5种:2种。

盛唐时期,持续例:完成例=10:8。表持续的动词:表完成的动词=6种:7种。可见在较早时期,"着"表持续是基本用法。

中唐时期,持续例:完成例=24:33。表持续的动词:表完成的动词=16种:20种。表完成用法较多地进入了口语。

晚唐五代时期:持续例:完成例=27:32。表持续的动词:表完成的动词=22种:13种。表完成用法开始萎缩。

可见,从历史资料看,"着"表持续和表完成的两种用法是一直都有的,而且在较早的时代表持续的比表完成的多,并非到后来才发展为表持续。

他进一步指出:从类型学看,汉语的"着"是结果体结构(resultative construction),其定义为:结果体表示由过去动作所带来的状态。类型学中结果体一般会发展为完成体,所以,"着"从表持续发展为表完成符合类型学的一般规律。

文章对我在2005版《概要》中用"隐喻"来解释"着"的演变的说法提出异议,说:"'着'的组合关系的变化是渐进的,不宜用'隐喻'的方式来笼统解释。""'着'的语义虚化这一隐喻的实现必须借助特定语法结构中空间意义的消隐、动词空间意义和名词空间意义的铺垫、扩展并通过语用理来逐步实现。"文章这个观点对我有启发,我对这个问题作了进一步的思考,并在上面4.2.2.4中对"着"的演变过程重新作了解释。

三 "底""地"和"的"

现代汉语中的"的"和"地",按照朱德熙先生的意见,代表着三个不同的语素:一个是副词后缀,一个是状态形容词的后缀,一个是助词。和现代汉语中的"的""地"有关的,是近代汉语中的"底""地"和"的",我们称之为"结构助词"。

"底""地"和"的",出现得较早的是"地"和"底","的"是出现得较晚的。关于这三个词的讨论,也集中在"底""地"的区别及其来源的问题上。下面分别就这两个问题进行介绍。

4.2.3.1 关于"底"和"地"的区别。

吕叔湘(1943)把现代汉语中"联接加语于端语"的"的"分为四类:

(a) 联接名词或代词于名词,如"我的书""我哥哥的书";

(b) 联接形容词于名词,如"浅近的书""薄薄的书";

(c) 联接动词或动词词组于名词,如"我看的书";

(d) 联接加语于动词或形容词,如"慢慢的读""用心的读"。

而前面三项的端语又可以省去,这样又出现了三类:

(a') 名词或代词加"的",如"我的""我哥哥的";

(b') 形容词加"的",如"浅近的""薄薄的";

(c') 动词或动词词组加"的",如"我看的"。

接着,文章分析了唐宋时期"底""地"的用法。文章说:"(a)(c)只用'底',(d)只用'地',但(b)及(b')有底有地。"在(b)及(b')类中,"跟地的大率是重言(xx 或 xyy),或双声,迭韵;跟底的字大率不具备这种形式。这两类词的作用也显然不同:前者的作用在于描写情态,后者的作用在于区别属性。"

祝敏彻(1982)对《朱子语类》中的"地"和"底"作了全面分析,认为"《朱子语类》中的结构助词'底'和'地'的作用截然不同;'地'字结构用作句中的状语、谓语、宾语、补语,'底'字结构用作句中的定语、主语和宾语。两者虽都用作宾语,但'底'字结构充任的宾语和'地'字结构充任的宾语很不一样。"如:"善端虽是方萌,只是昭昭灵灵地",宾语是描写性的;"便都是我底",宾语是判断性的。这个结论大致和吕叔湘(1943)一致。但是,在此文所引的例子中也有"也理会得个昭昭灵灵底"一例,这个"底"的作用和"地"并无不同。

曹广顺(1986)对《祖堂集》中的"底"和"地"作了分析。他按照吕叔湘(1943)的分类,把"底(地)字结构"分为四类:(A)名词+底;(B)形容词+底;(C)动词+底;(D)副词+底(名词、动词、形容词均包括名词、动词、形容词词组)。据统计的结果,《祖堂集》中(A)(C)只用"底",这和吕叔湘(1943)结论一致。但(B)(D)都是"底""地"并用。(B)类共 19 例,其中用"底"者 14 例,用"地"仅 5 例。作定语 1 例,用"底";作谓语 11 例,兼用

"底""地";作状语 7 例,只用"底"。在 xx、xyy、xxyy 几种形式后,"底""地"都可以用。用"底"的例子如:

云嵒曰:"湛湛底。"(4.042.09)
裴相公有一日微微底不安,非久之间便死。(4.136.09)
[洞山]颜色变异,呵呵底笑。(2.015.09)
南风吹来饱鞠鞠底,任你横来竖来十字纵横来也不怕你。(5.094.03)
雪峰告众云:"当当密密底"。(3.047.04)

(D)类也是"底""地"并用,7 例中有 4 例用"底",如:

[云嵒]三度来和尚身边侍立,第三度来,和尚驀底失声便唾。(4.059.08)
师……树下坐,忽底睡着,觉了却归院。(3.066.08)

《祖堂集》中(B)(D)两类,和吕叔湘(1943)所说的不一致。

冯春田(1991)把"底""地"分为两类,一类是结构助词,一类是词尾。两者如何区分,书中没有说明。从所举的例子来看,大致上"结构助词"指的是体词性结构中的"底"或"地","词尾"指的是谓词性结构中的"底"或"地"。吕叔湘(1943)中的(b)类和(d)类的"底""地",在冯春田(1991)中绝大多数归为"词尾"。关于《祖堂集》中的词尾,此书的结论和曹广顺一致:"在《祖堂集》里有'地'和'底'两种书写形式,但大多数作'底'(27 例),少数作'地'(只 6 例)。"并在《祖堂集》以外举了一些 xx、xyy、xxyy 后面跟"底"的例子。在宋元以后,书中所引的词尾的例子绝大部分是"地",只有个别例子是"底"。这和祝敏彻(1982)对《朱子语类》的分析大体一致。不过值得注意的是,冯春田(1991)举了《朱子语类》中如下几个例子:

跃如,是道理活泼泼底发生在面前。(p.1454)
依文按本底做将去,所以为学者事也。(p.1715)
玄,只是深远而至于黑窣窣地处,那便是众妙所在。(p.2995)

可见,《朱子语类》中"底"字结构也可以作状语,"地"字结构也可以作定语。只是这种情况很少罢了。

但是,如果我们看一看"地"和"底"产生初期的情形,就会看到,两者是有较大区别的。

"地"产生得比"底"早。原来认为最早的例子是《世说新语·方正》例,但近来对这个例句提出了不同的看法(见 4.2.3.3)。唐代的例句可举如下一些:

> 我所以益怜阿麽者,常恐暗地杀之。(隋书·房陵王勇传)
> 几时来翠节,特地引红妆。(杜甫《陪柏中丞观宴将士》)
> 杨柳宫前忽地春,在先惊动探春人。(王建《华清宫前柳》)
> 莫愁私地爱王昌,夜夜筝声怨隔墙。(元稹《筝》)
> 当时天子是闲游,今日行人特地愁。(罗隐《汴河》)

都是形容词、副词后面加"地",用作状语。在敦煌变文中的情况也是如此。

而"底"只用在名词或动词后面,构成体词性结构。如:

> 定知帡帽底,仪容似大哥。(朝野佥载,太平广记254引)
> 湜惊美久之,谓同官曰:知无?张底乃我辈一般人,此终是其坐处。(隋唐嘉话)

综上所述,我们可以作如下归纳:"底"和"地"的区别在于:(1)体词性结构中一般用"底"不用"地",特别是名词和代词后面,只能用"底",不能用"地"。(2)谓词性结构中的情况因时代而不同:唐代只用"地",不用"底";五代时"底""地"并用,在有的书(如《祖堂集》)中用"底"还多于用"地";南宋以后,绝大多数写作"地",只有个别例句中写作"底"。

4.2.3.2 关于"底"的来源。

4.2.3.2.1 章炳麟《新方言》:"今人言底言的,凡有三义:在语中者,的即之字;在语末者,若有所指,如云冷的,热的,的即者字。"唐钺《国故新探》也认为"之"和"者"各自变成"底"。

吕叔湘(1943)认为"底"来自"者","者字很早就有兼并之字的趋势,到了某一时期,笔下虽有之和者两个字,口语里已经只有者一个词,它的应用范围不但包括本来的者和之,而且扩展到(a')项即名词代词领格之不继以名词者。这个词后来写作底。"

王力(1958)不同意上述意见。他说:"有的学者以为这种'底'('的')字是从'者'字来的。这种说法遭遇到三重困难:第一,'者'字在上古属鱼部,在中古属麻韵上声,它怎么样变成为'底'[ti]音,很难得到一个满意的解释;第二,'底'('的')字显然是形容词的词尾和定语的语尾。'冷的水'和'冷的'里面的'的'字显然是同一性质的,说成两个来源,缺乏说服力。第三,人称代词后面的'底'('的'),如'你的'、'谁的',并不能译成文言'汝者'、'谁者'。"他认为"底"是从"之"变来的,"'之'的上古音是 tǐə,后来在文言中的演变情况是 tǐə→tɕǐə→tɕi→tʂ1;在白话里的演变应该是 tǐə→tiə→ti。这样就造成一对骈词(doublet),'之'与'底'并存。但是,骈词虽然同出一源,由于各自发展,意义可以分歧。"

王力先生所说的"三重困难",都是应该认真考虑的。

先说第二点。把语中的"的"("底")和语末的"的"("底")说成两个来源,前者来自"之",后者来自"者",这显然是不妥的。

再说第三点。王力先生的意思是说:"底"的有些用法,如在人称代词后面构成"你底""谁底",是文言中的"者"不具备的。其实,不仅如此,"底"放在修饰语和中心语之间(即章炳麟所说的"语中")的用法,也是正统文言中的'者'所不具备的。这种"语中"的"底",相当于文言中的'之',所以章炳麟要认为这种"底"和"语末"的"底"是两个来源。不过,这个问题,在吕叔湘(1943)文中已经谈到。他认为"者"的用法有所发展。在秦汉时"者"字久已有兼并"之"字的趋势,如:

是乃所谓冰解冻释者能乎?(庄子·庚桑楚)
项王怒,将诛定殷者将吏。(史记·陈丞相世家)

到唐宋时,通俗文字中"者"还可以放在名词或代词后面而不继以名词。如:

麦地占他家,竹园皆我者。(寒山 8)
杨贵妃生于蜀,好食荔枝;南海所生,尤胜蜀者。(国史补,上 7)

可见,"你底""谁底"虽然在正统文言中不能译为"汝者""谁者",但在唐宋通俗文中译为"你者""谁者"是可以的("谁者"之例见下)。

但是,王力先生提出的第一重困难:说"者"变成"底",在语音上难以解释。这个问题至今依然存在。正因为有这个问题,所以,后来的研究者提出了各种不同的看法,或是论证"底"来自"之",然后受到"者"的影响;或者是在"之"和"者"之外另找"底"的来源。

4.2.3.2.2 冯春田(1991)进一步论证了唐宋的"者"近于"底",他把唐宋的"者"字结构分为下列几类:

(1)"A者"型,又分为四类。

① A为名词(包括代词)。如:

麦地占他家,竹园皆我者。(寒山诗)
鲁公曰:"涤烦疗渴,所谓茶也。"赞普曰:"我此亦有。"遂命出之,以指曰:"此寿州者,此舒州者,此顾渚者,此蕲门者,此昌明者,此㵲湖者。"(唐国史补,p.66)
关雎恐是乱声,前面者恐有声而无辞。(朱子,p.942)
《书解》谁者最好?莫是东坡书为上否?(同上,p.1986)

② A为序数或数量词。如:

第一者为隽永。(茶经,p.135)
尚书饭白而细,诸人饭黑而粗,呼驿长嗔之曰:"饭何为两种者?"(朝野佥载,p.111)

③ A为形容词。如:

男女五六个,小弱未中使。衣服无人缝,小者肚露地。(王梵志诗,p.184)
好者端的是好,恶者端的是恶。(朱子,p.345)

④ A为动词(包括动词性词组)。如:

隔冰见兵士尸,立者,坐者,莹彻可数。(酉阳杂俎,p.134)

曾被虎伤者,便知得是可畏。(朱子,p.309)

(2)"A 者 M"型,即在"A 者"之后出现名词。在唐五代以前,此型的 A 基本上是动词。如:

奉敕,辄到者官人解现任,凡人决一顿乃至。(朝野金载,p.71)
公既去,而执绋者临轩指吏曰:"问去者处士第几?住何处?"
(虬髯客传)

A 为形容词者极少见。如:

其王崩后,太子二人,大者不恋云花(荣华),山间修道;小者太子丞(承)王宝位,主其天下。(变文补编·悉达太子修道因缘,p.98)

而唐宋时的"底"字结构也有这样一些类型。如:

我说底是我底,终不干汝事。(潭州语录,p.580)
篮里底是什摩?(祖堂集卷一六,南泉和尚)
乞眼睛底是眼不?(同上卷五,云岩和尚)
忽遇不净底作摩生?(同上卷一八,云岩和尚)
只是饮水吃草底汉。(同上卷一六,南泉和尚)
灵利底人难得,作么生是灵利底人?(云门语录,p.559)

只是"底"字结构"A 底 M"有 A 为名词的,如:

师总是下底物总吃却。(祖堂集卷一七,普化和尚)

而"者"字结构"A 者 M"没有 A 为名词的。

冯春田(1991)还认为:"A 者 M"和"A 底 M"都是在"A 者"和"A 底"后面出现名词而形成的,"M"不出现时,"A 者"和"A 底"都能成立。而"A 之 M"是在 A 和 M 之间插进"之"而形成的,"A 之"在结构上不能成立。所以,"底"字结构来源于"者"字结构,"底"和"之"有着性质上的不同。

我认为,冯春田的这种意见是对的。

但是,说"者"近于"底",在语音上还是不好解释。大概是为了解决这个问题,冯春田(1991)提出一个新的看法:"底"取代"者"不是语音变化的结果,而是词汇替换现象,正如同被动句中"被"取代"为"一样。但是,"底"既然不是从"者"变化而来,它的来源又是什么呢?作者受到"个"在近代汉语中既用作指示代词,又用作助词的启发,认为助词"底"应该来源于代词"底"。唐五代时"底"有用作指示代词的,如:

  怜底众生病,餐尝略不厌。(寒山诗,《全唐诗》p.9088)
  会得底人意,须知月色寒。(五灯会元·郢州四禅师,p.325)

在冯春田(2000)中,又对这个问题作了进一步的论述。但作者自己也说:"由指示代词'底(堵)'何以能用作结构助词仍需作出合理的解释。"

  4.2.3.2.3 梅祖麟(1988)力图解决"底"语音上接近"之"而语法上接近"者"的矛盾,提出了自己的看法。

他说:"以前的争论说明,'底'字来源的症结在于音韵和语法之间的矛盾。就音韵来说,中古'底'字的主要元音是个高的 i 或中的 e,'之'字上古元音是 ə,变成'底'比较容易解释。'者'字上古的元音是 a,不太可能变成'底'。但是从'之'、'者'、'底'出现的范围来看,'底'来自'者'这种说法又颇有吸引力。……先秦'之'、'者'出现范围互补,'底'是这两种范围的总合。汉代'者'字范围扩大,比'之'字更像唐宋时代'底'字的用法,于是有些学者认为'底'的来源全部或有一部分是'者'。"

怎样解决这个矛盾呢?他对文献中较早出现的"底"字进行了分析。对于下列两例,他认为从版本看不尽可靠:

  定知帻帽底,仪容似大哥。(朝野佥载,太平广记254引)
  湜惊美久之,谓同官曰:知无?张底乃我辈一般人,此终是其坐处。(隋唐嘉话)[①]

较可靠的文献是《敦煌变文集》和《祖堂集》,前者的写作年代大约是

---

 ① 按:今本《隋唐嘉话》据《顾氏文房小说》本,系据宋本重雕,"构"字缺笔。"张底"条又见曾慥《类说》。《朝野佥载》系从明本《太平广记》辑出。

公元 800—900 年,后者大约是公元 850—1000 年,敦煌变文要比《祖堂集》早半个世纪以上。而《敦煌变文集》中词尾"底"凡 12 见,9 次用于语中。《祖堂集》"底"出现 245 次,语中和语末都有。所以,他的结论是:"'之'字先变成'底'字,用在语中,然后蔓延到'者'字语末的位置。"

梅文对这种过程作了论证。前面说过,吕叔湘先生认为"在秦汉时'者'字久已有兼并'之'字的趋势",举的例子是"项王怒,将诛定殷者将吏"(史记·陈丞相世家)。这种格式不很常见。梅文对这个例句作了分析,认为这种[[VO 者][S]]格式是从[[S][VO 者]](将吏定殷者)变来的,[VO 者]之所以前置,和数量结构的前置有关。而在[[VO 者][S]]格式中的"者"可以和"之"互换,"这就创造了以后'底'和'者'互换的第一步。"以后又出现[V 者 O]的格式,如"十二月生者豚,一宿蒸之。"(齐民要术·养猪),以及[N 者 N]的格式,如"射手叛者斩,亡身及家长者家口没奚官。"(南齐书·张融传)"在这些环境中,'者'、'之'可以互易。当'之'在八、九世纪变成'底'后,[VO 底 S]、[V 底 O]、[N 底 N]继续和[VO 者 S]、[V 者 O]、[N 者 N]通用。[VO 者]和[V 者]既然可以在语末,[VO 底]和[V 底]受了这种语末用法的沾染,也逐渐用在语末。同时因为[V 者]在中古既可以指代动作的施事者,又可以指代动作的对象,[V 底]在这种影响之下也成为可以兼指施事者和对象的名词性结构。以上是产生'底'字语末用法的第一条途径。"

梅文认为产生'底'字语末用法还有第二条途径:由[X 之者]演变为[X 底]。此处从略。

4.2.3.2.4 曹广顺(1999)注意到中古时期的"名词(或代词)+许"和"名词(或代词)+许+名词"中的"许"相当于现代汉语的结构助词"的"。如:

> 此一封书是汝释种摩那摩许,遣我送来。此一封是尼娄驮许,此一封是难提迦许,此一封是拔提迦许,此一封书是难陀许,此一封是阿难陀许,自外诸书各各是彼诸释种子寄与汝来。(佛本行集经,卷二七)

> 犹如童蒙小儿辈,戏于自许粪秽中。(佛本行集经,卷二八)

> 龙王明日现,来与王相见,语王:"王有大恩在,我许女昨行,为人所垂,得王解之。"(旧杂譬喻经下)

> 此诸宫殿,玉女营从,尽是我许。(出曜经)

他认为:结构助词"的"在现代汉语里可以出现在以下6种格式中:
A 名＋的＋名(我的书)　　A' 名＋的(我的)
B 形＋的＋名(新的书)　　B' 形＋的(新的)
C 动＋的＋名(买的书)　　C' 动＋的(买的)

其中A、B、C是古汉语中"之"的功能,B'、C'是古汉语中"者"的功能,A'是中古以后"许"的功能。从功能上看,"的"应该有三个来源:名词前作定语的来自"之",动词、形容词之后的来自"者",名词之后的来自"许"。

4.2.3.2.5 石毓智、李讷(1998)也认为助词"底"由指示代词"底"发展而来,但比冯春田论证得更详细。其主要论点是:

1. 助词"底"产生的动因是量词的发展。唐末宋初,"数＋量＋名"结构已占了优势。受这个力量的影响,语言要求一般修饰语和中心语之间也要有某种语法标记。而此时"之"已经衰退。

2. 助词"底"由指示代词"底"发展而来,指示代词和结构助词有功能相似性。

3. 指示代词"底"语法化的过程是:A.出现在适宜的句法环境中:VP＋(底＋NP)。B.受新数量结构类推力量的影响,重新分析为:(修饰语＋底)＋中心语。

4. "底"和量词的语法功能是平行的:"数＋量"可摆脱中心名词独用,"修饰语＋底"也有同样的用法。

对此,江蓝生(1999)作了很中肯的评论:"尽管石、李两位论证了现代汉语(包括《红楼梦》)指示代词、疑问代词与结构助词在功能上有共性,但是并不是功能上有共性的成分就一定有来源关系,……何况,现代汉语的情况不能代替唐宋时候的情况,要论证唐五代出现的助词'底'源于指示代词、疑问代词的'底',还必须用历史文献资料做具体证明。"

4.2.3.2.6 江蓝生(1999)另辟蹊径,对"底"的来源提出了新的观点:助词"底"源自方位词"底"。

文章从六朝说起,指出六朝时"所""许"有领格用法。

桓公曰:"仁祖是胜我许人。"君章曰:"岂有胜公人而行非者?"(世说新语)

(珊瑚树)如恺许比甚众。(世说新语)

然后又指出,在元代,方位词"根底""行""上"也可用作领格助词。

> 和尚根底寺。(元代白话碑)
> 儿子每行面皮如何见得!(元朝秘史)
> 谁是舅舅上孩儿?(老乞大谚解)

"由此也可以看出方位词'上'与结构助词'的'的对应关系,以及由方位词充任结构助词的可能性。"

文章认为,唐代产生的助词"底"也是由方位词"底"演变来的。文章把下列例句加以比较:

> 河东公张嘉贞为舍人,湜轻之,常呼为"张底"。(隋唐嘉话)
> 有钱石上好,无钱刘下好,士大夫张下好。(全唐诗卷867《选人语》)

认为《选人语》中在姓氏后面方位词表示某姓的人,这跟"张底"的用法相同。

同时,又举出下面的例句,认为句中的"底"既可理解为方位词,又可理解为助词,"从这里我们可以看出方位词'底'转用为助词的可能性。"

> 闲看枕屏风上,不如画底鸳鸯。(王子武《朝中措》)

文章说,当"底"进入了结构助词的领域后,不仅继承了"所""许"的用法,而且还吸收了助词"者""地"的诸多用法,"底"字用法迅速扩大。这是同一系统内部成员之间功能互相沾染的结果。

对江蓝生的看法,冯春田(2000)评论说:"迄今为止,对结构助词'底(的)'的来源问题,论证最有力的还是江蓝生(1999)。"确实,江蓝生(1999)以汉语史上多次出现的从方位词演变为结构助词为背景,来考察"底"的来源,眼光很开阔,思路也很新颖,是一种很有价值的学术见解。

但是,仔细推敲,这里也还有一些可商榷之处。

(1) 六朝的方位词"所""许"用作领格助词,以及元代的方位词"根底""行""上"用作领格助词,说明了方位词有发展为助词的可能,而唐代的助词"底"究竟是否从方位词"底"发展而来,主要还需用唐代的语言事实证明。在这一点上,文章提供的证据还不很充分。文章引用的《选人

语》,原文是这样的:

> 石抱忠检校天官郎中,与侍郎刘奇、张询古同知选。抱志素非静慎,奇久居清平,询古通婚名族。将分铨,时人语曰:有钱石上好,无钱刘下好,士大夫张下好。(出处应为《全唐诗》卷八七六)

《全唐诗》同一卷还有如下材料:

> 知远知选,胥吏肃然敛迹,时人号云:李下无蹊。(时人号李知远语)
> 义典选事,请谒不行。时人又语云:李下无蹊径。(又号李义语)

把三条材料加以对比,可以看出,所谓"石上""刘下""张下",是和"李下"一样的。"李下无蹊"当然是化用"桃李无言,下自成蹊"的典故,但在这里是指"在李那里"。因此,"石上""刘下""张下"的"下",也应是"那里"的意思,和"张底"、"帏帽底"的"底"不是一回事。这一点,其实江蓝生(1998)已经说过:"从 2.4.2 例(6)所举该书'侍郎下,有气力者即存'句可知,'石上、刘下、张下'分别指称姓石、姓刘、姓张的掌选官,'一上'、'一下'均相当于'那里'。"

文章的另一条材料是引王子武《朝中措》,说明方位词'底'可能转用为助词。按:王子武是南宋人,1205 年进士。用南宋时的材料论证唐代"底"的产生,似乎时代晚了一点。

(2) 如果是方位词"底"演变为结构助词,那应该是方位词"底"处在"名+底(+名)"的格式中,然后在这个位置上重新分析为结构助词。但晚唐五代的"底"绝大部分出现在动词后面。《敦煌变文集》中"底"14 例,其中"名+底"3 例,"动+底"3 例,"形+底+名"1 例,"动+底+名"7 例。"名+底+名"未见。《祖堂集》"底"245 例,其中"动+底+名"129 例,"动+底"42 例,"名+底+名"未见("大业底人"有不同理解)。这种"动+底(+名)"的格式中的"底"是不适宜于方位词"底"进入的。当然也可以说方位词"底"先处在"张底""帏帽底"这样的位置上,重新分析为结构助词,然后吸收了"者"的用法,扩展到"动+底"的位置上。但是,要发生重新分析,必须是在某种格式中大量使用之后,而"名+底"的格式,在唐代只有"帏帽底""张底"两例和《敦煌变文集》3 例,"帏帽底""张底"实际上是动宾结构省略动词加"底",《敦煌变文集》中的 3 例,是"上头底""东头底""西头底","上头""东头""西头"本身已是方位词,后面不可能再出现方位词,所以其中的"底"也不可能是由方位词重新分析而成的结构助词。而且,"名+底+名"的格式在唐五代一直没有出现,要到北宋的二程语录才有。如:

> 循性者,马则为马之性,又不作牛底性;牛则为牛之性,又不为马底性。(二程集,卷二)

这也是值得考虑的。

4.2.3.2.7 完权(2013)提出一种看法:"底"的来源是方位词。《说文》:"底,……山居也。一曰下也。"但"底"语法化的环境不是"N 底 N",而是"V 底 N"。方位词"底"为什么能放在"V_N"的位置上呢? 他的解释是:在敦煌变文"修底因"这样的结构中,"因"是"修"的结果,如果以结果为目标体,那么动作便是合适的参照体,这是一个"参照体—目标"结构。"当'修底因'这样的例子出现时,'底'已经从标示方位的功能,进一步虚化出标示隐喻性的时间轴上的方位的功能。一个动作的结果,处于这个动作所占据的时间轴上的尽头,即'底'这个位置。其实质就是标示动作参照体。"然后"底"又迅速泛化,"可以表示任何参照体—目标结构式,这就成为具有完整功能的结构助词。"他的解释可以供参考。

如果把以动作为修饰语,结果为被修饰语的"V_N"结构称为"参照体—目标"结构,那么,这种结构在魏晋南北朝就已存在,如"十二月生者豚"(齐民要术·养猪),"豚"是动作"生"的结果。这种结构还可以变为"V 者",如"适来诵者,是何言偈"(六祖坛经),这个"V 者"和原先的"V 者"不同,原先的"V 者"是动作的发出者,如"言者"是"说话的人",而这种新产生的"V 者"是动作产生的结果,如"诵者"是"诵的偈"。这种结构和敦煌变文中的"修底因""阿姨道底"结构相同,只不过在中古时期,在"V_N"框架中用的不是来源不明的"底",而是大家熟悉的指示代词"者"。如果说这种"者"的作用是转指(见朱德熙 1983),指称动作的结果(豚)或对象(偈),可能大家都比较容易接受。其实,"底"也是指示代词(这是"底"的常见用法,无需论证),也可以说这种"底"的作用是转指。这样解释,比至少比把"底"看作方位词,解释为"处于这个动作所占据的时间轴上的尽头"要容易理解。当然"者"这种用法是上古没有的,是南北朝和初唐时期才有的;那么,是不是可以说:在汉语的历史演变中,老的指示代词"者"产生了新的结构"V者N"和"V者",然后出现词汇替换,由另一个指示代词"底"代替了"者"的位置,于是"生者豚"就变成了"修底因","诵者"就变成了"道底";这样,"底"就从指示代词演变为结构助词。从指示代词演变为结构助词是很常见的语法演变路径,张敏《从类型学看上古汉语定语标记"之"语法化的来源》认为"之"就是从指示代词演变为定语标记的。上面引冯春田(1991)和石毓智、李讷(1998)都认为指示代词"底"演变为结构助词"底"也是这种演变路径。这种意见不是没有道理,但为什么没有成为定论? 主要就是没有充分的语言事实证实这种演变路径。完权的意见恐怕也还需要有更多的语言事实作为根据才能更有说服力。

4.2.3.3 关于"地"的来源。

"地"的来源有不同的看法。

吕叔湘(1943)认为:"地字的来历不明,最早的例子见于《世说新语·方正篇》:

使君如馨地,宁可斗战求胜?

但只有这么一个孤例,下去就要到唐人诗中才有私地,忽地等例。文言里和地字作用相等的是然、尔、如、若等字,自成一系,无演变为地的可能。""者"字间或有很像"地"字的用法,"但这类例子既不多,而者字和地字语音相去颇远,因此,地和者是否有关系,只能存疑。"

关于《世说新语·方正篇》中的例句,汪维辉(1996)有一个解释,认为这个句子应该标点为:

使君,如馨地宁可斗战求胜?

意思是说:"在这样的场合,怎么能以斗战求胜?"冯春田(2000)则认为,"如馨地"的"地"为"境况""状态"义(见下)。照这样解释,这个"地"就不是助词了。这样,结构助词"地"的产生不是在六朝,而是在唐朝。

王力(1958)认为:"'地'字是和'底'字同一来源的。"即都是来于"之"。

太田辰夫(1958)说:"用于副词性修饰语的'的'早先写作'地'。'地'当然是'土地'、'场所'的意思,是转为表示动作或状态存在的环境,用作副词性的修饰语的吧。例如唐代就能见到的'暗地',大概就是'暗的地方'→'在暗的地方'→'暗暗地'这样变化而来的。同样的词有'暗中'、'暗里',但这种'中'或'里'始终没有发达起来。"

这几种意见哪一种对呢?我认为,说"底"和"地"同一来源,是忽略了前面所说的这样一件事实:在唐代,"地"和"底"的用法是有相当大的区别的,而且从目前掌握的材料来看,"地"产生在"底"之前。说"底"来源于"者"(或"之")还有较充分的理由,说唐代的"地"来源于"者"(或"之"),理由就很不充分了。所以,"地"和"底"应该是不同来源的。

曹广顺(1986)认为"底"来源于"者",但也倾向于"底""地"同出一源。"如果诚如《祖堂集》所示,早期'底''地'功能本无对立,'地'只是'底'在部分语法位置上的一个变体,那就应当有理由推论,宋代出现的'底''地'之别,不是来源有异,而只是由于功能不同而产生的分工。"但他后来的看法有所改变。曹广顺(1995)说:"'地'的来源尚不清楚,我们注意到,它的出现要比'底'早一点,唐代例句也比'底'稍多。其早期用例,都是用在动词、形容词、副词之后,作谓语或状语。……从这些情况推测,早期'地'或有另一来源。"

孙锡信(1992)赞同太田辰夫的看法。他认为唐代诗歌中的"私地""忽地""暗地""卓地"等充当状语,已经开始虚化。如:

　　侍女常时教合药,亦闻私地学求仙。(王建诗)
　　画空疑未决,卓地计初成。(张祜诗)①

"但此'地'仍常与'时'、'空'等实词对仗,表明仍带有一定的实义。"到五代末、北宋初虚化为助词。

吴福祥(1996)也赞同太田辰夫的看法,认为:从处所名词虚化为助词是可能的。"许"就是这样的例子。"许"的发展是:处所名词>近指代词>样态助词。所以,"地"也可能从处所名词虚化而来。不过,他对"地"的演变过程没有具体的描写。

冯春田(1991)也倾向于王力先生的意见。后来冯春田(2000)提出了一种新的看法。他认为"地"字结构源自"然"系字结构,"地"和"然"有替代关系。"然"系字是由指示代词义转为助词用法的(般样,表示情状、样

---

① 按:此例"卓地"应为动宾结构,"卓"为"舂捣"义,"地"为"地面"义。

态),"地"也应有类似的发展。"'地'是由它的'境地'义而取其'境况'、'般样'义素而转为谓词结构助词的。"他对"使君如馨地,宁可斗战求胜"的解释是:"使君如此状态,岂可斗战求胜!"而且认为,"早期的被认为助词的'地',很可能尚在某种程度上还带有'地'的'境况''状况'的义素色彩。如:'低颜下色地,故人知善诱。'(杜甫诗)。"

太田辰夫(1958)提出了设想,但论证不够充分。经过上述几位学者的论证,已经是相当有说服力了。

4.2.3.4 "的"的产生。

"的"如何代替"地"和"底",这个问题吕叔湘(1943)已说得很清楚:"的字现在说轻声(并且说 də 不说 di),想来底和地写成的,都已是变轻声以后的事。地字变轻声当在底字变轻声之后,所以《京本通俗小说》等书和元人剧曲里底字几已全作的,而地字仍常见。"

现在见到的"的"字的较早用例,是在北宋:

> 太后亦更喜欢,道与皇帝:"南朝瞰是应副本国也,如有些小的公事,也且休恐恶模样。"(沈括《乙卯入国奏请》)
>
> 学是至广大的事,岂可以迫切之心为之。(二程语录,卷一一)

本 节 参 考 资 料

曹广顺 1986:《〈祖堂集〉中的"底"(地)、"却"(了)、"着"》,《中国语文》第3期。
曹广顺 1987:《试说"快"和"就"在宋代的使用及有关的断代问题》,《中国语文》第4期。
曹广顺 1995:《近代汉语助词》,语文出版社。
曹广顺 1999:《佛本行集经中的"许"和"者"》,《中国语文》第6期。
曹广顺 2000:《试论汉语动态助词的形成过程》,《汉语史研究集刊》第2辑。
曹广顺 2003/2006:《汉语语法史研究中的地域视角》,曹广顺、遇笑容《中古汉语语法史研究》,巴蜀书社。
陈前瑞 2008:《汉语体貌研究的类型学视野》,商务印书馆。
陈前瑞 2009:《"着"字兼表持续和完成用法的发展》,《语法化与语法研究(四)》,商务印书馆。
陈前瑞、孙朝奋 2012:《时体语法化研究的历史脉络》,《汉语史学报》第12辑。
冯春田 1990:《试论结构助词"底(的)"的一些问题》,《中国语文》第6期。
冯春田 1991:《近代汉语语法问题研究》,山东教育出版社。
冯春田 2000:《近代汉语语法研究》,山东教育出版社。

黄晓雪 2015:《南北官话中"了₂"的来源及语法化路径》,*Journal of Chinese Linguistics* 43。
江蓝生 1998:《后置词"行"考辨》,《语文研究》第1期。
江蓝生 1999:《处所词的领格用法与结构助词"的"的由来》,《中国语文》第2期。
蒋绍愚 2001:《〈世说新语〉、〈齐民要术〉、〈洛阳伽蓝记〉、〈贤愚经〉中的"已"、"竟"、"讫"、"毕"》,《语言研究》第1期。
李崇兴 2002:《元典章刑部中的"了"和"讫"》,《语言研究》第4期。
李崇兴 2005:《论元代蒙古语对汉语语法的影响》,《语言研究》第3期。
李崇兴 2008:《元代北方汉语中的语气词》,《历史语言学研究》第1辑。
李　明 2004:《从言语到言语行为——试谈一类词义演变》,《中国语文》第5期。
李　讷、石毓智 1997:《论汉语体标记诞生的机制》,《中国语文》第2期。
吕叔湘 1940/1984:《释您、俺、咱、喒,附论们字》,《汉语语法论文集》(增订本),商务印书馆。
吕叔湘 1943:《论底地之辨及底字的由来》,《汉语语法论文集》(增订本),商务印书馆。
廖名春 1990:《吐鲁番出土文书语词管窥》,《古汉语研究》第1期。
刘勋宁 1985:《现代汉语词尾"了"的来源》,《方言》第2期。
柳士镇 1989:《从语言角度看〈齐民要术〉卷前"杂说"非贾氏所作》,《中国语文》第2期。
梅祖麟 1978:《现代汉语选择问句的来源》,《史语所集刊》第49卷第1期。
梅祖麟 1981:《现代汉语完成貌句式和词尾的来源》,《语言研究》第1期。
梅祖麟 1988:《词尾"底"、"的"的来源》,史语所集刊,第59本第1分。
梅祖麟 1989:《现代方言里虚词"着"字三种用法的来源》,《中国语言学报》第3期。
梅祖麟 1994:《唐代、宋代共同语的语法和现代方言的语法》,《中国境内语言暨语言学》第2期。
梅祖麟 1998:《〈朱子语类〉和休宁话的完成态"着"字》,《语言学论丛》第20辑。
梅祖麟 1999:《先秦两汉的一种完成貌句式》,《中国语文》第3期。
木霁弘 1986:《〈朱子语类〉中的时态助词"了"》,《中国语文》第4期。
潘允中 1982:《汉语语法史概要》,中州书画社。
潘维桂、杨天戈 1980:《敦煌变文和〈景德传灯录〉中"了"字的用法》,《语言论集》第一集,中国人民大学出版社。
石　锓 2000:《浅谈助词"了"语法化过程中的几个问题》,《汉语史研究集刊》第2辑。
石毓智、李讷 1998:《汉语发展史上结构助词的兴替》,《中国社会科学》第6期。
孙朝奋 1997:《再论助词"着"的用法及其来源》,《中国语文》第2期。
孙锡信 1992:《汉语历史语法要略》,复旦大学出版社。
太田辰夫 2003/1958:《中国语历史文法》,蒋绍愚、徐昌华译,北京大学出版社。
汪维辉 1996:《〈世说新语〉"如馨地"再讨论》,《古汉语研究》第3期。

完　权 2013:《结构助词"底"的语法化环境——是"N 底 N"还是"V 底 N"》,《语法化与语法研究(六)》,商务印书馆。
王　力 1958:《汉语史稿》,科学出版社。
魏培泉 2002:《〈祖堂集〉中的助词"了"——兼论现代汉语助词"了"的来源》,《含章化光——戴琏璋先生七十哲诞论文集》。
吴福祥 1996:《敦煌变文语法研究》,岳麓书社。
吴福祥 1998:《重谈"动＋了＋宾"格式的来源和完成体助词"了"的产生》,《中国语文》第 6 期。
吴福祥 2003:《也谈持续体标记"着"的来源》,《汉语史学报》第 4 辑。
杨秀芳 1991:《从历史语法的观点论闽南语"了"及完成貌》,《台大中文学报》第 4 期。
杨秀芳 1992:《从历史语法的观点论闽南语"着"及持续貌》,《汉学研究》10 卷 1 期。
杨永龙 2003:《〈朱子语类〉中"了"的语法化等级》,《语法化与语法研究》,商务印书馆。
杨永龙 2009:《不同的完成貌构式和早期的"了"》,《历史语言学研究》第二辑。
张　鹭 2000:《魏晋南北朝时期"着"字的用法》,《中文学刊》第 2 期。
张　敏 2003:《从类型学看上古汉语定语标记"之"语法化的来源》,《语法化与语法研究(一)》,商务印书馆。
赵金铭 1979:《敦煌变文中所见的"了"和"着"》,《中国语文》第 1 期。
赵金铭 1979:《"的""地"源流考》,《语言教学与研究》第 4 期。
志村良治 1984:《着について》,《中国中世语法史研究》,三冬社。
朱德熙 1983:《自指和转指》,《方言》第 1 期。
朱德熙 1993:《从方言和历史看状态形容词的名词化》,《方言》第 2 期。
祝敏彻 1982:《〈朱子语类〉中"地""底"的语法作用》,《中国语文》第 3 期。
Samuel Hung Nian Cheung 1977: *Perfective Particles in the Bian Wen Language*, Journal of Chinese Linguistics. 5.1.

第三节 述补结构

述补结构的产生与发展,是汉语语法史上的一件大事,它使汉语的表达更加精密了。述补结构产生于什么时代?这个问题不能用一句话来回答,因为述补结构还可以分为几类,各类产生的时代并不相同,其来源也不尽相同。但是无论如何,述补结构的普遍使用是在唐代以后,所以,我们把述补结构的产生和发展作为近代汉语语法的问题来讲。

述补结构的后一成分和宾语不构成支配关系,其语义指向可以是受事、施事或动词。朱德熙先生《语法讲义》把述补结构的补语分为四类:(1)结果补语(看见,长大),(2)趋向补语(进来,出去),(3)状态补语(写得好,写得不好),(4)可能补语(写得好,写不好)。对于这几类述补结构的产生和发展,学术界争论较多的是第(1)和(3)(4)类,现在分别介绍于下。

一 动 结 式

4.3.1.1 "动词+结果补语"所构成的述补结构,我们称之为"动结式"。"动结式"细分又有几类:

Vt+Vi 补语指向受事(打破) 补语指向施事(喝醉) 补语指向动词(收毕)

Vt+A 补语指向受事(填满) 补语指向施事(吃胖) 补语指向动词(收早)

Vi+Vi 补语指向受事(哭裂) 补语指向施事(饿死) 补语指向动词(走完)

Vi+A 补语指向受事(哭湿) 补语指向施事(饿瘦) 补语指向动词(走快)

各小类产生的时代和途径也不尽相同。王力先生所说的"使成式",只包括"打破""填满"(即 Vt+Vi/A,而且补语指向受事)这一类,这一类在动结式中是主要的,下面先讨论这一类述补结构的产生和发展,然后讨论其他的。

关于动结式产生的时代,大致有以下几种不同的看法:

(1) 殷代就产生,或者说先秦产生

周迟明(1958):"使动性复式动词合用式是由词法上的关系发展而成的,大概起源于殷代,……分用式是由句法上的关系发展而成的,大概起于先秦。"前者的例子如《尚书·盘庚》中的"扑灭",后者的例子如《左传·昭公二十一年》中的"城射之殪"。

余健萍(1957)和杨建国(1959)认为是在先秦萌芽。

(2) 产生于汉代

王力(1944):"使成式起于何时,现在未能考定。大约最晚在唐代口语里已经有了"。后来他修改了他的意见。王力(1958):"使成式产生于汉代,逐渐扩展于南北朝,普遍应用于唐代。"

(3) 产生于六朝

志村良治(1984)认为:使成复合动词产生于中古时期(魏晋南北朝到唐末),一部分在中古初期就成为使成复合动词,到唐代普遍使用。梅祖麟(1991)也持这种看法。

(4) 产生于唐代

太田辰夫(1958)认为,使成复合动词至迟是在唐代产生的。

诸家所说的动结式产生的时间差距如此之大,究竟是什么原因呢?原因不在于各人掌握的材料不同,而在于对同样的材料有不同的分析。

4.3.1.2 王力(1958)说得很正确:"我们讨论使成式,首先应该撇开那些似是而非的情况。例如:

挠乱我同盟,倾覆我国家。(左传·成公十三年)

"'挠乱'好像是使成式。但是,我们以为'挠乱'是用同义的词素构成的双音词。《诗经·秦风·小戎》'乱我心曲'〔笺:心曲,心之委曲也〕,其中'乱'用为动词。'挠乱'的'乱',意义和这个'乱'字相仿。又如:

必有事焉而勿正,心勿忘,勿助长也。无若宋人然。宋人有闵其苗之不长而揠〔拔〕之者,芒芒然归。谓其人曰:'今日病矣;予助苗长矣。'其子趋而往视之,苗则槁矣。天下之不助苗长者寡矣。以为无益而舍之者,不耘苗者也;助之长者,揠苗者也。非徒无益,而又害之。(孟子·公孙丑上)

"这里只有一个'助长',其余都是'助苗长'、'助之长'。可见'助长'是省略兼位名词的递系式,而不是使成式。又如:

> 齐襄公使彭生醉拉杀鲁桓公。(史记·郑世家)

"这不是使成式,因为这里'拉杀'两个动词是并列的(拉而杀之),按行为的先后排在一起。"

王力先生这段话很重要,它告诉我们,研究语法史,不应该看表面,而应该作出深入的分析;不应该孤立地看待某些语法现象,而应该把有关的语法现象联系起来进行研究。那种认为在先秦就有使成式的观点,显然是站不住的。

太田(1958)也说:"从现代汉语的语感看来,类似使成复合动词的东西从很古就有,例如:'若火之燎于原,不可向迩,其犹可扑灭'(尚书·盘庚)以及上面所举的《史记·项羽本纪》的'击破'就是这样。但是,初一看感到它们是使成复合动词,是因为在现代汉语中'灭'、'破'的自动词的倾向很强。但是在古代汉语中,'灭'、'破'也可以是他动词。因此,这些例中的'扑灭'、'击破'应该认为是等立的复合动词,而不应该认为是使成复合动词。因此,就出现了这样的情况:完全相同的一个词,在古代汉语中不是使成复合动词,在现代汉语中是使成复合动词。"这话也说得很好,它告诉我们:对于语言史上的现象,不能简单地凭现代汉语的语感来看待,而应当用历史的眼光去分析。

4.3.1.3 但是,原则确定了,具体处理起来还有困难。太田辰夫说,"扑灭"的"灭"和"击破"的"破",在古代汉语中是他动词(比如可以说"灭秦""破燕"),在现代汉语中是自动词,但它们是从什么时候起由他动变为自动的?这就不太容易确定。同样的,为什么《史记》的"拉杀"是两个并列的动词,而"射伤"却是使成式,也不容易说出充分的理由。

为了解决这个问题,太田(1958)找到一个检验的方法:"杀"和"死"两个词意义有类似之点,但"杀"自古至今都是他动,"死"自古至今都是自动。在隋以前,动词后面都用"杀"而不用"死",如:

> 见巨鱼,射杀一鱼。(史记·秦始皇本纪)
> 拔刀刺杀解姊子。(史记·游侠列传)
> 项梁已击杀之。(史记·李斯列传)

>岸崩,尽压杀卧者。(史记·外戚世家)
>打杀长鸣鸡。(读曲歌·乐府诗集)
>此是毒螫物,不可长,我当蹋杀之。(齐谐记)

只有极少数例子用"死",但这些例子缺乏可靠性:

>何意前二师并皆打死。(旌异记·珠林)
>是邻家老黄狗,乃打死之。(幽明录,广记438,但《古小说钩沉》作"杀")

而到了唐代,上述例中用"杀"的地方用"死"的例子就非常多了。例如:

>被蝎螫死。(朝野佥载5)
>独坐堂中,夜被刺死。(同上3)
>为某村王存射死。(闻奇录,广记311)
>律师律师,扑死佛子耶?(开天传信记,广记91)
>主人欲打死之。(广古今五行记,广记91)
>四畔放火烧死。(舜子至孝变文,P.2721)

所以,太田认为,使成复合动词至迟在唐代产生。

太田所采用的方法很值得注意:为了确定在什么时代产生动结式,他努力寻找一个可用以检验的形式标志,这样,就使得对这个问题的讨论有了较为客观的依据。否则,光凭主观的感觉,对于"拉杀""射伤"等究竟是并列的动词还是动结式,往往会一人一个看法,很难讨论清楚的。

不过,太田(1958)对这个问题也有说得不够清楚的地方,容易引起人们误会。人们可以从隋以前的文献资料中找到不少"动词+死"的例子,如:

>减食主父,百日而饿死。(战国策·秦三)
>军吏皆斩死。(史记·秦始皇本纪)
>而六公子戮死于杜。(同上)
>丹降为将军,战死。(汉书·元后传)
>父战死于前,子斗伤于后。(汉书·贾捐之传)

推堕驸马河中溺死。(汉书·苏武传)

就而摣之,明日枯死。(论衡·自然)

这样,太田的论点是否不能成立了呢?其实,这是误解了太田的意思,因为这些例子中的"动词+死"后面都不带宾语,所以仍然可以把它们看作是两个动词并列,即"X而死"。只有当"动词+死"后面带宾语的时候,才不能把它看作是两个动词并列,而必须认为是"动词+补语(死)"。比如,"打死之"就不能看作"打而死之",因为"死"是自动词,不能带宾语(古汉语中有"死之"这样的说法,但是是"为之死"的意思,和一般的动宾关系不一样)。关于这个问题,梅祖麟(1991)论述得更为周密,下面将会谈到。

4.3.1.4 志村良治(1984)把使成复合动词的成立过程归结如下:
① 动词的连续用法
 (a) ○而○之型 射而杀之
 (b) (1)○之○型 射之殪
   (2)○兼语○型 吹我罗裳开
   (3)○宾语○型 始皇无道焚书尽
② 动词的复合用法
 (a) 动词的等立连用   灭尽 尽灭
 (b) 连用动词的惯用化或定型化 灭尽
 (c) 第二音节动词的自动词化 打杀=打死
③ 使成复合动词化
 (a) 语义的等立性的消失   愁杀
 (b) 作为复合词而单词化   愁杀
 (c) 第二音节动词的助动词化 听取

左边的表是书中原有的,右边的例子是根据书中的叙述加上的。第一项"动词的连续用法"留到下面再讨论。第二项"动词的复合用法",就是我们这里要讨论的。志村认为,这种动词的复合用法要放到整个汉语词汇复音化的背景上来考虑,汉语词汇复音化的趋势在六朝时大大加速,志村(1984)列举了从六朝到唐代的二百多个复音动词,如"拔济""吃饱""灭尽""坏烂"等。之所以认为它们是动词的等立连用,是因为在这一时期这些动词往往可以颠倒,如"拔济"也可以说成"济拔","灭尽"也可以说成"尽灭","坏烂"也可以说成"烂坏"。但另一方面,出现了第二音节动词的惯用化,如"尽""坏"经常充当第二音节,可构成"裂坏""破坏""死坏"

"伤坏""烧坏"和"拔尽""除尽""穷尽""索尽""烧尽"等形式。再进一步,就出现了第二音节动词的自动词化。以"动词+死"代替"动词+杀"就是这种趋向。第三项是说由词组变为词。如"愁杀",从语义上看,"愁"和"杀"就不是等立的了;从结构上看,"愁"和"杀"紧密结合,已经是一个词了。因此,可以认定"愁杀"已是使成复合动词。所谓"第二音节的助动词化"指的是像"学取""认取""记取""会取""听取"等的"取"失去了"取得"的原义,只放在动词后面表示动作的持续或完成,变成一个"助动词"了(日本汉学家所说的"助动词",大致相当于通常所说的"动词词尾")。

志村(1984)认为,"愁杀"最早出现在《古诗十九首·去者日已疏》:"白杨多悲风,萧萧愁杀人。"《古诗十九首》一般认为作于东汉末,但最早见于萧统《文选》,所以可以萧统的卒年531年为下限,大致可认为是六朝时期已出现"使成复合动词"。

应该说"愁杀"不是两个动词并用,而是动结式。所以,动结式的出现应是六朝。至于"愁杀"究竟是词组还是复合词,这可以有不同的看法。赵元任把"走的很慢"之类称作"动补结构",把"吃饱"之类称作"动补复合词"。但多数研究者把"吃饱""愁杀"之类也看作述补结构。这是关于词和词组界线的问题,这里不讨论。

4.3.1.5 梅祖麟(1991)对动结式的问题作了进一步的分析。

文章认为:纯粹从理论观点看,"V杀"和"V死"可出现于四种句型:

(甲) 施事者+V杀+受事者

(乙) 受事者+V死

(丙) 施事者+V死+受事者

(丁) 受事者+V杀

但实际上,先秦两汉只有(甲)(乙)两型。(甲)型如:"岸崩,尽压杀卧者。"(史记·外戚世家),(乙)型如:"百余人炭崩尽压死。"(论衡·吉验)。(丙)型在先秦两汉不出现。(甲)(乙)两型是互补的:(甲)型中第二个动词是及物动词,后面出现受事者;(乙)型中的第二个动词是不及物动词,后面不出现受事者。这两种句型中的两个动词都是并列结构,而不是动补结构。

有的学者认为使成式在汉代已经出现,曾举出下列例子,如:

汉王急,推堕孝惠、鲁元车下。(史记·项羽本纪)
乃激怒张仪。(史记·苏秦列传)

射伤郤克,流血至履。(史记·齐太公世家)
二十四年,楚考烈王伐灭鲁。(史记·鲁周公世家)

梅(1991)认为,这些都不是动补结构。因为"灭""伤"等字在先秦都是他动(或使动)用法比自动用法多,而"堕""怒"等字虽然在先秦自动用法比他动(或使动)用法多,但它们在两汉只出现在(甲)型"施事者+复合动词+受事者"中,而不出现在(乙)型"起词+复合动词"中。这说明"堕""怒"等字在复合词中仍是他动(使动)用法,后面需要由宾语撑着。

(丙)型"施事者+V死+受事者"出现的时代是六朝。太田所举《幽明录》:"是邻家老黄狗,乃打死之"虽有异文,但六朝时"愁杀""笑杀"等例却不止一见,如:

妬人之子,愁杀人君有他心。(汉乐府·铙歌)
白杨多悲风,萧萧愁杀人。(古诗十九首第十四)
童男娶寡妇,壮女笑杀人。(乐府诗集·紫骝马歌辞)

这种"杀"的用法同"死",说明"V杀"是被"V死"同化而成动补结构。而且,南朝齐求那毗地译《百喻经》中有"即便以觜啄雌鸽杀"这样的"隔开型"的使成式,南北朝时这种隔开型的使成式有不少,如"当打汝口破""吹我罗裳开"等,其结果补语"破""开"等都是自动词,所以"啄雌鸽杀"的"杀"也是自动词。说明最晚到南朝齐"杀"已被同化而变为自动词。由此推论,在刘宋《幽明录》中出现"打死之"是完全可能的。所以,带结果补语的动补结构出现的时代应是五世纪。

这种(乙)型句中的"他动词+自动词"带了宾语以后,就发展成动补结构(如"打死之"中的"打死"),这是动补结构的来源之一。动补结构的另一来源是(甲)型句中的"他动词+他动词"后一动词由他动变为自动,即"射伤""击败"等在汉代是"他动词+他动词"的动词并列结构,到六朝时变为"他动词+自动词"的动补结构。促成这种变化的有多种因素。一是清浊别义的衰落。如"败"本有清浊两读,读清声母的是他动,读浊声母的是自动。后来清声母一读消失,一律读浊声母;相应的,"击败"的"败"就由原来他动变为自动。二是使动式的衰落,这也使"伤""败"等由他动变为自动。三是五世纪产生的隔开式动补结构的影响。在"当打汝口破""今当打汝两前齿折"等句式中,"坏""破"等都是自动词。受其影响,在当时产生的"打折"等词中,"折"也是自动词。四是东汉时不带宾语的"动＋形"复合词(如"长大""缩小"等)的产生,也会影响西汉时已有的并列结构(如"减轻田租""射伤邰克"等),使其变为动补结构。

总之,先秦两汉时的(甲)(乙)两式中的动词并列词组在六朝时都发生了变化,最后合流而变为动补结构:

（甲）他动词＋他动词＋受事者——→他动词＋自动词＋受事者

（乙）他动词＋自动词＞——→他动词＋自动词＋受事者

梅祖麟(1991)对"V杀"和"V死"的分析比太田更深入,而且把述补结构的产生和同时期其他的语言变化联系起来考察,这种研究方法,是很值得注意的。

4.3.1.6 蒋绍愚(1999)对动结式产生的时代进行了讨论。文章认为,"(1)汉代产生相当多的'V1＋V2(A)',这是汉语的一大发展,但这种形式究竟是动结式还是动词的并用式,还要仔细考察。(2)判断是否动结式,要重视语义,但不能单凭语义。……只有当'V2'自动词化或虚化,或者自动词不再用作使动,和后面的宾语不能构成述宾关系,这才是动结式。"并认为,为了确定动结式产生的时代,要把下列问题综合起来一起考虑:a.使动用法什么时候开始衰微。b.他动词什么时候自动词化。c."V＋O＋C"的形式什么时候开始出现。d.动词词缀"得""却""取"什么时候开始出现。e.动结式的否定形式什么时候开始出现。

根据上述看法,文章对《史记》和《论衡》中一些被认为是述补结构的词组进行了考察。考察的结果是:在《史记》和《论衡》中那些被认为是述补结构的"V1＋V2"(如"V败""V破"等),都有相应的"V1＋N＋V2＋N""V1＋N＋V2＋之""V1＋而＋V2＋之"或者是"V2＋N"等形式,这说明那些"V1＋V2"中的"V2"能和后面的宾语构成述宾关系,所以还不是动结式。

文章中说《史记》《论衡》中的"激怒"不是述补结构,论证得不充分,在这里作进一步论证。

（苏秦）乃激怒张仪,入之于秦。(史记·苏秦列传)

但《史记》在《张仪列传》中记载了同一件事情:

(苏君)以为非君莫能得秦柄,故感怒君。(史记·张仪列传)

"激怒"和"感怒"的结构是一样的;根据现代汉语的语感,可能认为"激怒"是述补结构,但"感怒"肯定不是述补结构,而是"感而怒之"。

《论衡》中也有1例,仍然是说苏秦激怒张仪:

张仪贫贱往归,苏秦座之堂下,食以仆妾之食,数让激怒,欲令相秦。(论衡·答佞)

但《论衡》中"怒"用作使动的共有3例:

怒其猛兽,欲以为乱。(论衡·率性)
非怒王,疾不可治也。(论衡·道虚)
(墨家)其薄葬而又右鬼。……如有知而薄葬之,是怒死人也。(论衡·薄葬)

《论衡》是比较接近口语的。其中《道虚》一例是沿用《吕氏春秋》的说法,其余两例都是王充自己的言辞。可见直到东汉时,"怒"的使动用法还不算很少见。"激怒"的"怒"还应是使动。

所以,如果仅凭现代汉语的语感而断定"激怒"是述补结构,并作为断定述补结构在汉代已经产生的例证,那是不妥当的。当然,我们也不能因为"激怒"不是述补,就断定述补结构在汉代还没有产生。这个问题,下面就要说到。

文章的结论是:"在汉代只是具备了动结式产生的基础,或许有个别的词语已经成了动结式,但总的说来,动结式是在南北朝时产生的。"

4.3.1.7 胡敕瑞(2005)指出:对动结式产生时代的看法不一,主要是判断动结式形成的标准不同。判断动结式的标准应该是什么呢?

他把古代汉语的动词分为三类:(1)典型的自动词,具有"性状"特征。称为"熟"类。(2)典型的他动词,具有"动作"特征。称为"杀类"。(3)兼有自动他动两用的动词,兼具"动作"和"性状"特征。称为"破"类。和动结式关系最密切的是"破"类。"V+破"带宾语,可能是连动式,也可能是动结式。那么,该如何判定呢?文章指出,蒋绍愚(1999)主要是以"破"类词使动用法的逐渐衰减作为判定标准,但是,由于仿古等原因,使动何时衰减不易判断，所以，文章提出，以"破"类的修饰功能逐渐凸显作为判定标准，因为这是新兴用法，容易判断。而且，"破"类动作义的衰减，正是因为其性状义的增强，后者是因，前者是果。文章通过历史文献的考察，得出结论说："东汉以降'破'类词作饰语大量涌现。"因此，"动结式在东汉业已产生，魏晋南北朝得到发展。"

文章比较了《淮南子》《史记》中的"破＋N"和中古时"破＋N"的不同：前者是述宾结构（使动），后者是偏正结构：

  破国 战胜以骄主，破国以尊臣。(《史记·仲尼弟子列传》)
  破国 多少亡家、破国。(姚秦《出曜经》)
  破车 所谓兼国有地者，伏尸数十百万，破车以千百数。(《淮南子·览冥》)
  破车 譬如痴人、破车、迟牛，欲过险道甚难可过。(东晋《大陀罗尼神咒经》)
  破舟 木击折辀，水戾破舟，不怨木石而罪巧拙者，知故不载焉。(淮南子·主术)
  破船 是身如芭蕉树，……是身如破船。(西晋《修行道地经》)
  破石 疾雷破石，阴阳相薄。(《淮南子·说林》)
  破石 此中非如破器、破石故。(姚秦《四分律》)

文章还举出中古"破"作修饰语的例句：

  譬如揄百八爱行，是身为譬如破瓶常漏。(东汉《道地经》)｜时须漫那见佛世尊缝补破衣，心怀欢喜。(吴《撰集百缘经》)｜又见瓶破坏后有破瓦。(后秦《大庄严经论》)｜譬如破金刚犹能灭诸贫困苦。(东晋《大方广佛华严经》)｜即以破瓦，盛着左右。(刘宋《摩诃迦叶度贫母经》)｜臭秽充满，亦如枯井、空城、破村。(刘宋《转女身经》)｜又于岸际见一人乘破船。(《后汉书·东夷列传》)｜有愧于叔达，不能不恨于破甑。(《世说新语·黜免》)

文章还举了"坏""碎""折"的例句，从略。

为什么"破"类词使动用法的逐渐衰减不好作动结式的判定标准，宋亚云(2011)有进一步的说明。他对"破、断、坏、灭"四个动词在唐宋时期的用法作了统计：唐代使动用法维持在20%左右，在宋代仍然维持在13%左右。"可见，它们的使动用法一直没有消失。那么，能不能说动结式到宋代还没有产生呢？显然不能。""动结式的产生不必等到'破'类作格动词的他动用法消失、完全变为自动词之后才产生，合理的说法是：他动词用法开始衰减之时，动结式便开始产生，二者可以共存，两汉至魏晋南北朝时期就是大量共存的关键时期。"文章最后说："从西汉开始，作格动词的自动用法猛增，用于'V1V2'式猛增；从东汉开始，作格动词用于新兼语式增多，做定语增多。把这些因素综合在一起，我们可以保守一点说：至晚在东汉，动结式已经产生了。"

胡敕瑞和宋亚云的文章都是很值得重视的。看来，述补结构产生的时间应提前到东汉。但是，东汉时期哪些是述补，哪些不是述补，还要作具体分析。那么，是不是还可以提前到西汉呢？这就需要根据语料作全面的调查和分析了。

4.3.1.8 魏培泉(2000)分析了中古时期的使成结构，认为有如下几种形式：

甲一式(NP1)＋V1V2＋NP2：吹散其体。
甲二式(NP1)＋V1V2：于祇洹门间煮熟。
乙式(NP1)＋V1＋NP2＋V2：今当打汝前两齿折。
丙式(NP1)＋使(令)＋(NP2)＋V：不能令动。
丁式(NP1)＋V1＋(NP2)＋使(令)＋(NP3)＋V2：拨使开也。

文章认为："一个动词若本为作格动词，到中古汉语时其能否用作甲一式的V2，大致和其使动用法的能产性是平行的。""中古汉语也有真正的不及物动词，……有用作甲二式V2的实例，但未见用作甲一式的V2的。"如："捣细""拭燥"。"甲式能否带宾语，其实是决定于V2的及物性的。""真正的不及物动词顶多只能用作甲二式的V2，而能用作使动词的才能用作甲一式的V2。"文章的结论是："由此可见……甲式能否接受宾语大致决定于V2，并非决定于V1，或者由V1和V2共同决定。如果是这样，那么，中古汉语甲式的中心语应是V2而不是V1，也就是说中古汉语甲式仍为状述式，而不是并列式或述补式。"

文章还分析了述补式的形成过程。"上古汉语是早已有乙式了(如"射之死")，如果乙式对甲式重新分析为述补式是扮演重要的角色，就不容易解释何以在上古汉语中乙式不会促使甲式重新分析为述补式。"

"甲一式的重新分析有可能是从'乾'、'烂'、'焦'、'尽'这类动词开始的。……还有一类动词如'破'、'坏'、'折'、'断'等,……使用用法在中古汉语限制越来越大,……逐渐被分析为述补式。……甲一式一旦都分析为述补式,甲二式受到类化,跟着也都分析为述补式了,同时也可以如甲一式那样接受宾语了。"

文章认为,"中古汉语虽然可能已经有述补式,但是显然仍不流行,至多也还只是处于萌芽的状态。"

我认为,魏培泉(2000)对中古时期使成结构几种形式的分析很详细,对动结式的研究很有价值。但他的"中古汉语甲式仍为状述式,而不是并列式或述补式"的说法尚可商榷。确实,甲一式和甲二式是有区别的,但它们的区别在于演变为动结式的途径和先后的不同,甲一式由连动式"Vt+Vt+宾语"演变而来,这种连动式因为 V1 和 V2 都是及物动词(或使动动词),当然可以带宾语。而到这种连动式重新分析为动结式之后,宾语依然在后面,只是 V2 已经演变为不及物动词(或失去了使动用法),所以和宾语不构成述宾关系了。甲二式由连动式"主语+Vt+Vi"演变而来,根据古汉语的语法规则,后面不能带宾语。这种连动式演变为动结式是受甲一式的影响(也就是魏文所说的"类化"),时间在甲一式之后,而且演变为动结式之后,还要过一段时间才能带宾语。这两种动结式的演变途径及发展先后可用下面的图表来表示。在魏晋南北朝,甲一式述补已较多地出现,而甲二式述补刚开始出现(即下表的第三阶段),它们带宾语的情况会有区别,其区别是由它们的发展途径和发展先后不同而造成的,而不是由它们当时的结构所造成的,也就是说,并不是像魏文所说,甲一式是"V+Vt",所以能带宾语;甲二式是"V+Vi",所以不能带宾语。因此,也不能以此证明它们是状述而不是述补。

V+Vt+O(连动)——V+Vi+O(述补)—— V+Vi+O(述补)——V+Vi+O(述补)

V+Vi+#(连动)——V+Vi+#(连动)—— V+Vi+#(述补)——V+Vi+O(述补)

4.3.1.9 上面说的是判定动结式的普遍标准。太田辰夫曾提出了"V杀/V死"作为动结式的判断标准,这是以某一个词作为判定标准。还有没有类似的标志,可以检验动结式的产生?

蒋绍愚(2004)注意到,"尽"放在动词前还是放在动词后,是有很清楚的时代区分的。在先秦两汉,除了极少几例"V 尽"(并列结构或主谓结构)外,都只说"尽 V"("尽"是状语),而到魏晋南北朝才有"V 尽"("尽"是补语)。下面是"尽 V"和"V 尽"的对比:

尽 V:

越王授有子四人。越王之弟曰豫,欲尽杀之,而为之后。(吕氏春秋·审己)

执齐庆封而尽灭其族。(左传·昭公四年)

知氏尽灭,唯辅氏存焉。(战国策·赵策)

翟人至,及懿公于荣泽,杀之,尽食其肉,独舍其肝。(吕氏春秋·忠廉)

今汉王复兴兵而东,侵人之分,夺人之地,已破三秦,引兵出关,收诸侯之兵以东击楚,其意非尽吞天下者不休。(史记·淮阴侯列传)

杀尉止、子师仆,盗众尽死。(左传·襄公十年)

V 尽:

知彼公时旧臣,都已杀尽,彼臣若在,年几虽老,犹有智策,今已杀尽,岂不天资我也。(宋书·索虏传)

时世无佛,法又灭尽,八关斋文,今不可得。(贤愚经,卷一)

时世有佛,号毘婆尸,般涅盘后,经法灭尽。(贤愚经,卷一二)

未得一豆,先所舍者,鸡鸭食尽。(百喻经 88)

尔昔为王,女时为鬼,以色诳尔,吞尽尔民。(六度集经,卷四)

父母居家,都以死尽。(杂宝藏经,卷二)

显然,"V 尽"是动结式,尤其是下面的例句,"破尽"不可能再理解为连动式"唇齿破而唇齿尽"。这说明动结式在魏晋南北朝时已经产生。

唇齿破尽,不知厌足。(杂宝藏经·卷五)

4.3.1.10 对于分用式(或"隔开式")的动结式,还需要作一些讨论。

王力(1958):"使成式既然是两个词的组合,这两个词就有可能被别的词隔开。"他举的例子是(不全引,下同):

吹欢[情人]罗裳开,动侬含笑容。(子夜四时歌·夏歌)
石角钩衣破,藤枝刺眼新。(杜甫诗)

周迟明(1958)称为"分用式",举的例子是:

城射之殪。(左传·昭公二十一年)

梅祖麟(1991)称为"隔开的使成式",举的例子是:

当打汝口破。(《幽明录》,《太平广记》卷三一九)
春风复多情,吹我罗裳开。(子夜四时歌·春歌)

对于这些"V+O+V"的格式有不同的看法。(1)有的学者认为这不是动结式,而是兼语式。如太田辰夫(1958)认为"当打汝口破"是使役句,志村良治(1984)认为"吹我罗裳开"是递系结构。宋绍年(1994)和梁银峰(2000)称之为"新兼语式"。(2)有的学者认为是述补结构,而且在先秦就有了。如周迟明(1958)认为《左传》中的"城射之殪"就是分用式的动补结构。魏培泉(1999)也说"上古汉语是早已有乙式了(如'射之死')"。

对这些问题,蒋绍愚(2003)进行了讨论。

文章首先列举了一些魏晋南北朝的分用式动结式的例子。如:

以梨打头破喻(百喻经)   目录作"以梨打破头喻"
雄鸽不信,瞋恚而言:"非汝独食,何由减少?"即便以觜啄雌鸽杀。(百喻经)

文章认为:

(1)"打头破"一类的结构是分用式动结式而不是兼语式。

"打头破"一类的结构和兼语式有两点明显的差异:1.兼语式的V2是可以带宾语的(如:令赵王鼓瑟),而"打头破"一类的结构的V2不能带宾语。2.兼语式的V1和V2是先后发生的两个动作,不是同时发生的,

V2 一般晚于 V1(如"止子路宿","宿"晚于"止"),还可以不发生(如赵王可以不鼓瑟)。"兼语式"在本质上是一种连动结构,正因为如此,所以在兼语式的 V2 前面可以插入表时间的副词或连词,如:"公召之而后入。"(左传·昭10)而"打头破"一类的结构 V1 和 V2 是同时发生的,有了 V1 的动作,立即会产生 V2 的结果,V1 和 V2 不是先后发生的两个动作,而是动作和结果的关系;所以在 V2 前面不能插入时间副词或连词,我们没有见过"打头方破""打头而后破"之类的形式。唯一可以插在 V2 前面的副词是"不","打头不破"当然是有的,但"不破"仍然是 V1 的结果,而不是和"打"先后发生的两个动作。所以,"打头破"之类的结构不是兼语式,而是述补结构。

(2) 分用式的动结式不是先秦产生的。

很多学者把"城射之殪"(左传·昭公二十一年)作为分用式的动结式的例子,其实,这类句子《左传》中很多,仔细分析,"射之"后面都应点断,后面的部分应是一个独立的小句。如:

颖考叔取郑伯之旗蝥弧以先登,子都自下射之,颠。(左传·隐公十一年)

公孙丁授公辔而射之,贯臂。子鲜从公。(左传·襄公十四年)

南遗使国人助竖牛以攻诸大库之庭,司宫射之,中目而死。(左传·昭公五年)

癸巳,潘尫之党与养由基蹲甲而射之,彻七札焉。(左传·成公十六年)

豹……抽矢,城射之,殪。张匄抽殳而下,射之,折股;扶伏而去之,折轸;又射之,死。(左传·昭公二十一年)

巢牛臣曰:"吴王勇而轻,若启之,将亲门。我获射之,必殪。"(左传·襄公二十五年)

"城射之殪"一例,如果和后面的"又射之死"联系起来看,"射之"后面必须点断。"又射之死"不能看作兼语式。因为,如果看兼语式,"又"就应该一直管到"死",显然,一个人不能死两次。所以,只能标点为"又射之,死",意思是"又射张匄,张匄死"。既然如此,前面两个"射之 V"也应该同样标点:"城射之,(豹)殪。""射之,(张匄)折股。"《左传·襄 25》一例,"射之"和"殪"之间有个"必"字,显然也只能标点为"我获射之,(吴王)必殪。"所以,把"城射之殪"作为先秦已有分用式的动结式的例证,是站不住的。

还有的学者认为下列句子也是先秦时就已出现的分用式的动结式:

宰夫<u>胹熊蹯不熟</u>。(左传·宣公二年)

冶黄黔(芩)、甘草相半,即以齑膏财足以煎之。<u>煎之沸</u>,即以布足(捉)之,予(抒)其汁。(马王堆汉墓帛书·五十二病方·伤痉)

即令痔者居(踞),……令烟熏直,<u>熏直热</u>,则举之;寒,则下之。(马王堆汉墓帛书·五十二病方·朐痒)

这些是不是分用式的动结式?我们可以用下面的例句来加以对比:

孔子穷乎陈、蔡之间,藜羹不斟,七日不尝粒,昼寝。颜回索米,得而爨之,几熟。(吕氏春秋·任数)

熬菱芰一参,令黄,以淳酒半斗煮之,三沸,止。(马王堆汉墓帛书·五十二病方·干瘙方)

这两句的结构显然不是分用式的动结式,而是和"射之,V"完全一样,应该读作"爨之,(米)几熟"、"煮之,(药)三沸"。对比之下,《左传》例和马王堆帛书《伤痉》例也不是述补结构,而应该读"胹熊蹯,(熊蹯)不熟"、"煎之,(药)沸"。马王堆帛书《朐痒》例也应读作"熏直,(直)热"。如果"熏直热"是分用式的动结式,那么,下文"寒,则下之"就无法解释,因为动结式补语是不能拆开来单独用的,不会有这样的句子:*"吹门开,则入;闭,则出。"

(3)蒋绍愚(2003)还讨论了"打头破"这一类述补结构产生的历史过程。

魏晋南北朝时期经常用作补语的动词有以下一些:破、败、伤、折、断、绝、碎、坏、落、堕。这些动词都含有比较消极的意义,表示战争或刑罚、灾难的结果等。要追溯这些动结式的来源,我们可以从语义表达的角度考察一下,"在战争、刑罚、灾难中,某一个动作施加于对象并产生了消极的结果"这样一种语义,在汉语史上用什么语言形式表达?这可以分为三个阶段。

1. 先秦。用"V+N"(V代表上面所说的一类动词,以"破"为例作统计。下同)。

据不完全的统计,在先秦诸子和《左传》《国语》《战国策》中,这种"破+N"共有 110 多例。同时说出造成"破"的是什么动作的,总共只有《战国策》中的 4 例:

燕攻齐,齐破。(战国策·秦策)
燕因使乐毅大起兵伐齐,破之。(战国策·燕策)
齐因起兵击魏,大破之马陵。(战国策·齐策)
秦始皇(鲍本作"秦昭王")尝使使者遗君王后玉连环,曰:"齐多知,而解此环不?"君王后以示群臣,群臣不知解。君王后引椎椎破之,谢秦使曰:"谨以解矣。"(战国策·齐策)

2. 汉代。仍用"V+N",但"V1(N),V2 之"大大增加。

在《史记》中这一类动词仍然用作使动,构成"V+N"的形式,共 365 例。但同时,在很多句子中,导致这种结果的动词常常同时出现,"V(N),破之"的形式比《战国策》大大增加,共 110 余例,如:

楚击汉军,大破之。(项羽本纪)
项王东击,破之,走彭越。(项羽本纪)
章邯击,大破之。(陈涉世家)

也有"V 而破 N"(仅 1 例):

亚父受玉斗,置之地,拔剑撞而破之。(项羽本纪)

而且出现了先秦极其少见的连动式"V 破 N",共 50 例,如:

章邯击破之。(陈涉世家)
旦日飨士卒,为击破沛公军!(项羽本纪)
闻沛公已定关中,大怒,使黥布等攻破函谷关。(高祖本纪)

在《史记》中的"V1+V2+N"中,因为前面已经有了表示动作的"V1",所以后面的"V2(破)"隐含动作的成分已经减弱,它主要是表达结果(状态)。这也为"V2(破)"发展为结果补语准备了条件。但《史记》中

"V2+N"和"V(N),破之"还很多,说明"V1+V2+N"中的 V2 和 N 仍然构成述宾关系,所以,"V1+V2+N"还是连动式而不是动结式。

在《史记》中只有一处类似"打头破"(百喻经)的结构,而且不是司马迁的手笔,而是褚少孙增补的:

皆叩头,叩头且破,额血流地,色如死灰。(滑稽列传)

3. 魏晋南北朝。出现"V+O+C",如"打头破"。这是分用式的动结式(V+O+C)。

在这种格式中,动作和所造成的结果(状态)清楚地分开了:"打"是动作,"破"是状态;而且,"状态"是作为动作的结果和动作同时出现的,所以它不同于先秦的兼语式,也不同于《滑稽列传》的"叩头且破"。

这种格式的出现,是和"破"的变化有关的。魏晋南北朝,不及物动词"破"的用例已大大增加。在《六度集经》《生经》《贤愚经》《杂宝藏经》《百喻经》《佛本行集经》六部佛典中,带宾语的"破"和不带宾语的"破"的比例为 137∶96＝1.4∶1。这些不带宾语的"破"有些已明显的不是表示动作,而是表示状态:

饭食菜果,其美好者,先以供养其老父母;破败臭秽极不好者,便自食之。(元魏·慧觉等译《贤愚经》卷一)

而且,出现了作定语的"破",这种"破"也不是动作而是状态:

左捉破器,右持折杖,卑言求哀,从人乞丐。(元魏·慧觉等译《贤愚经》卷八)

更值得注意的是:从东汉末年开始,出现了一种"V1+(O)+令/使+V2"的形式,在魏晋南北朝也经常使用。如:

发,拨也,拨使开也。(释名·释言语)
饰,拭也,物秽者拭其上使明也。(同上)
檀,坦也,摩之令坦然平也。(释名·释用器)
脍,会也,细切肉令散……(释名·释饮食)

贮汁于盆中,搦黍令破,泻着瓮中。(齐民要术·造神曲并酒)

七日许,搦令破,漉去滓。(齐民要术·笨曲并酒)

打尊者音头令破,血流污面。(晋·僧伽提婆《中阿含经》卷三〇)

取彼罪人,嚼之令破,碎末如沙,然后食之。(元魏·菩提流支《正法念处经》卷一)

显然,这种形式中的"V2"是表示状态,而且是和动作"V1"分开表达的。这种形式的出现,清楚地表明在当时的语言运用中,"破"可以表示一种状态,和动作分开表达了。只有在这种背景下,"V+O+C"的结构才有可能出现。

4.3.1.11 上面是关于"打头破"之类结构的性质和产生过程的讨论。下面讨论分用式的动结式"V+O+C"的形成途径,以及它和合用式的动结式"V+C+O"的关系。

余志鸿(1984)认为:"V+O+C"和"V+C+O"都是由连动式"V1+O1+V2+O2"(O1=O2)裁减而来的:

$$\text{"V}_1\text{+O}_1\text{+V}_2\text{+O}_2\text{"(O}_1\text{=O}_2\text{)} \begin{cases} \text{顺裁:V}_1\text{+O+V}_2 \\ \text{逆裁:V}_1\text{+V}_2\text{+O} \end{cases}$$

"不管从传达思想的角度,还是从语法裁减理论考虑,顺裁无论如何得比逆裁早。也就是说应先有'V$_及$ OV$_{不及}$'式,而后才有'V$_及$ V$_{不及}$O'式。"

这种看法还值得商榷。

"V+C+O"可以说是"逆裁"而来的。但"V+O+C"形成的途径却未必都是"顺裁"。蒋绍愚(2003)认为"V+O+C"形成的途径是:

1. 如果"V1+N+V2"中的 V2 是一个不及物动词,像"打头破"中的"破"那样,那么,它的形成途径应该是:

a."V1+N,N+V2"——b."V1+N,(N+)V2"——c."V1+N+V2"

例如:

a."攻齐,齐破"(战国策)——b."叩头且(头)破"(史记)——c."打头破"(百喻经)

从 a 到 b,后面不及物动词的主语 N 因为和前面的 N 相同而省去,这是完全可能的。我们在《左传》中就看到不少"射之,死"之类的形式。从 b 到 c,再去掉"V1＋N"和"V2"之间的停顿,这也是完全可能的,《孟子》的"助之长"会给这种变化一定的影响。

2. 如果"V1＋N＋V2"中的 V2 是一个及物动词,像"啄雌鸽杀"的"杀"那样,那么,它的形成途径应该是:

a."V1＋N,V2＋之"——b."V1＋N,V2(＋之)"——c."V1＋N＋V2"

a 的例子如:

自门间射阳越,杀之。(左传·定8)
以杖打父杀之。(元魏·慧觉等译《贤愚经》卷一)

b 的例子如:

不识恩者欲以大石打龟头杀。诸商人言:"我等蒙龟济难活命,杀之不祥。"(元魏·吉迦夜共昙曜译《杂宝藏经》卷三)
阿闍世王闻,极大瞋恚,即以剑轮斩腰而杀。……阿闍世王斩其腰杀。(同上,卷五)

c 的例子就是《百喻经》的"啄雌鸽殺"。当然,应该说明,"啄雌鸽殺"的"杀"和 a、b 中的"杀"不同,语义已经有了变化。

第 2 种途径可以说是"顺裁"。第 1 种途径不是,而且这种途径形成的"V＋O＋C"占大多数。

再说形成的时间。从语言事实来看,无法证明"V＋O＋C"比"V＋C＋O"产生得早。如果不分是连动式还是动结式,只说"顺裁"和"逆裁",那么,应该说"逆裁"比"顺裁"早。如:《史记》中的"楚击汉军,大破之"——"章邯击破之",就是"逆裁",而"顺裁"的"打头破"直到魏晋南北朝才出现。至于先秦两汉的兼语式是不能算"顺裁"的,因为兼语式的"V1＋N＋V2"中的两个动词不是同一个宾语。

那么,"V＋O＋C"和"V＋C＋O"有没有关系呢?

从来源上看,两者没有关系。"V＋C＋O"的来源很清楚,是从连动式"V1＋V2＋O"演变来的。"V＋O＋C"的来源,上面已经说过,大多数是从"V1＋N,N＋V2"而来的。两者不是一个来源。两者在形成的过程中,也说不上谁影响谁。到宋代以后,"V＋O＋C"逐渐消失,最后动结式都归并为"V＋C＋O"一种形式,那是后来的事。在动结式的形成时期,这两种格式的关系只有一点可说:前面说过,孤立地看,"V1＋V2＋O"究竟是连动式还是动结式不大好判断,其关键在于 V2 究竟是及物还是不及物、是使动还是非使动不好判断。但从整体看,既然魏晋南北朝时已经出现了"V＋O＋C"(如"打头破"),那就说明"破"类动词已经成为表性状的不及物动词。还有,当时大量出现的"V1＋(O)＋令/使＋V2"(如"搦黍令破")的形式,也说明"破"类动词已经成为表性状的不及物动词。这样,就可以判断,当时"V1＋V2＋O"中的 V2("破"类动词)已经不再和 O 构成述宾关系,因此,动结式"V＋C＋O"已经产生。

赵长才(2010)对"打头破"和"啄雌鸽杀"之类结构的产生有不同的看法,认为这两种结构中的"破"和"杀""不是一开始便以不及物动词的身份进入格式中的,而是以及物动词的身份进入的","都是在连动式的句法框架中再进一步语法化的。"可以参看。

4.3.1.12 上面讨论的"打头破"之类的动结式,只是分用式的动结式的一种。蒋绍愚(2003)认为,魏晋南北朝时期的 VOC 按照其 V 的及物与否以及 C 的语义指向的不同,可分为几类,其来源和产生时间,以及和 VCO 的关系也各不相同。

    A. 打头破(百喻经)　　　　C 指向 O。
    B. 还主人竟(杂宝藏经)　　C 指向 V,表完成。
    C. 读偈不得(佛本行集经)　C 指向 V,表可能。(以上 V 均为及物)
    D. 哭城颓(懊侬歌)　　　　C 指向 O,V 不及物。

文章对 B、C、D 三类也进行了讨论,此处从略。

二　带"得"的述补结构

带状态补语的述补结构和带可能补语的述补结构在动词和补语之间

都有"得"字（可能补语的否定式没有"得"字），而且这两种述补结构关系很密切，我们把它们放在一起讨论。

4.3.2.1 王力（1958）把这种述补结构中的"得"看作词尾，认为词尾"得"来自动词"得"。从汉代开始，"得"就可以放在动词后面，如：

民采得日重五铢之金。（论衡·讲瑞）

"得"后置以后，又产生"达成"的意义，成为倒装的"能"。如：

苍天变化谁料得？万事反覆何所无？（杜甫《杜鹃行》）

到唐代，"得"虚化为词尾。一是作递系句的动词词尾，如：

旗下依依认得真。（季布骂阵词文）

一是作为紧缩句的动词词尾。如：

太子既生之下，感得九龙吐水，沐浴一身。（大目乾连冥间救母）

到宋代，"得"又可以作能愿式中的动词词尾，如：

若不融，一句只是一句在肚里，如何发得出来？（朱子语类·四纂，卷二）

王力（1958）说："这三种性质的动词词尾'得'字是同一来源的，就是由原来的'获得'意义转化为'达成'，由'达成'的意义更进一步的虚化，而成为动词的词尾。它作为递系式和紧缩式的动词词尾的时候，是表示造成某种情况。……当它作为能愿式的动词词尾的时候，是表示达到某种目的。因为递系式和能愿式的词尾'得'是同源的，所以能用同一的结构形式。"在《汉语语法史》中，王力先生把"递系句的动词词尾"称为"词尾'得'引进形容词或形容词性的补语"，把"紧缩句的动词词尾"称为"词尾'得'引进表示动作结果的补语"。这两种也就是我们所说的带状态补语的述补结构中的"得"。《汉语语法史》又把"能愿式中的动词词尾"称为

"在使成式中插进一个'得'字,表示'能够'",这就是我们所说的带可能补语的述补结构中的"得"。王力先生认为它们是同源的。

4.3.2.2 祝敏彻(1960)、杨建国(1959)、岳俊发(1984)持另一种意见。他们认为古代汉语中有两个"得",一是表"获得"的"得",一是表可能的"得"。由前一个"得"沿着第一条道路虚化,就产生了结果补语(或称为情态补语)"得"字句;由后一个"得"沿着第二条道路虚化,就产生可能补语(或称"可能式")"得"字句。下面简单介绍岳俊发(1984)的有关论述。

岳俊发(1984)认为:

(一)"获得"的"得"在东汉末在"V 得 O"式中开始变化,由"获得"变为表示动作的完成。如:

先嫁得府吏,后嫁得郎君。(焦仲卿妻)

到南北朝时,又可以在表完成的"得"后面补上一种描写性质的成分,构成"动—得—动/形/主谓"的格式,产生了情态补语句。如:

平子饶力,争得脱,逾窗而走。(世说新语·规箴)
清泉洗得洁,翠霭侵来绿。(皮日休《樵担》)
别来老大苦修道,炼得离心成死灰。(白居易《梦旧》)

(二)"可能"的"得"在东汉也可以放在动词之后,如:

今壹受诏如此,且使妾摇手不得。(汉书·外戚传·孝成许皇后)
击鼓之人,[诚]如何耳;使诚若申包胥,一人击得。(论衡·顺鼓)

到南北朝,表可能的"得"也可以构成"V 得 O",如:

留宿此,必致得君母之患。(搜神记,稗海本卷七)

到唐代,在表可能的"得"后面补述一种表结果或趋向的成分,构成"动—得—动/形"的格式,产生了肯定可能式"得"字句。如:

气象四时清,无人画得成。(方干《处州洞溪》)

秦吴只恐蒭来近,刘项真能酿得平。(皮日休《奉和鲁望看压新醅》)

会待路宁归得去,酒楼渔浦重相期。(郑准《寄进士崔鲁范》)

4.3.2.3 下面来讨论这两种看法。

(1) 状态补语结构中的"得"是由表"获得"义的动词"得"虚化而来,这一点没有不同意见。但王力(1958)只是说其虚化过程是"得"由"获得"义转化为"达成"义,然后虚化为词尾"得"(即我们所说的状态补语结构中的"得"),而没有举出表达成的"得"的例子。表达成的"得"较早的例句有哪些呢?

岳俊发举的《焦仲卿妻》例时代有争议(有人认为《焦仲卿妻》是六朝时的作品),应当排除。蒋绍愚(1994)举一个《论衡》中的例句:

假使尧时天地相近,尧射得之,犹不能伤日。(论衡·感虚)

但蒋绍愚(1999)否定了这个例子。因为,这个例句的上下文是这样的:

天之去人,以万里数,尧上射之,安能得日?使尧之时天地相近,不过百步,则尧射之,矢能及之;过百步,不能得也。假使尧时天地相近,尧射得之,犹不能伤日。(论衡·感虚)

很显然,"安能得日"和"不能得也"中的"得"都是动词,大致相当于"及"的意思,而"尧射得之"的"得"也一样,"射得之"应是"射而得(及)之"之意,"得"并没有虚化。

下面的例子才是表达成的"得":

值祥私起,空研得被。(世说新语·德行)
嫁得长安少年。(玉台新咏·庾信《怨诗》)

附带应该说明,岳文所举《世说新语》"争得脱"例,应该理解为"争(而)得脱",所以不属于"V 得 C"型,在讨论时应该排除。

(2) 有争论的是可能补语结构中的"得",以及可能补语结构的产生途径。对这个问题,又可以分两步加以讨论。

(2a) 可能补语结构中的"得"是不是由古代汉语中表示可能的"得"发展而来的?

我认为,汉代的"VO 不得"和"V 不得"中的"得",就是表可能的"得"。"VO 不得"的例已见前引(《汉书》中的"使妾摇手不得"),"V 不得"的例子如:

> 古制宽,大臣有隐退,今去不得。(汉书·龚遂传)

这种格式来自先秦和西汉的下列格式:

> 欲罢不能。(论语·子罕)
> 先王之使其民,若御良马,轻任新节,欲走不得,故致千里。(吕氏春秋·适威)
> 主父欲出不得,又不得食,探爵鷇而食之。(史记·赵世家)

这种格式可以读作"欲 V 而不得(能)V",后一动词因重复而删除,中间的"而"也删除,就成了"欲 V 不得(能)",表示想做某事而不能够。"想做某事"的意思可以用"欲"表示,也可以通过语境来表示,如果用后一种表示法,就成了"去不得"、"摇手不得"。

和"V(O)不得"相应的肯定形式是"V 得(O)"。但太田辰夫(1958)认为这两者未必出于同一来源。他说:

"置于动词之后的'不得'表示不可能的比置于动词之后表示可能的要用得早。这是因为后助动词的'不得'实际上是从助动词转化而来的,一开始就具有可能的意思(与之相反,由于后助动词'得'是从'获得'意义的动词发展而来的,转变到可能的意思需要时间)。带宾语的时候,古代是宾语置于'不得'的前面的。这也暗示'不得'原来是助动词。"如:

> 吾不自知,代汝迷不得;汝若自见,代得吾迷。(六祖坛经,S377)

这一观察是非常细致的。确实,表不可能的"VO 不得"是从"欲走(而)不得(走)"演变而来的,所以"不得"在"VO"后面;"不得"原来就是能性助动词。而表可能的"V 得 O"是从表获得的"V 得 O"(探得赵王阴事)——表达成的"V得O"(空斫得被)——表可能的"V得O"(代得汝迷)这样演变而来,所以"得"在"VO"中间;"得"是从动词发展来的。如果说"V得O"的"得"是能性的"得",那么就会遇到一个困难:能性的"不得"在古代汉语中就可以放在动词后面,而能性的"得"是从来不放在动词后面的,怎么会从动词前移到动词后呢?

起初,表达成的"V得O"和表可能的"V得O"的区别只在于它们所处的语境。"V得O"如果出现在表已然的语境中,它就表示达成;如果出现在表未然或假设的语境中,它就表示可能。前面所引表示可能的"留宿此,必救得君母之患"都是在表示假设的语境中,如果改为表已然的语境,"得"就是"达成"之意。杨平(1989)所举的例子也很好地说明了这一点:

只今吃饭成火,吃水成火,如何救得阿娘火难之苦。(敦煌变文集,743页)

蒙世尊慈悲,救得阿娘火难之苦。(敦煌变文集,743页)

所以,应该说表可能的"V得O"中的"得"是由表达成的"得"发展而来的。到后来,这种发展已经定型,"V得O"就可以脱离语境来表示可能了。如:

迎儿……劈得柴,打得水,会吃饭,能窝屎。(清平山堂话本·简帖和尚)

然后,由这种表可能的"V得O"类推,后来也产生了"V不得O"。如:

禁止不得泪,忍管不得闷。(山谷词,吕叔湘1944引)

这种"不得"就不是表可能的"不得"后置而成的,而是由表达成的"(不)得"发展而来的了。

总之,应该说,只有在"VO不得"中的"得"是由表能愿动词"得"后置而来的,其他表可能的"V得(O)"和"V不得(O)"中的"得",都是由"获得—达成—可能"发展而来的。从历史发展来看,"V得C"(状态补语结构和可能补语结构)中的"得"和"V得(O)"中的"得"是同一来源,所以,"V得C"中的"得"也是由"获得"义的"得"发展来的,而不是由"可能"义的"得"发展来的。

(2b) 是不是在"V 得"后面加上描写性成分就成了状态补语结构,在"V 得"后面加上一种表结果或趋向的成分就成了可能补语结构?

从现代汉语来看,这个说法大致不错。"满头大汗"、"很远"是描写性成分,"累得满头大汗"和"走得很远"就是状态补语结构;"成"是表结果的动词,"来"是表趋向的动词,"做得成"和"进得来"就是可能补语结构。但在近代汉语中是否也如此呢?

在近代汉语中,"V 得"后面带主谓结构或有副词修饰的形容词必然是状态补语结构,这一点没有问题。如:

照得深红作浅红。(皮日休诗)
说屋子住得恰好,必是小狭。(义山杂纂)

但是,在"V 得"后面带表结果或趋向的动词,却未必是可能补语结构。如:

十三学得琵琶成。(白居易《琵琶行》)
师曰:"还将得游山杖来不?"对曰:"不将得来。"师曰:"若不将来,空来何益?"(祖堂集,卷五)

这两个例子是叙述已然的事情,所以"V 得 C"并不表示可能而仍表示结果或趋向的达成。同样的结构如果用在未然或假设的语境中,"V 得 C"就有表示可能的意义了。如:

烧得药成须寄我。(姚合《送张齐物主簿赴内乡》)

可见,在最初的时候"V 得"后面加表示结果或趋向的动词,或是表示达成,或是表示可能,这是由语境决定的。而且,仔细分析一下姚合的诗句,可以看到,其确切的意义不是说"你能烧成药须寄给我",而是"你烧成了药须寄给我",所以,"得"字仍是表示达成的。

拿这种表示结果或趋向达成的"V 得 C"和结果补语结构、趋向补语结构"VC"比较,可以看出,它们所表达的意思是很相近的。例如:

两瓶箸下新开得,一曲霓裳初教成。(白居易《湖上招客送春泛舟》)

　　清弦脆管纤纤手,教得霓裳一曲成。(白居易《霓裳羽衣歌》)

两个句子几乎完全一样,只不过"教得成"更强调了结果的达成。再如上举《祖堂集》卷五例,前面说"不将得来",后面说"(若)不将来",意思也基本一样。同样的,加"得"只是更强调了这一动作趋向的达成。

这样一种带"得"的表示动作结果或动作趋向的"V得C",在现代汉语中消失了。消失的原因,也许就因为它和表示结果或趋向的"VC"太接近,因而成了一种多余的格式。在这种"V得C"消失之后,"V得C"(C是表示结果或趋向的动词),在现代汉语中就只表示可能了。于是形成了现代汉语这样一种分布:

1. V得+主谓结构/带修饰语的形容词:状态补语结构。
2. V得+表示结果或趋向的动词:可能补语结构。

只有"V得+单纯形容词"才是有歧义的:既可以是状态结构补语,也可以是可能结构补语。因为单纯形容词(如"好""干净"之类)既可表示某种状态,也可表示某种结果,所以跟在"V得"后面,既可进入1类,又可进入2类。

4.3.2.4 下面再看"V得C"的否定式。在现代汉语中,表状态的"V得C"的否定式是"V得不C",表可能的"V得C"的否定式是"V不C"。这两者的区分很清楚。但在近代汉语时期,情况有所不同。

1. 作为"V得OC"的否定式的,不但有"V不OC",而且有"V不得OC",如"吃不得这酒成"(警世通言·崔待诏生死冤家)。但这种例子很少。

2. 早期的一些"V不C"并不表示不可能,而是表示某种结果没有达成。如:

　　幽鸟飞不远,此行千里间。(贾岛《石门陂留辞从叔蕃》)

　　释迦如来在灵山会上四十九年说不到底句,今夜某甲不避著耻与尊者共谈。(祖堂集,卷五)

如果用现代汉语表达,第一句应说成"飞得不远",第二句应说成"没有说到"。可见,在最初时否定式和肯定式一样,表结果和表可能常常是不分的①。

但在现代汉语中,"V 不 C"只用来作为可能补语结构的否定式了。其原因,大概在于结果补语结构的否定式(表示某一动作没有产生某一结果)和可能补语结构的否定式(表示某一动作不能产生某一结果)之间差别较小。如:

碑楼功绩大。卒拽不倒。(李相国论事集,卷一)

这句话的意思可以是"没有拽倒",也可以是"不能拽倒";但无论是哪一种意思,说的是同一个事实:碑楼仍然立着。肯定式的"V 得 C"就不同了:表结果的"拽得倒",说的是碑楼不立着了;表可能的"拽得倒",说的是碑楼能拽倒,但现在仍立着。所以,如果说初期的"V 得 C"要靠语境来区分究竟是表结果还是表可能的话,那么,初期的"V 不 C"有时靠语境也难以区分究竟是表结果还是表可能。正因为如此,所以后来"V 不 C"全用来表可能,是很自然的事情。

"V 得不 C"出现得较晚,大约是在宋代。如:

只是见得不完全,见得不的确。(朱子语类,卷九)

"不完全"和"颇完全""很完全"一样,是一种状态。"见得不完全"也和"见得颇完全""见得很完全"一样,是表示某种状态的达成。所以,"V 得不 C"从一开始就是状态补语结构的否定式,而不是可能补语结构的否定式,这也是很自然的。

这样,经过历史的发展,"V 不 C"和"V 得不 C"也形成了现代汉语中这种互补的局面。

蒋绍愚(1995)从现代汉语中述补结构不对称的现象入手,讨论了这种不对称形成的历史原因,并运用内部构拟法探讨了近代汉语述补结构的格局,可以参看。

4.3.2.5 对于"V 得 C"中的"得"的来源,学术界有一些讨论。

---

① 吕叔湘(1944)说:"V 不 C"和"VO 不 C"中的"不","语其由来,未必为得字之省略,盖旧来自有此种句法,如'呼之不去,挥之不来',惟本用于表实际之结果者,今用以表悬想之可能而已"。据此,则"V 不 C"本是表结果的。

刘承慧(2002)认为,"唐宋结果'得'字式主要由中古两种'得'字词组合并产生。"一种是"V得",这个"得"由动词"得"的"获得/领得"义或"及/到"义虚化而来。一种是"得X"(包括"得＋V(NP)"和"得＋S"),这个"得"原是"受得"义,如:

郗嘉宾得人以己比苻坚,大喜。(世说新语·企羡)

这种"得X"可以和前行动词组共同表示因果关系,如:

众生之类或有盲者,闻此华香,即得见色。(悲华经)

也可以和使令动词共现,表示所得或所受之结果。如:

诸故秦苑囿园池皆令人得田之。(史记·高祖本纪)
何故使父与弟得成杀己之恶。(论衡·知实)

由于长期共现,南北朝的译经中"令""得"可以混用,"得"可以充当使令标记。如:

将身一切无价璎珞脱持施与耶输陀罗,不能令彼心生欢喜。(佛本行集经)
须药疗者悉皆与之,而不能得彼辟支佛身病损差。(同上)

在南北朝晚期,这种"得X"和前行动词合为"V得X"。如:

如是百数不可尽,口业不可说得穷。(佛本行集经)

赵长才(2002)认为,"V得C"的来源有二:(1)由"达成"义"得"语法化而来。(2)由"致使"义"得"语法化而来。即:"魏晋六朝时期,'得'具有'使、令'义用法和功能,唐代'得'以'致使'义动词的身份进入到两个谓词性成分之间的句法位置,形成'V得VP'格式。之后,'得'在该句法位置上进一步虚化成结构助词,原为连谓结构的'V得VP'也就演变为述补结构'V得C'。"

他举的"得"具有"使、令"义用法和功能的例子如：

> 诗名占得风流在，酒兴催教运祚亡。（全唐诗·徐振《雷塘》）
> 地脉尚能缩得短，人年岂不展教长。（全唐诗·吕岩《七言》）
> 人间医药实难量，先且寻求要好方，奉佛永交增福利，献僧长得灭灾殃。（敦煌变文集·妙法莲华经讲经文）

他所说的"V 得 VP"格式如：

> 姜女自雹哭黄天，只恨贤夫亡太早。妇人决列（烈）感山河，大哭即得长城倒。（敦煌变文集·孟姜女变文）
> 治国四年，感得景龙应瑞，赤雀衔（衔）书，芝草并生，嘉和（禾）合秀。（敦煌变文集·伍子胥变文）

由这种"V 得 VP"发展成的"V 得 C"如：

> 芳情香思知多少，恼得山僧悔出家。（全唐诗·白居易《题灵隐寺》）

刘子瑜（2003）对赵文提出异议，文章认为：
(1)赵文所说的有"使令"义的"得"其实和"教"有本质的不同。(2)语言事实显示，赵文所说的连谓性"V 得 VP"结构基本不存在，他所举的例子并不是"V 得 VP"结构。从赵文所举例证看，他所说的"致使"义"得"所出现的句法环境并不能提供重新分析和语法化的前提。(3)他所说的由"达成"义发展来的"V 得 C"和由"致使"义发展来的"V 得 C"往往难以分清。之所以分不清，原因就在于它们本来是同源的，都是从"达成"发展而来。

这些问题还可以进一步讨论。

从本节的内容可以看到，述补结构的问题和动词的及物、不及物，和作格动词的历史发展都有很密切的关系。这些问题主要是上古汉语和中古汉语研究的问题，本书主要是谈近代汉语的研究，所以无法展开讨论。我有两篇论文《先秦汉语的动宾关系和及物性》和《上古汉语的作格动词》谈到这些问题。列在本节的参考文献中，可以参考。

本节参考资料

冯胜利2002:《汉语动补结构来源的句法分析》,《语言学论丛》第26辑。
洪　波 2003:《使动形态的消亡与动结式的语法化》,《语法化与语法研究(四)》,商务印书馆。
胡敕瑞 2005:《动结式的早期形式及其判定标准》,《中国语文》第3期。
蒋绍愚 1995:《内部构拟法在近代汉语语法研究中的运用》,《中国语文》第3期。
蒋绍愚 1999:《汉语动结式产生的时代》,《国学研究》第6辑。
蒋绍愚 2003:《魏晋南北朝的"述宾补"式述补结构》,《国学研究》第12辑。
蒋绍愚 2004:《从"尽V—V尽"和"误V/错V—V错"看述补结构的形成》,《语言暨语言学》第五卷第三期。
蒋绍愚 2013:《先秦汉语的动宾关系和及物性》,《中国语言学集刊》第七卷第二期。
蒋绍愚 2017:《上古汉语的作格动词》,《历史语言学研究》第11辑。
李　讷、石毓智 1999:《汉语动补结构的发展与汉语语法结构的嬗变》,《中国语言学论丛》第2辑。
李思明 1992:《晚唐以来可能性动补结构中宾语位置的发展变化》,《古汉语研究》第4期。
梁银峰 2001:《先秦汉语的新兼语式——兼谈结果补语的来源》,《中国语文》第4期。
梁银峰 2006:《汉语动补结构的产生与演变》,学林出版社。
刘承慧 1999:《论使成式的来源及其成因》,《国学研究》第6辑。
刘承慧 2002:《汉语动补结构历史发展》,瀚芦图书出版有限公司。
刘　利 1992:《〈祖堂集〉动词补语管窥》,《徐州师范学院学报》第3期。
刘子瑜 2003:《关于〈结构助词"得"的来源及"V得C"述补结构的形成〉一文的几点疑问》,《中国语文》第3期。
吕叔湘 1944:《与动词后"得"与"不"有关之词序问题》,《汉语语法论文集》(增订本),商务印书馆,1984。
梅祖麟 1991:《从汉代的"动杀"和"动死"来看述补结构的发展》,《语言学论丛》第16辑。
潘允中 1980:《汉语述补结构的发展》,《中国语文》第1期。
沈家煊 2005:《也谈能性述补结构"V得C"和"V不C"的不对称》,《语法化与语法研究(二)》,商务印书馆。
宋绍年 1994:《汉语结果补语式起源的再探讨》,《古汉语研究》第2期。
宋亚云 2007:《再论动结式的判断标准和产生时代》,《语法化与语法研究(三)》商务印书馆。
宋亚云 2011:《汉语作格动词的历史演变与动结式的语法化》,《语法化与语法研究

(五)》商务印书馆。

太田辰夫 1958:《中国语历史文法》,蒋绍愚、徐昌华译,北京大学出版社,2003。

唐　韵 1991:《近代汉语"述＋宾＋补"结构》,《四川师范学院学报》第 2 期。

王　力 1944:《中国语法理论》,商务印书馆。

王　力 1958:《汉语史稿》,科学出版社。

王　力 1989:《汉语语法史》,商务印书馆。

魏培泉 2000:《说中古汉语的使成结构》,《史语所集刊》,第 71 本第 4 分。

吴福祥 1999:《试论现代汉语动补结构的来源》,《汉语现状与历史的研究》,中国社会科学出版社。

吴福祥 2000:《关于动补结构 V 死 O 的来源》,《古汉语研究》第 3 期。

吴福祥 2000:《朱子语类辑略中带"得"的组合式述补结构》,《中古近代汉语语法研究》,上海教育出版社。

吴福祥 2002:《汉语能性述补结构"V 得/不 C"的语法化》,《中国语文》第 1 期。

吴福祥 2005:《汉语语法化研究的当前课题》,《语言研究》第 2 期。

吴福祥 2009:《从"得"义动词到补语标记——东南亚语言的一种语法化区域》,《中国语文》第 3 期。

徐　丹 2001:《从动补结构的形成看语意对句法结构的影响》,《语文研究》第 2 期。

杨建国 1959:《补语式发展试探》,《语法论集》第三集。

杨　平 1989:《动词＋得＋宾语结构的产生和发展》,《中国语文》第 1 期。

杨　平 1990:《带"得"的述补结构的产生和发展》,《古汉语研究》第 1 期。

余健萍 1957:《使成式的起源和发展》,《语法论集》第二集。

余志鸿 1984:《论古汉语补语的移位》,《语言研究》第 1 期。

岳俊发 1984:《得字句的产生和演变》,《语言研究》第 2 期。

张显成 1994:《从简帛文献看使成式的形成》,《古汉语研究》第 2 期。

赵长才 2002:《结构助词"得"的来源与"V 得 C"述补结构的形成》,《中国语文》第 2 期。

赵长才 2002:《能性述补结构否定形式"V(O)不得"和"V 不得(O)"的产生和发展》,《汉语史研究集刊》第 5 辑。

赵长才 2010:《也谈中古译经中"取"字处置式的来源——兼论"打头破"、"啄雌鸽杀"格式的形成》,《汉语史中的语言接触问题研究》,语文出版社。

志村良治 1984:《使成复合动词の成立过程》,《中国中世语法史研究》,三冬社。

周迟明 1958:《汉语的使成性复合动词》,《文史哲》第 4 期。

祝敏彻 1960:《得字用法演变考》,《甘肃师大学报》第 1 期。

第四节 处 置 式

"处置式"是王力(1944)提出的一个术语,王力(1944)说:"中国语里有一种特殊形式,就是用助动词'把'(或'将')字,把目的语提到叙述语的前面。""大致说来,'把'字所介绍者乃是一种'做'的行为,是一种施行(execution),是一种处置。在中文里,我们把它称为处置式。"有的研究者认为,现代汉语中这类句子的功能未必都表示处置,所以不采用"处置式"这个术语而称之为"把字句"。但"把字句"不足以概括近代汉语中的这类句式,所以我们仍使用"处置式"这个术语。

处置式的特点是什么?或者说,"把"字的作用是什么?有的语法著作认为"把"字的作用是把动词后头的宾语提前。这种说法显然过于简单。不错,这个说法对从魏晋南北朝到隋唐的处置式大体上适用,但不能概括后来发展起来的一些"把"字句。更重要的是,这种说法没有能回答这个问题:"假如处置式的意义和普通主动句的意义完全相同,则中国语何必有这两种不同的形式?"(王力 1944)

处置式(把字句)的特点是一个复杂的问题,王力(1944)、吕叔湘(1948)、王还(1957)(1985)、梅广(1978)、朱德熙(1982)、Frank F. S. Hsueh(1989)都有比较详细的讨论。他们研究的主要是现代汉语的"把"字句,而且主要是找出"把"字句的各种限制。曾经提到的有:(1)"把"字句中的动词必须是带处置性质的;(2)"把"的宾语必须是有定的(或专指的);(3)动词要有前加成分或后加成分,如果是单个动词就必须是双音节的。但是,这些条件都有例外。在本节中,我们不打算讨论这个问题,而打算着重讨论与"把"字句的产生相关的几个问题。

一 处置式的产生和类型

4.4.1.1 王力《中国语法理论》中就谈到了处置式的产生。祝敏彻(1957)论述更详。文章说:

"将"和"把"在初唐以前都是有实义的独立动词。南北朝以后,"将"经常出现在连动式句子中。在第八世纪间,出现了下列两种连动式:

一、动词"将"+名词("将"的宾语,也是后面主要动词的宾语)+及物动词。

> 孙子将一鸭私用,祐以擅破家资,鞭二十。(朝野佥载)
> 空将泽畔吟,寄尔江南管。(李白诗)
> 料理中堂,将少府安置。(游仙窟)

前一例"将"的动词性还很强,后两例就完全虚化了。虚化后句子成了处置式。

二、动词"将"+名词(只是"将"的宾语,后面主要动词有它自己的宾语)+及物动词+名词

> 越女作桂舟,还将桂为楫。(王昌龄诗)
> 佳人当窗弄白日,弦将手语弹鸣筝。(李白诗)

这类句子中的"将"虚化后,"将+名词"成了工具语。

"为什么这两类句子中的'将'容易虚化呢?原因是这两类句子中除'将'以外,还有另一个作为句中主要叙述词的动词,'将'只是表示一种无关紧要的辅助动作。语言中的某一成分所表示的意义(这里指的是行为)如果不甚显著的话(因句中另一行为表示的意义更为显著),那它所表示的意义就容易在人们的印象中逐渐消失掉,这样,'将'就由实而虚,新的工具语和处置式就这样产生了。"

"把"的虚化比"将"晚,是在中唐以后。也有两类:

一、"把"+名词+外动词。这是处置式。

> 莫把杭州刺史欺。(白居易诗)

二、"把"+名词+外动词+名词(非间接宾语)。这是工具语。

> 支分闲事了,把背向阳眠。(白居易诗)

4.4.1.2 王力(1958)也认为处置式是由"将"和"把"虚化而产生的。他把下列三个句子作了比较:

> 诗句无人识,应须把剑看。(姚合《送杜观罢举东游》)
> 两鬓愁应白,何劳把镜看。(李频《黔中罢职将泛江东》)
> 莫愁寒族无人荐,但愿春官把卷看。(杜荀鹤《入关因别舍弟》)

说:"'把卷看'和'把剑看'、'把镜看'是有分别的。'把剑看'的是'诗句',不是看那'剑','把镜看'的是'两鬓',不是'看'那镜子;而'把卷看'的'看'却正是'看'那卷子。因此,就意义上说,'把卷看'是处置式,而'把剑看'和'把镜看'不是。但是,就结构形式上说,它们的结构完全是一样的,可见'把卷看'的'把'在当时还没有完全丧失动词的性质。从这一点上看,动词虚化的过程就更加明显了。"

王力(1958)认为处置式的产生大约是在第七世纪到第八世纪之间,即唐代初期和中期。

4.4.1.3 P. A. Bennett(1981)提出一个看法:古代汉语中的"以"字结构是把字句(处置式)的前身。

古代汉语的"以"字结构可以用在双宾语结构中,可以放在动词前或动词后,如:

> 教人以善。
> 尧以天下与舜。

"以"字结构也可以用来表示动作的工具。同样可以放在动词前或动词后。如:

> 文王以民力为台。
> 杀人以梃与刃。

像"尧以天下与舜"这样的句子就和后来的处置式"尧把天下给舜"很接近。

在《史记》中,"以"字结构也可以用在双宾语结构中:

> 良数以太公兵法说沛公。

到了《世说新语》中,出现了一种新的形式:用"以"字结构把宾语提前,而动词后面跟的是处所词：

> 家人常以琴置灵床上。
> 以百钱挂杖头。

这一看法，太田(1958)就曾说过。他把处置句分为六类：(1)有两个宾语(直接、间接)的；(2)表示认定、充当的；(3)比较、比喻；(4)改变；(5)命名；(6)一般处置句。第(1)(2)类在古代都可用"以"来表达，如：

> 天子不能以天下与人。(孟子·万章上)
> 尧以不得舜为己忧。(孟子·滕文公上)

但太田认为这都是带两个宾语的，是有点特殊的东西，因此和"一般处置句"(即不带两个宾语，动词后面带补语或词尾，或动词重复使用的处置句)有所不同。

陈初生(1983)认为金文中已经有"以"字处置式，而且认为这种处置式的词序"似是上承远古和上古前期的宾语前置而来"，在前置宾语"加一个介词'以'为语法标志"，就产生了"以"字句处置式。他对后代的"将/把"字处置式是由连动式演变而来的看法表示怀疑，认为后来的"将/把"字处置式是在"以"字处置式的基础上，"随着语言的不断发展，介词的替换(当然不是简单替换)"而形成的。

P. A. Bennett(1981)还对"把(将)"的虚化和"把字句"(处置式)的产生作了进一步的分析。

他认为，"把(将)"从表示"持"义的动词虚化为表示工具的介词以及处置式中的宾语标志(object marker)，都是不难理解的。因为"把(将)"处在连动式中前一个动词的位置上，但后面那个动词在意义上比它重要；而正如洛德(C. Lord "Serial Verb in Transition", *Studies in African Linguistics* 4. 1973)所说："意义上不大重要的成分常常变得在句法上也不太重要"，所以它虚化为表示工具的介词，这正如英语中下列变化：

> John took a knife and cut the cake. (约翰拿了刀来切蛋糕)→
> John used a knife to cut the cake. (约翰用刀来切蛋糕)→John cut the cake with a knife. (约翰用刀切蛋糕)

而"把(将)"虚化为宾语标志,则是因为在这种句式中"把(将)"的宾语和后一个动词的宾语是同一个,在这种情况下,后一个动词的宾语往往被删去,只保留前一个宾语;而"把(将)"又不如后一个动词重要,所以失去了实义而变为宾语的标志。

他认为"把"字句(处置式)的产生是重新分析(reanalysis)的结果。

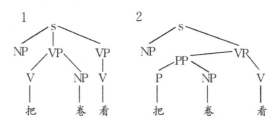

按第一种分析,"把"是动词,"把卷"和"看"是连动。按第二种分析,"把"是介词(或宾语标志),整个结构是处置式。Parker(F. Parker, Language Change and Passive Voice, *Language* 52,1976)把同一形式的不同分析称为"结构成分的误配"(misassignment of constituent structure),这是语言变化的起点。

Bennett这篇文章存在一个矛盾:一方面,他认为古代汉语的"以"字结构是处置式的前身,一方面,他又认为处置式是通过重新分析而产生的。按照前一个观点,如果着眼于"尧以天下与舜"和"尧把天下给舜"的相似,那么,从"以"字结构发展为处置式就只是词汇替换,而并没有发生重新分析。按照后一个观点,如果认为处置式是由"把+宾+动+宾"这种连动式删去后面一个宾语,并发生重新分析而产生的,那么应该说处置式的前身是连动式,而不是"以"字结构。这个矛盾,在他的文章中没有很好解决。

4.4.1.4 贝罗贝(A. Peyraube)(1989)不同意那种"认为'把'字句是从古代汉语的'以'字句透过同类现象(by analogy)发展来"的观点。他说:"我不相信词汇替换可以很好地解释汉语历史上的新形式的出现。"他引用法国语言学家梅耶(A. Meillet)的意见说:"语法形式的建立主要经由两个主要过程:(一)同类现象(analogy)(一个形式因同类于另一形式而产生)。(二)语法化,即是'一个本来独立的词转化为语法成分的功能'的过程。同类现象更新形式的细节,一般来说不会改变整个系统,而语法化则会制造新形式、新的词类而改变系统的整体性。"

他认为"把"字句是通过语法化(grammaticalization)而产生的。具体过程是：先有过共时的变化(synchronic derivation)：主＋动$_1$"把"("将")＋宾$_1$＋动$_2$＋宾$_2$──→主＋动$_1$"把"("将")＋宾＋动$_2$，条件是宾$_2$＝宾$_1$；然后历时的变化(diachronic derivation)才发生，通过语法化的过程，动词"把"变成介词"把"：主＋动$_1$"把"("将")＋宾＋动$_2$──→主＋介"把"("将")＋宾＋动。

他认为"主＋动$_1$'把'('将')＋宾$_1$＋动$_2$＋宾$_2$"(宾$_1$＝宾$_2$)这种格式在历史上确实是有过的，如：

就将符一法命焚之。(冯翊《桂花丛谈》)①
船者乃将此蟾以油熬之。(陆勋《志怪》)
即将梁元纬等罪人于真墓前斩之讫。(变，页876)
汝将此人要徐杀之勿损皮肉。(佛说长阿含经，7，后秦)

甚至在"把"字句中，动词后面还可以有"之"：

还把身心细识之。(变，页583)

4.4.1.5 梅祖麟(1990)对唐宋的处置式及其来源作了全面的考察。他把唐宋时的处置式分为三类：
(甲)双宾语结构 V$_B$＋O$_1$＋V(＋于/与)＋O$_2$
(1) 处置(给)：把 O$_1$ 给 O$_2$

忍大师即将所传袈裟付能(《曹溪大师别传》，805年以前，郭朋本，123)│应把清风遗子孙(方干诗)│莫把壶中秘诀，轻传尘里游人(李中诗)│堪将指杯术，授与太湖公(皮日休诗)

(2) 处置(作)：把 O$_1$ 当作 O$_2$

将此茶芽为信(历代法宝记(780—800)，柳田本，171)│解将无事当无为(朱湾诗)│他把身为究竟身，便把体为究竟体(变，维摩诘，

---

① 按："一法"应为"依法"，《桂花丛谈》应为《桂苑丛谈》。

630)|有人把椿树,唤作白旃檀(寒山诗)

(3) 处置(到):把 O_1 放到或放在某处

　　将竹插于腰下(变,伍子胥,8)|把舜子头发悬在中庭树地(变,舜子变,131)

(乙) 动词前后带其他成分
(1) 动词前带其他成分 $V_B+O+X+V$

　　把君诗一吟(崔涂诗)|好把仙方次第传(翁承赞诗)|若把白衣轻易脱(杜荀鹤诗)|独把梁山凡几拍①(顾况诗;"拍"是动词)|遂将其笔望空掷(变,庐山远公,170)

(2) 动词后带其他成分 $V_B+O+V+Y$
(i) Y 是结果补语或趋向补语

　　图把一春皆占断(秦韬玉诗)|把他堂印将去(刘宾客嘉话录)|欲将香匣放藏却(鱼元机诗)②|谁把金丝裁剪却(欧阳炯诗)|师便把火筯放下(祖,4,49)|未免把虚空隔截成两处(大慧书,荒木本,92)

(ii) Y 是"了"或"着"

　　又将火箸一长一短并著(楞伽师资记,柳田本,287)|师把西堂鼻孔拽著(祖,4,51)|恐将本义失了(朱子全书,13)|公只是将那头放重了(朱子语类辑略,5)

(iii) Y 是动量词

　　沩山把一枝木吹两三下(祖,4,56)

---

① 《全唐诗》"山"作"州"。
② 《全唐诗》"放"作"收","元"作"玄"。

(丙) 单纯动词居末位 V_B+O+V

料理中堂,将少府安置(游仙窟)｜且将一件书读(朱子语类,2913)｜秋时又把甚收,冬时又把甚藏(朱子语类,1289)｜仰山便把茶树摇(祖,4,125)｜良由画匠,捉妾陵持(变,王昭君,102;"陵持"通"凌迟",意思是磨难)｜宫人夜游戏,因便捉窠烧(变,燕子赋,263)

并认为这三类处置式各有自己形成的途径。

(一) 甲型处置式

这种类型的处置式包括"处置(给)""处置(作)""处置(到)"。

"处置(给)"和"处置(作)",在先秦就有。是用"以"字来表达的,这在太田(1958)中已经说到。这两类就是太田(1958)中所说的处置句的第(一)(二)类。

关于"处置(到)",梅文说这种格式在先秦没有,最早的例句是在《史记》中出现:

复以弟子一人投河中。(史记·滑稽列传)

而到南北朝才开始流行。除了 Bennett 曾举过的《世说新语》中的两例外,梅文又举了大量从南北朝到隋唐的例句。到隋唐时,就有用"将"来代替"以"的了。他认为"处置(到)"在汉代的兴起,是处置式发展过程中很重要的一步。因为先秦表示"处置(到)"的语法意义,一般用〔$V+O+$(于)$+P_W$〕句式,宾语在动词后面,如:

河内凶则移其民于河东。(孟子·梁惠王上)

而在《史记》中的"处置(到)",则用"以"字把宾语提前,是一种新兴的语法功能。而对于有些"把"字句来说,把宾语提前确是介词"把"的功用之一。所以,汉代出现的这种用"以"字把宾语提前的"处置(到)",是处置式发展史中相当关键的一步。

(二) 乙型处置式

梅文赞同朱德熙(1982)的观点:现代汉语中有大量"把"字句不能还原成〔SVO〕句式,实际上和"把"字句关系密切的不是〔SVO〕句式,而是受事主语句。如"把壁炉生了火"、"把一个南京城走了大半个"都是如此:它们不能还原为〔SVO〕,但把句首的"把"字去掉后,仍是完整的受事主语句。

唐宋时也有大量(甲)(乙)型处置式的句子不能还原为〔SVO〕句式,而去掉"把"或"将"后就是受事主语句。如:

  有人把椿树,唤作白旃檀(寒山诗)～椿树唤作白旃檀
  读书须将心贴在书册上(朱子语类辑略,61)～心贴在书册上
  止不过将我打着皮肉(刘知远11)～我打着皮肉(按:"打着我皮肉"不是"将我打着皮肉"的〔动—宾〕式)
  知远把瓦忔内羹飰,都泼着洪信面上(又,18)～瓦忔内羹飰,都泼着洪信面上。

唐宋时兴起的乙型处置式都和受事主语句有密切关系,如:
处置式 VB+O+X+V～受事主语句 SP+X+V

  若把白衣轻易脱(杜荀鹤诗)～白衣轻易脱
  好把仙方次第传(翁承赞诗)～仙方次第传
  独把梁山凡几拍(顾况诗)～梁山凡几拍
  把君诗一吟(崔涂诗)～君诗一吟
  遂将其笔往空掷(变,170)～其笔往空掷

处置式 VB+O+V+Y～受事主语句 SP+V+Y

  图把一春皆占断(秦韬玉诗)～一春皆占断
  未免把虚空隔截成两处(大慧书)～虚空隔截成两处
  又将火箸一长一短并著(楞伽师资记)～火箸一长一短并著
  恐将本义失了(朱子全书)～本义失了
  公只是将那头放重了(朱子语类辑略)～那头放重了
  沩山把一枝木吹两三下(祖,4,56)～一枝木吹两三下

那么,受事主语句是怎么变成处置式的呢?
梅文认为:五、六世纪的"将"字处置(到)和"将"字处置(给)这两种句

式,去掉"将"字后,剩下的部分是受事主语句。把"将"字装回受事主语句,所产生的是处置式。这就是处置式形成法的来源。例如:

处置(给)/处置(到)	受事主语句
我将鹿皮布于地上(佛本行,Ⅲ,667中)	鹿皮布于地上
时天帝释,即将阶道立著其前(又,817上)	阶道立著其前
我将尼拘陀树一枝,插于地上(又,798下)	尼拘陀树一枝,插于地上
将蘪芜叶,插著丛台边	寄君蘪芜叶,插著丛台边(点均诗)
将雷公放著庭中	雷公若二升椀,放著庭中(三国志·曹爽传注)
将娱乐之具皆给与之	娱乐之具,皆给与之(妙法莲华经,Ⅸ,46下)
将一大牛卖与此城中人(生经,Ⅲ,98上)	一大牛卖与此城中人
将身上衣服送与其夫	身上衣服送与其夫(贤愚经,Ⅳ,383)

到唐宋时,其他类型的受事主语句陆续出现,把形成处置(给)和处置"到"的方法用在这些受事主语句身上,就能产生其他类型的处置式。

除此以外,梅文还讲到"被"字句的发展和施事、受事中立化对处置式发展的影响,此处从略。

(三) 丙型处置式

关于这一类型处置式,又可分为三类。一是处置(给)和处置(到)的变体,即其间接宾语省略。如:

料理中堂,将少府安置〔堂中〕。(唐,游仙窟)

二是其中的"将"或"把"可能仍是动词,因此整个是连谓结构。如:

> 孙子将一鸭私用。(朝野佥载)
> 但愿春官把卷看。(杜荀鹤诗)

三是新产生的处置式。如:

> 惜无载酒人,徒把凉泉掬。(宋之问《温泉庄卧病寄杨炯》)
> 莫把杭州刺史欺。(白居易《载醉客》)①
> 仰山便把茶树摇。(祖,4,125)

关于这种处置式的形成方法,梅文同意王、祝的分析,是由带两个相同宾语的连谓结构中省略后一个宾语而成的。但梅文强调说,(丙)型处置式是旁支,不是主流,也不是现代处置式的主要来源。①(丙)型处置式在上古、中古(南北朝到隋代)都没有前例,明清以后就没有流传下来。②最重要的是(丙)型处置式去掉"把"字或"将"字以后不成句。而现代处置式的主要形成方法是在完整的受事主语句前加"把"字。因此,不但(丙)型句式没有传下来,(丙)型句的形成方法也只是在唐宋流行一段时期,以后就衰落而退居次位。

4.4.1.6 我们在前面说过,Bennett 一方面说古代汉语的"以"字结构是"把"字句的前身,一方面说"把"字句是连动式经过重新分析而产生的,这是一个矛盾。梅祖麟(1990)把处置式分为三种类型,认为(甲)型是从古代的"以"字结构发展来的,(丙)型是由连动式发展来的,这样就解决了这个矛盾。Bennett 曾注意到《世说新语》中"以百钱挂杖头"这种句式,并指出这是一种新形式,但并没有分析它为什么新。梅祖麟(1990)不但找到了比《世说新语》更早的《史记》中的例句,而且充分地论证了这是"处置式发展史中相当关键的一步"。这些见解都是很正确的。

梅祖麟(1990)说:祝敏彻(1957)所说的"初期处置式",实际上是中期处置式。因为处置(给)、处置(作)在先秦已经产生,处置(到)又在汉代产生,就结构而言,处置式的产生并非始于唐代。这个看法也是正确的。即使只着眼于"将"字,用"将"字的处置式也并非只在唐代才产生,梅文举了不少南北朝和隋朝的用"将"字的处置式,这是以前研究处置式的学者所没有注意到的。

---

① 按:《载醉客》应为《戏醉客》。

祝敏彻(1957)曾提到:初期处置式的叙述词后面仅仅具有两种补足语:处所补语和受事补语。如:

仍闻好事者,将我画屏风。(杜甫诗)
把舜子头发悬在中庭树地。(变文·舜子至孝)
强将笑语供主人。(杜甫诗)
那将最剧郡,付与苦慵人。(白居易诗)

如果我们把它和梅祖麟(1990)所论述的甲型处置式及其所举的例子联系起来看,那么这些唐代的例句正好是从南北朝到隋朝一直存在的用"将"的"处置(给)"和"处置(到)"的延续,只是用"把"代替了"将",这是唐代新出现的现象。祝文和梅文观点不同,但在这个问题上,祝文所得出的结论,却证实了梅文的观点。

但梅祖麟(1990)对乙型处置式来源的分析,我认为还值得商榷。

梅文认为乙型处置式的来源是受事主语句前面加上"把(将)",其出发点是基于对现代"把"字句的一种观察:现代"把"字句有大量句子不能还原为〔SVO〕句式,而和受事主语句有密切的关系。他引用朱德熙(1982)说:下列"把"字句都不能还原为〔SVO〕:

1.把换洗衣服包了个包袱|2.把壁炉生了火|3.把铁块儿变成金子|4.把大门贴上封条|5.把一个南京城走了大半个|6.把话说得婉转点(按:朱德熙1982除此六例外还有两个例子:7.把所有的东西都搬到新房子里去;8.把画挂在墙上。)

就现代汉语来说,这一观察无疑是正确的。但是,能不能由此推论,说南北朝和隋唐时大量的"把"字句不能还原为〔SVO〕句式呢?

现代汉语中一些"把"字句不能还原为〔SVO〕句式是有原因的。正如吕叔湘(1948)所说:"应用把字的句子是因为动词后面紧接着一些成分,不容许宾语插在中间。"就上引八个例句来看,"动词后面紧接着的"成分可分为两类,一是宾语,一是补语。带宾语的(例1、2、4、5)都是吕叔湘(1948)中所说的"保留宾语"和"偏称宾语",隋唐时期的"把"字句似乎还不带这种宾语,所以当时也就不存在这种"把字句"能不能还原为〔SVO〕句式的问题。带补语的(例3、6、7、8),如果把宾语放回到动词后面,就成了"动＋宾＋补"的形式,在现代汉语中当然不行。但在南北朝和隋唐时期却是可以的。梅文在谈到"表面结构法则"时举了许多例子,如"埋玉树著土中";"读得书多底,无明多"。拿来和上面现代汉语的例子对比,大概在南北朝和隋唐时还原成"挂画在墙上"、"说得话婉转点"也未尝不可。所以,不能根据现代汉语的情况推论南北朝到隋唐的"把(将)"字句有很多不能还原为〔SVO〕。

梅文举了唐宋时期的四个"把"字句不能还原成〔SVO〕句式:

> 有人把椿树,唤作白旃檀。(寒山诗)
> 读书须将心贴在书册上。(朱子语类辑略61)
> 止不过将我打着皮肉。(刘知远11)
> 知远把瓦忭内羹飰都泼着洪信面上。(刘知远18)

其中寒山诗例,梅文在前面归为甲型"处置(作)"一类。这一类处置式是从古代的"以……为……"发展而来的,"以"或"把"的宾语不能放在动词后面,自古而然。后三例"贴在""打着""泼着",按现代汉语的语感当然不能在中间插进宾语,但在南北朝和隋唐时是可以的,如:

> 辄含饭著两颊边。(世说新语·德行)
> 庾文康亡,何扬州临葬云:"埋玉树箸土中。"(世说新语·伤逝)
> 殷中军废后,恨简文云:"上人箸百尺楼,儋梯将去。"(世说新语·黜免)

也许到了南宋以后,在这些动词和宾语中间已不能插进宾语了,但那时乙型"把"字句早已形成,所以也不宜用这些例子证明乙型"把"字句的形成和〔SVO〕句式无关。

梅文所说的三种类型的处置式(把字句)在唐代都已形成。但从唐代到现代,"把"字句还在继续发展。如吕叔湘(1948)所说的"把"字句中动词带特种结果补语的一类,"没把个妹妹急疯了"、"把老太太的心都说活了",以及"偏又把凤丫头病了"之类,不但都不能还原为〔SVO〕,而且有的和受事主语句也毫无关系("把"字去掉后是施事主语句)。但这种"把"字句都是很晚产生的。"把"字句的这种历史发展应该很好研究,但显然,这些情况与处置式的产生无关。

梅文也说,文中所举唐宋时(乙)型处置式的例句"大部是可以还原成〔主—动—宾〕句式的"。只是由于上述寒山诗等例子不能还原为"主—动—宾"句式,所以,他认为"这些句子的形成方式不是用'把'或'将'字把〔主—动—宾〕句式中的宾语提前。"现在我们既然认为在南北朝和隋唐时"贴心在书上"、"泼羹䬼着洪信面上"是可以成立的,那么,就不能排除在南北朝和隋唐时用"将"或"把"字把〔SVO〕句式中的宾语提前而形成(乙)型处置式的可能。

至于说(乙)型处置式和受事主语句关系密切,那当然是对的。因为"把"既然把动词宾语(受事)提到动词前,那么从句子形式看,处置式去掉"将"后,剩下的部分是受事主语句;把"将"字装回受事主语句,所产生的是处置式。但是,从汉语的历史发展来看,究竟是受事主语句的出现影响了处置式的形成,还是反过来,处置式的发展影响了受事主语句的产生?梅文说:先秦的用"以"的处置式去掉"以"后不是受事主语句,"等到处置(到)在汉代兴起,南北朝在这种句式中用'插著'、'立著'、'插于'、'布于'等'V著'、'V于'的结构,同时处置(给)中表示'给'义的动词也已经复词化变成'授与'、'施与'、'嫁与'、'卖与'等'V与'的形式,在这种情形下,南北朝的处置(给)和处置(到)去掉'将'字或'以'字,剩下的部分才是能独立成句的受事主语句。"从这一段话来看,至少对于甲型的处置(给)和处置(到)来说,就不能认为是由受事主语句加上"将"字而形成的,而应该反过来,由于这类处置式中宾语已用"将"字挪前了,才使得动词和后面的"著""于""与"紧挨着,从而使得"将"字后面的部分是一个能独立成句的受事主语句。那么,同样的,对于(乙)型的〔V_B+O+X+V/V+Y〕来说,似乎同样可以说,它是在(丙)型〔V_B+O+V〕的基础上,在动词前面或后面加上别的成分(公式中用X和Y表示)而发展来的;但当动词前面或后面加上了别的成分以后,这句(乙)型处置式如果去掉"把"字,剩下的部分就是一个能独立成句的受事主语句了。

以(甲)型处置式和(丙)型处置式相比较,是(甲)型处置式产生在前,所以梅文说(丙)型处置式不是初期处置式是对的。但是以(乙)型处置式和(丙)型处置式相比较,则又是(丙)型处置式产生在前。也就是说,除了继承先秦和汉代就已产生的(甲)型处置式以外,唐代新产生的处置式开始是以单纯动词结尾的,后来的处置式才在动词前面或后面加上了别的成分。从这一事实看来,我认为(乙)型处置式由(丙)型处置式发展而来是有可能的。

钱学烈(1992)对用计算机统计《全唐诗》中的"把"字句所作出的数据进行了一个分析。在公元600年到公元850年的250年间,《全唐诗》中共有表处置的"把"字句14句(不包括"过渡式"),出现在宋之问、李白、顾况、王建、白居易、元稹、施肩吾、朱放、贾岛、孟郊、卢仝等几位诗人的诗中。其中以单纯动词充当谓语的7句,以复杂形式充当谓语的7句。作者举出的5个复杂形式的把字句是:

1. 乱把白云揉碎。(李白《清平乐》)
2. 好把真经相对翻。(刘禹锡《送宗密上人归南山草堂寺因谒河南尹白侍郎》)
3. 独把梁州凡几拍。(顾况《李湖州孺人弹筝歌》)
4. 只把空书寄故乡。(王建《维扬冬末寄幕中二从事》)
5. 莫把籝金便付人。(元稹《酬乐天余思不尽加为六韵之作》)

这些句子中,李白《清平乐》是伪作,应当排除。"独把梁州凡几拍"(梅1990"州"误作"山")一例中"梁州"是乐曲名,不可能是动词"拍"的受事;而且"拍"也不是动词,而是"拍节"之"拍"(白居易《筝》:"珠联千拍碎,刀截一声终"可证)。所以此例也应排除。此外,例4例5都是梅文所说的"甲型",除去这两句,乙型的处置式就只有三例了(包括上述例2和作者未举出的二例)。作者认为,在《全唐诗》中动词前带状语和动词后带宾语的处置式把字句都是在8世纪后半期到9世纪上半期出现的,"处置式把字句中复杂形式的出现晚于简单形式。"这个结论是可信的。

此外,在850年以前的诗人的作品中,还有"过渡式"把字句7句("过渡式"即句中的"把"字既可作动词解又可作介词解的),如:

闲常把琴弄。(任华《寄杜拾遗》)
醉把茱萸仔细看。(杜甫《九日蓝田崔氏庄》)
把君诗卷灯前读。(白居易《舟中读元九诗》)
醉把花枝取次吟。(白居易《病假中庞少君携鱼酒相过》)
应须把剑看。(姚合《送杜观罢举东游》)
纵把书看未省勤。(贾岛《咏怀》)

这也说明处置式是由"动词把+宾语+动词"的连动式演变而来的。而且,这些句子不论是梅文所说的"乙型"还是"丙型",都能还原为 VO,但很多句子若去掉"把",却是不能作为受事主语句而成立。当然,这一统计只涉及"把"字句,没有涉及"将"字句,并且只限于《全唐诗》,未涉及其他文献资料。但从中也可以反映出,(乙)型句是在(丙)型句以后产生的。

就(甲)型句和(丙)型句来说,虽然(甲)型句产生在前,而且不可否认,(甲)型句也是处置式,但真正为后代的处置式开辟道路的却是(丙)型句。太田辰夫(1958)把处置式分为六类,并说其中(1)—(5)类都是带两个宾语的,"是有点特殊的东西"。而普通的处置式是动词后带补语或词尾,或动词重复使用。"这种处置句古汉语没有,从唐代开始用。"这话说得很对。太田所说的(1)—(5)类,或梅文所说的(甲)型处置式,虽然把动词的直接宾语挪到动词前面了,但动词后面还有间接宾语或处所词,因此动词后面的"发展余地"并不大。只有到梅文所说的(丙)型处置式产生后,由于句尾只有一个单纯动词,这就在动词后面留了很大的"发展余地",使吕叔湘(1948)中所说的种种动词后加部分有可能出现在"把"字句中,从而使"把"字句的形式越来越多样,所表达的语义越来越复杂。吕叔湘(1948)说:把字句中动词前后的成分"才是近代汉语里发展这个把字句的推动力。"这话是说得很对的。从这个角度看,(丙)型处置式在唐代的产生在处置式的发展史上是有重大意义的。

而当这些动词前后的成分陆续出现后,有些"把"字句就不能再还原为〔SVO〕句式了。这就回答了我们在本节一开始所引用的问题:"假如处置式的意义和普通主动句的意义完全相等,则中国语何必有这两种不同的形式?"(当然,即使一些"把"字句能还原为〔SVO〕句式,意味也可能和普通主动句有所不同。)

这些动词前后成分的出现是一个漫长的历史发展过程,而且是和汉语语法其他方面的发展变化密切联系着的。这些成分究竟何时出现,与汉语语法哪些方面的变化相关,这都是还有待于深入研究的。

4.4.1.7 吴福祥(1996)研究了敦煌变文中的处置式,把处置式分为三类:

(1) 广义处置式

即梅祖麟(1990)所说的"甲型处置式"。

(2) 狭义处置式

即梅祖麟(1990)所说的"乙型处置式"和"丙型处置式"。

(3) 致使义处置式

这类处置式在结构上,"去掉介词后,所剩的部分是可以独立的一般施事句。"在语义上,"与由使役动词构成的兼语式语义相近。"这样的句子敦煌变文中就有,后代也很多。如:

如斯数满长无倦,能把因缘更转精。(P505)
以此思量这丈夫,何必将心生爱恋。(P653)
断取邪见绝施为,莫把经文起违逆。(P519)
休教烦恼久萦缠,休把贪嗔起战争。(P521)
好向情由自觉知,休将心行成怪僻。(P520)
劝君莫证大菩提,何必将心苦执迷?(P351)

(以上为敦煌变文例)

将仁更无安顿处。(朱子语类辑略,卷二)
更何况,今日将牛畜都尽失。(刘知远诸宫调,第二)
宁可将伊脚骨跌折。(张协状元,第四十出)
你怎么不来接我,一路上把我掉下驴来,险不跌杀了我。(陈州粜米三折,元曲选)
将那一舱活鱼都走了。(水浒传,第三十八回)
偏又把凤丫头病了。(红楼梦,第七十六回)
今日之上,把只煮熟的鸭子飞了。(儿女英雄传,第十五回)

文章说,"这类处置式的产生方式是由介词'将/把'加上施事主语句构成。"

吴福祥的这种分类法和名称为多数研究者所接受。关于"致使义处置式"及其来源,到下面再讨论。

4.4.1.8 以上谈的是处置式不同的结构语义类型。处置式还可以根据所使用的虚词来分类。以往讨论处置式时谈得较多的是"以字句"和"将/把字句",但通过近年来的研究看到,历史上还可以用别的虚词构成处置式。

曹广顺、遇笑容(2000)指出,在中古的汉译佛典中,可以用"取"表示处置。有如下几种形式:

A. 取+O+V+之　是时狱卒取彼众生,大椎碎其形体,或取脊

脉剥之。(增壹阿含经)

　　B. 取+O+V　是时目连即前捉手将至门外,还取门闭,前白佛言:(同上)

　　C. 取+O+Adv+V+C　正使王今取我身体碎如芥子,终不退转。(出曜经)

　　D. 取+V+之　设住吾境者,当取闭之;设他界来者,当取杀之。(增壹阿含经)

　　文章还认为,这种格式的出现是受了梵文的影响。"当格式A中,两个相同的宾语重复出现可以省略一个时,根据汉语动宾关系的整体规则,应该是选择D,而不是选择B。"但梵文、巴利文中宾语在动词前面,所以译经对宾语的省略可以有两种选择:"取+V+之"和"取+O+V"。"取+O+V""是一个错误的变体,这就决定了它不可能在同期的本土文献中被广泛接受和使用。"

　　在中古的汉译佛典中,可以用"取"表示处置,这是一个重要的发现,可以加深我们对处置式的认识。下面将会看到,表示处置的虚词"取""持""将""把""捉"是一个系列,把他们联系起来考察,可以使我们更清楚地看到处置式形成的途径。文章提出:为什么连动式"取+O+V+之"发展为处置式"取+O+V"不删除第一个宾语而删除第二个宾语?这个问题也很重要,应该深入研究。但认为这种删除是受梵文的影响,我认为还值得商榷。因为,历史上各种处置式的形成过程,绝不是在梵文影响下先形成了"取字句",然后用"持""将""把""捉"等替换"取"而形成的,而是各自经过语法化而先后形成的,而且这些不同形式的处置式都有共同的语法化途径("以字句"除外,见下)。如果说"取字句"的形成是受了梵文的影响,这也许有可能,因为汉译佛典翻译的内容是梵文的文献,翻译者是精通梵文的僧人。但后来的"将/把字句"是在人民大众的语言交际中形成的,不可能有梵文的影响,但同样地是采取了"将/把+O+V+ø"这样的删除形式,可见根据汉语自身的规则完全能够出现这种删除。当然,为什么会出现这种删除,现在还没有找到合理的解释,但解释还要在汉语自身的规则中去找,而不能简单地归结为梵文的影响。

　　赵长才(2010)根据出土文献的一些资料,提出一个看法,认为在中古以前汉语中已经有"$Vt_1 O, Vt_2$"格式存在。文章举出五组例句,都是"取O,V"和"取O,V之"可以对照的。

A组:"取 O,冶"/"取 O,冶之"

  婴儿病　方:取雷矢三颗,冶,以猪煎膏和之。(马王堆汉墓帛书·五十二病方)
  脐膫:治脐膫,取陈黍、菽,冶,以犬胆和,以傅。(同上·五十二病方)
  以方苴(咀)时,取蒿、牡、卑(蜱)稍(蛸)三,冶。饮之,必产男。(同上·胎产方)

比较:

  痈肿者,取乌喙、蒌卢,冶之。(马王堆汉墓帛书·五十二病方)
  取封殖土,冶之。(同上·五十二病方)
  取干(姜)、桂、要苔、蛇5、□□,皆冶之。(同上·养生方)

最后一例在 Vt_2 前还有副词"皆"修饰。
B组:"取 O,燔冶(段冶)"/"取 O,燔冶之"

  取两雌隹尾,燔冶,自饮之,微矣。(马王堆汉墓帛书·杂禁方)
  取东西乡(向)犬头,燔冶,饮。(同上·杂禁方)
  〔脉〕者:取野兽肉食者五物之毛等,燔冶。(同上·五十二病方)
  癫疾者,取犬尾及禾在圈垣上〔者〕,段冶,湮汲以饮之。(同上·五十二病方)

比较:

  取陈葵茎,燔冶之,以麤胝膏骰弁,以〔傅〕痈。(马王堆汉墓帛书·五十二病方)
  取牛腮,燔冶之。(同上·养生方)

C组:"取 O,燔"/"取 O,燔之"

  取女子布,燔,置器中,以熏痔,三〔日〕而止。(马王堆汉墓帛

书·五十二病方)

取雄鸡矢,燔,以熏其痏。(同上·五十二病方)

比较:

取石大如拳二七,熟燔之。(同上·五十二病方)

D组:"取 O,煮(熬、烝)"/"取 O,煮(熬、烝)之"

欲产女,【取】乌雌鸡,煮,令女子独食肉(歠)汁。(马王堆汉墓帛书·胎产方)
诸疸物初发者,取大菽一斗,熬,熟,即急抒置甑□□□□□□□□置其□□醇酒一斗淳之。(同上·五十二病方)
取丘(蚯)引(蚓)之矢,烝(蒸),以熨之。(同上·杂疗方)

比较:

取秋竹,煮之,而以气熏其痏,已。(同上·五十二病方)

E组:"(撮)取 O,捣(舂)"/"取 O,捣(舂)之"

以般服零,撮取大者一枚,捣。(马王堆汉墓帛书·五十二病方)
即取铅末、菽酱之滓半,并舂,以傅痔孔。(同上·五十二病方)

比较:

取兰根、白付,小刌一升,舂之。(同上·五十二病方)

文章认为"中古'取 O V'连动式是对上古汉语(秦汉时期)相关格式的直接继承,而中古时期产生的'取'字处置式(包括广义和狭义)则是在上古和中古已经出现的连动式基础上进一步发展出来的。"这些材料和这个论点都是值得重视的。

朱冠明(2002)指出,在中古译经中有一种"持"字处置式。其中广义

处置式较多,有 32 例。如:

> 尔时太子既蒙听许,便持身与彼罗刹。(百缘,4/398b)
> 咄哉疑人,汝不癫狂,何故持彼死尸白骨以为金也?(佛本行集经,3/928)
> 尔时儿妇复啼泣言:"坐是迦罗,遗我此苦,云何持我陷大坑中。"(僧祇,22/271c)

狭义处置式仅 5 例:

> 当持是经典为诸沙门一切说之。(太子,3/424a)
> 于是请人……阴持女言,转密相语。(贤愚,4/427b)
> 复有五千诸婆罗门及刹利种种大富长者,各持己女将来,奉上于净饭王。(佛本行集经,3/692b)
> 持彼百千乳牛犊,皆金装角银饰蹄。(佛本行集经,3/701a)
> 尔时车匿既闻太子说此偈已,即以自身四布于地,持其两手前着,抱于太子两足,而作是言……(佛本行集经,3/736b)

吴福祥(1996)指出唐代有"捉"字处置式,但数量不太多。如:

> 良由画匠捉妾陵持。(P102)
> 布金买园无辞师,外道捉我苦刑持。(P380)
> 见一黑狗身从宅里出来,便捉目连袈裟衔着。(P744)

上面主要讨论了历史上出现过的处置式的类型。下面还要讨论两个问题:处置式形成的途径和"把/将"字句的功能。

二 处置式形成的途径

4.4.2.1 处置式的分类,可以按照结构语义类型来分,如梅祖麟的甲、乙、丙型处置式,吴福祥的广义、狭义和致使义处置式。也可以按照使用的虚词来分,如"以"字句处置式,"将"字句处置式等。那么,这些不同类型的处置式是否有相同的来源?或者说,它们形成的途径是否相同?

上面说过,P. A. Bennett(1981)一方面说"以"字句是处置式的前身,一方面说"把/将"字句是重新分析而来,实际上是认为"以"字句处置式和"把/将"字句处置式是不同的来源。他是按虚词来分的。梅祖麟(1990)则是按照结构类型来分的,他认为三类处置式各有自己的来源:甲型处置式在先秦有"处置(给)""处置(作)",汉代出现了"处置(到)",到后来,"把、将、持"替代了"以"字。也就是说,甲型处置式源于"以"字句,后来的发展,是虚词的替代。乙型处置式是受事主语句前面加上"将/把"而成的。丙型处置式是连谓式发展而来。他们的具体分析不同,但都认为处置式不是单一来源。

冯春田(2000)提出另一种看法。他认为:"处置介词'以'同样是来源于动词'以'('用'义)的,它与表示工具的'以'其实是同一介词,只是由于句子语义关系的制约,才有表工具或表处置对象等的不同。""以"字句只限于处置"给""作""到"三类,"但汉语的处置句式在古代汉语里已基本形成。"后来的"将""捉""把""拿"等,"在一定程度上是汉语不同时期内处置介词的替换。""进入唐代以后,'将'字处置句的语法意义扩大,突破了处置给、作、到的范围。"简言之,他认为所有的处置式都是由"以"字句发展来的,只是经过了处置介词的词汇替换和处置式的功能扩展。他不赞成"'将/把'为连动式前一动词虚化说",他说:"自上古到近代处置介词就有'以''将''捉''把''拿'等,"如果说这些介词都由连动式前一动词虚化而来,"事实上似乎不可能这样一律。"

吴福祥(2002)也把处置式的发展"一以贯之"。他说:"连动式>工具式>广义处置式>狭义处置式>致使义处置式"是一个连续发展过程。"连动式>工具式>广义处置式"是重新分析,连动式的前一动词虚化就成了表工具的介词,工具式重新分析就成为广义处置式。"以""持""将""捉""把"等都同时兼有表工具和表处置的用法,可见从工具式很容易重新分析为广义处置式。"广义处置式>狭义处置式>致使义处置式"是功能扩展,广义处置式中的动词是三价动词,狭义处置式中的动词是二价动词,致使义处置式中的动词是一价动词。动词从三价扩展到二价到一价,处置式就从广义处置式到狭义处置式到致使义处置式。

这两种意见不大一样,但其共同点是把处置式看作一个统一的发展过程,认为不同类型的处置式是有同一来源的、逐步发展而成的,并且强调工具式到处置式的发展关系。

刘子瑜(2002)持另一种意见。她认为:

（一）表处置的"将"是由连动式直接虚化而来,中间并不存在一个由工具语到表处置的虚化过程。处置式语法化的途径是:1.首先在"动(将)＋宾＋动＋处所语/处所介词组"中"将"虚化为介词,处置式萌芽。2."将"引出受事宾语的功能扩展,促使连动式"动(将)＋宾$_1$＋动＋宾$_2$(之)"重新分析,产生"介(将)＋宾$_1$＋动＋宾$_2$(之)"处置式。3."宾$_2$(之)"脱落。4."介(将)＋宾$_1$＋动"结构复杂化。

（二）"以"字结构不是处置式,"以"字结构与"将/把"处置式不是一种结构,无论是语法意义还是句法结构,二者都有相当大的差异。

语法意义上的差异是:《孟子》里表"处置(给)""处置(到)"的"以"字结构中,"以"的宾语均为无生的事物,并且都是泛义宾语,是不定指的。

结构上的差异是:

A、"以"字结构在动词前后的位置灵活,既可放在动词前,也可放在动词后,如:

> 陈子以时子之言告孟子。（孟子103）
> 子路,人告之以有过,则喜。（孟子82）

B、"以"的宾语常常省略,如:

> 小人有母,皆尝小人之食矣,未尝君之羹,请以遗之。（左传15）

C、"以"的宾语可以前置,如:

> 君若以力,楚国方城以为城,汉水以为池,虽众,无所用之。（左传292）

D、"以"字结构中不仅可以省略直接宾语,还能省略间接宾语,如:

> 明日,子路行,以告。（论语203）

E、有时连动词都可以省略,如:

书曰"崔氏",非其罪也;且以告族,不以名。(左传706)①

这些特点一直保存到六朝和唐五代时期的"以"字句中,例如:

王获器喜,以赐小女。(六度46)
其心和悦,安详雅步,受其毁辱,不以为恨。(生经93)
两儿以惠人,宜急舍彼果可一相见。(六度9)
奉加载宫,授以帝位。(同上18)
龙王见之,用一切故,勤劳入海,欲济穷士,即以珠与。(生经75)
赐之以七宝百珍,赏之以绫罗锦彩。(变774)
若在大臣,大臣中尊,教以正法。(变574)

就是汉代产生的"处置(到)",也有与之相应的"以"字结构置于动词之后的例子。如:

树吾墓上以梓,令可为器。(史记1472)
必树吾墓上以梓,令可以为器。(同上2180)

不仅如此,"以"的宾语仍然可以省略,同时,宾语的位置也可以居前,如:

臣曰:"斯杀不酷,唯以投大海中。"(六度28)
其城纵广四百八十里,皆以七宝作城,其城七重,其间皆有七宝琦树,城上皆有七宝,罗縠缇缦以覆城上。(道行471)

这些意见都使我们对处置式形成的途径和机制作进一步的思考,使处置式的研究更加深入。

4.4.2.2 下面,我谈谈自己的看法。

(1)首先,对表处置的"以"字句怎么看?对工具式和处置式的关系怎么看?这两个问题是紧密相关的。

通常所说的"以"字处置式都是"广义处置式",包括"处置(给)""处置

---

① 按:"以告族"《左传》原文为"告以族"。

(作)""处置(到)"三种格式。其中"处置(作)"比较特殊①,这里暂不讨论。这里先讨论表"处置(给)"的"以"字句。这种格式中"以+O_1"是放在动词前面的,但是在古汉语中,同样是"给"类动词的"以"字句,"以+O_1"也有放在动词后面的。这一点,刘子瑜(2002)已经举了一些例子,并因此而认为"以"字结构不是处置式。冯春田(2000)虽然很明确地把表示处置"给""作""到"的"以"字句看作处置式,但他也说"处置介词'以'……与表示工具的'以'其实是同一介词",而且举出了一些相应的例句。如:

> 以其女妻伯比。(左传·宣公四年)
> 秦妻子围以宗女。(史记·秦本纪)
> 且饮食人以不洁净,小过也。……人误以不洁净饮食人,人不知而食之耳。(论衡·雷虚)

我还可以补充一些例子:

> 庄公通焉,骤如崔氏,以崔子之冠赐人。(左传·襄公二十五年)
> 太子曰:"君赐我以偏衣、金玦,何也?"(国语·晋语一)
> 主不积务于兵者,以其国予人也。(管子·参患)
> 毋予人以壤,毋授人以财。(管子·山至数)
> 天子不能以天下与人。(孟子·万章上)
> 故君子之富也,与民以财,故士民乐之。(贾谊《新书·大政上》)

《论衡·雷虚》的例子最有启发。这是紧接着的两个小句,两句中有同样的动宾词组"饮食人",同样的介宾词组"以不洁净"。第一句"以不洁净"在"饮食人"之后,肯定是表工具的,"以"是表工具的介词,"不洁净"是动作"饮食"的工具。而第二句就是通常所说的"处置(给)"。为什么在第二句中"以不洁净"在"饮食人"之前,就不是表工具,"以"就不是表工具的介词,"不洁净"就不是动作"饮食"的工具了呢?应该说,介宾词组"以不洁

---

① 除了"致使义处置式"以外,早期处置式中的介词(包括"以"和"将""把"等)的语法作用都是引进动词的受事。但有不少"处置(作)"中"以"字的作用不是这样。如"以仲子为巨擘",不能说"以"的作用是引进"为"的受事"巨擘"。关于"以"字"处置(作)"的性质问题,刘子瑜(2002)也已谈到。

净"在动词前和动词后有语用上的差别,但在表工具这一点上,是没有差别的。所以,通常所说的表"处置(给)"的"以"字句和工具式"以"字句实质上没有差别。

不过,这种"以"字结构放在"给"类动词前面的句子,如 P. A. Bennett(1981)所举的"尧以天下与舜",确实和后代的"将/把"处置式"尧把天下给舜"很相近,其中的"以"字也可以看作是引进受事的。这本来是一种只在某种特定的语境中才有的用法,但随着这种格式在语言中的长期使用,这种用法会逐渐凝固下来。到汉代,出现了"处置(到)""以"字句。和"处置(给)"相比,"处置(到)"有一点不同:句中的"以"字结构绝大多数在动词前面,而且不能移到动词后面去。这说明"处置(到)"中的"以"引进工具的作用减弱,而引进受事的作用加强了。但"以"字结构放在动词后面的例子也不是没有,而且也有"以"字结构放在动词前面,"以"的宾语省略的。如刘子瑜(2002)所举的例子:

树吾墓上以梓,令可为器。(史记 1472)
臣曰:"斯杀不酷,唯以投大海中。"(六度 28)

这是后代的"将/把"字处置式所不可能出现的形式,而恰恰是工具式"以"字句的特点。这说明表"复以弟子一人投河中"这类句子虽然处置性加强,但还保留一些工具式的特点,可以看作是保留了从工具式演变为处置式的痕迹。

但这只是对"以"字功能演变的描写,而不是对"以"字功能演变的解释。现在要讨论的是:"以"的作用本是引进工具,为什么能发展为表示处置(引进受事)?工具式和处置式究竟是什么关系?

工具式和处置式都由连动式发展而来,"以""持""将""捉""把"等原来都是动词,后来又都有表工具和表处置的用法,这是很明显的事实。但工具式和处置式有一个重要的区别:在工具式"$P+O_1+V+O_2$"中,一般是"$O_1 \neq O_2$",如"以戈逐子犯","逐"的是"子犯",不是"戈";而在处置式"$P+O_1+V+O_2$"中,必须是"$O_1=O_2$"[①],如"当持是经典为诸沙门一切说之","说"的受事是"之",也就是"经典"。两种句式中的 O_2 都可以不出现(处置式以不出现为常),在这种情况下,两者还是有区别的:在工具式"以

---

① 致使义处置式除外。关于致使义处置式和工具式的关系,下面再讨论。

$+O_1+V$"中，V 的受事（accusative）绝不是 O_1。"以釜甑爨，以铁耕"，"耕"的是田，不是"铁"；而在处置式"以$+O_1+V$"中，V 的受事（accusative）必须是 O_1，"但愿春官把卷看"，"看"的就是"卷"。所以，在 V 的受事（accusative）出现，或者虽不出现但显然隐含着的情况下，工具式和处置式的区别是很清楚的，一般说来，工具式无法重新分析为处置式。

那么，"以"字处置式中的"以"表处置的功能是怎样发展来的呢？

这里仍不讨论"处置（作）"，只讨论"处置（给）"和"处置（到）"。上面说过，"处置（给）"中的"以"和工具式中的"以"实质上没有差别，"处置（到）"中的"以"也是从表工具的"以"发展来的。这两种格式有这样的特点：1. 从结构看，在"以$+O_1+V+O_2$"中，动词后面的宾语，都不是动词的受事（accusative），在"以"字"处置（给）"句中，动词后面的宾语是与事（dative），在"以"字"处置（到）"句中，动词后面的宾语是处所（locative）。这是由"给予"类动词和"放置"类动词的语义特点决定的，"给"类动词可以带与事宾语，"放置"类动词可以带处所宾语。因为受事不出现，所以工具式和处置式的区别不明显，人们既可以把它们看作工具式，也可以把它们看作处置式。2. 从语义看，"给予"类动词和"放置"类动词都需要一个受事论元。如果受事论元和工具论元同时出现，则两者绝不相混，这个句子很清楚是工具句。如："用丝绸换粮食"，"用黄沙铺路"，都只能是工具句，而不可能转变为处置句。如果动词后面不出现受事，而只出现与事/处所，那么，这个受事论元就是隐含着的；如果动词后面只有与事/处所，同时动词前面有用"以"作标记的工具论元，那么这个工具论元就可能被看作受事论元。因为，用来给人的东西就是给人的对象，用来放置在某处的东西就是放置的对象。比如："用丝绸送人"，意思和"送人丝绸"一样；"用黄沙铺在上面"，意思和"在上面铺黄沙"一样。所以，在"以$+$工具$+V+D/L$"的句式中，"以"的宾语原来是表示动作的工具的，但也可以理解为动作的受事。这样，"以"的功能就从引进工具变为引进受事，和后代表处置的"将/把"的功能一样了。

所以，能够表示处置义的"以"字句范围是有限的，只限于动词是"给予"类、"放置"类的"以"字句，而且动词后面不能是受事，只能是与事或处所，也就是说，只能从工具式转成"处置（给）"和"处置（到）"，而不可能转成狭义处置式。笼统地说"引出工具和引出受事这两种语法关系密切，前一种用法很容易转变成后一种用法"是不妥当的，说"工具式'以'字句重新分析就成为处置式'以'字句"也失之宽泛。冯春田（2000）说："这些

'以'字处置句能否扩展为其他语法类型(不限于处置'给''作''到'三类)的处置式呢?从理论上说这应该是可能的。……不过,实际上的例子却极为难得。"我认为,根据上面所说,除了这三类以外,工具式和处置式的区别相当明显,超出这三类的范围,"以"字句就只能是工具式,不可能是处置式。找不到三类以外的例子,这不是由于文献不足,而正好是证明了没有这种可能性。

上面所说的工具式和处置式的区别以及工具式转变为处置式的条件是十分清楚的,这可以用学者们举过的例句来检验。梅祖麟(1990)引了《述异记》的一段文字:

> 王瑶宋大明三年,在都病亡。瑶亡后,有一鬼细长黑色,袒著犊鼻裈,恒来其家。或歌啸或学人语,常以粪秽投人食中。又于东邻庾家犯触人,不异王家时。庾语鬼:"以土石投我,了非所畏,若以钱见掷,此真见困。"鬼便以新钱数十,正掷庾额。庾复言:"新钱不能令痛,唯畏乌钱耳!"鬼便以乌钱掷之,前后六七过,合得百馀钱。(《太平广记》卷三二五引《述异记》,《古小说钩沉》,156)

这段文字中共有五个"以"字句。其中"以土石投我"、"以钱见掷"、"以乌钱掷之"一定是工具式,这是因为"$O_1 \neq O_2$",而且 O_2 是受事,所以无法转变为处置式。"以粪秽投人食中"本来也是工具式,但可以理解为处置式,这是因为 O_2(人食中)是处所,V(投)的受事在后面没有出现,所以人们可以把前面的"粪秽"看作受事,于是"以"的功能就从引进工具变成了引进受事。"鬼便以新钱数十正掷庾额"介乎两者之间,这是因为"额"应是受事(这就是工具式),但也可看作处所"额上"(这就是处置式)。

4.4.2.3 接着还要讨论一个问题:后代"将/把"字句也有很多"处置(给)""处置(作)""处置(到)"的"广义处置式",这些句式和"以"字句处置式有什么关系?有的学者认为,这是在"以"字句处置式形成之后,用"将/把"替换了"以"字而形成的,是处置介词替换的结果。这种看法值得商榷。

什么是"词汇替换"?"词汇替换"的前提必须是几个词的词义或语法意义相同(至少是很相近),才能替换。原来说"天晴盖却屋,乘时刈却禾",后来说"趁晴盖了屋,乘时刈了禾",这是词汇替换。但这种替代只能发生在"了"演变成动态助词之后,如果"了"还是动词,它的语法意义和

"却"根本不同,绝不可能替代"却"。原来说"鱼与熊掌",后来说"鱼和熊掌",这是词汇替换。但这种替代只能发生在"和"演变成连词之后,如果"和"还是动词"掺和",它的词义和"与"根本不同,绝不可能替代"与"。原来说"为人害",后来说"被人害""给人害",这是词汇替换。但这种替代只能发生在"被""给"演变成被动标记之后,如果"被""给"还是动词,也绝不可能替代"为"。"了""和""被""给"等必须先完成词义或语法意义的演变,才能替代"却""与""为",而绝不可能倒过来,先替代了"却""与""为",然后引起词义或语法意义的演变。也就是说,推动语法变化的是主要语法化,而不是"词汇替换";"词汇替换"是词义演变或语法化的结果,而不会是词义演变或语法化的原因。我赞同贝罗贝的观点:"我不相信词汇替换可以很好地解释汉语历史上的新形式的出现。"当然,语法化本身又有自己的动因,而且各种不同类型的语法化的动因各不相同,比如,"把"字语法化的动因,如 P. A. Bennett(1981)所说,是"把"在连动式中处于次要动词的位置,而"以"语法化的动因,如上所说,是"以+N+给予类动词+D"和"以+N+放置类动词+L"这种句式的结构特点和语义特点。("以"从工具介词演变为处置标记,处置标记比工具介词更虚,所以也是语法化。)

所以,后代"将/把"字"广义处置式"产生的原因不可能是用"将/把"替换原有的"以"字处置式中的"以"字。如果"将/把"不表示处置,就不可能替换"以"。如果说"将/把"已经表示处置,所以能替换"以",那么,问题又回到了原处:"将/把"为什么能表处置?什么是它的来源?可见,"词汇替换"说解决不了"将/把"字"广义处置式"的来源问题。

"将/把"字"广义处置式"会不会像"以"字处置式一样,由"将/把"字工具式演变而来?从理论上讲,这是可能的,"以"字的演变途径,"将/把"可能再走一遍。而且,"将"和"把"确实也都有引进工具的用法。但是,研究历史语法,必须注意语法演变的时间问题。从现有研究成果来看,"将/把"字"广义处置式"在刘宋就出现了,如:

我今可将此女与彼沙门。(增壹阿含经,41)
瓒灵母弟置城上,诱呼灵。(三国志·魏书·徐晃传裴注)

而"将"引进工具的用法直到六朝晚期才出现[①]。如：

> 雁持一足倚，猿将两臂飞。(庾信《和宇文内史春日游山诗》)
> 奴以斧斫我背，将帽塞口。(颜之推《还冤志》)
> 唯将角枕卧，自影啼妆久。(江总《病妇行》)

"把"也是如此。"把"字句初唐就有，而"把"引进工具的用法直到中唐才出现。如：

> 直把春偿酒，都将命乞花。(韩愈《游城南·嘲少年》)
> 轻将玉杖敲花片，旋把金鞭敲柳丝。(张祜《公子行》)

所以，说"将/把"字"广义处置式"由"将/把"字工具式演变而来，在时间上遇到了困难。退一步说，就算在处置式产生之前就有个别的"将"字用于工具式的例子，但由于"十分罕见"，也不可能成为重新分析的基础。

那么"将/把"字"广义处置式"是怎样产生的呢？我赞同刘子瑜(2002)的意见：是从连动式演变而来。刘子瑜(2002)中找到的从东汉到六朝的一些"将"字句，其中有些"将"字都不可能是表工具的介词，但是既可以看作是"携带"义的动词，又可以看作是表处置的标记，这正是从"连动——处置"的重新分析。

> 令数吏将建弃市，莫敢近者。(汉书·赵广汉传)
> 遂将后杀之。(三国志·武帝纪裴注)
> 三年春，可将英、叶卖之。(齐民要术243)
> 汉道士从外国来，将子于山西脚下种，极高大。(齐民要术705)

"将"的"携带"义汉代就有了，而且用得相当普遍。所以"将"字句由"连动"到"处置"的演变是完全可能的。这种演变途径，祝敏彻、王力、P. A. Bennett、贝罗贝等学者都已经讲得很清楚，此处就不重复了。"将"字广义处置式形成的途径应该是和这些"将"字句一致的。而且，现在对历

[①] 魏培泉(1997)认为《荀子·王霸》"百工将时斩伐"中的"将"是表工具的介词。但他也说：战国时期以及从汉到隋，"将"用于工具式"十分罕见"。

史上不同时期出现的各种处置式研究得比较充分,"取""持""捉"等处置式都受到了关注。而这些表处置的虚词,原来都是有"握持"义,或者与"握持"义相关的,它们都以动词的身份进入连动式,而且是作为连动式中的第一动词,然后逐渐语法化,由动词变为表处置的标记。这确实非常一律,而这正说明这些用"取""持""将""把""捉"等作标记的处置式的形成有共同的语法化的途径。而"以"字处置式的形成是另一途径。处置式作为一种常用的、历时久远的语法格式,有不同的形成途径,这是不奇怪的。

4.4.2.4 下面讨论致使义处置式的产生。

前面说过,有的学者认为致使义处置式的产生方式是由介词"将/把"加上施事主语句构成。这样说只是说明了这种句式的结构特点,并没有说明为什么"将/把"可以加在施事主语句前面。也就是说,我们需要说明的是:一般的处置式在"将/把"后面都是受事,为什么到了唐代,"将/把"后面却可以出现施事?

蒋绍愚(1997)和(1999)对这个问题作了部分的回答。文章认为,有一些致使义处置式的谓词是使动义的动词或形容词,或者是含有使动义的动结式。如:

a 林黛玉只是禁不住把脸红涨了。(石25)← b 宝玉红涨了脸。(石6)

a 把我的新裙子也脏了。(石62)← b 可惜污了他的新裙子了。(石62)

a 竟越发把眼花了(石41)← b 花了眼。

a 早又把眼睛圈儿红了。(石23)← b 红了眼睛圈儿。

a 把花姑娘急疯了。(石43)← b 急疯了花姑娘。

a 把个宝钗气怔了。(石34)← b 气怔了宝钗。

a 把个山阳县急的搓手。(儿13)← b 急的我把帽子也摘了。(儿32)

a 把你哭的这么个样儿。(儿40)← b 哭的你这么个样儿。

这些致使义处置式的形成途径和一般处置式一样,可以看作是用"将/把"把宾语提前而成的。只不过这些句子中的谓词是使动义的动词或形容词,或者是含有使动义的动结式,其宾语在语义上是谓词的施事或当事,所以,宾语放到谓词前面的时候,就构成了一个施事(或当事)主语句。这可以用这样的方式来表示:"S+Vc+O"用"将/把"提前宾语 O,O 是 V 的施事,所以提前之后就成了"S₁+将/把+[S₂+V]"。

文章还引用《元曲选》的例子来说明这样的转换是在语言中实际存在的:

兀的不傒幸杀我也。(赵氏孤儿,四,白)——→多不到半合儿把我来傒幸杀。(合汗衫,二,曲)

而且,这种处置式确实有致使义,因为句中的"把"可以用表致使的"著"代替:

好著我半合儿傒幸杀。(昊天塔,二,曲)

但是,这种解释不适用于全部致使义处置式。因为,并非所有的致使义处置式中的谓词都是可以用作使动的动词或形容词。而且,如果是这种形成途径,原来谓词后面的宾语既然已经用"将/把"提到前面去了,在"S₁+将/把+[S₂+V]"后面不应该再有宾语,而事实上,很多致使义处置式在"S₁+将/把+[S₂+V]"后面还是有宾语的。可见由含有使动义的"S+Vc+O"转换成"S₁+将/把+[S₂+V]"只是致使义处置式的来源之一,还有"S₁+将/把+[S₂+V+O]"的来源还需要解释。

对此,文章认为,有些致使义处置式"S₁+将/把+[S₂+V+O]"是由工具句演变而来的。这种句子的特点是:"以/将"后面的名词是人体或人体器官(如"眼""身"),"以/将"原来是引进工具的,表示人用某种器官做某种动作。但人体器官也可以独立地发出某种动作,如果作这种理解,"将/把"后面的名词就成了动作的施事或当事,而整个句子就成了致使义处置式。或者,"以/将"后面的名词是某种物体,句中的动词本是表示动作的,"以/将"后面的名词是这种动作的工具,但这些动词属于"动作—状态"一类(如"悬""压"),如果理解为状态,"以/将"后面的名词就是这种动作的当事,整个句子也就成了致使义处置式。如:

怜君将病眼,为我犯埃尘。(白居易《酬张十八访宿见赠》)
分明知是湘妃泣,何忍将身卧泪痕。(杜牧《斑竹筒簟》)
以珠悬于空中。(《修行本起经》)

惊杀东邻绣床女,错将黄晕压檀花。(杜牧《偶作》)

但具有这种特点的句子只是致使义处置式中的一部分。怎么来解释其余致使义处置式的形成呢?文章是用"功能扩展"来解释的。就是说,本来,上述致使义处置式的形成是有条件的:或者谓词可以有使动用法,或者"以/将"后面的名词是人体或人体器官,或者句中的动词是"动作—状态"类的。但是,通过这样的途径形成了"将/把+[S+VP]"型的致使义处置式,而且频繁使用之后,人们觉得可以在"将/把"后面加上一个施事主语句来构成处置式,而不再顾及那些条件了。于是就出现了上述类型以外的致使义处置式。

我自己觉得,关于致使义处置式的形成问题还需要继续讨论。上面的说法,显然是有欠缺的。因为,实际上并不是在"将/把"后面任意加上一个施事主语句就能构成处置式。解释的不充分源于描写的不充分。恐怕先要对致使义处置式作一个细致的描写分析,看看究竟哪些施事主语句可以放在"将/把"的后面,哪些不能,并且分析其原因,然后在此基础上探讨致使义处置式形成的途径。

三 从表处置到表致使——"把/将"字句功能的历史发展

4.4.3.1 把"把/将"字句称作"处置式",是认为这种句式的主要功能是表示处置。有的学者对此有异议,认为不少"把/将"字句并不表示处置。他们的说法也有道理,因为"把/将"字句是一种历时十分久远,来源相当复杂,运用非常广泛的句式,它的功能确实不是单一的。薛凤生(1989)则更进一步对"处置"说提出根本性的否定,认为"把"字句"不是表示'处置'"。他举出如下例句,认为这些"把"字句无法用"处置"来解释。

他把黑板(上)写满了字。
他们把花生全吃了。
你可把我想死咯!
那班学生把王老师教惨啦!
那些衣服把她洗得直不起腰来。

他认为"把"字句的定性可归纳如下:

句法结构：A 把 B+C
语义诠释：由于 A 的关系，B 变成 C 所描述的状态。

他的观点有很大的影响，为很多研究"把"字句的文章所引述。尽管文章谈的是现代汉语的"把"字句，我们在讨论处置式的历史发展时，也必须认真考虑这种观点。

我认为，这种观点有不全面之处，但注意到了"把/将"字句发展过程中的一个重要趋势："把/将"字句的功能逐渐由主要表"处置"变为主要表"致使"。

崔希亮(1995)对《红楼梦》和一部当代小说《男人的一半是女人》中的"把"字句作了穷尽性的调查和分析，他的结论是：《红》和《男》中的"把"字句分两类：

（1）结果类(VP=VR 或包含 VR)　符合薛的解释的在 86% 以上，薛的解释适用。

（2）情态矢量类(VP=一 V/V 一 V/V 一下)　符合薛的解释的在 14% 以下，薛的解释不适用。

"情态矢量类"的"把"字句如：

她把你看了一眼。

这个例句薛凤生(1989)也分析过，薛凤生认为仍然是符合他给"把"字句下的定义的："如果说话人想象一个男人由于被某个女人看了一眼而状态受影响，他就可以对那个男人说'她把你看了一眼'，意思是'他在注意你'或'你受他的注意'。"但这种解释比较牵强。我们在《石头记》中也看到这类句子：

忙把湘云瞅了一眼。（石 25）

"瞅了一眼"显然是对湘云发出的动作，而不是湘云的状态。再如早期"把"字句很多只用一个单纯的动词，如"徒把凉泉掬"，"莫把杭州刺史欺"，"仰山便把茶树摇"（均见前），也都不能用"由于 A 的关系，B 变成 C 所描述的状态"来解释。钱学烈 1991 所举《全唐诗》中把字句绝大部分表处置义，不表致使义。据蒋绍愚(2015)统计，《敦煌变文校注》和《全唐诗》

中的把字句也多数表处置而不表致使。

又如薛文所举的例子:"那班学生把王老师教惨啦!"当然不能用"处置"来解释。但如果把例句改成:"王老师把那班学生教惨啦!"(王老师对学生很不好)则又适合于用"处置"来解释,如果要把"教惨了"解释为"学生"的"状态",就只有把"教"说成被动,而这也是比较牵强的。可见,薛文的定义,也不能全部概括现代汉语中的"把"字句,更不用说历史上的"将/把"字句了。

但崔希亮(1995)的统计显示,至少在现代汉语中,大多数"把"字句能用薛文的定义来解释。如果说历史上(特别是唐宋时期)的"将/把"字句是以表处置为主,那么,到现代汉语中,就是以表致使为主了。是什么因素促使这种功能转变?这是我们要认真研究的问题。由于研究不够,在这里只能谈一些初步的看法。

4.4.3.2 郭锐(2003)认为把字句的语法意义是"致使",其语义构造可表示为:致使者(NPa)＋把＋被致使者(NPb)＋致使事件谓词(V1)＋被使事件谓词(V2)。

郭锐所说的"致使"主要着眼于把字句中的 V1(致使事件谓词)和 V2(被使事件谓词)的关系。他将把字句分成两种类型:

(一)分析型把字句。句中包含表达致使事件的谓词 V1 和被使事件的谓词 V2。由于致使事件导致被使事件产生,所以是一个致使情景。如:

他把衣服洗干净了。[致使事件:他洗衣服。→被使事件:衣服干净。]

(二)综合型把字句。有的把字句只有一个动词,仍然是一个致使情景。他用"隐含被使事件谓词"和"隐含致使事件谓词"来加以解释。如:

她……把针椎在头皮上刮了一下。[她在头皮上刮针→针椎滑溜]　　隐含被使事件谓词

我把钱包丢了。[我不小心→钱包丢了]　　隐含致使事件谓词

他所说的"致使"有时和"处置"并不矛盾:(V1)可以是对(NPb)的处置,但从(V1)和(V2)的关系看,(V1)导致(V2),所以仍然是表示致使语

义。他说:"'处置'实际上是一种特殊的'致使':有意志力的(volitive)主动的(initiative)施行性的(agentive)致使。"而不能用"处置"解释的把字句也是致使。他认为"致使性"可以将把字句表达的各种语义统一起来。

薛文和郭文都是立足于现代汉语所作的分析。那么,从历史上看,情况又是怎样呢?

4.4.3.3 蒋绍愚(2015)对把字句功能的历史演变做了考察(本书引用有改动)。

文章认为,从把字句的历史发展来看,其语义功能有一个重大的变化:从表处置为主,到表致使为主。按照郭文那样分析把字句的语义,使得大部分现代汉语的把字句有一个统一的解释,固然是他的长处;但是,如果着眼于考察把字句的历史演变,那么,忽视了表"处置"和不表"处置"的差别,只看到它们的共同点(都表示郭文所说的"致使"),那又会忽略这个重大的历史变化。

首先应当说明,"处置"和"致使"这两个语义范畴,彼此间是有关联的。典型的处置,既要说出施行的动作,又要表明对象的变化,动作导致对象的变化,这确实包含着致使关系。这一点,对于把字句的功能从以表处置为主演变为以表致使为主,是十分重要的。这在下面将详细论述。但我们说把字句究竟是表处置还是表致使,主要指的是这种句式表示的主要是哪一种语义关系,构成这种句式的关键标记"把"起什么作用。如果整个句式(如"我们把敌人赶跑了")是表示 S 对 N 施行 V 或 VC 这种处置,"把"的作用是标记处置的对象,那就应当认为这种把字句的句式是表处置;尽管谓语中的 VC(赶跑)可以看作是致使关系,仍然不把这些把字句称为表致使。如果整个句式(如"你怎么把特务跑了")是表示 S 使 N 产生了 V 或 VC 这种状态,"把"的作用不是标记处置对象,而是表示 S 和 [N+V/VC]之间的致使关系(大致相当于"使"),那就应当认为这种把字句的句式是表致使。说"我们把敌人赶跑了"这个句子中的"赶跑"表致使关系,这固然不错。但如果因为一个句子中包含"赶跑"这个表致使关系成分,就把这个句子的功能看作表致使,那么,"我们赶跑了敌人","我们把敌人赶跑了","敌人被我们赶跑了",这些句子的功能就都成了表致使,这样就使得一般动宾句、把字句、被字句这三种不同句式的功能混为一谈了。所以,我们在分析把字句这种句式的功能时,不把"我们把敌人赶跑了"的功能说成表致使。

文章选取《敦煌变文校注》《祖堂集》《全唐诗》《元刊全相平话五种》

《儿女英雄传》五种历史文献,用以考察把字句语义功能的历史变化。

文章将把字句的语义功能分成四类:

(1) 只能看作处置,不能看作致使。

这里所说的"处置",是扩大了的"处置",即:在把字句[S+把+N+VP]中,V 是 S 施加于 N 的动作,可以是动作动词、附着动词、言说动词等,但不能是精神行为、感受现象、意外的遭遇和不及物动词。N 的状况通常发生了改变,但也可以不改变。整个句子大致可以理解为"S+VP+N"。

这类句子之所以不能看作致使,是因为句中的 VP 无法看作 N 的状态,其中的"把"不能读作"使"。

(2) 只能看作致使,不能看作处置。

这里所说的表"致使",限于这样一些把字句的功能:在把字句[把+N+VP]中,

A) VP 表示 N 的状态,N 和 VP 构成主谓关系。

B) "把"字可以用"使"字替换,整个句子可以读作"S 使 N 产生 VP 的状态"。

这类句子之所以不能看作处置,是因为句中的 VP 无法看作施加于 N 的动作,其中的"把"只能读作"使"。

此外,像"把安老爷哭的没了主意"(详下)这样的句子,也属于这一类。

(3) 既能看作处置,又能看作致使。

这类句子的 VP 既可以看作 S 施加于 N 的动作,也可以看作 S 使 N 产生的状态。整句理解为"S+VP+N"和读作"S 使 N 产生 VP 的状态"都可以。

(4) 既不能看作处置,又不能看作致使。

这类句子中的 V 是精神行为、感受现象、意外的遭遇和不及物动词,所以不是处置。但 VP 不是 N 的状态,N 和 VP 不构成主谓关系,"把"不能读作"使",所以也不是致使。(如"我把他忘了。")

统计的结果列表如下(对把字句功能的判断有的未必很准确,但可以作为大致的参考):

	只能看作处置	只能看作致使	看作处置和致使均可	既不能看作处置,又不能看作致使
敦煌变文校注	20	4	11	
祖堂集	8	0	1	
全唐诗	82	11	64	1
元刊全相平话	53	5	8	2
儿女英雄传	约 280	约 480	约 620	20

下面把《敦煌变文校注》和《儿女英雄传》的例句列出一部分,其余三种文献的例句从略。

《敦煌变文校注》:

把字句共 35 句。可分为三类:

(1) 只能看作处置:20 次。其中的动词很多是施行性动词。

> 却思城外花台礼,不把庭前竹马骑。(维摩诘经讲经文四)
> 莫遣违心于弟误,莫教失事把兄猜。(双恩记)

(2) 只能看作致使:4 次。N 是 VP 的施事或当事。

> 断除邪见绝施为,莫把经文起违逆。(维摩诘经讲经文一)
> 如斯数满长无倦,能把因缘更转精。(维摩诘经讲经文三)
> 忽然只把这身心,自然不久抛生老。(维摩诘经讲经文四)
> 众生尽把真心,还似莲花未坼。(维摩诘经讲经文三)

(3) 看作处置和致使均可:11 次。其中的动词很多是兼表动作和状态的。

> 乾坤似把红罗展,世界如铺锦绣堆。(维摩诘经讲经文一)
> 把舜子头发悬在中庭树地。(舜子变)

《儿女英雄传》：

(1) 只能看作处置：

1) "把+N"后面是单个的双音节动词，或是"VV""V了V""一V"，或是"VC""V了""V了+量词"等，动词的施行性很强。如：

> 朝廷差了一位甚麽吴大人来把他拿问。(第十五回)
> 那女子走到跟前，把那块石头端相了端相。(第四回)
> 那陀头一时气忿，把妇人用刀砍死。(第十一回)
> 就让你这时候一刀把他杀了，这件事难道就算明白了？(第十八回)

2) V前有"给我""给他""遣人"等词语，或V后面有复指代词"他"，表明V不是N的状态，而是S施行的动作。

> 把你读的十三部经书，以至《论》《孟》都给我理出来。(第三十三回)

(2) 只能看作致使，句中的"把"可以用"使"替换。主要有以下几种：

1) "把+N"后面是"V得C"，V是"乐/急/羞/喜欢"等表示感情的词，或是"忙/热"等表状况的词，"V得C"表示N的状态。

> 把他乐得手舞足蹈。(第十八回)
> 把位安太太忙得头脸也不曾好生梳洗得。(第一回)

2) "把"后面是个施事/当事主语句；或"把"后面是个被动句。

> 至于安公子，空吧嗒了几个月的嘴，今日之下，把只煮熟的鸭子飞了。(第二十五回)
> 那水直串到本工的土泊岸里，刷成了浪窝子，把个不曾奉宪查收的新工，排山也似价坍了下来。(第二回)
> 不想我的干女儿没得认成，倒把个亲女儿叫弟夫人拐了去了！(第三十二回)

3)"把"后面的 N 是 V 的受事,但整个 VP 是对 N 的状态的描述。VP 是表状态的"V 得 C"或"V 了个 C",描述 N 的状态。

把你我的两间屋子给收拾得一模一样。(第二十九回)

(这位姑娘)已经了安老爷这番琢磨点化,霎时把一条冰冷的肠子沤了个滚热。(第二十回)

VP 是"V 在""V 作",是描述 N 的状态。

那跑堂儿的答应了一声,转身就往外取壶去了,把个公子就同泥塑一般塑在那里。(第四回)

他登时把一段风肠化作柔肠,一腔侠气融成和气。(第十九回)

4)[S+把+N+V+(得)+C]。V 是 S 的动作,但处置性不强,或不是对 N 的处置;C 是 N 的状态。整句意思是:SV,使 N 成了 C 的状态。

他便望着那银子大哭起来。这一哭,倒把安老爷哭的没了主意。(第三十九回)

这一阵穿插,倒把个姑娘的眼泪穿插回去了。(第二十回)

(3)看作处置和致使均可:

1)"把+N"后面的动词,既可表示施行于 N 的动作,也可表示 N 呈现的状态。

那殿头官又把旗儿一展。(序)
那两三个笨汉见他进去,随即把门关上。(第十四回)

2)N 是身体的一部分,V 既可表示人(S)施行的动作,也可表示身体的一部分(N)的状态。

那女子就把身子一扭,甩开左脚,一回身,噔的一声,正踢在那和尚右肋上。(第六回)

在那里把头碰的山响,口中不住讨饶。(第六回)

(4) 既不是处置,也不是致使(不能理解为"使＋N＋VP",也没有隐含致使谓词)。

1) V是心理动词、感受动词、不及物动词。

　　把前后的话一想。(第十九回)
　　玉凤姑娘一面吃饭,把他这段话听了半日。(第二十一回)
　　因此要趁着今日,把这一腔离恨哭个痛快,便算合他作别。(第二十一回)

2) N不是V的受事。

　　我方才把这庙里走了个遍,怎的不曾见个人来?"(第七回)

从上面的例句可以看出,到了清代把字句的结构变得相当复杂,其语义功能也变得非常多样。从总的趋势看,把字句的功能是从晚唐五代的表处置为主,变为清代的表致使为主。

表致使的还可以进一步发展。像上面所说的"只能看作致使"的第3)类:

　　至于安公子,空吧嗒了几个月的嘴,今日之下,把只煮熟的鸭子飞了。(第二十五回)
　　那水直串到本工的土泊岸里,刷成了浪窝子,把个不曾奉宪查收的新工,排山也似价坍了下来。(第二回)

这一类把字句,常常表示一种说话者意想不到的、不如意的情况的出现。这种把字句在近代汉语后期的作品中有不少,如:

　　谁承望马嵬坡尘土中,可惜把一朵海棠花零落了。(白朴《梧桐雨》第四折)
　　怎么忽然把个晴雯姐姐也没了,到底是什么病?《红楼梦》第七十九回)
　　贾老儿既把个大儿子死了,这二儿子便成了个宝贝。(《老残游记》第十五回)

这些把字句都是没有主语的,即没有说出是谁致使或什么致使。《梧桐雨》和《红楼梦》的例句还是明显的有致使义,而且例句里的事件实际上是有原因的,致使"海棠花零落"(指杨贵妃死)的原因是马嵬兵变,致使晴雯死的原因是抄检大观园;只是说话人不愿说出(或真不知道),所以显得无因而致,因而也就表现出说话人感到意外、不如意(参见蒋绍愚1999)。但《老残游记》的例句则毫无致使的意义,只剩下"贾老儿"对此感到意外、无奈的意思。北京大学中文系博士生郭浩瑜的博士论文《汉语处置式的历史演变研究》把这一类把字句称为"遭遇义把字句",这是表致使的把字句的进一步演变。

为什么把字句有从处置到致使的演变,蒋绍愚(2015)说了一些想法。简单地说,演变的原因有两个:一.处置与致使关联。如果处置和致使没有关联,就不会有从处置到致使的发展。二.汉语语法的历史发展。包括:(1)汉语中一些动词VP由表施行的动作变为表呈现的状态。(2)受事话题句的发展。(3)把字句的新形式[把+N(施事/当事)+VP]的出现。这些想法是不成熟的,这个问题还需要进一步研究。

4.4.3.4 黄正德等《汉语句法学》在谈到"把"字句时,说到有"常规的把字句"和"致使的把字句",这两者在结构上是有区别的。常规把字句的"把"和后面的NP可以作为一个单位,甚至可以一起放在句首,如:"把那堆文章,我早就改好了。"而致使的把字句中,"把"和后面的NP不能构成一个语法单位。此书认为常规的把字句的"把"字仍保留动词属性,而致使的把字句的"把"既不是真正的动词,也不是真正的介词,应该看作轻动词。(见《汉语句法学》第五章)根据这种分析,也可以说明,把所有的"把"字句统统看做是表致使的,并不很妥当。

本 节 参 考 资 料

贝罗贝1989:《早期把字句的几个问题》,《语文研究》第1期。
曹广顺、遇笑容2000:《中古译经中的处置式》,《中国语文》第6期。
曹广顺、龙国富(2005):《再谈中古汉语处置式》,《中国语文》第4期。
陈初生1983:《早期处置式略论》,《中国语文》第3期。
崔希亮1995:《把字句的若干句法语义问题》,《世界汉语教学》第3期。
冯春田2000:《近代汉语语法研究》,山东教育出版社。
戈 弋1958:《把字句的起源》,《中国语文》第2期。

郭浩瑜 2011:《汉语处置式的历史演变研究》,北京大学博士论文。
郭　锐 2003:《把字句的语义构造和论元结构》,《语言学论丛》第 28 辑。
黄正德、李艳惠、李亚非著,张和友译 2013:《汉语句法学》,世界图书出版公司。
蒋冀骋、吴福祥(1997):《近代汉语纲要》,湖南教育出版社。
蒋绍愚 1997:《把字句略论——兼论功能扩展》,《中国语文》第 4 期。
蒋绍愚 1999:《元曲选中的把字句》,《语言研究》第 1 期。
蒋绍愚 2008:《汉语广义处置式的来源》,《历史语言学研究》第 1 辑。
蒋绍愚 2015:《把字句的功能的历史发展》,《梅祖麟教授八秩寿庆学术论文集》,首都师范大学出版社。
刘子瑜 2002:《再谈唐宋处置式的来源》,《语言学论丛》第 25 辑。
吕叔湘 1948:《把字用法的研究》,《汉语语法论文集》(增订本),商务印书馆,1984。
梅　广 1978:《把字句》,《文史哲学报》。
梅祖麟 1990:《唐宋处置式的来源》,《中国语文》第 3 期。
钱学烈 1992:《试论全唐诗中的把字句》,《纪念王力先生九十诞辰文集》,山东教育出版社。
太田辰夫 1958:《中国语历史文法》,蒋绍愚、徐昌华译,北京大学出版社,2003。
王　还 1957:《把字句和被字句》,新知识出版社。
王　还 1985:《把字句中的"把"字宾语》,《中国语文》第 1 期。
王　力 1944:《中国语法理论》,商务印书馆。
王　力 1958:《汉语史稿》,科学出版社。
魏培泉 1997:《论古代汉语中几种处置式在发展中的分与合》,《中国境内语言暨语言学》第 4 辑。
吴福祥 1996:《敦煌变文语法研究》,岳麓书社。
吴福祥 2003:《再论处置式的来源》,《语言研究》第 3 期。
薛凤生 1994:《"把"字句和"被"字句的结构意义》,《功能主义与汉语语法》,北京语言学院出版社。
赵长才 2010:《也谈中古译经中"取"字处置式的来源——兼论"打头破"、"啄雌鸽杀"格式的形成》,《汉语史中的语言接触问题研究》,语文出版社。
朱德熙 1982:《语法讲义》,商务印书馆。
朱冠明 2002:《中古译经中的"持"字处置式》,《汉语史学报》第 2 期。
祝敏彻 1957:《论初期处置式》,《语言学论丛》第 1 辑。
P. A. Bennett 1981: The evolution of passive and disposal sentences, *JCL*. 9.1.

第五节　近代汉语的被动式

被动式在汉语中是自古就有的。但用"被"表示的被动式却是后起的,它的广泛运用是在唐以后。用"教""叫""让""吃""给"等表示被动更是后来的事。在本节中,主要讨论用"被"和用"吃""教(叫)""给"等形式的被动句的产生和发展。

一　"被"字句

4.5.1.1 王力(1958)对汉语被动式的发展有过概括的描写。先秦的被动式可以大致分为三个类型:(1)"于"字句;(2)"为"字句;(3)"见"字句。到了汉代,被动式有了新的发展。主要表现在两种形式:(1)"为……所"式,(2)"被"字句。"被"字原来是一个动词,有两个意义,一是"覆盖"义,一是"蒙受""遭受"义。表被动的"被"是后一种意义发展来的。"被"字句大约萌芽于战国末期。例如:

> 今兄弟被侵,必攻者,廉也;知友被辱,随仇者,贞也。(韩非子·五蠹)
> 万乘之国,被围于赵。(战国策·齐策)

但这些"被"字后面还不带关系语(即动作的施事)。带关系语的"被"字句在汉末出现,到南北朝时增多。例如:

> 五月二十日,臣被尚书召问。(蔡邕《被收时表》)
> 祢衡被魏武谪为鼓吏。(世说新语·言语)
> 亮子被苏峻害。(世说新语·方正)

这样,它就逐渐代替了"为……所"式。到唐代,带关系语的"被"字句越来越多,为现代汉语的被动式奠定了基础。

唐钰明(1987)(1988)的统计材料,证实了王力先生上述论断:

*	先秦	西汉	东汉	六朝
于	58%	27%	11%	1.1%
为	24%	21%	7%	3%
见	11%	20%	19%	20%
为×所×	0.9%	21%	52%	53%
被	1.1%	1.2%	5%	15%

唐代李白诗、杜甫诗、白居易诗、禅宗语录、敦煌变文集、祖堂集中，被动式共428例，其中"被"字句371例，占被动式87%；"被"带关系语的257例，占"被"字句69%。

下面我们来讨论"被"字句是怎样产生的。

王力(1958)说"被"字句萌芽于战国末期，这个意见是很对的。因为这一时期中的"被"字动词性还很强。上述《韩非子·五蠹》之例中的"被侵""被辱"也可以看作是动词"被"加宾语。试比较下面的例句：

> 世谓受福佑者，既以为行善所致；又谓被祸害者，为恶所得。（论衡·祸虚）

这个句子中的"被祸害"，因为和"受福佑"对举，而且"被"后面跟的是名词"祸害"，所以很明显是一个动宾结构，"被"是和"受"同义的动词，而不是表被动的。而《五蠹》中的"被侵""被辱"，除了"侵"和"辱"动词性较强外，和这里的"被祸害"没有什么不同。

上引《战国策》例中的"被围于赵"，因为后面已出现了介词词组"于赵"，"围"字的动词性就更明显些。但我们也可以拿它和下面一例对比：

> 邾娄人常被兵于周。（公羊传·昭公三十一年）

"被围于赵"和"被兵于周"结构一样，所不同的只是"兵"通常用作名词，只在这里活用为动词。那么我们能不能说《公羊传》中的这句话已经是表示被动的"被"字句呢？显然不能。因为严格地说，不论是"被兵于周"还是"被围于赵"，都应看作和"吾不能举全吴之地，十万之众，受制于人"（三国志·诸葛亮传）中的"受制于人"一样，其中的"于周""于赵""于人"都是用作整个动宾词组"被围""被兵""受制"的补语，而不是表示其中"围""兵"

"制"的施事者。

那么为什么又说"被辱""被围于赵"是"被"字句的萌芽呢？因为这些格式里"被"字后面的是动词，这样，"被＋动"就有可能由"动词＋宾语"（汉语中动词作宾语是常见的）变为"助动词（表被动）＋动词"。而到"被"字和动词之间出现关系语（施事者）的时候，真正的"被"字句就形成了。

P. A. Bennett(1981)这样描写这种发展过程：

在古汉语中，有些词可以兼属名词和动词。因此，在下列句子中，"被"后面的词的词性是不清楚的，因而"被"究竟是动词还是被动的标志(passive marker)也是不清楚的：

> 被辱。（韩非子）
> 国一日被攻。（战国策）
> 万乘之国被围于赵。（同上）

而当"被"后面的词有一个修饰语的时候，这才表明这个词是名词性的，因而"被"一定是动词。如：

> 被水旱之害。（史记）

而像"国一日被攻"这种句子，就可以产生重新分析（见下图）。

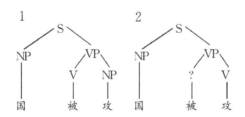

当第4—5世纪在"被"字后面可以插入施事者之后，出现的就是被动句，如：

> 亮子被苏峻害。（世说新语）

这个句子，除非很勉强地解释为"亮子受到苏峻的杀害"，才能把"被"看作动词，把"害"看作"被"的宾语。

他的分析大致是正确的。只是有一点需要说明:在汉语中,名词固然常常充当宾语,但动词充当宾语,也是很常见的现象。所以,在"被"字后面如果是一个名词性成分(如"水旱之害"),固然说明"被"是一个动词而不是被动的标志;但如果"被"后面是一个动词(如"攻"或"害"),"被"也仍然可能是一个动词而不是被动的标志。所以重新分析的关键,主要的不在于"攻"或"害"是名词还是动词,而在于它们和"被"构成什么关系。不过,只有当"被"字后面跟一个动词时,才有重新分析的可能,如果"被"字后面跟的是一个名词,就不可能发生重新分析了。

这种带关系语的"被"字句产生以后,随着时代的发展得到很迅速的发展。据袁宾(1989)统计如下(见下图)。

	共有被动句	被ZV	%
世说新语	9	2	22%
百喻经	6	2	33%
文　选	14	3	21%
敦煌变文	94	46	49%
祖堂集	76	59	78%

而据唐钰明(1988)统计,在《朱子语类》中"被"字句457例,而带关系语的被字句达399句,达到87%了。可见它已成了"被"字句的主要形式。

4.5.1.2 初期的"被"字句比较简单,在后来的发展过程中,出现了一些复杂的形式。许绍早(1956)、向熹(1958)、吕景先(1980)、袁宾(1989)谈到了这些句子,现综述如下:

(1) 有些"被"字句的谓语是一个固定词组,所以不能还原为主动句。如:

吾自到此土,被人六度下药。(祖堂集,1.75.1)
这阎婆惜被那张三小意儿百依百顺,轻怜重惜。(水浒,第二十一回)

(2) 带宾语的被动句:
① 宾语是主语的一部分,或为主语所领有。如:

如彼愚人,被他打头。(百喻经)

娘子被王郎道着貌丑。(敦煌文书《丑女缘起》)

② 宾语就是主语(名词或代词):

只如上座过在什摩处,即被打之?(祖堂集,1.181)

这厮夜来赤条条地睡在灵官庙里,被我们拿了那厮。(水浒,第十四回)

(3) 非被动关系的被动句:

二将奏曰:"被汉王诈宣我王有敕,赚臣落马。"(敦煌文书《汉将王陵变》)

其时被诸大臣道:"大王!太子是妖精鬼魅!"(敦煌文书《八相成道变文》)

今日五更被我起来张时,看见果然是这贼秃带顶头巾,从家里出去。(水浒,第四十五回)

俺见这厮们悭吝,被俺卷了若干金银器,撇开他。(水浒,第五十七回)

小人亲兄武大被西门庆与嫂通奸,下毒药谋害性命。(水浒,第二十六回)

(4) "被"字句与"把"字句结合:

那人又飞起脚来踢,被李逵直把头按将下去。(水浒,第三十八回)

被他把两个青毡包袱提在手中,驾斤斗云,不知去向。(西游记,第五十七回)

(5) 被动句的谓语前面加"不":

觑着莺莺,眼去眉来,被那女孩儿不睬不睬。(董西厢,卷一)

老汉自到蔡婆婆家来,希望做个接脚,却被他媳妇坚持不从。

(窦娥冤,第二折)

　　被武松不管他,拖了过来。(水浒,第二十六回)
　　三个正待要去捉他,却被他那里不肯相容。(水浒,第三十七回)

　　这几类例句,说明近代汉语中"被"字句发展过程中的复杂情况,同时也表明汉语的"被"字句和印欧语的被动语态(passive voice)不完全相同。

　　这里特别需要说明的是:既然有些"被"字句是"非被动关系",或者像下面王力先生所说,"没有被动意味",为什么还称之为"被动句"呢？确实,有的研究者不把这些句子称为"被动句",而只称为"被字句",这样表述会更准确一些。但是,这些不表被动的"被"字句是从表被动的"被"字句演变而来的,所以,我们还是把它们放在"被动句"这一章里讨论,只是在具体分析时把这两者区分开来。

　　4.5.1.3 上述(2)之②和(3)两类,王力(1958)就已经讲到。"被动式的作用基本是表示不幸或不愉快的事情。被动式的这种基本作用发展的结果,使'被'字句有可能脱离了被动式的正常结构甚至脱离了被动的意义而单纯地表示不幸。……这种表示不幸的脱离常轨的句子可以大致分为两种情况。第一种情况是施事者在动词前,受事者在动词后,和一般'主动宾'的结构相似,但是,'被'字放在主语前面。除非词序变换,否则不能成为被动式。……第二种情况,在结构上和第一种相同,只是没有被动的意味,'被'字仅仅用来表示一种不幸的遭遇,而且词序不能变换成为被动式。""被动式的作用不是单纯地变主动为被动,相反地,被字句可以拿主动式的姿态出现,只要求达到一个目的,就是表示不幸或不愉快的事情。"下面各引一个例句:

　　被猴行者骑定了夔龙。(大唐三藏取经诗话第七)
　　被猴行者化一团大石,在肚内渐渐会大。(大唐三藏取经诗话第七)

　　俞光中、植田均(1999)对被动句表示"不幸"的问题作了进一步的探讨,认为"语法不幸者"和"实际不幸者"不是一回事,"语法不幸者"和"$N_{受}$"也不是一回事。如:

　　清风寨军人,一时间被掳了恭人去。

那几个老和尚吃智深寻出粥来。

"军人"和"恭人"都是实际不幸者,但只有"军人"是语法不幸者。"老和尚"不是"N受",却是语法不幸者,"恭人"是"N受",却不是语法不幸者。

他们对王力(1958)所说的"表示不幸的脱离常轨的"两种被动句作了更详细的论述。他们把这种在"被"字前面无法补出主语的"被"字句称为"零被句",把王力所说的第一类称为R1,把王力所说的第二类称为R2。

R1根据语义可分为两类:1.语法不幸者隐含句外。2.句外没有隐含语法不幸者。这两类的"N受"通常都不是语法不幸者。各引一例:

被一个云游和尚引着一个道人来此住持。(水浒,第六回)
被人以先生长者目我。(朱子语类辑略,卷一)

《水浒》中值得同情人物之死、之活捉,多用"N被句"("被"前面有被动受体的句子),如下面第1例;而不值得同情的人物之死之活捉,只要不必庆幸,多用作R1中的"N受"。如下面第2例:

(雷横)斗到三十合,被司行方砍下马去。(水浒,第一百十五回)
被卢先锋杀死厉天闰。(水浒,第一百十五回)

R1兼有保持话题连续性的需要,但主要还是语义上的需要,和"N被句"有别。

R2的语义特点是没有表示被动的"N受",因而语义上不是表示被动的,句型上也就不属于被动句。而且都隐含句外语法不幸者。如:

被符氏藏匿帏下,崇训求之不得。(新编五代史平话·周史下)

4.5.1.4 俞光中、植田均(1999)对"零被句"的分析比较深入,但有些问题还可以进一步探讨。下面谈谈我的看法。

我们要讨论的问题是:这种"脱离常规的被动句(零被句)",其实都是可以转换成主动句的,第一种类型(R1)还可以转换为正常的被动句。以下面两句为例:

R1：晁、宋二人笑道："被你杀了四个猛虎，今日山寨里又添两个活虎上山，正宜作庆。"（水浒，第四十四回）

被＋N1＋V＋N2——N1＋V＋N2——N2＋被＋N1＋V
被你杀了四个猛虎　你杀了四个猛虎　四个猛虎被你杀了

R2：（李逵）吃我假意叫道："你杀我一个却害了我两个。"（水浒，第四十三回）

被＋N1＋YP——N1＋YP
吃我假意叫道　　我假意叫道

这些句子为什么不用主动句式或正常的被动句式来表达呢？

这是有两方面的原因：(1)采用这种"脱离常规的被动句（零被句）"适宜于表达某种特定的语义。(2)采用这种"脱离常规的被动句（零被句）"有助于语句的连贯。

(1) 语义的表达

先要弄清楚汉语的被动句（指有标记的被动句，下同）的语义特点。汉语被动句多数是表示不幸或不愉快的事情。所谓"不幸或不愉快"，在多数情况下，是对主语或叙述的主体而言的。如"侵略军被我们打败了"，"不幸或不愉快"当然是对"侵略军"而言，不会是对说话者而言的。不过还有另一种情况：有些被动句主语是无生命的事物，如"门被打开了"，对主语来说无所谓幸与不幸，那么它是否有某种语义色彩呢？应该说是有的。这个句子如果去掉"被"字，就成了"门打开了"。拿"门打开了"和"门被打开了"比较，可以看出，前者是一种客观的叙述，而后者（"被"字句）表示这是说话者不期望的或没有料到的事情。这也是被动句的语义色彩。再如："这话又偏生被我听见了。"这个被动句表达的语义是：这是上文的叙述主体（说这句话的人）不期望发生的事情。所以，对汉语被动句的语义色彩要有一个全面的理解，这样才能全面地解释为什么一些可以用主动句来表达的意思，却要用被动句的形式（"零被"句）来表达。

"零被句"虽然在"被"字前面没有主语，但实际上，R2和一部分R1在"被"字前面都有隐含的主语（或上文的叙述主体）。这种句子的语义，仍然是表达对隐含的主语（或上文的叙述主体）而言的不幸或不期望的、没有料到的事情。如果改成主动句，这种语义也就不存在了。最明显的是上引《水浒》例："吃我假意叫道：'你杀我一个却害了我两个。'"这是R2，

"吃"前面隐含的叙述主体是李逵,用"吃"字句是表示李逵受了骗,如果去掉"吃",变成"我假意叫道",这层意思就没有了。下面的句子也是 R2,句中"被"字后面是个静态的叙述句,到另一个句子中才出现"两个大王"要来"入赘"。但整个句群的意思仍然是这种情况使上文的叙述主体"小女"蒙受了损害:

老汉止有这个小女,今年方得一十九岁。被此间有座山,唤做桃花山。近来山上有两个大王扎了寨栅,……因来老汉庄上讨进奉,见了老汉女儿,撇下二十两金子,一匹红锦为定礼,选着今夜好日,晚间来入赘老汉庄上。(水浒,第六回)

R1 有的也是表示上文的叙述主体遭受损害。如下面的句子是表示"我"的不幸,如果改成主动句"那大虫把我娘拖去吃了"或正常的被动句"我娘被那大虫拖去吃了",就都表达不出这层意思:

我去岭下取水,被那大虫把我娘拖去吃了。(水浒,第四十三回)

R1 有的可以补出隐含的叙述主体,表示隐含的叙述主体遭受损害。如:

(使枪棒人)被我都吩咐了镇上的人,分文不要与他赏钱。(水浒,第三十七回)
(老狐)被打捕司牵得猎犬至。(晋史平话下)

下面一些 R1,就本句来说无法补出主语,但实际上,上文仍有一个叙述主体,R1 句是说叙述主体遇到了某种不好的情况:

被人扛得来大,又被人以先生长者目我,更不去下问。(朱子语类,卷九七)
被你疯魔了人也茶!(董西厢)
被那老先生引二个伴当杀了我。(辍耕录)

《朱子语类》例的意思是:"(一个人)被别人抬得很高,遇到了这种情况:人们以先生长者看待自己,就不愿意下问了。"在朱熹看来,遇到了这种情况,对此人并非好事。去掉"被"就没有了这层意思。另两句更清楚,表示说话者"我"遇到了不幸的事。

但有的 R1 无法补上叙述主体,在上文也找不到叙述主体;而且"被"后面的事情也说不上是对谁的损害。那么,这样的句子为什么不能改成主动句或正常的被动句呢?如上引例句:

> 晁、宋二人笑道:"被你杀了四个猛虎,今日山寨里又添两个活虎上山,正宜作庆。"(水浒,第四十四回)

为什么不能改成"你杀了四个猛虎"或"四个猛虎被你杀了"?

这是因为,如果改成"四个猛虎被你杀了",叙述的重点就成了"四个猛虎",显然这和山寨作庆无关。如果改成"你杀了四个猛虎",又成了对李逵行为的叙述,和下一句"今日山寨里又添两个活虎上山"也联系不紧。实际上,有"被"和没"被"还是不同的,"被"仍然有它的意思;只不过已经从贬义的"遭受"淡化为中性的"遇到","被你杀了四个猛虎"表示今日遇到"你杀了四个猛虎"这种壮举,又有"两个活虎上山",所以应该作庆。

再如下面的两句,为什么不用主动句,而要用"零被句(R1)"的形式呢?

> 店主人却捧出一尊青花瓮酒来,开了泥头,倾在一个大白盆里。武行者偷眼看时却是一瓮窖下的酒,被风吹过酒的香味来。武行者闻了那酒香味,喉咙痒将起来,恨不得钻过来抢吃。(水浒,第三十二回)

> 抬头看时,却见一所败落寺院,被风吹得铃铎响。(水浒,第六回)

第 32 回的例子,也是用"被"表示"武行者"遇到了"风吹过酒的香味来"这种情况,而且,前面说过,被动句的语义可以是表示某事是说话者不期望的事情,这里表示"风吹过酒的香味来"这种情况是不期而至的,是一种挡不住的诱惑。第 6 回的例子,是描写寺院的荒凉,寺院中不见人踪,只"被风吹得铃铎响"。"被风吹得铃铎响"的叙述主体是"寺院",说明寺院遭受到某种不如意的情况,如果去掉"被"字,改成"风吹得铃铎响"或"铃铎被风吹得响",就成为对"风"或"铃铎"的描写,和"寺院"的联系就不密切了。

(2) 语句的连贯

首先是为了保持话题的连续性。如：

> 二将奏曰："被汉王诈宣我王有敕,赚臣落马。"(敦煌文书《汉将王陵变》)

> 其时被诸大臣道："大王！太子是妖精鬼魅！"(敦煌文书《八相成道变文》)

> 前者家里做道场,请那个贼秃海阇黎来。……今日五更被我起来张时,看见果然是这贼秃,戴顶头巾,从家里出去。(水浒,第四十五回)

《汉将王陵变》例的话题是"臣"(二将),《八相成道变文》例的话题是"大王",《水浒》四十五回例的话题是"贼秃"。但中间要插进"汉王""大臣""我"的动作,如果不用"零被句",话题就变成"汉王""大臣""我"了。用了"零被句"就可以保持话题的连贯,这是比较明显的,不必多说。

有时,使用"零被句"也可用来变更话题。如：

> 行者……一路棒,滚向前来。众小妖遮架不住,被他放倒三两个,推倒两三个,打开几层门,径自出来,叫道："兄弟们何在？"(西游记,第九十二回)

> 我今日又提一篮梨儿,径去茶坊里,被我骂那老猪狗,那婆子便来打我。(水浒,第二十六回)

《西游记》第九十二回例前面说"行者",后面插进"小妖",最后又说"行者"。从"小妖"转到"行者",中间用了一个"零被句"。"零被句"的特点是：形式上是被动的,所以能和"小妖"连接,但"被"后面的部分又是一个主动句,主语是"他(行者)",所以后面可以接几个以"他(行者)"为主语的小句,话题就自然转到了"行者"。《水浒》第二十六回例中"零被句"则是以"被"字后面的主动句"我骂那老猪狗"承接上文,但用"被"字表示叙述的话题已不是"我",而是后面的"那婆子",形成话题的转换。

当然,这不是说所有"零被句"都有语义表达或语句连贯方面的积极作用。也有不少"零被句"是有语病的。如：

当下景阳冈上那只猛虎,被武松没顿饭之间,一顿拳脚打得那大虫动弹不得。(水浒,第二十三回)

还有一些被动句也是有语病的。如:

　　那片菜园时常被营内军健们并门外那二十来个破落户侵害,纵放羊马,好生啰唣。(水浒,第六回)

前一例中"那大虫"是不必要的重复,后一例"被"只应管到"侵害"为止。在《水浒》中这种有语病的被动句相当多,这大概和它的成书过程有关。

4.5.1.5 黄正德等《汉语句法学》把被动句分为两类:直接被动句和间接被动句。直接被动句的主语跟主要动词的直接宾语同指(即,被动句的主语就是主要动词动作的施加者),如"张三被李四打了"。间接被动句又分两类,一类是包括式,被动句的主语可以跟直接宾语之外的成分相关,如:"张三被李四打断了一条腿。"一类是排除式,被动句的主语根本不跟主句里的任何表面句法位置相关,如:"我被他这么一坐,就什么都看不见了。"(指他坐在我前面,挡住了我的视线。)书中指出:东亚语言的一个显著特点是存在"间接被动句"。这些主要都是对现代汉语被动句的分析,但也适用于近代汉语被动句。如本节所引的一些就是间接被动句:

　　那几个老和尚吃智深寻出粥来,只叫苦。(水浒,第六回)——间接被动句的包括式
　　太史公书项羽垓下之败,实被韩信布得阵好,是以一败而竟毙。(朱子语类,卷八)——间接被动句的排除式

但是,近代汉语的被动句比现代汉语复杂得多,《汉语句法学》分析的被动句都是有明确的主语的,但从本节的论述可以看到,近代汉语很多"被"字句,主语不但没有出现,而且根本无法补出来。从近代汉语到现代汉语,"被"字句的结构变简单了。

4.5.1.6 附带讨论"被"字句表示原因的问题。
近代汉语的有些"被"字句可以表示原因。如:

　　被丁文雅不善御军,其将孙飞虎半万兵叛。(董西厢,卷八)

太史公书项羽垓下之败，实被韩信布得阵好，是以一败而竟毙。（朱子语类，卷八）

只是被他忠义正当，故做得恁地。（朱子语类，卷八）

崇训……将杀符氏，被符氏藏匿帏下，崇训求之不得。（周史平话，卷下）

宋江道："观察久等，却被村里有个亲戚在下处说些家务，因此担阁了些。"（水浒，第九回）

本要跳过来杀公人，却被店内人多，不敢下手。（水浒，第六十二回）

有的学者认为这些"被"已经成为表原因的介词，义同"因"。其实，这些句子可以分为两类。一类是"被＋N＋动词"，这仍然是前面说过的"零被句"，表示遇到了某种情况，所以导致某种结果。其因果的意义是句式造成的，"被"仍然是"零被句"中表被动的介词。另一类是"被＋N＋形容词"，这种句子不能再看作"零被句"了，其中的"被"可以看作表原因的介词。上述"被他忠义正当"和"被店内人多"是第二类，其余都是第一类。

二 "吃"字句

除了"被"字句外，在近代汉语中还产生了其他一些被动式。这些被动式有的在现代汉语中消失了，有些一直沿用到现在，而且在口语中用得比"被"还多。

4.5.2.1 吃（喫、乞）字句

在近代汉语中，可以用"吃"（或写作"喫"和"乞"）来表示被动。江蓝生（1989）对"吃"的来源作了考察，下面转述其论点。

动词"喫"本义为"食"，在唐五代时又引申为"蒙受""遭受"义。如：

解事急说情由，不说眼看喫杖。（敦煌变文集·庐山远公话）

"吃"用在动词前，"遭受"义更为显豁。如：

火急离我门前，少时终须喫掴。（敦煌变文集·燕子赋）

再进一步虚化就成为表示被动关系的助词。如：

> 他心本不曾动,只是忽然喫一跌,气才一暴,则其心志便动了。(朱子语类,卷五二)

"吃"也可以用在"吃＋名＋动"的格式里,作为表示被动的介词。唐五代不太多见,宋代以后逐渐增多。如：

> 黄羊野马捻枪拨,虎鹿从头喫箭川(穿)。(敦煌变文集·王昭君变文)
>
> 花儿偏向蜂儿有。莺共燕,喫他拖逗。(柳永《红窗回》)

所以,"吃"虚化为被动关系词的过程跟动词"被"虚化过程大体相似,是由"遭受"义而虚化为表示被动的。

但是,在《水浒》《金瓶梅》中,表被动既可用"吃",也可用"乞",在《清平山堂话本》中,表被动只用"乞"。"乞"自古就既有"乞求"义,又有"给予"义。所以,有人认为"乞"表示被动是从"给予"义发展来的。张惠英(1989)就持这种看法。文章认为,敦煌变文中的"喫"仍是吃受义,还没有发展为成熟的表被动义。而《金瓶梅》中表被动的"乞"是从"乞"的"给予"义发展来的。而"吃"则是"乞"的借字。这个观点遇到的一个困难是：恰恰在《金瓶梅》《山歌》和《水浒》《清平山堂话本》等资料中,"乞"不表示给予,表示给予用"与"或"把"。这一点江蓝生(1989)已经指出。对此,张惠英(1989)认为,"乞"的给予用法自汉魏以来就有,今方言中还在使用,所以《金瓶梅》和《山歌》中"乞"无给予义,实在令人怀疑。所以,文章认为这是两书的作者有意回避用"乞"字的结果,而并非语言事实。

不过,这种意见只是一种有待于证实的假设。上面说过,有些"被"可以表原因,这种用法实际上还是从"被"的"遭受"义发展来的。而"吃(乞)"也有表示原因的用法：

> 吃他忒善了,被人欺负,清河县里住不得,搬来这里。(水浒,第二十四回)
>
> 但乞了这左眼大,早年克父,右眼小,周岁克娘。(金瓶梅,第二十六回)

我喫忍气弗过。(冯梦龙《山歌》第七十二上)

(以上诸例转引自江蓝生1989,张惠英1989)

这一用法显然也与"遭受"义联系密切,而不大可能是从"给予"义发展而来的。

用"吃(喫、乞)"表示被动的用法,在清代白话小说中就看不见了。

三 "教(叫)"字句和"给"字句

关于表被动的"教(叫)"字句的形成,太田辰夫(1958),蒋绍愚(1994)、江蓝生(1999)都曾讲到。蒋绍愚(2002)把表被动的"给"和"教"放在一起讨论,下面主要介绍这篇文章的论点。

4.5.3.1 "给"字句由表给予到表被动的发展

在现代汉语中,"给"既可以表示给予,又可表示被动。在《现代汉语八百词》中,"给"有这样几个义项:

[动]1. 使对方得到。……可带双宾语,也可只带其中之一。……第二个名词宾语后面还可以再加动词,……第二个名词是它后面的动词的受事。(给我一杯水喝)

  3. 容许;致使。用法与"叫、让"相近。(给他多休息几天/看着小鸟儿,别给飞了)

[介]6. 表示被动;被。(衣服给雨淋湿了)

"给"从表示"给予"到表示被动是这样一种发展:"给$_1$"(给予)—"给$_2$"(让,叫)—"给$_3$"(被);然后再由类推而完成的。

(A) 给$_1$:动词。给予。

表示"给予"的意思,在古汉语中用"与"表达,较晚才用"给"[①]。在《五代史平话·周史上》中有个"归"字表示"给予"义。如:

咱这剑也不卖归您。(五代史平话·周史上)
找个生活归您做。(同上)

[①] "给"的来源众说不一,详见志村良治(1984)。平山久雄(2000)赞同池田武雄的说法:"给"是"过与"的合音。这个问题这里不讨论。

《老乞大谚解》《朴通事谚解》中用"馈"表示"给予"义的14例,其中多数带名词宾语(单宾语或双宾语),如:

> 你只馈我一样的好银子。(老乞大谚解)
> 一日三顿家馈他饱饭喫。(朴通事谚解)

到《红楼梦》中"给"就很多了,如:

> 那四支给了凤哥罢。(红楼梦,第七回)
> 往常老太太又给他酒喫。(红楼梦,第八回)

上述表给予的句子都有"给(归/馈)+N"和"给(归/馈)+N+V"两种形式。后一种形式是发展成使役和被动的必要条件,因为使役和被动除了"给"以外,都还需要另一个动词。

(B) 给$_2$:动词。叫,让。

用"给$_2$"的使役句又可分为两小类:表使对方做某事和表容许对方做某事。"给$_2$"(让,叫)是从"给$_1$"(给予)发展来的,下面几个例句可以看出两者的联系:句中的"给"仍然可以看作是"给予"的意思,但整个句子的意思已经和用"让/叫"的使役句非常接近。如:

1) 表示使对方做某件事。

> 贾母忙拿出几个小杌子来,给赖大母亲等几个高年有体面的妈妈坐了。(红楼梦,第四十三回)
> 可比较:"叫平儿挪了张杌子放在床旁边,让袭人坐下。"(红楼梦,第三十八回)

2) 表示容许对方做某种动作。

> 我的一件梯己,收到如今,没给宝玉看见过。(红楼梦,第四十二回)
> 可比较:"又一个丫鬟笑道:'别叫宝玉看见。'"(红楼梦,第五十六回)

由给予句发展到使役句,也使"给"向表被动的方向更迈进了一步。给予句中虽然有了另一个动词,但在"给"和 V 之间还有两个名词隔开,其中一个表人,是 V 的施事,另一个表物,是 V 的受事。这就和被动句有较大的距离:被动句的被动标志词和动词之间只能有一个名词,这个名词只能是谓语动词的施事。在使役句中,表物的名词(杌子、梯己)前移,使得"给"和"V"之间只有一个表人的名词,这就离被动句又近了一步。

(C) 给$_3$:介词。表示被动。

千万别给老太太、太太知道。(红楼梦,第五十二回)

可比较:"贾琏笑道:'你只好生收着罢,千万别叫他知道。'"(红楼梦,第二十一回,庚辰本)戚序本作"千万别给他知道。"

甘心卑污苟贱,给那恶僧支使。(儿女英雄传,第七回)

就是天,也是给气运使唤着。(儿女英雄传,第三回)

这些"给"既可以理解为"让",也可以理解为"被"。最后一例就只能理解为表被动的了,但在《儿女英雄传》中仅此一例。

使役句向被动句的转变需要什么条件呢?使役句(句式 B)和被动句(句式 C)的共同之处:(1)几个成分的语序都一样。(2)"给"后的 N 是 V 的施事,这种语义关系也大致一样。(3)汉语动词主动和被动都是一个形式。

不同之处:(1)被动句(句式 C)中的 V 必须是及物的。使役句(句式 B)中的 V2 可以是及物的,也可以是不及物的;及物的可以转为被动句(句式 C),不及物的不能转为被动句(句式 C)。(2)句式 B(使役句)"给"前面就必然出现或隐含使役的施事。句式 C(被动句)"给"前面就只能出现动词的受事。

只有当这两点不同消失的时候,使役句才能转化为被动句,"给$_2$"才能转化为"给$_3$"。

C 类的前两个句子为什么既可以看作是使役句,也可以看作被动句呢?就是因为这两个句子中的 V 都是及物动词,而且"给"前面没有名词出现。如果认为"给"前面隐含着使役的施事,那么这就是使役句;如果认为"给"前面隐含着动词的受事,那么这就有可能是被动句。这样,就有可能从使役句转化为被动句,即:

(你)千万别给老太太、太太知道。——使役。
(这件事)千万别给老太太、太太知道。——被动。

但是,这种由使役句转化来的被动句和现代汉语中用"给"的被动句还有两点差别:1.句中的施动者只能是人或动物。2.句末没有"了"。这两点差别是通过类推而消除的。

"被"字句、"教/叫"字句中的施动者既可以是有生命的,也可以是无生命的;句末常常有"了":

被利欲将这个心包了。(朱子语类,卷八)
手中的扇子在地下,也半被落花埋了。(红楼梦,第六十二回)

受到"被"字句、"教/叫"字句的影响,表被动的"给"字句后来也出现了无生命的施动者,句末也出现了"了"。如在《白姓官话》(1753年)中就出现了这样的"给"字句:

那些没丢的,也给海水打滥了。
寡剩的几担豆子没丢吊,也给海水打滥上霉了。
里头原是给雨打湿了的。

《白姓官话》成书于1753年,比《红楼梦》还早几年。但它的语言更接近口语,可以看作是"给"字句后来的发展。

4.5.3.2 "教"字句由表使役到表被动的发展

表被动的"教"字句是唐代出现的,它的来源也是"使役——被动"的发展。"教"字句比"给"字句早将近一千年,但两者的发展途径是一样的。

下面这些句子,在唐朝人看来是使役句,但把它们理解为被动句也完全可以。

五月贩鲜鱼,莫教人笑汝。(寒山诗)
愿为化得红绶带,许教双凤一时衔。(李商隐《饮席代官妓赠两从事》)
棹遣秃头奴子拨,茶教纤手侍儿煎。(白居易《池上逐凉》之二)
泉遣狙公护,果教猸子供。(皮日休《奉和鲁望四明山九题》)

军书羽檄教谁录？帝命王言待我成。（徐夤《咏笔》）
蓑笠双童傍酒船，湖山相引到房前。芭（一作巴）蕉何事教人见？暂借空床守坐禅。（秦系《奉寄昼公》）

这种"使役——被动"的演变过程和上面所说的"给"字句的演变过程完全一样，或许还能看得更清楚。例如：

茶教纤手侍儿煎

这句话原来的意思是

茶（我）教纤手侍儿煎

这是个使役句。"茶"本是"煎"的受事，为了强调，放在句首作为话题。使役动词"教"的施事"我"隐含而不出现。这都是汉语很常见的现象。但既然出现的是"茶教纤手侍儿煎"这样的句子，"茶"也可以理解为受事主语，而"教"就演变为表被动的虚词，整个句子就成了被动句。也就是说，当一个"教"字使役句的施事隐含不出现，而主要动词的受事却出现在"教"的前面，那么，这个使役句就能够演变成被动句。（当然，这种使役句的动词必须是及物动词。）

表被动的"教"字句中的施动者最初也是有生物，后来才出现无生物，而且在句末出现"了"。如：

以前虽被愁将去，向后须教醉（一作酒）领来。（皮日休《奉酬鲁望惜春见寄》）
总得苔遮犹慰意，若教泥污更伤心。（韩偓《惜花》）
疏野兑（免）交城市闹，清虚不共俗为邻。（敦煌写本·庐山远公话）
叫雪滑倒了。（红楼梦，第八回）

总起来看，表被动的"教"字句和"给"字句的形成经历了相当复杂的演变过程。尤其是"给"字句"给予——使役——被动"的演变，是经过了句式变化，重新分析，实现了"给"的语法化（从"给予"义动词演变为表被动的虚词),并由于类推的作用才最后完成的。详细的分析可参看蒋绍愚(2002),这里不多谈。

4.5.3.3 "使役——被动"的演变也有它的语义条件。虽然"给"字句从使役演变为被动后,又经过类推,在结构形式上和"被"字句完全一致了,但直到如今,"给"字句和"被"字句在语义方面还有一点差别:"被"字句虽然多数表示不幸、不愉快或不期望、出乎意外等语义色彩,但还是可以表示中性的,甚至高兴、满意的语义色彩的。如:

　　他被提升为部长。　　他经常被老师夸奖。

但"给"字句不能用来表示这种语义色彩。比如,不能说

　　他给提升为部长。　　他经常给老师夸奖。

这是为什么呢?

这是因为"给/叫"字句表被动是从使役演变来的。在通常情况下,一个有歧义的"给/叫"字句,如果是表示好的事情的,句子就容易理解为使役。只有表示使役者不愿意见到的事,才不会是使役,而是被动。如:

　　这件事要/别给他知道——使役
　　电灯教/叫电工修好了——使役
　　这件事要/别给他弄砸——被动
　　电灯教/叫电工弄坏了——被动

英语的情况和汉语很相似,同样是一个使役结构,如果句中表达的是主语的意愿,那么其语义也是使役。反之,如果句中表达的是违反主语的意愿的事情,那么其语义就是被动。如(参见 Ryuichi Washio 1993):

　　1. I shall have the gardener plant some trees. (causative)
　　2. They are going to have their house painted. (causative)
　　3. John had his watch stolen by Mary. (causative construction, passive reading)
　　4. Jean had her car crushed by a truck. (causative construc-

tion, passive reading)

5. Charles I had his head cut off. (causative construction, passive sense)

可见,汉语"给/教"字句"使役—被动"的演变的语义条件是:句子表达的是违反主语(或说话者)的意愿的事。

不过,这是就通常的情况而言。有的时候,如果上下文的语境或句子本身表被动的意思很明确,中性语义色彩的"教/给"字句也可以是被动句。如:

> 刚被太阳收拾去,又教明月送将来。(《千家诗》所收苏轼《花影》)

这究竟是不是苏轼诗姑且不论,至少这是明代的诗句。这个"教"字句的语义色彩是中性的,但表示的不是使役而是被动。再如上面所举的《儿女英雄传》:"就是天,也是给气运使唤着。"这个"给"字句的语意色彩也是中性的,但表示的也不是使役而是被动。

4.5.3.4 对于蒋绍愚(2002)的看法,有几位学者提出了异议。

4.5.3.4.1 木村英树(2005)

文章说,"对于汉语诸多方言中给予动词可兼用作被动介词的现象,迄今为止已有不少人尝试从语义学角度加以说明(Hashimoto1998、徐丹1992、江蓝生1999、Newman1993等)。其中以Hashimoto1998为代表的观点目前最具说服力,他们认为给予动词所获得被动介词功能是由容许使动句的〈被使动者(cause)〉标识的功能扩展而来。""这种观点,对于给予动词既能作被动介词又能作被使动者标识的粤语等方言来讲,具有一定的说服力,但是,北京话的'给',无论是共时性语料,还是历时性语料——200年来具有代表性的北京话语料——都没有作被使动者标识的用法,因此对于北京话来讲,上述以往的观点便缺乏足够的说服力。"文章认为,在北京话中,表容许使动的是"让"而不是"给":

(8) *a 给他先回家! (9) *a 他给孩子乱吵。
　　 b 让他先回家! 　　　 b 他让孩子乱吵。

"蒋绍愚(2002)对上述观点作了修正,认为'给'字经过一种表示给予辅助性行为的'给'字句(例如'小红给小王看照片')而获得标记被使动者的功能,进而发展为被动句的施动者标识(4.1中将分析)。但是,无论在北京话的发展史上还是现在的北京话中,我们都找不到有关语言事实,证明'给'可用于地道的使动句标记被使动者且具有一定的普遍性和能产性。因此,我们就难于接受蒋氏的这种主张。"

文章认为,北京话中"给"作为被动标记是从受益者标记发展来的。

"汉语被动句的原型语义功能在于表示某一个参与者受到了另一个参与者的行为动作的影响而产生某种非自主的变化。只表述受事接受了某种行为动作,而不表明行为动作所带来的影响时,很难构成合格的被动句。"

"由被动介词标记的参与者既是施事,同时也是促使受事产生某种状态或变化的引发者。"

他认为,北京话"给"字语法化及扩展的途径是:

给予动词＞给予目标标识──→受益者标识──→被动介词
　　　　　　　　　　　（＝动作引发者标识）（＝状况引发者标识）

"受益者标识是给予目标标识的一种扩展":

　　我成天给他好好儿干活。　　小红给小王梳头发。　　妈给他开门。

"受益者也具有动作引发者的一面,这正是'给'获得被动介词功能的契机。"

"可将受益者和状况引发者视为动因范畴的次范畴。""构成一对次范畴的多种语义概念由同一形式来表达,这是极其自然、完全可能的语言现象。"

"以'给予'义为起点的语义网络:

　　粤语类型:〈给予〉──〈使动〉──〈被动〉
　　北京话类型:〈给予〉──〈受益〉──〈被动〉"

4.5.3.4.2 陈前瑞、李宇明(2005)详细调查了北京话中"给"的语法功能,文章把"给＋NP＋VP"的"给"称为介词,把"给＋VP"的"给"称为助词,把北京话"给"字演变为被动标记的过程分为四个阶段,即:

一、酝酿阶段：18 世纪中前期(《红楼梦》)
二、萌芽阶段：19 世纪中期至 20 世纪初期(《儿女英雄传》《小额》)
三、推展阶段：20 世纪中前期(《四世同堂》)
四、成形阶段：20 世纪中后期(王朔小说)

第一、二个阶段的"给＋NP"有个别例句可以有使役、被动两解，但仍然不是典型的被动用法。如《儿女英雄传》中的两句：

就是天,也是给气运使唤着。(儿女英雄传,第三回)
甘心卑污苟贱,给那恶僧支使。(儿女英雄传,第七回)

其中的"给"都可以理解为"听任、由"，和"容许"一样，是一种弱致使义。

而且，"给＋VP"在《儿女英雄传》中表受益、处置、被动三者用例分别是 28、6、2，《小额》中三者用例分别是 57、7、3。

文章注意到第二阶段出现了复合处置句"把＋NP＋给＋VP"和复合被动句"叫＋NP＋给＋VP"，但其中助词"给"的处置用法多于并很可能先于被动用法。

在第三阶段的《四世同堂》中，"给＋VP"的受益用法仍占主导(75 例)，但是被动用法(14 例)开始多于处置用法(3 例)，显示"给＋VP"新的表义重心开始转移，从处置推展到被动。而且，出现了较多的复合被动句(介词用"叫/教"的 41 例，用"让"的 6 例，用"被"的 28 例，用"给"的 1 例)。介词"给"首先在复合被动句中明确无误地表示被动，如：

她,早给日本人给抓走啦！(四世同堂)

在第四阶段，王朔小说中，"给＋NP"可以直接表被动(14 例)，主要用于叙述语言；且"给＋VP"作被动理解的明显超过作受益、处置理解的，这标志着助词"给"的被动语感得以建立。

文章的结论是：

北京话中的介词"给"是在多种句式中的助词"给"的诱导下，结合自身的语义基础和句法环境，逐步演变出被动用法。另外，南方官话长期存在的介词"给"的被动用法及其对现当代书面作品的影响，也可能进一步促使介词"给"的被动用法加速进入当代北京话口语之中。

4.5.3.4.3 李炜(2004)选择了《红楼梦》《儿女英雄传》《骆驼祥子》

《评书聊斋志异》《京味小说八家》和两部王朔小说共 9 部京味作品做了统计,结果显示:以 20 世纪 90 年代为界,此前的 7 种材料中共出现了约 4894 个"给"字,其中被动"给"只有 7 个。此后的 2 种材料共出现了 452 个"给"字,其中被动"给"却有 23 个!据此可以断定,在 20 世纪 90 年代以前的北京话里,"给"表被动不是常见用法而是罕见用法。但在 20 世纪 90 年代以后情况发生了变化,在王朔(1999)里表被动的"给"比王朔(1992)例高出近 5 倍,而且"给"超出表被动的"叫/让"的总和。这说明"给"表被动已经成为当今北京话的主流用法。

为什么会发生这样突然的变化呢?文章认为,这很难用语言自身演变来解释。用"给"表给予、使役和被动是汉语南方共同语层面的用法。在 20 世纪 80 至 90 年代改革开放以后,北京话受南方官话很大的影响,因而产生了这种变化。

4.5.3.4.4 潘秋平(2013)也谈了"给"从表"给予"到表"被动"的演变。文章说,对于其演变途径,有两种意见。一种认为是多项语法化,如曹茜蕾、贝罗贝(2001,2006):

给予动词＞与格标记
给予动词＞使役标记＞被动标记(原文是英文,这里改用中文)

另一种认为是单项语法化,如张敏(2000)认为是:

给予动词＞(广义)与格标记＞使役标记＞被动标记

木村英树(2005)的看法与之相近:

给予动词＞受益者标记＞被动动标

哪一种看法更符合实际呢?

文章从语义地图的角度讨论,认为多项语法化更符合语义地图的原则。这方面的论证从略,有兴趣的读者可以看他的文章。和上面的讨论相关的是,文章认为,"多项语法化的两条不同的路径在某个特定的语言中呈现互补分布,因此一个语言只能启动一条。"就汉语中"给"的语法化来说,在客家话、闽语、吴语、粤语等南方方言里,使役和被动标记都来自给予动词(把,俾,乞,互),而受益标记都不和使役、被动标记同形。而在北方方言里,受益标记几乎毫无例外地都是由给予动词(给)发展过来的。在1900年狄考文(Calvin Wilson Matter)《官话类编》中说:"给……is largely used in Southern Mandarin in a causativesense. It is never so used in Central and Northern Mandarin."文章认为,"给"在《红楼梦》和《儿女英雄传》例有使役和被动用法,这不是当时北京话的口语成分,也不是语言内部自身发展的结果,而是因方言接触产生的。

4.5.3.4.5 刘云(2017)根据18世纪初到1938年的346种早期北京话语料(约一千多万字)找到一些北京话中的表被动的"长被动句"("被"字后带施事的被动句),在文章中举出7例,认为"给长被动"是北京话自身发展的产物,其演变的途径是:给予＞自愿容让＞非自愿容让＞长被动。并认为北京话中"给长被动"的弱势是由于受到了同类标记"让"的长期压制。

4.5.3.4.6 通过这样的讨论,可以看到,"给"的语法化路径"给予→使役→被动"确实是存在的,但这种路径在不同地域有不同表现。蒋绍愚(2002)谈到了这条语法化路径,但没有注意地域问题,对清代北京话中"给"的用法也没有全面考察,这是文章的欠缺。做汉语语法史研究,不能不考虑地域问题,以往对地域问题注意得不够,近年来很多研究对地域问题很重视,这是汉语史研究的进展。说北京话中的"给"表被动是受南方话的影响,这个看法总的来说是对的。但是不是完全是受南方话的影响,还是也有本身发展的因素,这个问题还可以讨论。比如,刘云(2017)所举的早期北京话中的用"给"表示的被动句,虽然数量不多,但能不能说是外来的?又如,陈前瑞、李宇明(2005)谈到,在《四世同堂》中,"叫/教/让/被/给＋N＋给＋VP"之类的"复合被动句"已有66例,而介词"给"首先在复合被动句中明确无误地表示被动,这也是"给"向表被动演变过程中的重要一步。那么,这种复合被动句是在北京话自身发展中产生的,还是受南方话的影响产生的?当时的南方话中是不是有这种复合被动句?这些问题还需要进一步讨论。对这个问题作全面考察后,才能作出全面的结论。

4.5.3.5 蒋绍愚(2004)中讨论了"使役→被动"的演变和受事主句发展的关系。本书2005年版用较多的篇幅转述了这篇文章的内容,而且概括说:"使役—被动"的演变的关键是必须有受事主语出现在使役句的句首。"现在看来,这句话说得不全面。

第一，正如贝罗贝、李明(2008)所说，"使役→被动"是一种很普遍的语法化途径，别的语言不可能都有这种句法结构变化。"'给予＞使役＞被动'的发展，仍然是以语义的演变而不是以句法的变化为基础。"他们的看法是对的，如本节上面所举的英语里的例句：

Jean had her car crushed by a truck.（causative construction, passive sense）

使役句的句式没有变，句首的 Jean 并不是受事主语，但语义变成了表被动。

第二，就汉语而论，"使役→被动"的演变在句式方面也有不同情况。

1. 五月贩鲜鱼，莫教人笑汝。（寒山诗）

这是无主句，句首没有受事主语，但仍可以从使役转化为被动。

2. 柴林下那个宰臣，交火烧了身。（元刊杂剧三十种·介子推·第四折）（引自朴乡兰2010）

主语"宰臣"是有生的，"烧"的宾语"身"是主语的一部分。这样的句子，句式不需要变化，就可以从使役转化为被动。这和上面句的英语的例句一样。

3. 棹遣秃头奴子拨，茶教纤手侍儿煎。（白居易：池上逐凉之二）

"茶教纤手侍儿煎"这类使役句要演变为被动句，就必须把"茶"作为受事话题放在句首。因为"茶"是无生的，无生的名词一般不能放在句首发出使役的动作（除非是"噪音叫人心烦意乱"之类表致使的句子），只能在使役句中作为役事（"纤手侍儿"）的动作对象（"煎"的对象）放在句尾；因此，必须从"教纤手侍儿煎茶"变为"茶教纤手侍儿煎"，把"茶"提到句首作为受事主语，才能进一步演变为被动。

在近年来的研究中，人们还从语义上把使役分为若干类，研究哪一类使役能演变为被动,哪一类使役不能演变为被动,看法不完全相同。这个问题从略。总之,"使役→被动"演变的语义条件和句法条件,以及两者之间的关系,还是需要深入研究的。

<h3 style="text-align:center">四 小 结</h3>

4.5.4 在本节中,我们讨论了汉语发展史上曾经出现过的几种被动句:

"被"字句
"吃(喫/乞)"字句
"教(叫)"字句
"给"字句

还有一些被动句,如"为"字句、"见"字句、"让"字句、"与"字句、"着"字句没有讨论。

粗略地看,或许会认为这些被动句结构形式是一样的,除"见"字句外,都是"S+P+N+VP",区别仅仅在于表被动的虚词(P)不同,所以,可以把历史上被动句的发展归结为"词汇替换"。其实,稍加观察,就会看到事情不是那样。历史上的各种被动句形成的途径是不一样的。"为"字句大概是从具有判断作用的"为"字句演变来的,"见"字句、"被"字句、"吃(喫/乞)"字句中表被动的虚词都是从有"遭受"义的动词虚化来的。"教(叫)"字句、"给"字句是由使役句转化来的。它们形成的途径不同,因此它们的结构形式不完全相同:"为"字句有"为+N+所+V"的形式,这和它的来源有关,学者们讨论得很多的一个例子"卫太子为江充所败"很清楚地说明了具有判断作用的"为"字句和表被动的"为"字句之间的联系。"见"字句、"被"字句、"吃(喫/乞)"字句中的施动者都可以不出现,成为"P+V"的形式,这是和这些虚词源自有"遭受"义的动词有关,它们可以只说出遭受了某种动作,而不必说出这种动作的施行者。所以通常"见+V"中间不能插入施动者,要说出施动者通常只能用"见 V 于 N"的形式;而"被"字句也是先有"被+V",后来才有"被+N+V"。"教(叫)"字句、"给"字句则相反,通常必须出现施动者,构成"P+N+V"的形式,这是因为它们是从使役句演变来的,而在使役句中,使役动词"教(叫)""给"和后面动词之间一般要有役事 N①。本节没有讨论"着"字被动句。表被动的"着",有人认为是由表"遭受"的"着"发展而来的,有人认为是表示使役的"着"发展而来的。究竟哪一种意见对,这个问题还需要收集大量的材料来进行研究,但是,有一点值得我们考虑:表被动的"着"字句的构成,几乎全都是"着+N+V",而看不到"着+V"的形式,这可以启发我们:它可能是由使役句转化而来的。可见,"为"字句、"见"字句、"被"字句、"吃(喫/乞)"字句、"教(叫)"字句、"给"字句、"让"字句、"与"字句、"着"字句等几种被动句是"殊途同归",语法化的起点不同,语法化途径也不同,只是语法化的终点都是被动句。显然,这不是简单的"词汇替换"所能解释的。即使是由同一起点,经由同样的途径,到达同一终点的被动句,如我们在本节讨论的"教(叫)"字句和"给"字句,我们也清楚地看到,他们都各自经历了自己的语法化途径。"给"字句和"教(叫)"字句演变的途径相同,只说明"使役—被动"的演变是一种带有普遍性的语法化的趋势,而不能简单地说是用"给"字替换了"教(叫)"字。

当然,我们并不否认几种不同的被动句之间的相互影响。如"见+N+所+V"就是在"为+N+所+V"影响下出现的。本节也说到,"给+N(无生)+V+了"是在原有的"被+N(无生)+V+了"影响下出现的,是一种类推。类推和语法化结合在一起,可以使某种语法形式出现一种新的功能。但单靠类推,是不能创造一种新的语法形式的。这是我们研究被动句的历史发展所得到的启发。

本 节 参 考 资 料

贝罗贝、李　明(2008):《语义演变理论与语义演变和句法演变研究》,《当代语言学理论和汉语研究》,商务印书馆。
陈前瑞、李宇明 2005:《北京话"给"字被动句的地位及其历史发展》,《方言》第 4 期。
刁晏斌 1995:《近代汉语中"被+施事+谓语"式被动句》,《青海师大学报》第 4 期。
刁晏斌 1995:《朱子语类中几种特殊的被字句》,《古汉语研究》第 3 期。
顾　宇 1992:《论汉语被动句在历史发展过程中的变化规律》,《东岳论丛》第 1 期。

---

① 关于"被"字句和"叫/让"句的这种区别,桥本万太郎(1987)已经提到。当然,这只是就一般情况而言,使役句中的役事 N 也可以有缺省,成为"教(交)/令/着+ V"的形式(见张赪 2014),"给"表被动也可以有短被动句"给+V"的形式。但这种短被动句"给+V"是否从役事缺省的"教+V"演变而来? 这个问题还需要深入研究。

洪　波 2004:《"给"字的语法化》,《南开语言学刊——纪念邢公畹先生九十华诞专号》,南开大学出版社。
洪　波、赵茗 2005:《汉语给予动词的使役化及使役动词的被动介词化》,《语法化与语法研究(二)》,商务印书馆。
黄正德、李艳惠、李亚非著,张友和译 2013:《汉语句法学》,世界图书出版公司。
江蓝生 1989:《被动关系词"吃"的来源初探》,《中国语文》第 5 期。
江蓝生 2000:《汉语使役与被动兼用探源》,《近代汉语探源》商务印书馆。
蒋绍愚 1994:《近代汉语研究概况》,北京大学出版社。
蒋绍愚 2002:《"给字句""教字句"表被动的来源》,《语言学论丛》第 26 辑。
蒋绍愚 2004:《受事主语句的发展与使役句到被动句的演变》,《意义和形式——古汉语语法论文集》,高嶋谦一、蒋绍愚编,Lincom GmbH。
刘　云 2017:《北京话被动标记"给"的来源及历时演变》,待刊。
刘世儒 1956:《被动式的起源》,《语文学习》第 8 期。
李　炜 2002:《清中叶以来使役"给"的历时考察与分析》,《中山大学学报》第 3 期。
李　炜 2004:《清中叶以来北京话的被动"给"及其相关问题——兼及"南方官话"被动的"给"》,《中山大学学报》第 3 期。
吕景先 1980:《唐明之间汉语的被动式》,《河南大学学报》第 2 期。
木村英树 2005:《北京话"给"字句扩展为被动句的语义动因》,《汉语学报》第 2 期。
潘秋平 2013:《从语义地图看给予动词的语法化:兼论语义地图和多项语法化的关系》,《语法化与语法研究(六)》,商务印书馆。
朴乡兰 2010:《近代汉语表使役与表被动的"教/叫"字句研究》,北京大学博士论文。
平山久雄 2000:《给の来源——过与に寄せて》,《中国语学》247 号。
桥本万太郎 1987:《汉语被动式的历史、区域发展》,《中国语文》第 1 期。
太田辰夫 1957:《说给》,《语言论集》第 2 辑。
太田辰夫 1958:《中国语历史文法》,蒋绍愚、徐昌华译,北京大学出版社,2003。
唐钰明 1987:《汉魏六朝被动式略论》,《中国语文》第 3 期。
唐钰明 1988:《唐至清的被动句》,《中国语文》第 6 期。
王　力 1957:《汉语被动式的发展》,《语言学论丛》第 1 辑。
王　力 1958:《汉语史稿》,科学出版社。
向　熹 1958:《水浒传中的把字句和被动句》,《语言学论丛》第 2 辑。
许绍早 1956:《水浒中的被动句》,《东北人大文科学报》第 3 期。
俞光中 1989:《零主语被字句》,《语言研究》第 1 期。
俞光中、植田均 1999:《近代汉语语法研究》,学林出版社。
袁　宾 1987:《近代汉语特殊被字句探索》,《华东师大学报》第 6 期。
袁　宾 1989:《祖堂集被动句研究》,《中国语文》第 1 期。
岳立静 1999:《元明之间的被字句》,《古汉语研究》第 4 期。

张　赪 2014:《近代汉语使役句役事缺省现象研究——兼谈语言接触对结构形式和语义的不同影响》,《中国语文》第 3 期。

张惠英 1989:《说"给"和"乞"》,《中国语文》第 5 期。

志村良治 1984:"'与''馈''给'",《中国中世语法史研究》,江蓝生、白维国译,中华书局,1995。

朱庆之 1995:《汉译佛典中的"所……V"式被动句及其来源》,《古汉语研究》第 1 期。

Chappell, Hilary & Alain Peyraube 2001: "causative structures in early modern Southern Min: a diachronic approach." Paper delivered a the 10th Annual Conference of International Association of Chinese Linguistics. University of California at Irvine. June 22—24.

Chappell, Hilary & Alain Peyraube 2006: "Verbs of giving, datives, causatives and passives in the history of Chinese", Paper presented at the 4th Annual Conference of the European Association of Chinese Linguistics. Budapest, January 20—22.

Ryuichi Washio 1993: When Causative Mean Passive—A Cross Linguistic Perspective, *Journal of East Asian Linguistics*, Vol. 2, No. 1, Jan.

Xu Dan 1994: The Status of Marker gei in Mandarin Chinese, *Journal of Chinese Linguistics*, 22.

第六节 近代汉语的语气词

王力（1958）说："汉语语气词的发展有一个特色，就是上古的语气词全部都没有留传下来，'也''矣''乎''哉''欤''耶'之类，连痕迹都没有了。代替它们的是来自各方面的新语气词，譬如说，有来自语尾的'的'，有来自形尾的'了'，有来自否定词的'么'，有来历还不明的'呢'。近代汉语还有一些新兴的语气，如祈使语气，用语气词'吧'（罢）。说得更近些，还有一个用途越来越大的'啊'（呀，哇，哪）。"这里所说的新兴的语气词都是在近代汉语中产生的。现代汉语的语气词"了"（"了$_2$"）的来源已在本章第二节（4.2.1.3）中附带讨论，这里就不说了。本节介绍对"啊""吗""呢"的研究。

一　啊

4.6.1 语气词"啊"出现于清代。太田辰夫（1958）认为语气词"啊"的来源"大概未必是单一的"，即它由是唐宋时期作假设助词用的"後"，宋代的语气词"呵"，和元代的语气词"阿"合并而成的。

"後"的例子如：

> 菱花照後容虽改，蓍草占来命已通。（刘禹锡诗）
> 若能晓了骊珠後，只这骊珠在我身。（祖堂集，卷四）

"呵"的用法比"後"广，它可用于以下三种场合：
（1）加在命令、禁止之后：

> 我且归家，你而今休呵。（欧阳修词）

（2）加在疑问、推测之后。

> 仗何人细与，叮咛问呵？我如今怎向？（秦观词）

(3) 用于表假设：

> 归来呵,休教独自,肠断对团圆。(李之仪词)

所以,应该说"後"是被"呵"同化吸收了。

"阿"只能放在单词的后面作呼语。如：

> 天阿! 兀的不害杀我也!(潇湘雨,楔子)

可能这种"阿"和宋元以来的"呵"合成一个词就是"啊"。

太田(1958)的论述是对的。只是要补充两点：①所引刘禹锡诗例中的"後"是"以後"之意,不是语气词。②唐宋时期的"後"不止是表示假设。如张相《诗词曲语辞汇释》所引的例句：

> 把酒问春因底意,为谁来後为谁归?(王周《问春》,王周是五代人)
> 是梦他松後追轩冕,是化为鹤後去山林。(辛弃疾《最高楼》)
> 从来不惯伤春泪,为伊後滴满罗衣。(陆游《一丛花》)
> 为你後甘心憔悴,终待说山盟海誓,这恩情到此非容易。(赵长卿《贺新郎》)

张相说"後"字为"语气间歇之用",这是对的。当然也有的时候用在表示假设的句子或词组之后,这就逐渐取得了表假设的功能。到《董西厢》和元曲中,"後"才变为表假设的语气词。在元代,"後"和"呵"同时使用,在表示假设语气这一点上两者重叠,但"呵"除此以外还有别的功能。大约到了明代,语气词"後"就消失了,或者说,被"呵"吸收同化了。

孙锡信(1999)指出,除了"後"以外,和"呵"相关的还有一个语气词"好"。语气词"好"见于五代。"'好'与'後'有所不同,'好'一般用于句末,'後'一般用于句中;'好'主要表示感叹或祈使的语气,而'後'表示语气的停顿、间歇。因此不能认为'好'来自'後'。"例如：

> 师云："即今是什摩心?"学云："争奈学人不识何?"师云："不识? 识取好!"(《祖堂集》,卷一三)

未尝一念暂返神光,流浪生死,劫尽不歇。惭愧!大须努力好!(祖堂集,卷七)

"这两个语气词呈互补局面。宋以后产生了'呵',从用法看兼备了'後'和'好'的用途,亦即'後'和'好'统一于'呵'了。"

孙锡信又说:"元代'呵'字形又作'阿',……表明从元代开始,作语气词的'呵'的声母已弱化,并逐渐消失,'呵'的读音由 xa 变成 a 了。"

落一个瘦损阿好闷。(张协状元,第二十出)

写作"啊"则是清代的事了。孙锡信举的例子是:

两位姐姐,看得高兴啊,也等我每看看。(长生殿·窥浴)

二 吗

4.6.2 关于疑问语气词"吗",学术界讨论的有两个问题。一是"吗"的来源,一是"吗"的字形最早出现于何时。

4.6.2.1 关于"吗"的来源,王力(1958)、太田辰夫(1958)都有论述。它来源于唐代放在疑问句句末的"无"。如:

秦川得及此间无?(李白诗)
肯访浣花老翁无?(杜甫诗)

在敦煌文书中写作"磨"或"摩"。如:

锦衣公子见,垂鞭立马,断肠知磨?(云谣集)
张眉怒目喧破罗,牵翁及母怕你摩?(悉昙章)

在《祖堂集》中写作"摩"。如:

六祖见僧,竖起拂子云:"还见摩?"(祖堂集,卷二)

唐诗中也有写作"麼"的，如：

> 南斋宿雨后，仍许重来麼？（贾岛诗）

但太田认为，因为在敦煌文书中都不见写作"麼"，而且在较古的版本中也不写作"麼"，所以唐诗中这些"麼"都是后代改的。写作"麼"应是在宋代。

那么，唐代疑问句句尾的"无"又是怎样来的呢？这应当再往上追溯。

在西周中期的铜器铭文中已经出现这样的反复问句（据裘锡圭1988）：

> 正乃讯厉曰：汝田贾否？

在先秦文献中有这样的句子：

> 闻诸道路，不知信否？（左传·定公四年）
> 如此则动心否乎？（孟子·公孙丑上）

这都是否定词"否"放在句尾。在《史记》中，可以看到否定词"不""未"放在句尾表示反复问的句式，如：

> 秦王以十五城请易寡人之璧，可予不？（廉颇蔺相如列传）
> 君除吏已尽未？（魏其武安侯列传）

到南北朝，可以见到"无"字出现在句尾。如：

> 世间羸瘦，有剧我者无？（贤愚经，卷一）
> 不知彼有法无？（佛说义足经下）
> （此两例转引自北大中文系张敏的博士论文）

但这种"无"是对"有"的否定，还不是语气词。

到了唐代，"无"可以出现在以一般动词为谓语的句子中，如：

> 秦川得及此间无？（李白《上皇西巡南京歌》之二）

在唐代,用在句尾的除了"无"以外,还可以是"不""否"。如:

> 关外杨公安稳不?(刘禹锡《和令狐相公言怀寄河中杨少尹》)
> 青衫乍见曾惊否?红粟难赊得饱无?(白居易《和张十八祕书谢裴相公寄马》)

对于唐五代这种"VP+无/不/否"中的"无/不/否"是不是语气词,有不同的看法。

伍华(1987)系统考察了《祖堂集》中以"不、否、无、摩"收尾的问句,认为把这些句子都看作反复问句是不正确的。他根据能不能还原为"VP不VP"把这些句子分为甲、乙两类:甲类句是反复问句,基本格式是"VP+不/否/无/摩"和"还+VP+不/否/无/摩";乙类句是是非问句,基本格式是"莫+VP+不/否/无/摩"和"不+VP+不/否/无/摩"。如:

> 甲类:师问僧:"什摩处来?"僧云:"游山来。"师曰:"还到顶山不?"曰:"到。"
> 乙类:陆亘云:"莫不得不?"

他认为不管是甲类还是乙类,句尾的"不/否/无/摩"都是语气词。

孙锡信(1999)把下列句子加以比较:

> 借问有酒不?(杜甫诗)
> 天地生吾有意无?(李泌诗)

> 关外杨公安稳不?(刘禹锡诗)
> 幕下郎君安稳无?(杜甫诗)

还有不少诗句中"无"是和否定词对仗的,如:

> 降魔须战否,问疾敢行无?(卢纶诗)
> 雷令龙剑知去未,虎夷云鹤亦来无?(鲍溶诗)

他认为句中的"无"与"不""语法位置相当,句意相近,均用于句末构成反复问,既表否定义,又兼带疑问语气。""如果不把以上作比较的'不''否''未'看作语气词,那么'无'也不宜看作纯粹的语气词。'无'是在演变为'么'以后才完全成为语气词的。"

吴福祥(1997)把"么"的产生与反复问句"VP-neg"式的分化联系起来加以考察。他认为"VP-neg"式问句可以分为两类:(甲)反复问句。(乙)非反复问句(包括是非问句、测度问句以及反诘问句)。这种分化是由反复问句"VP-neg"式中否定词的虚化而造成的,从后汉就已开始。相应地,"neg"所代表的"不(否)"据其语义及功能可分为"不$_1$(否$_1$)"和"不$_2$(否$_2$)",前者用于甲类句,是否定词;后者用于乙类句,是语气词。如:

甲类:公卿有可以防其未然救其已然者不?(《汉书·于定国传》)
　　　当复是天下才否?(《宋书·周朗传》)
乙类:使君问罗敷,宁可共载不?(《乐府诗集·陌上桑》28.5b)
　　　王尚书惠尝看王右军夫人,问:"眼耳未觉恶不?"(《世说新语·贤媛》)
　　　王长史语刘曰:"伊讵可以形色加人不?"(《世说新语·方正》)

同样,后来句尾的"无"也可以分为两类:"无$_1$"是否定词,用于甲类句,"无$_2$"是语气词,用于乙类句。甲乙两类句子的鉴别标志是"莫/不/岂/宁/可……(也)neg",有"莫"等副词的是乙类,否则为甲类。如:

甲类:幕下郎君安稳无?(杜甫诗)
　　　陵在蕃中有死色无?(《敦煌变文集》93页)
乙类:项羽遂乃高声唱道:"帐前莫有当值使者无?"(《敦煌变文集》37页)
　　　直趁得着,还不丧身失命也无?(《祖堂集》3.089)

据此,吴福祥对王力(1958)、太田辰夫(1958)的看法提出异议,他认为唐五代的"VP 无"中的"无"有一些已不再表否定,但有一些例中的"无"仍然表示否定;即使是太田所说的用在述语为一般动词(非"有")的"VP-neg"式里,也仍难一律看成疑问语气词。他认为"幕下郎君安稳无?"和"关外杨公安稳不?"性质一样,"无"和"不"都是否定词而不是语气词。他也不同意孙锡信、伍华的观点,认为"无"不可能像孙锡信所说同时兼有两种功能;而伍华把《祖堂集》"VP-neg"的 neg 全都看作语气词也有失片面。

吴福祥认为"麽(磨、摩)"在唐初由"无₂"蜕变而来。唐宋时期,"麽"可以进入是非问和测度问等疑问句形式;宋元明清,"麽"可用于非疑问句。可见,近代汉语文献里"麽"的用法不尽同于现代汉语的"吗"。

吴福祥把"吗"的来源与汉语史上的"VP-neg"反复问句的分化联系起来,这在研究方法上是前进了一大步。但对哪些"无"可以看作语气词的分析还可以进一步讨论。此外,他还试图对"不"等语气词虚化的动因加以解释,这也可以引起我们思考。

刘子瑜(1998)也结合反复问句的句式讨论了语气词的问题。此处从略。

杨永龙(2003)对"吗"的形成作了深入的理论探讨。他认为从"无"到"吗"是一个语法化过程。这一过程可以从两个方面来观察:一方面是"无"的语义泛化(generalization),另一方面是"VP 无"句式的主观化(subjectivisation)。

(一) 语义泛化:从"有 N 无"到"Aux ＋ V(O)＋ 无"

所谓语义泛化,是指某一词汇形式具体实在的词汇意义越来越少,组合能力越来越强,适用范围越来越大。"无"的语义泛化是在"VP 无"框架内逐步实现的。1."无"本为动词,秦汉时期已经可以加在"有"的前面用作副词。在中古译经中,可以看到许多"有 N＋无"例,这种"无"如太田所言是对"有"的否定。2.入唐以后,"无"的适用范围逐渐扩大,动词从"有"扩展到"存、在"等存义动词,并进而扩大到其他非静态动词。3.中唐以后,"无"的语义进一步泛化,组合能力进一步提高,"无"的辖域扩展到"Aux＋V(O)"(Aux 即 auxiliary,是与时、体、情态有关的助动词、副词等)。这三个阶段,作者用下列方式来表达:

(1)"有 N＋无"——(2)"V(O)＋无"——(3)"Aux＋V(O)＋无"

第(1)(2)阶段的例句,前面已经有了,不再引用。第(3)阶段的例句如:

晚来天欲雪,能饮一杯无?(白居易《问刘十九》)
老去还能痛饮无,春来曾作闲游否?(白居易《兼呈微之》)

这类句子,在中唐时相当多。据作者统计,在白居易(772—846)诗中,"VP 无"共 60 例,其中"Aux ＋ V(O)＋无"有 28 例,元稹(779—831)诗中"VP 无"共 9 例,其中"Aux ＋ V(O)＋无"5 例。"Aux＋V(O)"因为含有时、体、情态等,已经是可以独立的小句形式,"无"是加在这一小句形式之上的。后一例"无"与"否"互文,"否"是兼含谓词性成分于其内的一个具有称代性的否定词(吕叔湘《中国文法要略》),可以直接置于"VP＋neg"格式的 neg 位置,用于对各种意义和各种层次的谓词性成分进行否定,但从不用于修饰动词,构成"否吃"之类的说法,因此如果句中有 Aux,一定包括在"否"的辖域之内。处于"Aux＋ V(O)＋无"格式中的"无"在这一点上与"否"相同,其辖域也是包括 Aux 在内的小句形式,如"能饮一杯无"是对是否"能饮一杯"进行提问。因此,从句法结构看,"Aux＋V(O)＋无"的结构层次是"[Aux＋V(O)]＋无",其结构层次逐渐向句子层面提升,最终占据句尾语气词的位置。

此时的"无"在语义上可以重新分析:一方面,仍可以分析为否定词,其否定域是"Aux＋ V(O)",此时"能饮一杯无"可理解为"能饮一杯不能";另一方面,句尾语气词通常加在一个命题之上,而"Aux＋ V(O)"能够独立表述一个命题,因此已经占据语气词位置的"无"也可以视为针对其前命题发问的语气词,不再具有否定意义,此时"能饮一杯无"可理解为"能饮一杯吗"。

(二) 主观化:从中性问到无疑而问

伴随着"无"的语义泛化,"VP 无"格式经历了一个主观化过程(subjectivisation),即经历了一个在语言中逐步加入说话人对命题或所说内容的主观态度和倾向性的过程。

该过程大体经历了四个阶段,前两个阶段与"无"的语义泛化大体同步,后两个阶段是"VP 无"格式表意功能的进一步扩展。

(A) 典型的反复问句是把肯定和否定两方面都说出来,让听话者从中加以选择。其中不包含说话者的态度和倾向性,疑问程度是全疑。最早出现的"有＋N＋无"是该阶段的代表形式。

(B) 说话者虽然对答案的肯定与否心存疑虑,但却表达了一种愿望,尤其当 VP 前有能够反映说话者主观态度的助动词时,"VP 无"往往具有了一定的倾向性,句子的疑问程度已经有所降低。该阶段的典型形式是盛唐至中唐出现的"Aux＋V(O)＋无",同时也包括"V 得无"格式。

(C) "VP＋无"表测度问时,疑问程度已经相当低,说话者的倾向性也相当明显。这种用法见于中唐以后,比较典型的形式是"莫……无"。如:

拟提社酒携村妓,擅入朱门莫怪无?(白居易《令公南庄花柳正盛欲偷一赏先寄》)

项羽遂乃高声唱:"帐前莫有当直使者无?"(《敦煌变文集》37页,引自吴福祥1997)

(D) 反诘问是无疑而问,说话者的倾向性十分明确。而且,字形已经可以写作"磨""摩",这也表明该主观化阶段的"无"已经彻底失去了否定意义。例如:

山代云:"只到这里岂是提得起摩?"(《祖堂集》241页,日本禅文化研究所1994)

向佛未出世时体会,尚自不得一个半个,是伊与摩,驴年得一个半个摩?(同上,548页)

杨永龙还指出,上述(A)(B)(C)(D)四种功能,是在六朝、盛唐、中唐、五代四个时期分别产生的,但后来的功能产生后,原来的功能并没有消失,而是继续存在。所以,他认为这不是演变,而是扩展。

4.6.2.2 关于"吗"出现的时代

王力(1958)认为"吗"始见于《红楼梦》。如:

这是爆竹吗?(红楼梦,第二十二回)

有人认为"吗"字在南宋已经出现,其依据是《绿窗新话》转引《邻几杂志》的一段话:

《邻几杂志》云:党太尉观画真,忽大怒曰:"我前画大虫,犹用金箔贴眼,我便消不得一对金眼睛吗?"其意概斥画师为之画真容时,未用金眼睛,认为寒窘也。

但仅此一例,而且在南宋直至明代没有见到别的用例。本书第二章讲到据说是东汉时出现的指示代词"那"字时已经说过,像这种早先仅有一例,要到几百年再见到用例的情况,是很可怀疑的,不能轻易信从。果然,北京国家图书馆所藏旧抄本《绿窗新话》没有该条,实际上,该条是见于近人周夷校补本《绿窗新话》(古典文学出版社 1957 年版)所附相关资料,所引文字实出自周夷所附相关资料。显然,这是不可靠的。①

还有人认为"吗"在明代就已经出现了,举出一些明代杂剧和小说的例子。但是这些所据的资料都是近年新版明清戏曲小说选本,并不可靠。② 所以,"吗"究竟最早出现于何时,还要根据可靠资料进一步研究。

三 呢(那、哩)

4.6.3.1 "呢"大约出现于宋元时期。如:

> 问道:"担子呢?"应道:"撺在河里。""匾担呢?""撺在河里。"(警世通言·万秀娘仇报山亭儿)
> 婆婆,俺那孩儿的呢?(元杂剧《合汗衫》)

"呢"的来源比较复杂。吕叔湘(1941)认为"呢"即"哩"之变形,而"哩"又源于"在裏"。太田辰夫(1958)认为表示承前疑问、疑问强调的"呢"来源于五代的"聻","那"的一部分用法和"呢"相同。王力(1958)认为呢"的来源颇难确定。在上古时期,"尔"可以用作疑问语气词,如《公羊传》隐公二年:"然则何讥尔?"但从上古到近代,中间有将近一千年的空白点,历史的联系无法建立起来。近代汉语的"那"和"哩"同"呢"大致相当,但也难以肯定地说它们是"呢"的来源。在王力(1989)中改变了以前的看法,认为"呢"字的最初来源是"那",另一来源是"哩"。杨联升(1982)中讨论了禅宗语录中的"聻"。江蓝生(1986)、曹广顺(1986)和孙锡信(1999)在前人研究的基础上对"呢"的来源作了进一步的论述。现将诸家的意见综述如下。

现代汉语中的"呢",按其语法功能大致可分为两类。一是表疑问的,一是表叙实(强调或夸张)的。在历史上,曾出现过一些表疑问和表叙实的语气词如"聻""那""哩"等,到现代汉语中,这些语气词都已消失,它们的功能都由"呢"来表达(但有时在书面上还写"哩")。20 世纪 80 年代以来,一些学者对历史上的这些语气词进行了深入的研究,并且探讨了这些

---

① 见钟兆华(1997a)和杨永龙(2003)。
② 见崔山佳(1998)和王魁伟(2000)。

语气词和"呢"的关系。

下面先说这些语气词在历史上的情况,然后再说它们和"呢"的关系。

4.6.3.2 "聻"较早的用例见于唐代于頔所集《庞居士语录》:

> 峰曰:"莫是当阳道么?"士曰:"背后底聻?"

《庞居士语录》是"后时资料",未可为据。但在《祖堂集》和宋代其他禅宗语录中,"聻"就见得很多了。除"聻"以外,还有"你""咏""儞""嚩"等字用作疑问语气词。如:

> 云:"此人意作摩生?"云:"此人不落意。"云:"不落意此人聻?"师云:"高山顶上无可与道者啖啄。"(祖堂集 2.146)
> 师云:"王老师你?"黄蘗无对。(祖堂集 4.115)
> 且道:"什么人升得法华堂,入得法华室咏?"(续古尊宿语要 10)
> 师云:"鼻孔儞?"(明觉禅师语录)
> 师云:"作什么咏?"(景德传灯录,卷一四)

"聻"(咏)也可用于表示强调或夸张。如:

> 睦州见僧来参便喝云:"上座如何偷常住果子?"僧云:"某甲方来,因甚道偷常住果子?"州云:"赃物现在聻!"(松源崇岳禅师语录)
> 佛果举似五祖,祖云:"好也咏!"(虚堂和尚语录)

在《祖堂集》中,"聻"又作"你"(7 例)"尼""咏"(各 1 例)(据曹广顺 1995)。

往上追溯,"聻"是由"尔"演变而来的。前面说过,有的研究者把表疑问的"呢"的来源上溯到《公羊传》的"尔"。王力(1958)不同意这一看法,认为从上古到近代中间有一千多年的空白点。江蓝生(1986)对此作了补充,举出了一些魏晋南北朝表示疑问的"尔"的例子。如:

> 知足下连不快,何尔?(淳化阁帖卷六王羲之书)
> 今以意求,恐是不复疏之。何知尔?(周氏冥通记·卷一)
> 刘道真年十六,在门前弄尘,垂鼻涕至胸。洛下年少乘车从门

过,曰:"年少甚埴坰。"刘便随车问:"为恶为善尔?"(裴子语林)

石崇与潘岳同刑东市,崇曰:"天下杀英雄,君复何为尔?"(殷芸小说)

这些材料很值得注意。虽然从《公羊传》(成书于汉景帝时)到晋代还有四百多年,但毕竟在西汉和唐代之间找到了一些用"尔"表示疑问的例证,说明由上古的"尔"发展为近代的"聻"(儞、嚟)是有可能的。

有些学者认为表叙实的"呢"和"尔"也有联系。杨树达《词诠》说《孟子·万章上》:"郁陶思君尔!"以及《公羊传》中同样的"尔"是"表决定之意,即今语'呢'字"。这个意见却未必正确。因为这种"表决定之意"的"尔"和宋代的"哩"确实有一千多年的空白点,无法建立历史的联系。而且,"哩"字由"裏"发展而来,它就不可能又来源于先秦时的"尔"。

4.6.3.3 "那"作语气词始于魏晋时,如:

疲倦向之久,肯问君极那?(魏·程晓)
公是韩伯休那?乃不二价乎?(后汉书·韩康传)
陈舞复传语曰:"不孝那!天与汝酒饮不肯饮,中有恶物耶?"(全晋文·废太子遹遗王妃书)

这是在宋以前所能见到的仅有的几例。朱庆之(1991)在汉魏六朝的佛典中找到了20多条写作"那"的疑问语气词的用例,但绝大多数有"耶"的异文,所以认为"那"是"耶"的误字。不过,这一论点可用于疑问语气词"那",却不适用于《全晋文》例中的用以表示感叹的"那"。所以,应当肯定语气词"那"在魏晋时已经产生。

语气词"那"在隋唐的文献中没有见到,这个现象还有待于解释。

在《祖堂集》中,"那"多用于"那作摩"的形式中。如:

怕烂却那作摩?(4.057)

也有两例表感叹,现举一例如下:

师问:"汝去什摩处?"僧云:"礼拜大师。"师云:"近那,吃饭了去。"(5.104)

宋代禅宗语录中"那"字出现较多,可表疑问和感叹。如:

尔不肯老僧那?(景德传灯录,卷一六)
仰山指月云:"人人尽有这个,只是用不得。"沙云:"恰是,便倩尔用那!"(碧岩录)

在宋代,"聻"和"那"大体是有区别的:"聻"一般用于特指问句(相当于现代汉语的"呢"),"那"一般用于是非问句(相当于现代汉语的"吗")。而在元杂剧中,"那"的功能扩展,也可用于特指问句和选择问句。

4.6.3.4 "哩"的来源有不同的说法。

吕叔湘(1941)认为"哩"的来源是唐宋时的"在裏"。"此一语助词,当以'在裏'为最完具之形式,唐人多单言'在',以'在'概'裏';宋代多单言'裏',以'裏'概'在','裏'字俗出多简作'里'。本义既湮,遂更着'口'。传世宋代话本,率已作'哩'。"他所举的"在裏"例是:

及重试退黜,喧者甚众,而此僧独贺曰:"富贵在裏。"(唐摭言,7.1)
若说道,"我只是定,更无所为",然物之好恶亦自在裏。(河南程氏遗书)

他认为"裏"原为"这裏""那裏"的"裏",后来"裏"的本义逐渐消失,"在裏"就不再有"于此"之意。如:

他不是摆脱得开,只为立不住,便放却,忒早在裏。(上蔡语录)

但太田辰夫(1958)认为,"在裏"的时代比"裏"晚。他举的"裏"的例句是:

幸有光严童子里。(维摩变文,P2292)
他儿婿还说道里。(同上,P3128)
后明皇帝幸蜀,至中路曰:郎亦一遍到此来裏。(刘宾客嘉话录,又广记150亦引)

他认为这是处所词放在句末,古代的"焉"就是这种形式。由这种"裏"变

为句末助词"哩"。他所举的"哩"的例子是:

> 若还真个有这人时,可知好哩。(一窟鬼癞道人除怪)
> 上了灯儿,知是睡哩坐哩?(赵长卿词)

宋代"哩"的用法都是表示肯定。在元杂剧中,"哩"的主要作用仍是表示肯定,但也有一些表疑问的。如:

> 你还不曾去哩?(关汉卿《谢天香》)

语气词"裏"也可以写作"俚",不太多见。如:

> 如今檄书将次到来,承宣亦须见俚。(三朝北盟汇编·茅斋自叙)

4.6.3.5 吕叔湘所说的语气词"在"确实也是存在的,曹广顺(1995)举出唐代笔记小说、唐诗和《祖堂集》中的不少例子,所表达的语气,大体上相当于现代汉语中表示肯定语气的"呢"。如:

> 已取得来,现于后园中放在。(朝野佥载)
> 舌头不曾染着在。(祖堂集·卷一)

宋代还有用于疑问句的例子。如:

> 这沙弥,更要我与你下注脚在?(五灯会元·卷二〇)

元代以后"在"的使用可能已经逐渐萎缩,明代就很少使用了。

"在"和"哩"没有关系。

4.6.3.6 以上是唐、宋、元代的情况。在明清的白话小说中,已不用语气词"那";在《西游记》《金瓶梅》《儒林外史》中,表肯定多用"哩",表疑问"哩""呢"并用(但《金瓶梅》只用"哩");在《红楼梦》中,则无论疑问或肯定一律用"呢"。这就和现代汉语的情况一样了(由"哩"变"呢"是声母由 l 变 n)。

4.6.3.7 上述语气词和现代汉语的语气词"呢"是什么关系？这个问题有不同的看法。

江蓝生(1986)认为，"那"是从"尔"到"呢"的中间形式。她的根据是：

> 云："此人意作摩生？"云："此人不落意。"云："不落意此人聻？"师云："高山顶上，无可与道者啖啄。"（祖堂集·卷八）

这句话在《景德传灯录》中说成：

> 曰："此人意作么生？"曰："此人不落意。"曰："不落意此人那？"师曰："高山顶上，无可与道者啗啄。"（景德传灯录·卷一七）

她说："可知'那'应为'聻'之变形。由'聻'变为'那'或许反映了呢语音上的变化，即'聻'字轻读音近'那'（ni→nə）。"

孙锡信(1992)提出不同的看法："这个论断尚有些疑点。"他说了三点：

(1) "那"作为语气词由来已久，难以证明"那"是由"聻"发展而来。

(2) 将"那"看作"聻"的音变形式还缺乏足够的凭据。

(3) 从作用看，"那"和"聻"本来就不同，直到元代，"那"和"呢""哩"仍是既同时存在又互相区别的不同的语气词。

文章特别指出，"《祖堂集》中'不落意此人聻'的'聻'是表承前问，意谓'不落意的此人（在哪儿）呢？'《景德传灯录》改'聻'为'那'，将句子改写为反诘问，意谓'此人不落意吗？'禅僧语录在传承中改字甚至改意的现象相当普遍，……对禅僧语录字句的更改要分外留意。"

祖生利(1996)也说："语气词'那'早在中古即已出现，根本不会是唐末才产生的'聻'的音变形式。""从纵（历时）横（共时）两方面比较，'那''尔'都不是同一个语气词，自然，'那'也就不可能是由'尔'到'呢'的中间形式。"

曹广顺(1995)说："从产生、发展过程和功能两方面看，'那'和'聻'都是两个完全不同的语气助词。""'聻''那''在''里'四个近代汉语语气助词……从其表达的功能上看，都和现代汉语语气助词'呢'有关系，但它们又是几个来源和归宿都有所不同的语气助词，我们的分析表明，'聻'可能是'呢'的主要来源。"

四 也

4.6.4 除了"啊""吗""呢"三个现代汉语常用的语气词外,还有必要简单谈一谈近代汉语用得很多的语气词"也"。

"也"是上古汉语中非常常见的一个语气词,通常认为其功能是表示判断。但到中古时期,语气词"也"的功能发生了变化。太田辰夫(1991)、志村良治(1995)、曹广顺(1987)、孙锡信(1999)、魏培泉(2002)、陈前瑞(2008)都提到,从东汉开始,"也"出现了动态用法,大致相当于上古的"矣"和现代汉语的"了$_2$"。下面举一个《论衡》的例句:

夏、殷衰时,《诗》何不作?《尚书》曰"诗言志,歌咏言",此时已有诗也。(论衡·谢短)

这种趋势,到了唐代更加明显,在本书第四章的第三节说到事态助词"了"的时候,就已说到,在"了"后面总要跟一个"也",这个"也"就是表动态的。单用"也"表动态的也很多,孙锡信《近代汉语语气词》就举出不少例,如:

新妇向房卧去也。(游仙窟)
少娘子如今变也,不是旧时精魅。(变文集庐山远公话)
洞山云:"太迟也!"(祖堂集卷五)

罗骥(1994)统计,北宋时句末的"也",表事实变化的已超过表静态的肯定和判断的。

李崇兴(2008)谈到元代口语文献中的"也",可用于叙述句,疑问句,祈使句,称呼句,感叹句。各举一例于下:

兀的灯来也。(老乞大)
銮驾那里也?(气英布,二折[煞尾]白)
哥哥,你醒也!(替杀妻,二折[滚绣球]白)
儿也,咱两个义绝恩断在这里。(小张屠,[二折]秃厮儿)
关某暗想,日月好疾也!(单刀会,三折白)

直到《西游记》，还有这样的句子：

请起来，菩萨已回宝山也。（第八十四回）

可见，这种语气词"也"在近代汉语中普遍使用，是不可忽视的。

至于这种语气词"也"和先秦的语气词"也"之间有无关系，可参见陈前瑞（2008），这是一篇很有深度的论文。

近代汉语中还有一些语气词在现代汉语中消失了。如"者""著""咱""则个""波""也么哥"等，这在吕叔湘（1941）、胡竹安（1958）、徐德庵（1959）和孙锡信（1999）中有所论述，此处从略。

本节参考资料

曹广顺 1986：《祖堂集中与语气词"呢"有关的几个助词》，《语言研究》，第 2 期。
曹广顺 1987：《语气词"了"源流浅说》，《语文研究》第 2 期。
曹广顺 1995：《近代汉语助词》，语文出版社。
陈前瑞 2008：《句末"也"体貌用法的演变》，《中国语文》第 1 期。
崔山佳 1998：《〈红楼梦〉前已有语气词"吗"》，《中国语文》第 4 期。
胡竹安 1958：《宋元白话中的语气助词》，《中国语文》第 3 期。
江蓝生 1986：《疑问语气词"呢"的来源》，《语文研究》第 2 期。
蒋宗许 1996：《语气词"那"考索》，《古汉语研究》第 3 期。
李崇兴 2008：《元代北方汉语中的语气词》，《历史语言学研究》第 1 辑。
刘子瑜 1998：《汉语反复问句的历史发展》，《古汉语语法论集》（郭锡良主编），语文出版社。
吕叔湘 1941：《释景德传灯录中"在"、"著"二助词》，《汉语语法论文集》，商务印书馆，1984。
罗　骥 1994：《北宋句尾语气词"也"研究》，《古汉语研究》第 3 期。
孙锡信 1986：《疑问语气词"呢"的来源》，《语文研究》第 3 期。
孙锡信 1992：《汉语历史语法要略》，复旦大学出版社。
孙锡信 1992：《语气词"呢""哩"考源补述》，《湖北大学学报》第 6 期。
孙锡信 1995：《语气词"么"的来历》，《中国语言学报》第 7 期。
孙锡信 1999：《近代汉语语气词》，语文出版社。
裘锡圭 1988：《关于殷墟卜辞的命辞是否问句的考察》，《中国语文》第 1 期。
太田辰夫 1958：《中国语历史文法》，蒋绍愚、徐昌华译，北京大学出版社，2003。
太田辰夫 1991：《汉语史通考·中古语法概说》，江蓝生、白维国译，重庆出版社。

王魁伟 2000:《〈红楼梦前已有语气词"吗"〉献疑》,《中国语文》第 3 期。
王　力 1958:《汉语史稿》,科学出版社。
王　力 1989:《汉语语法史》,商务印书馆。
王树瑛 2007:《再谈疑问语气词"呢"的来源》,《福建教育学院学报》第 3 期。
魏培泉 2002:《祖堂集中的助词"也"——兼论现代汉语助词"了"的来源》,《含章光化——戴琏璋先生七秩哲诞论文集》,台北里仁书局。
吴福祥 1997:《从 VP－neg 式反复问句的分化谈语气词"么"的产生》,《中国语文》第 1 期。
伍　华 1987:《论〈祖堂集〉中以"不、否、无、摩"收尾的问句》,《中山大学学报》第 4 期。
徐德庵 1959:《近代汉语中语末语气词"则个"、"者"、"著"、"咱"、"罢"、"波"》,《语法论集》第三集。
杨永龙 2003:《句尾语气词"吗"的语法化过程》,《语言科学》第 1 期。
杨联升 1982:《禅宗语录中之"噇"》,《清华学报》第十四卷一、二期合刊。
志村良治 1995/1983:《中国中世语法史研究》,江蓝生、白维国译,中华书局。
钟兆华 1997a:《论疑问语气词"吗"的形成与发展》,《语文研究》第 1 期。
钟兆华 1997b:《语气词"呀"的形成及其历史渊源》,《中国语文》第 5 期。
朱庆之 1991:《关于疑问语气词"那"的来源考察》,《古汉语研究》第 2 期。
祖生利 1996:《疑问语气词"呢"的来源补说》,《西北师大学报》第 3 期。

第五章 近代汉语词汇研究

在近代汉语语音、语法、词汇三个方面的研究中,词汇的研究是开展得最早的,前人在这方面留下来的研究成果也相当丰富。但和语音、语法相比,近代汉语词汇研究的系统性却又是最差的。这和词汇本身的特点有关。词汇反映纷纭复杂的现实世界,而且又处在经常不断的变化之中,某一时期或某一方言中的词语,到了另一时期或另一方言中就会变得十分难懂,这就需要有人对这些词语加以解释。因此,词语诠释的工作往往比语音、语法的研究都开始得早,留下来的资料也相当可观。但是,词汇系统又比语音、语法的系统复杂得多,直到现在,人们也感觉对词汇的系统难以把握,所以,在词汇研究方面,显得系统性不够。在词汇研究方面,做的大量的工作是对词语的诠释,而对词汇系统、词汇发展规律等方面的研究比较缺乏。摆在我们面前的任务,是要总结前人的研究成果,同时,努力开创近代汉语词汇研究的新局面。

第一节 近代汉语词汇研究的概况

一 20世纪以前近代汉语词汇研究的概况

5.1.1.1 在讨论这个问题之前,先要讨论几个有关的概念。

(1)**近代汉语词汇** 近代汉语词汇是在近代汉语时期的活的语言中人们所使用的词语的总称,它包括两大部分:a.在唐以前产生而在近代汉语中继续使用的词语,包括"人、手、山、水、牛、羊"这样一些汉语的基本词汇,它们一直从先秦使用到现代。b.在近代汉语时期产生的词语。这又分常用词语和非常用词语两部分。常用词语具有较大的稳固性,产生以后被人们普遍使用,其中有不少一直延续到现代汉语中,成了现代汉语的基本词汇,如"吃、喝、穿(衣)"等。非常用词语变化较快,有些用了一个时期以后就不再使用或意义完全改变了。如"宅家""脚色""九百"(详下)之类。当然这也包括近代汉语时期书面语中新产生的一些词汇;但是,那些唐宋元明时期的文人为了仿古而使用的古语,则不在近代汉语词汇的范围之内。

(2) 近代汉语的口语词汇 "口语"是相对于"书面语"而言的,口语词汇指的是一般很少在书面语和正式谈话中使用,而通常只在日常谈话中使用的词汇。当然,"很少在书面语中使用"并不等于不在书面语中出现。如果一些近代汉语词语根本不在书面语中出现(这样的词语确实也是有的),我们今天就无从知道了。书面语也有正式的、庄重的和非正式的、通俗的两类,前一类书面语一般不采用口语词汇,后一类书面语采用口语词汇,有时还有意地使用口语词汇。还有一些特殊类型的作品(如审讯、谈判的记录)忠实地记录口语,当然用的都是口语词汇。

口语词汇的范围随着语言的发展而变化。在近代汉语的初期,那些新产生的词语一般不进入较正规的书面语言中,即使是口语中很常用的词语,如果用在诗文中,也被认为是"鄙俗"。如宋代黄彻《䂬溪诗话》就说杜甫诗"数物以'个',谓食为'喫',甚近鄙俗"。可见像"个""喫"这样的词,在宋代还是口语词。但随着语言的发展,到明清时,"个""喫"这样的词尽管还不能进入用文言文写作的作品之中,但它们在《西游记》《金瓶梅》《红楼梦》这样的文学作品中大量出现,而且可以想象,在当时人们的正式谈话中也一定频繁使用,所以,到了近代汉语的后期,这些近代汉语的常用词就已经进入书面语,而不能再看作口语词了。只有那些近代汉语的非常用词,始终是属于口语词汇的范围。

(3) 俗语词 "近代汉语词汇"和"近代汉语口语词汇"都是现代使用的术语,在20世纪以前,人们经常使用的术语是"俗语""俚语"等。这些概念大致和"口语词"相当。但以前因为没有"词"的概念,所以"俗语""俚语"有时指的不仅是口语中的词或词组,而且包括一些谚语之类的句子。这些术语的使用由来已久,人们比较熟悉,所以今天的研究者有时还沿用这些术语。但为了把句子排除在外,在谈及口语词汇时,一般已不再使用"俗语"这一名称,而称之为"俗语词"。"俗语词"不是近代汉语才有,如东汉服虔的《通俗文》,诠释的就是东汉时的俗语词。唐代到明清时期的俗语词,就是近代汉语的口语词。

5.1.1.2 直至现在,对近代汉语词汇的研究主要是研究近代汉语的口语词。下面简介我国历代对近代汉语口语词的研究情况。

尽管口语词汇历来不受人重视,特别是那些文人学士,认为这些词语"俗",不登大雅之堂,但它毕竟是人们语言中一个不可忽视的事实,不懂这些俗语词的意义,就会妨碍人们的交际,也会对某些作品的阅读造成障碍。所以,从东汉开始,历代都有人从事口语词的研究工作,这主要是对口语词的诠释。这些口语词的诠释,包含在以下几类作品中:

(1) 口语词诠释的专书

东汉服虔的《通俗文》是我国第一部诠释口语词的专书。此书现已亡佚,但其中有些条目保存在《文选》李善注和慧琳《一切经音义》等著作中。《玉函山房辑佚书》有此书的辑佚。此书虽是东汉时的著作,但其中不少词语在唐代还在使用,所以也应属于近代汉语口语词的范围。六朝时也有这类专书,如沈约的《俗说》,但也已亡佚。唐代敦煌文书中的《俗务要名林》(残)、《字宝碎金》均属此类,前者对所收口语词有简单的诠释,后者只收一些口语词,并无诠释。

从宋到清,这一类专书有:宋代洪迈《俗考》、龚熙正《续释常谈》,明代陈沂《询刍录》、杨慎《俗言》、周梦旸《常谈考误》、陈士元《俚言解》、赵南星《目前集》、张存绅《雅俗稽言》、岳元声《方言据》、李翊《俗呼小录》、金檀《诗词曲语正诠》,清代钱大昕《恒言录》、吕种玉《言鲭》、翟灏《通俗编》、钱大昭《迩言》、李调元《方言藻》、顾张思《土风录》、陈鳣《恒言广证》、方外山人《谈征》、梁同书《直语补正》、郝懿行《证俗文》、史梦兰《燕说》、唐训方《里语征实》、郑志鸿《常语寻源》、平步青《释谚》、胡式玉《语窦》。

还有一些不是诠释口语词的专著,但其中有一部分专门诠释口语词,如唐代颜师古《匡谬正俗》卷六至八,宋赵叔问(一作"向")《肯綮录》的"俚俗字义",明田汝成《西湖游览志余》卷二一至卷二五"委巷丛谈",徐渭《南词叙录》中的俗语,焦竑《俗书刊误》卷一一"俗用杂字",顾起元《客座赘语》卷一"辨讹""诠俗""方言",胡震亨《唐音癸签》卷一六至二四"诂笺"。其中《南词叙录》中的俗语多为元明戏曲中词语,《唐音癸签·诂笺》解释唐诗中用语,颇有参考价值。

另一类是记录一些当时的行业语。如明代佚名《墨娥小录》中的"行院声嗽"和《金陵六院市语》记载当时"行院"中的用语,但其中一些词语在社会上也广泛使用。

(2) 字书、韵书、音义等著作

这类著作不是专为诠释俗词语而作,但有些书中包含了口语词的诠释。如魏张揖《埤仓》、唐代慧琳《一切经音义》、宋代丁度等编的《集韵》、辽代释行均《龙龛手镜》、明代方以智《通雅》、清代刘淇《助字辨略》等。《一切经音义》在口语词研究方面的作用已为大家所认识,而《集韵》《通雅》在这方面的价值还没有引起足够的重视。

清代梁章钜《称谓录》是研究称谓的专书,其中也包含一些口语中的称谓。

(3) 笔记、杂著

我国古代笔记、杂著的内容很庞杂,包括天文地理、经史百家、遗闻轶事、土俗民风、名物制度等方面,也有不少口语词的诠释或溯源,但大都散见书中,未设专章。其中记载口语词较多的有:唐代李匡乂《资暇集》、苏鹗《苏氏演义》,宋代吴曾《能改斋漫录》、孟元老《东京梦华录》,元代陶宗仪《辍耕录》,明代郎瑛《七修类稿》,清代顾炎武《日知录》、钱大昕《十驾斋养新录》、赵翼《陔馀丛考》等。这类著作中口语词的诠释,有的已为后代俗语词研究的专著所引用。

(4) 有关方言词语的著作

方言和俗语关系密切。俗语往往首先出现在某一方言中,然后被普遍采用;另一方面,前一时期的俗语,往往保留在后一时期的某方言中。明清以来记载方言的书有:明代李实《蜀语》,清代张慎仪《蜀方言》、胡文英《吴下方言考》、毛奇龄《越语肯綮录》、茹敦和《越言释》、范寅《越谚》等。此外,明代沈榜《宛署杂记》卷一七"民风·方言"和徐昌祚《燕山丛录》卷二二"长安俚语"记载明代北京话的一些俗词语,清代蒲松龄《日用杂字》和桂馥《札朴》卷九附"乡言正字"记载清初山东方言的一些俗语词。

在第一类中所举的一些著作中,也有一些有较浓的方言色彩。如《西湖游览志余》所记多是明代杭州话的词语,《客座赘语》所记多是明代南京话的词语。

5.1.1.3 20世纪前对近代汉语口语词的研究的成就,主要表现在以下几方面:

(1) 记载了大量的口语词并作了诠释

口语词有些流传不广,历时不久,有些在书面文献中出现频率不高,所以,只是采用排比归纳法往往不容易知道其意义,或者可能根据少数例句而望文生义。在这方面,前人对口语词所作的解释就显得十分可贵。因为他们离那些口语词使用的时代不远,对那些口语词还能了解。现举数例如下:

(a)《资暇集》:"阿荼:公郡县主,宫禁呼为宅家子。盖以至尊以天下为宅,四海为家,不敢斥呼,故曰宅家,亦犹陛下之义。……又为阿宅家子,……急语乃以宅家子为茶子,既而亦云阿茶子。……削其'子'字,遂曰'阿茶'。"

这条记载说明:晚唐时宫禁中称公主为"阿茶",称皇帝为"宅家"。懂得了这两个俗语,下面的记载就很好懂了:

《资治通鉴·唐昭宗乾宁四年》:"建乃与知枢密刘季述矫制发兵围十六宅,诸王被发,或缘垣,或升屋,呼曰:'宅家救儿!'"

(b)《通雅》卷二六:"注色:注其履历也。隋虞世基纳贿,多者超越,无者注色而已。宋时未参选者具脚色状,谓之根脚。(按:《资治通鉴》卷一百八十注:'宋末参选者具脚色状,今谓之根脚。')迩来下司初见上司,犹递手本,上开出身履历曰'脚色'是也。"

《恒言录》卷四:"《宋史·选举志》:'局官等人各置脚色。'周必大《奉诏录》:'偶检永宁脚色,见其方是秉义郎。'又'奏议先令吏房取见本人脚色。'所云'脚色'者,犹今之履历也。鉴案:《朝野类要》:'初入仕必具三代名衔谓之脚色。'"

从这两条记载可以知道,从隋唐到明末,履历都叫做"脚色"。

(c) 宋陈师道《后山诗话》:"世以痴为九百,谓其精神不足也。"《南词叙录》:"九百,风魔也。宋人云:'九百尚在,六十犹痴。'"宋朱彧《萍洲可谈》:"俗谓神气不足者为九百,岂以一千即足数耶?"

"九百"一词,金元戏曲中习见。如《董西厢》卷三:"九百孩儿,休把人厮啈。"

这类例子很多,不烦列举。

(2) 反映了口语词的产生和发展变化

口语词的产生和发展变化是汉语词汇史所要考察的问题。我国历代对近代汉语口语词的研究提供了一些有关资料。例如:

(a) 陆游《老学庵笔记》卷三:"今人谓贱丈夫曰汉子,盖始于晋室南渡时。北齐魏铠自散骑常侍迁青州长史,固辞之。宣帝大怒曰:'何物汉子,与官不就!'此其证也。"

这条记载说明了"汉子"一词的来由。陆游所引的例子见于《北齐书·魏兰根传》,是目前见到的"汉子"一词的最早用例。明代陈沂《询刍录》:"汉自武帝伐匈奴,二十余年间闻汉兵莫不畏者,称为'好汉',后遂为男子之称。"由"好汉"到"汉子",词义的褒贬发生了变化。

又:《辍耕录》卷八:"今人谓贱丈夫曰汉子。"《西湖游览志余》:"杭人贱丈夫曰汉子。"可见这词在元明时依然使用。

(b) 元代李冶《敬斋古今黈》卷四："'勾当'二字自唐有之。……宋过江后,避讳改'勾当'为'干当'。"

按："勾当""干当"在唐宋时常见,但有时代早晚之分。范仲淹《与朱氏书》："大郎来此,既不修学,又无他事勾当,必难久住。"用的是"勾当"。《大宋宣和遗事》："命内侍童贯为监军,专切往来干当。"虽然童贯是北宋人,但《大宋宣和遗事》是元人的作品,所以用的是"干当"。

(c) 宋代朱彧《萍洲可谈》卷一："都下市井辈谓不循理者为乖角。"明代陈士元《俚言解》卷一："警敏有局干谓之乖觉。《水东日记》《于肃愍公奏疏》常用此俗语。"《七修类稿》卷一："'乖角'不晓事意。故韩诗云:'亲朋顿乖角'是也。今人反以为聪意,错也。"

从这几条记载可以知道,"乖角"一词的词义在明代发生了变化,由"不循理"变为"机灵"。

(d)《资暇集》："元和初,酌酒犹用樽杓,……居无何,稍用注子,其形若䍗,而盖、觜、柄皆具。大和九年后中贵人恶其名同郑注,乃去柄安系,若茗瓶而小异,目之曰偏提。"《言鲭》："偏提,酌酒器。元和间谓之注子,仇士良恶其名同郑注,乃去其柄安系,名曰偏提,按其形即今之酒鳖。"

根据这两条记载可以知道,一种古代的酌酒器(酒壶之类)在唐代元和年间叫"注子",唐代大和以后叫"偏提",在清代叫"酒鳖"。

(e)《恒言录》卷二："赔,此字不见《玉篇》《类篇》等书。古人多用'备'字,或作'陪'。明《永乐实录》追赔字皆不从贝旁。《唐律》:'诸应输备赎没入之物及欠负应征违限不送者一日十笞。'疏云:'备偿亡失官私器物各备偿。'常生按:《升庵外集》:'昔高欢之法盗私物十备五,盗官物十备三。后周诏侵盗仓廪虽经赦免征备如法。备,偿补也,音裴,今作赔。音义同。而'赔'字俗,从'备'为古。'"

这一条说明"赔"字在明初还写作"备","赔"是后起的俗字。

(3) 反映了现代汉语中一些口语词的来源

现代北京话中的一些口语词已见于宋元明清一些书籍的记载,如"拨擃,手披也",见于《集韵》;"提曰滴溜着",见于《宛署杂记》;"言胡说曰扯淡",见于《西湖游览志余》;"物不净曰婄脏","乱言曰诌",见于《俗用杂字》;"蠲曰干净,其不蠲曰……腌臢",见于《客座赘语》;"谓看曰瞧","不与人分辨曰不理",见于《蜀语》;"不晓事曰㣙",见于《乡言正字》;"京师谓怯曰麟",见于清高士奇《天禄识余》。

《西湖游览志余》等书所记多为方言词。上述词语究竟是当时已是通语,因而在方言中也都使用呢?还是当时尚为方言,后来才影响到北京话?这个问题还不清楚。

(4) 记述了近代的方言词语

扬雄《方言》记录了秦汉时的方言词语,杭世骏《续方言》等书采集秦汉方言词语以补《方言》之遗,这是对古代方言词语的研究。要对近代方言词语进行研究,就要依靠上述《蜀语》等书。除了这些专书以外,其他一些书籍在记录口语词的同时也记录了一些近代汉语的方言词,如《老学庵笔记》:"蜀语鲜翠犹鲜明也。"《俗呼小录》:"凡取物,吴下曰担(平声),江阴曰拏,丹阳等处曰提,宁波浙江曰驼,靖江曰啷"等。

对于汉语词汇史的研究来说,下列材料很值得注意:

《越语肯綮录》:"亢,藏物也。今俗犹呼藏为亢,音苦浪反。"(按:《集韵·宕韵》:"囥,口浪切,藏也。")

《越谚》:"佮(葛),财物相共不分人我也。'佮家过'(集韵)。"(按:《集韵·合韵》:"佮,葛合切。说文:合也。")

"囥""佮"等词在今浙江吴语中仍然使用,而它们可以上追到《集韵》和《说文》,是方言中保留了古语。

《吴下方言考》:"白香山《画竹歌》:'人画竹梢死羸垂。'案:死羸垂,疲塌不振之貌。吴谓人之不振者曰死羸垂。"

又:"苏颋《咏月诗》:'兔子死兰弹,将来挂竹竿。试移明镜照,无异月中看。'案:兰弹,死而柔也。今吴谚之状物死而柔者曰兰弹。"

这些条目说明现代方言词语有助于解释古代文献中的口语词。

(5) 对口语词的理据作了探讨

研究口语词,在明了其义之后,最好还应说明其理据(即其"命名之由")。在这一方面,以前的研究做得不够,但也有一些有关的探讨。如:

(a) 宋黄朝英《靖康缃素杂记》卷三:"今人用卓倚字,多从木旁。……卓倚之字,虽不经见,以鄙意测之,盖人所倚者为倚,卓之在前者为卓。""桌""椅"在现代汉语中是很常用的词,但这两个词在晚唐五代时才产生,而且最早写作"卓""倚"。为什么这两种用具称为"桌""椅"?《缃素靖康杂记》正确地解释了它们的语源。

(b)《朱子语类》卷一四:"笼统不专一。"卷一八:"若只儱侗说了,尽不见他里面好处。""笼统"和"儱侗"是同一个词的不同写法,这个词在现代汉语中仍在使用,是"不明确、含混"之意。为什么"不明确、含混"叫"笼统"?《俗书刊误》卷一一:"直行曰龓侗,未成器曰儱侗,身不端曰朧胴,衣宽曰襱襡。"为我们提供了一组同源词。"未成器""身不端""衣宽"和"含混、不精确"之间的联系是比较清楚的。"直行"和"含混、不精确"之间有什么联系呢?《五灯会元》卷二:"瓠子曲弯弯,冬瓜直儱侗。""直儱侗"是"曲弯弯"的反义,"曲"有"详尽、细致"之意,"直(儱侗)"当然就可以有"粗略、不精确"之意了。

（c）程大昌《演繁露》:"唐人以缘橦为都卢缘。""都卢"一词见于《汉书·西域传》:"设酒池肉林以享四方之客,作巴俞都卢、海中碭极、漫衍鱼龙、角抵之戏。""都卢"是一种杂技,相当于今日的爬竿。《国语·晋语四》:"侏儒扶卢。"韦昭注:"扶,缘也。卢,矛柲也,缘之以为戏。""扶卢"就是后代的"都卢缘"。但是为什么矛柲叫"卢"呢?《通雅》卷四解释说:"凡圆者谓之卢。戈戟之柄圆,故谓之卢。……瓠曰瓠卢,后以其可盛曰壶卢。头圆故名曰头卢,后人加骨加页以别之,可证。""都卢"是"卢"的衍声,所以"都卢"就是圆柱。

5.1.1.4 20世纪以前对近代汉语口语词的研究也有明显的不足之处,主要表现在下列三方面:

(1) 有些词语的诠释缺乏科学性

这一点在解释俗词语的语源时表现得特别明显。比如,把"包弹"解释为"包孝肃多所弹劾"(野客丛谈),这一错误已为近时学者所指出;其余像说"䱅䱐"是"蕃中毕氏罗氏好食此味"(资暇集),"狼狈"是一狼一狈(西阳杂俎),"婪尾"是"处于座末得酒以贪婪"(苏氏演义),"狴犴"是"龙生九子四曰狴犴立于狱门"(升庵全集),这些都是望文生义,不足为据。至于说以"东西"称"物件"是因为"东方木,西方金,皆有形质可以执持,与南方火北方水不同"(谈征),或以为"南为火,北为水,水火至足,无待交易,故言东西"(杨复吉《梦兰琐笔》),则更是牵强附会。所以,对古人所作的口语词的诠释要取慎重态度,不能轻易信从。

(2) 缺乏明确的历史观念

20世纪前对近代汉语口语词的研究往往不太注意时代,把一些不同时代的口语词作为一个平面加以罗列。如《通雅·称谓》:"称父不一。《列子》曰:'家公执席。'《前汉书·郊祀志》:'天子为天下父,故为钜公。'古人称父祖或曰公。孔融称先君孔子,安国称'先公','先人'之类,可证也。今吴下称父多曰'老相',自江北至北方曰'老子'。其曰'爷'曰'爹'者,通称也。韩退之《祭女挐文》注:'爹,徒可切。'《南史》歌曰:'始兴王,人之爹,赴人急,如水火。'其韵固当音妥。《方言》:'周、秦、晋、陇谓父为"翁"。'今人作书于子,亦自称'阿翁',称人之父,亦曰乃翁,因汉高之称'而翁''若翁'也。祖为王父,亦称'太翁'。齐废帝称高祖为'太翁'。《回纥传》以父为多。《演繁露》云:'唐人草檄曰:"致赤子之流离,自朱邪之板荡。"'此'朱邪'是北人,大昌引之,非矣。《唐韵》:'爹,羌人呼父也。读若遮。'德宗正元六年,回纥可汗谢其次相曰:'惟仰食于阿多。'史释之曰:'北呼父为阿多。'闽以父为郎伯。《方言》曰:'尊老谓之傁,或谓之父。南楚瀑洭之间,母谓之媓,谓妇妣曰母妳,妇考曰父妳。'盖古通以考妣为生存之称。古叔侄亦称父子,如疏广与兄子受。子称父母,古皆谓之大人,范滂称母,尝称为大人。北朝南阳王绰兄弟皆呼父为兄兄。"其中对"父"的各种称呼列得较全,但看不出时代的先后。又如《证俗文》卷四:"外舅……谓之泰山。《酉阳杂俎》:'明皇封禅泰山,张说为封禅使,说女壻郑镒本九品官,旧例封禅后自三公以下皆迁转一级,惟郑镒因说骤迁五品兼赐绯服。因大酺次,玄宗见镒官位腾跃,怪而问之,镒无以对。黄幡绰曰:"此泰山之力也。"'案:自尔以后名称实繁,或呼岳翁,或称岳丈,或号丈人者,泰山有丈人峰也。……丈人之称,其来亦远,盖自六朝已然。观裴松之《三国志》注可见。"按:《三国志·蜀书·先帝传》裴注:"董承,汉灵帝母董太后之侄,于献帝为丈人。盖古无丈人之名,故谓之舅也。"既然称妻父为"丈人"出现于六朝,而称妻父为"泰山"在唐玄宗之时,怎么可能因泰山有丈人峰而称妻父为"丈人"呢?显然,这是因为缺乏历史观念而出现的错误(其实,称妻父为"泰山"未必始于唐玄宗时,兹不具论)。

明清时一些著作力求找出方言俗语在古代的语源,但有的是王力先生所批评的"远绍"的猜测(王力《新训诂学》),这种不注意语言历史联系的主观猜测,同样是由于缺乏历史观念。如《越言释》:"越人以藏物为伉,于经无可证。……予谓《记》言周公'抗世子之法于伯禽',此'抗'亦当为藏也。"《吴下方言考》:"《前汉·食货志》:'欧民而归之农。'案:欧,呼也。吴中谓高呼曰欧。"这些说法都是错误的。前一例显然是勉强牵合,后一例则把《汉书》中的"欧"理解错了。而其根本错误则在于认为方言中的词语都能在古书中找出语源来。

(3) 缺乏系统性

笔记、杂著中的口语词汇诠释相当零散,就是那些诠释"俗语词"的专书也系统性不强。如《恒言录》有不少条目只是注明出处而不诠释词义,而《通俗编》和《证俗文》内容也较驳杂,除俗词语外,风俗、节令等有关

"俗"的内容也都收入。这些专书,有的编排并无一定原则,有的虽按门类分卷,但同一卷中条目的编排也是任意的,所以查检不便,这也是一个缺点。至于对近代汉语的口语词汇作系统的综合研究,从中总结出近代汉语口语词汇产生、发展、演变的规律,那是20世纪以前"俗语词"的研究根本没有做过的。不过,这是现代语言学向我们提出的任务,在这一点上,是不能苛求于古人的。

总的说来,20世纪以前对于近代汉语口语词汇的研究,给我们留下了一大批宝贵的、然而是零散的、精粗不一的材料,需要我们认真的整理、鉴别、加工,作为我们今天研究的基础。

为了总结古代俗词语研究的成果,我从1990年开始,就着手主编一部《古白话词语汇释》。我初步拟定了一个书目,包括从汉代服虔《通俗文》开始,到清末胡式钰《语窦》为止的60多种书,并征求了蒋礼鸿、张永言、太田辰夫、佐藤晴彦等学者的意见,然后组织一批人分头从各书中选录有价值的条目,汇总以后,把相同的条目汇集在一起,再用电脑录入,按条目编排。因为选录的工作量很大,电脑录入的工作量更大(有很多俗字是电脑字库没有的,要一个一个地造),所以用了20多年的时间方始完成编纂工作(最后由于人手和时间关系,只做了47种)。此书即将出版。

二 20世纪以来近代汉语词汇研究的概况

这里谈2005年以前的研究概况。2005以后的研究在本章第三节谈。

5.1.2.1 研究的概况

在20世纪前半期,对近代汉语词汇的研究没有很大的进展。罗振玉《俗说》(见《贞松老人遗稿》甲集中)补《恒言录》《通俗编》《直语补正》之未备者,但所收条目仅列书证出处而不加诠释。胡朴安《俗语典》(1922年出版)主要是"俗语"的溯源,所谓"俗语"包括谚语、成语和词语。孙锦标《通俗常言疏证》(1925年出版)多数条目也是只列出处,只有少数条目附有诠释。这些著作和二十世纪以前的研究"俗语"的著作属于同一类。徐嘉瑞《金元戏曲方言考》(1948年出版)采用"以曲释曲"的方法(以戏曲中的例证来解释戏曲中的词语),所收的条目大都是现在不易懂的词语,和《俗说》等相比,颇有新意;但有许多条目只有一条例证,未免粗糙。朱居易《元剧俗语方言例释》(1956年出版),在《金元戏曲方言考》的基础上进了一步,不但所收条目大部分为《金元戏曲方言考》所未收(已收者则予注明),而且引例更为丰富,态度更为谨慎。陆澹安《小说词语汇释》(1964年出版)、《戏曲词语汇释》(1981年出版)虽有不足之处,但也在小说、戏曲词语的研究方面做了不少工作。

5.1.2.2 在近代汉语词汇研究方面取得突破性进展的,当推张相《诗词曲语辞汇释》(1953年出版)和蒋礼鸿《敦煌变文字义通释》(1959年初版,1988年第四次增订)。

《诗词曲语词汇释·叙言》:"诗词曲语辞者,即约当唐宋金元明间,流行于诗词曲之特殊语辞,自单字以至短语,其性质泰半通俗,非雅诂旧义所能赅,亦非八家派古文所习见也。""其字面生涩而义晦,及字面普通而义别者,则皆在探讨之列"。也就是说,此书所诠释的词语,是出现在唐诗宋词、金元戏曲中的近代汉语口语词。此书共收"语辞"六百多条。《叙言》又说:"采掇所及,往往有列证至十馀或更以上者。西江之水,元难尽吸,只以所述意义,多为假定,故于适当范围,罗列诸文,冀以得其左验。又有进者,假定之义,譬之草案,殊非定论。深冀天下学人,引绳落斧,或就所有之证,转益多闻,重定确义,则今此之罗列诸文,虽未详尽,亦足供给资源也。"这一段话说出了此书的特色:"所述意义,多为假定",即这六百多条词语的解释,都是发前人所未发,而这些解释,都是根据大量材料,经过归纳而得出来的,每一个条目"列证十馀或更以上",这就保证了词语的诠释有坚实的基础,大都比较可靠,这和有些著作只凭一两个例证而确定某一词语的意义不可同日而语;即使张氏的解释或有未妥,也如同《叙言》所说,研究者可利用本书提供的丰富的材料重新归纳和解释。

充足的材料还只是为词语的诠释提供了一个基础,要从这些材料中正确地归纳出词义还需要有正确的方法。张相在《叙言》中自述其方法为:一曰体会声韵,二曰辨认字形,三曰玩绎章法,四曰揣摩情节,五曰比照意义。其中最重要的是"比照意义",下面又分六项:甲、有异义相对者,取相对之字以定其义。乙、有同义互文者,从互文之字以定其义。丙、有前后相应者,就相应之字以定其义。丁、有文从省略者,玩全段之文以定其义。戊、有以异文印证者。己、有以同义异文印证者。其实,在很多情况下,某个词语的意义是无可"比照"的,因此,作者实际上运用得最多的是排比归纳法。即:根据上下文来假定某个词语的意义,如果这个意义在相当多的例句中都能成立,那么这个意义就可以确定。比如,《诗词曲语辞汇释》的第一条"须(一)":

> 须,犹应也,必也。杜甫投简梓州幕府兼简韦十郎官诗:"固知贫病人须弃,能使韦郎迹也疏。"人须弃,犹云人应弃也。韦庄令狐亭诗:"若非天上神仙宅,须是人间富贵家。"须是犹云必是或应是也,与上句若非字相应。瀛奎律髓六姜梅山呈方叔诗:"不是论松须说剑,若非寻壑即观山。"亦应义、必义,与不是字相应。陈师道晦日诗:"即事无同异,旁观有是非。食蔬如许瘦,饱肉未须肥。"未须肥,犹云未必肥也。方岳满江红词:"倘只消江左管夷吾,终须有。"终须有,犹云终应有也。周密瑶花慢词:"杜郎老矣,想旧事花须能说。"须能说,犹云应能说也。……

其中只有韦庄诗和姜梅山诗是"有前后相应者,就相应之字以定其义",其余各句都是根据上下文来定其词义。这种排比归纳法是清代训诂大师王念孙、王引之等经常使用的方法,也是考释词义的一个基本方法。正确使用这个方法需要有两个前提,一是丰富的材料,一是审慎的态度(这在本章第二节中还要说到)。张相《诗词曲语辞汇释》一书正是具备了这两个前提,所以使用排比归纳法来考释词义,取得了很大的成功。

学术界给予这本书很高的评价。日本汉学家入矢义高说这本书有"划时代的意义"。这本书从1953年初版以来,四十年间屡次再版,其中一些词语的诠释一再为汉语词汇史、语法史的研究者引用,这一事实也再好不过地说明了此书的价值。

这本书的缺点是:①有些词语的意义划分过细,而且没有说明同一词语的若干意义之间的联系。②缺乏语法观念,因此对某些词语的诠释错误或不够明确。③在考释词义时,对语音注意得不够。这三个问题在拙作《古汉语词汇纲要》第九章《关于近代汉语词汇的研究》中已有论述,此处从略。

5.1.2.3 蒋礼鸿《敦煌变文字义通释》解释的是敦煌变文中的词语,但所引材料并不限于敦煌变文,而是广泛涉及唐宋诗词、史书、笔记等,所以是近代汉语词汇研究的一部重要著作。从研究方法来看,也比《诗词曲语辞汇释》更为科学。此书对词语的解释,突破了我国传统训诂学仅以同义词相训的框框,而是以现代语言学的眼光从众多用例中概括词义,说明一些词语的通假、音转以及虚词的语法作用,并进而阐述一些词语的构成和得名之由,描写一些词语发展变化的来龙去脉,探求一些词汇和词义的发展规律。此书从1959年初版以后,迄今已五次修订,每次修订都补充许多新的内容,更显出作者在科学研究方面精益求精的态度。当然,此书也有一些疏漏不足之处。关于此书的学术价值和不足之处,在拙作《古汉语词汇纲要》第九章中也已论及,在吕叔湘(1982)、郭在贻(1982)和颜洽茂(1989)中论述更为详细,可以参看。

5.1.2.4 经过20世纪六七十年代的沉寂以后,从80年代开始,对近代汉语词汇的研究又重新活跃起来。这一阶段近代汉语词汇研究的成就表现在以下几方面:

(一) 词语考释和词典编撰。

这是近代汉语词汇研究的基础工作。在近代汉语的各个阶段,都有很多新产生的词语,由于时代的隔阂,其中有不少词语意义今天已经不清楚了,必须通过考释弄清其意义,这对于阅读近代汉语的文献以及弄清楚近代汉语词汇的面貌都是十分重要的。而这方面的工作过去做得很不够。所以,研究者把很大的精力放在词语考释和词典编撰方面,是十分必要的。从20世纪80年代至今,这方面的工作大有进展。在报刊上经常发表有关近代汉语词语考释的文章,一些词语考释的专著和词典也陆续出版。下面是一些重要的著作(按出版年代排列):

  王锳《诗词曲语辞例释》(中华书局,1980年初版,1986年增订本,2005年第二次增订)。

  顾学颉、王学奇《元曲释词》(1—4)(社会科学出版社,1983—1990)。

  龙潜庵《宋元语言词典》(上海辞书出版社,1985)。

  周汝昌主编《红楼梦辞典》(广东人民出版社,1987)。

  江蓝生《魏晋南北朝小说词语汇释》(语文出版社,1988)

  王利器主编《金瓶梅辞典》(吉林文史出版社,1988)。

  胡竹安《水浒词典》(汉语大辞典出版社,1989)。

  李法白、刘镜芙《水浒语词词典》(上海辞书出版社,1989)。

  王锳《唐宋笔记辞语汇释》(中华书局,1990)。

  蔡镜浩《魏晋南北朝词语例释》(江苏古籍出版社,1990)。

  袁宾《禅宗著作词语汇释》(江苏古籍出版社,1990)。

  白维国《金瓶梅词典》(中华书局,1991)。

  方龄贵《元明戏曲中的蒙古语》(汉语大词典出版社,1991)。

  卢润祥《唐宋诗词常用词词典》(湖南出版社,1991)。

  李申《〈金瓶梅〉方言俗语汇释》(北京师院出版社,1992)。

张惠英《〈金瓶梅〉俚俗难词训释》(社会科学文献出版社,1992)。

吴士勋等《宋元明清百部小说语词大词典》(陕西人民教育出版社,1992)。

高文达主编《近代汉语词典》(知识出版社,1992)

蓝立蓂《关汉卿戏曲词典》(四川人民出版社,1993)

袁宾《禅宗词典》(湖北人民出版社,1994)。

周定一等《红楼梦语言词典》(商务印书馆,1996)。

许少峰《近代汉语词典》(团结出版社,1997)。

江蓝生等《唐五代语言词典》(上海教育出版社,1997)。

袁宾等《宋语言词典》(上海教育出版社,1997)。

李崇兴等《元语言词典》(上海教育出版社,1998)。

王学奇、王静竹《宋金元明清曲辞通释》(语文出版社,2002)。

这些著作,有的在前人研究的基础上更加深入,如《诗词曲语辞例释》;有的开辟了新的领域,如《元明戏曲中的蒙古语》《禅宗词典》;多数是近代汉语的专书词典或断代词典,为近代汉语词汇研究打下了扎实的基础,特别是《唐五代语言词典》《宋语言词典》《元语言词典》这一系列,质量较高,得到学术界的好评。

(二) 对近代汉语词汇多方位的研究。

词语考释和词典编撰是十分重要的,但这不是近代汉语词汇研究的全部。20世纪80年代以后,对近代汉语词汇的多方位的研究也逐渐开展起来。蒋冀骋《近代汉语词汇研究》(湖南教育出版社,1991)是第一部较为系统的研究近代汉语词汇的专著,讨论了近代汉语词汇的来源、近代汉语的构词法,近代汉语词汇的意义系统,同义关系和反义关系,近代汉语词义发展的方式,以及近代汉语词汇和语音、语法的关系,近代汉语词汇和社会生活的关系等,讨论得比较深入,是近代汉语词汇全面研究的一个良好开端。李宗江《汉语常用词演变研究》(汉语大词典出版社,1999)讨论了常用词演变研究的意义和方法,常用词演变的原因,以及常用词演变的方式(衍生性演变和交替性演变)。董志翘《〈入唐求法巡礼记〉词汇研究》从词汇学的角度对近代汉语的一部重要文献的词汇作了全面的分析。张美兰《近代汉语语言研究》有不少地方谈到近代汉语词汇,特别对近代汉语的后缀形容词作了深入的研究,她的《近代汉语后缀形容词词典》汇集了近代汉语各阶段的后缀形容词,范围较广,收罗较全。另外,佛教(包括禅宗)对汉语词汇有很大的影响。以朱庆之《佛典与中古汉语词汇研究》(台湾文津出版社,1992)为开端,国内学术界对佛教和汉语词汇的关系也开展了研究,如梁晓虹《佛教词语的构造与汉语词汇的发展》(北京语言学院出版社,1994)、张美兰《禅宗语言概论》(台湾五南图书出版公司,1998)等,都涉及近代汉语词汇。徐时仪《古白话词汇研究论稿》(上海教育出版社,2000)对古白话词汇研究作了全面的总结。这些研究表明,近代汉语词汇研究已经发展到一个新的阶段,除了词语考释之外,对近代汉语词汇进行了多方位的研究,在深度和广度上都有很大进展。

不过,总的看来,把近代汉语词汇作为系统来进行研究还是做得很不够的,今后还需要加强。有关的问题,我们将在本章第二节讨论。

三　国外对近代汉语词汇的研究

5.1.3 国外对近代汉语词汇也有研究,主要是在日本。

古代的日本受中国文化很深,特别是唐诗,在日本流传很广。在十六七世纪,日本出现一批解释汉文词语的著作,如伊藤东涯《秉烛谈》(1729)、无着道忠《葛藤语笺》(1744)、释大典《诗语解》(1763)、《文语解》(1772)、《诗家推敲》(1799)、六如上人《葛原诗话》(1787)、津阪东阳《葛原诗话纠谬》(1804)、《夜航诗话》(1836)、佚名《诸录俗语解》(1830)等,这些都有参考价值。

在20世纪五六十年代,日本汉学家对近代汉语词汇的研究主要是反映在给一些近代汉语作品所作的注释中。如青木正儿、吉川幸次郎、入矢义高、田中谦二等的《元曲选释》(共出版四集,分别在1951、1952、1976、1977出版),内田道夫《校注刘知远诸宫调》(东北大学文学部研究年报第14号,1964),对其中的语词都有较详细的解释。青木正儿、吉川幸次郎等都是日本老一辈的著名汉学家。70年代以后,关于近代汉语词语考释的文章越来越多,其中有不少是对专书词语的研究。较重要的有：

　　荻尾长一郎《中国旧白话小说语汇》1—17,1964—1989年在《福冈大学研究所报》连载,前三篇称《论话本》,第四篇起改为今题。

　　禅学大词典编纂处《禅学大辞典》,东京,大修馆书店,1977。

　　高岛俊男《水浒传语汇辞典稿》A—Y(到Y为止),A—D在《中国语学》224、225连载,后面部分在《冈山大学法文学部纪要》《冈山大学文学部纪要》连载,1977—1988。

寺村政男《宋元白话语汇汇释》1—5,早稻田实业学校研究纪要,1980—1986。

　　寺村政男《近世汉语中に见える胡语系词汇の研究》,A—T(待续),《大东文化大学纪要》,1992—1996。

　　香坂顺一《白话语汇の研究》,光生馆,1983。

　　香坂顺一《水浒语汇の研究》,光生馆,1987。

　　植田均《金瓶梅词话词语汇释》A—Q载《奈良产业大学纪要》,1986—1989,R—Z载《产业と经济》,1990—1995。

　　高桥繁树、井上泰山《元刊杂剧三十种语释集成》1—3,《佐贺大学教养部研究纪要》,1987—1989。

　　古贺英彦《禅语词典》,思文阁,1991。

　　盐见邦彦《唐诗口语の研究》,日本中国书店,1996。

日本学者还编了许多有关近代汉语词汇研究的资料和索引。如：

波多野太郎编《中国小说戏曲词汇研究词典·综合索引篇》(1—6)(横滨市立大学纪要,44,45,66,75,90,102,115,131,1956—1961)这是为日本德川时代,明治年间到昭和时代编印的有关资料中的词语所编的索引。

《明清俗语辞书集成》是日本汉学家为研究近代汉语词汇所作的一项重要资料工作。此书由日本著名汉学家长泽规矩也辑集,包括20种明清俗语辞诠释的专著,于1974年由汲古书院影印出版。这20种专著是：

　　明代：《俚言解》《世事通考》《雅俗稽言》《目前集》《常谈考误》。

　　清代：《土风录》《直语补证》《常语搜》《异号类编》《称谓录》《通俗常言疏证》《谈徵》《正音撮要》《里语征实》《官话汇解便览》《军语》《新名词训纂》《俗语考源》《常语寻源》《证俗文》。

　　佐藤晴彦、地藏堂贞二、大石敏之、渡边浩司编了《明清俗语辞书集成词语总索引》,汲古书院出版,1990年。

　　曾昭聪《明清俗语词书及其所录俗词语研究》对《明清俗语辞书集成》所收的著作做了研究,可以参看。

　　《集成》所收的书和我主编的《古白话词语汇释》所收的书有交叉,其中有几种也列入《汇释》之中,而《汇释》所选的47种书,大部分是《集成》所没有的。

　　欧美的学者在近代汉语词汇方面研究也有一些重要成果。早期的如瑞典 Kallgren Getty 1958; "Study in Sung time colloquial as revealed in

Chu Hi's Tsuan-shu"(《朱子全书中所见的宋代口语》),近来如意大利马西尼《现代汉语词汇的形成——十九世纪汉语外来词研究》(1997),这部书从 19 世纪中国人和外国传教士译著的五十多本书刊中寻找一些汉语外来词的最早出处,工作做得相当细密。

本节参考资料

郭在贻 1982:《读新版敦煌变文字义通释》,《天津师大学报》第 5 期。
郭在贻 1985:《俗语词研究概述》,《语文导报》9,10 期。
蒋冀骋 1991:《近代汉语词汇研究》,湖南教育出版社。
吕叔湘 1982:《新版敦煌变文字义通释读后》,《中国语文》第 3 期。
入矢义高 1954:《评张相的诗词曲语辞汇释》,《中国语学研究会报》29 期。
入矢义高 1957:《评蒋礼鸿通释》,《中国语学》2 期。
徐时仪 2000:《古白话词汇研究论稿》,上海教育出版社。
颜洽茂 1989:《读第五版敦煌变文字义通释》,《杭州大学学报》第 3 期。
曾昭聪 2015:《明清俗语词书及其所录俗词语研究》,上海辞书出版社。
张永言 1960:《古典诗歌"语辞"研究的几个问题》,《中国语文》第 4 期。
佐藤晴彦等 1990:《明清俗语辞书集成词总索引》,日本汲古书院。
马西尼(Federico Masini) 1997:《现代汉语词汇的形成——十九世纪汉语外来词研究》,黄河清译,汉语大词典出版社。
Kallgren Getty 1958:"Study in Sung time colloquid as revealed in Chu Hi's Tsuan-shu", BMFEA, 30.

第二节 近代汉语词汇研究的方法

说到近代汉语词汇研究,人们往往把它和近代汉语词语的考释等同起来。这种看法是不全面的。确实,近代汉语词语的考释是近代汉语词汇研究的基础工作,尤其是因为原先对近代汉语的研究重视不够,现在我们对很多近代汉语词语的意义都不很清楚,在这种情况下,更应把词语考释放在首位。到目前为止,关于近代汉语词汇的绝大部分专书和论文都是词语考释,也正反映了这样一种客观需要。但是,全面地看,近代汉语词汇的研究不仅仅是词语考释,而是应该包括更多的内容。张永言、汪维辉(1995)指出:"训诂学与词汇学有密切的联系,又有本质的区别。""目前在语言学界还存在着一种模糊认识,有意无意地将训诂学和词汇史混为一谈,以为考释疑难词语和抉发新词新义就是词汇史研究的全部内容。这种认识对词汇史研究的开展是不利的。"这一看法,对汉语词汇史的研究是有指导意义的。近代汉语词汇研究应该包括以下几个方面:

(1)词语的考释
(2)构词法的研究
(3)常用词演变的研究
(4)专书词汇研究
(5)各阶段词汇系统的研究
(6)近代汉语词汇发展史的研究

近年来,做得最多的是词语考释,除此之外,构词法的研究、常用词演变的研究、专书词汇研究都有不同程度的进展,但各阶段词汇系统的研究和近代汉语词汇发展史的研究做得不够。下面着重谈词语考释的方法,也介绍其他各个方面的进展。

5.2.1 词语的考释

近代汉语词语考释的方法,从根本上说应该是和古代汉语词语考释的方法一致的。张相《诗词曲语辞汇释·自叙》中说:"凡此方法,大率不出刘淇氏《助字辨略》、王引之氏《经传释词》及清代诸训诂大师所启示。"确实,传统训诂学的一些行之有效的考释方法,在近代汉语词语考释中是可以继续使用的。但是,毕竟近代汉语词汇的情况和古代汉语词汇的情况有所不同,因此在词语考释中应注意的问题和所使用的方法也会有所不同;而且,我们处在语言学高度发达的今天,在词语考释方面的要求和方法也应该与传统训诂学有所不同。这些问题,在下面将具体谈到。

近代汉语词语的考释工作,大致应从下列几个方面着手:

(1) 认字辨音

我们所接触到的近代汉语资料,很多原来是在民间流传的或在日常生活中使用的,所以有很多俗字和别字。有不少词语其实很普通,但写作俗字或别字,就不容易读懂了,所以近代汉语词语考释的一项重要工作就是要认字辨音。

a. 王梵志诗:"两家既不和,角眼相蛆姞。""蛆姞"一词不好懂,而且"姞"字不见于字书。

郭在贻(1983)释云:《六祖坛经》惠昕本:"疽妒心,憍慢心。"契嵩本作"嫉妒心,憍慢心。"惠昕本"疽妒心,恶毒心",契嵩本作"嫉妒心,恶毒心"。可见"疽"即"嫉"。"蛆"和"疽"都从"且"得声,两字均在《广韵》鱼韵,皆为七余切,所以,"蛆"就是"嫉"。《增订碑别字》卷七:"姞,妒也。"《康熙字典》谓"石"为"舌"之讹,而"石"字书亦作"舌"。所以,"姞"就是"姞",就是"妒"。

经过这样的考释,原来"蛆姞"记录的是一个很普通的词"嫉妒"。

但冯雪冬(2014)对这个词的考释提出异议。文章说:王梵志诗卷二《相交莫嫉妒》:"相交莫嫉妒,相欢莫蛆嚃。""嫉"和"蛆"不可能是同一个字。"蛆"在六朝的汉译佛经中多次出现,佛教把"蛆""恶""毒"视为"三恶心""蛆"即毒害人的心理行为。"蛆妒"在佛教文献中有,如《经律异相》卷五○:"五十七曰'蛆虫唼食人身',此人生时蛆妒伤人及六畜财物,罪毕为人,身患恶疮。"又:大广智不空密译《佛说金毗罗童子威德经》:"又法若人多蛆恶妒忌者,取药涂心,即不蛆恶妒忌。""蛆妒"就是"蛆恶妒忌"。这个意见很值得重视。

b.《敦煌变文集·伍子胥变文》:"行至郑国,四城门罕闭。""罕"字不可通。有人认为这是"关"的误字,这是根据上下文作的猜测;有人认为"罕"是"咸"的借字,这也不对。其实,敦煌写本原卷"罕"作"窂",同篇又有"窂狱无囚"之句。可见"窂"即"牢"字。"窂"字是"牢"的变体,"窂"见于《干禄字书》:"窂牢:上俗下正。"是"牢"的俗字。《敦煌变文集》的整理者因为不了解唐代的俗字,把此字认作"罕",就不可通了。

c. 敦煌写本《维摩诘经讲经文》:"一切天人皆到会,果然见一病维摩。多将汤药问因依,大照国师寻斩候。"

项楚(1983)云:"大"与"待"同音通用,"照"是"诏"之讹。"待诏"是旧时对医师的尊称,"国师"即国医。《太平广记》卷二一九:"时田令孜有疾,海内医士遍召,至于国师、待诏,了无其征。""斩候"当作"证候"。"斩"为赚韵,"证"为证韵,《唐五代西北方音》中有以庚注侵之例,故"斩"可通"证"。

d. 敦煌曲《捣练子》:"辞父孃了,入清房,莫将生分向耶孃。君去前程但努力,不敢放慢向公婆。"

"清房"即"妻房"。这首诗是即将远行的丈夫和他妻子的对话。"清"为《广韵》清韵,"妻"为《广韵》齐韵。在唐五代西北方音中梗摄三四等和齐韵合,故可借"清"为"妻"。

以上都是敦煌文书中的例子。其他近代汉语资料的词语考释,也同样有认字辨音的问题。如:

e. 《张协状元》第五出:"(净白)嗷叫副末底过来,……(末)未做得事,先自嗷将来,只莫管他便了。"钱南扬注:"嗷,唊的别体,这里解作'嗻'字用,呼唤奴仆之声。"

胡竹安(1983a)云:"《广韵》'嗷'为陡感切,但《字宝碎金》有'嗷,呼陷反',与'喊'同音,是'喊'的俗字。《韩擒虎话本》'波旗大嗷',《封氏闻见记》卷五'有人齐声嗷叫',均可证。"

f. 元曲《救风尘》第三折:"你则是忒现新,忒忘昏。""现新"费解。其实"现"通"忺"。"忺新"为"喜新厌旧"之意,元曲中常见。如《诈妮子》第一折:"一个个忒忺新,一个个不是人。"《方言》:"青齐呼意所好为忺。"《韵会》虚严切,应是晓母严韵,"现"是匣母霰韵。但在元明时浊音清化,-m尾变为-n尾,所以"现""忺"声韵均相同。

从上面这些例子可以看到,研究近代汉语词汇,在认字辨音方面,需要熟悉唐宋以来的俗字以及语音变化。

(2) 参照前人的诠释

在本章第一节中说过,唐宋以来,在一些研究俗语词的专书、字书、韵书、音义、注释以及笔记杂著中,有不少对近代汉语词语的诠释,这是我们研究近代汉语词汇时必须参考的。只是这些诠释比较零散,不便于查找。如果能把它们汇集起来,对研究工作是会大有帮助的。笔者现在正在做这一工作,希望能早日完成。

前人的诠释对于近代汉语词汇研究的作用,在本章第一节中已举例说明。《敦煌变文字义通释》《元曲释词》等专著在考释词语时也经常引用前人的诠释,例多不备举。

但是,有些词语的意义是不能直接从字书、注释、笔记等资料中查到解释的,而只能以这些资料为线索进行考求,下面举一个例子:

敦煌写本《张义潮变文》:"千人中矢沙场殪,銛锷剖剺坠贼头。""剖"字不见于字书,原卷下有"七彫反"三字。

徐复(1961)云:《字宝碎金》:"剖揩,乃雕反,乌末反。"《集韵》:"搯,《说文》:捐也。引《周书》'师乃搯'。搯者,拔兵刃以习击刺。《诗》:'左旋右搯。'他刀切。"慧琳《一切经音义》卷七:"搯,他劳反。中国言搯,江南言挑,音土搯反。"由此可知原卷所注"七搯反"为"土搯反"之误,"剖"即"搯",也就是"枪挑小梁王"的"挑"。"剺"通"劙",《广韵》:"劙,刀刺,卢启切。"

像这样会集众多资料,细心考证,弄清了"剖"的意义,是一个很有启发性的例证。

利用前人对词语的诠释还有一种方法,有人称之为"反推"。即利用唐宋以后的人用口语词为唐宋以前的词语所作的诠释,来考证唐宋以后口语词的词义。胡竹安(1983b)举了一个例子:

敦煌写本《舜子变》:"男女罪过须打,更莫教分疏道理。""分疏"是唐代的口语词,其意义我们不甚清楚。《汉书·袁盎传》:"且缓急人所有,夫一旦扣门,不以亲为解,不以在亡为辞,天下所望者,独季心剧孟。"颜师古注:"解者,若今言分疏矣。"本来,颜师古是用当时人所尽知的口语词"分疏"来解释《汉书》的"解"的。但过了一千多年,我们反而对唐代的口语词"分疏"不懂了,而对《汉书》的"解"还比较熟悉,所以就要反过来借助于"解"来了解"分疏"的意义:"分疏"就是"解(解释)"。这就叫"反推"。

我们还可以举出一些"反推"的例子:

《旧五代史·周德威传》:"去贼咫尺,限此一水,彼若早夜以略彴渡之,吾族为其俘矣。""略彴"的意义不好懂。《汉书·武帝纪》:"初榷酒酤。"颜注:"榷者,步渡桥,《尔雅》谓之石杠。今之略彴是也。"本来颜注是用"略彴"解释"榷"的,但我们却由"榷(独木桥)"而知道了"略彴"的意义。

白居易《红线毯》:"宣城太守知不知? 一丈毯,千万丝。地不知寒人要暖,少夺人衣作地衣!"从上下文看"地衣"即指红线毯。但一般认为这是诗人的一种比喻说法。究竟是否如此呢? 慧琳《一切经音义》卷一一:"绵縩,地褥也,即舞筵也。俗呼为地衣毛锦是也。"卷七七:"氍毹,梵语也,毛毯地衣之类也。"可见唐代人就把地毯称作"地衣",这不是诗歌中临时的比喻用法。

前人的诠释不一定都对,这在前面已经说过。所以,在参考前人的诠释时要有所选择。

(3) 排比归纳

近代汉语的口语词很多,并非都能在字书、注释、笔记里找到诠释。所以,考释近代汉语词语的基本方法还是排比归纳法。不仅如此,上自考释上古汉语的词语,下至编纂现代汉语词典,排比归纳都是一个基本方法。上面说过,《诗词曲语辞汇释》《敦煌变文字义通释》等著作中词语考释的基本方法就是排比归纳。现在再举一个具体的例子来说明排比归纳法的运用。

《西厢记》第三本第二折:"〔旦怒叫〕红娘!〔红做意云〕呀!决撒了也!"

旧版《辞海》引此例,并释"决撒"为"犹言决裂"。张友鸾(1954)认为:单就此例看,这个解释也可以通,但多看一些例子,就会发现这个解释与上下文不合。如:

《秋胡戏妻》第四折:"〔正旦云〕你曾逗人家女人来么?〔秋胡背云〕我决撒了也!则除是这般。"
《连环计》第四折:"〔梅香云〕决撒了!老爷都听见了也!"
《水浒》第二十六回:"隔壁王婆听见,生怕决撒,即便走过来帮他支吾。"
《西游记》第二十四回:"沙僧听见道:'不好了,决撒了!老师父叫我们,小道童胡厮骂,不是那话儿走了风是甚的?'"
《金瓶梅》第八十二回:"这金莲听见是他语音,恐怕月娘听见决撒了,连忙走出来。"

从这些例子看,"决撒"应是"事情败露"意。这个意义用于《西厢记》倒也可通。但"决撒"还有别的用例:

《玉壶春》第二折:"素兰呵!那里也翠珠囊,百忙里玉螳螂,决撒

了高烧银烛照红粧。"(按:剧情为鸨母拆散素兰和玉壶生;玉壶生曾用"高烧银烛照红粧"来形容素兰的睡态)

《金瓶梅》第七十九回:"慌的玉楼、李娇儿就来问视,月娘手按着害肚内疼,就知道决撒了。"

这几例不能用"事情败露"来解释,据文意应为"坏事""败坏",是"事情败露"的引申义。

何茂活(2010)对"决撒"及其不同写法的"蹶撒""撅撒""觉撒""搅撒"的词义作了进一步的梳理,对张友鸾的解释加以补正,认为上述《西厢记》例的"决撒"应是"发作"之义,《金瓶梅》例的"决撒"应是"妇女即将临盆"之义,并且对这个词的词义引申系统作了如下分析:

感情决裂——翻脸,发作
觉察,发现
物体散裂——露破绽,被觉察
弄坏,出麻烦
妇女即将临盆

文章对《西厢记》例和《金瓶梅》例结合上下文文义以及历来的注释和评论加以细致的分析,其结论是可以信从的。①

王引之在《经传释词·自序》中讲到他使用的考释词义的方法时说:"揆之本文而协,验之他卷而通,虽旧说所无,可以心知其意也。"这实际上就是排比归纳法。从上面所举的例子,我们可以看到通过排比归纳而考知"决撒"一词词义的过程。

运用排比归纳法有几点需要注意:

(a)掌握的资料要尽可能的全面。材料掌握得不充分,就有可能以偏概全或者望文生义。

仅仅根据一二个例句来归纳词义,那是很危险的。如仅根据《西厢记》一例认为"决撒"为"决裂"之意,那就错了。即使掌握了较多的材料,但只注意到某一种用法而忽略了另一种用法,也会产生偏颇。如《敦煌变文字义通释》根据敦煌变文和其他资料中的一些例句,认为"加被"(或作

---

① 本节所引冯雪冬(2014)和何茂活(2010)两篇论文系汪维辉教授见示,谨此致谢。

"加备")为"保佑、帮助、恩赐"的意思。这大体上是对的。慧琳《一切经音义》卷二三:"〔加被〕杜注《左传》云:'加,益也。'孔安国注《书》曰:'被,及也。'谓以益相及也。又《珠丛》曰:'从加恩谓之被也。'"可见唐人也认为这是一个褒义词。但是,项楚(1983)指出,"加被"也可用于贬义,如《祇园图记》:"外道见舍利弗在傍,欲思加被。"《大智度论》卷一六:"或有饿鬼,先世恶口,好以粗语加被众生。"这些"加被"就不能解释为"保佑、帮助、恩赐"。如果能把这种情况也考虑在内,对"加被"一词的释义就能更全面。

(b) 对使用的材料要加以分析,弄清楚某个词语在句中呈现的意义究竟是它固有的意义,还是受上下文影响而产生的意义。

在用排比归纳法来考释词义时,我们所使用的材料都是具体的句子,而词语在句中呈现出来的总是"句中义"(或称"上下文意义"),这种句中义很可能是受具体语境或上下文影响而产生的,如果把它当作固定的词义(辞典义),就会产生错误。

如:《敦煌变文字义通释》把"方便"解释为"采用不正当的手段,虚妄"。所根据的是下面一类例句:《降魔变文》:"卿是忠臣行妄语,方便下脱寡人园。"《百喻经》卷上,牧羊人喻:"时有一人,善于巧诈,便作方便,往共亲友而语之曰:……"(例多不备引)。但我们也可以看到其他一些例句,如:敦煌写本《难陀出家缘起》:"自世尊种种方便,教化难陀不得。"《无常经讲经文》:"释迦师,巧方便,演说莲花经七卷,千方万便化众生,意恶总交登彼岸。"《祖堂集》卷一八:"(仰山)所以假设方便,夺汝诸人尘劫来粗识。"这里的"方便"只是"方法"或"巧妙的方法"之意,并无贬义。可见《敦煌变文字义通释》中所引诸例中"方便"是受上下文"下脱"(欺骗)、"巧诈"等词语的影响而呈现"采用不正当的手段、虚妄"之意的,这是它的句中义,不是它的固有义。

又如《诗词曲语辞汇释》论证唐诗中"稍"有"已"义,说:"骆宾王《乐大夫挽辞》:'城郭犹疑是,原陵稍觉非。'李峤《早发苦竹馆》:'早霞稍霏霏,残月犹皎皎。'两诗之'稍'字均与'犹'字相对,因假定'稍'犹'已'也。"其实,这是一种错觉。不错,在汉语中常见到"已……犹……"的格式,表示"甲物已如何,而乙物还如何"之意。如杜甫《驱竖子摘苍耳》:"江上秋已分,林中瘴犹剧。"但是,也可以单用"犹"字来表示这种语法关系。如杜甫《种莴苣》:"山泉落沧江,霹雳犹在耳。"因此,在诗句中和"犹"字相对的未必是表示"已"义的副词,也可以是其他的副词和形容词。如杜甫《通泉县署薛少保画鹤》:"画色久欲尽,苍然犹出尘。"在杜甫的后两例和《诗词曲语辞汇释》所引骆宾王、李峤两例中,前一句诗都有"某物已如何"之意,但这种意思是由句式造成的(因为后一句中有"犹"字之故),不能因此而认为和"犹"字相对的"落"字,"久"字有"已"义;同样,也不能因此认为句中的"稍"有"已"义,"稍"仍是"渐渐"之意。

(c) 在运用排比归纳法考释词语时,根据同义或反义关系或根据异文来推求词义是一种常用的方法,但这种方法使用时应当慎重,否则也容易出错。

如《伍子胥变文》:"父兄枉被刑诛戮,心中写火剧汤煎。"有人认为其中的"剧"不是"甚于"之义,而是"如同"之义①。理由是:①《盂兰盆经讲经文》:"恓惶惆怅似汤煎。"可证"剧汤煎"即"似汤煎"。②唐诗中不少例子"剧"为"如同"义,尤其陈基《秋怀》:"天地如逆旅,流年剧奔湍。"韩缜《东山寺》:"川原同聚沫,身世剧浮鸥。""剧"与"如"、与"同"对文,可证"剧"即"如"或"同"。其第一条理由是以异文为证,第二条理由是以对文为证。但是,似乎都值得商榷。异文固然可用作两词同义之证,但也不能说异文一定同义。如王之涣《凉州词》"黄河远上白云间。""河"一作"沙",但不能说"河"和"沙"同义。对文也是如此。如白居易《忆江南》:"日出江花红胜火,春来江水绿如蓝。"不能说"胜"即"如"义。至于说把唐诗中的一些"剧"解释成"如",句子当然可以读通,因为"剧"(甚于)和"如"(如同)都是比喻,只是程度的不同而已。杜甫《北征》:"平生所娇儿,颜色白胜雪。"如果说把"胜"读成"如",诗句照样可以通。但这种读法是不对的,因为没有充足的证据说明"胜"有"如"义。同样,以唐诗中的一些"剧"可读作"如"来证明"剧"有"如"义,恐怕也不妥当。

(4) 因声求义

因声求义是清儒考释词义的一个重要方法,他们打破字形的束缚,"触类引申,不限形体",在词义的研究方面比前人大大跨进了一步。在近代汉语词汇研究中,也应重视这个方法。特别因为近代汉语词汇有很多是口语词,而口语词往往是词无定形的,对词义的考求只能"求诸声"而不能"求诸字";一些不同字形的口语词,也只有从语音上考察,才能发现它们之间的联系。下面举例说明。

(a) 李白《独漉篇》:"独漉水中泥,水浊不见月。不见月尚可,水深行人没。"王琦解释"独漉"说:"上谷郡涿州有地名独鹿,一名浊鹿者是也。

---

① 见董希谦、马国强《敦煌变文词义商榷》,《中国语文》1991年第4期。

又,小网名罞麗,《荀子》作'独鹿'。"又王建《独漉歌》:"独独漉漉,鼠食猫肉。"用王琦说解释李白诗与王建诗均不合。蒋礼鸿(1981)云:"盖独漉即鹿独、落度、落拓之倒文。落拓之义凡三:一曰不护细行,二曰不偶,三曰疲困不能自振。……乐府诸辞,继以水深泥浊者,谓行人疲困不能自振也;继以鼠食猫肉者,猫反为鼠所食,亦其疲困不能自振也。"他还认为,"鹿独古或作路亶、鹿埵、㑣儢","复有阑单、潦倒、郎当、……㑣唔,斯皆声转义通,同条共贯者矣"。

(b)《西游记》第四本第十四出:"你可也和谁宴饮,着我独怀跌窨。""跌窨"一词也不能以形训。《元曲释词》云:"㩙窨,又作㩙屑、噷窨、噷喑、跌窨、迭窨、铁窨,倒之更作恁迭、恁底,音近义并同。方诸生《西厢》本注云:'㩙窨,音迭荫。'又云:'㩙,顿足也。窨,怨闷而忍气也。'"这样,不但"跌窨"一词得到了解释,而且把这一组形体很不相同的词联系了起来。

像"独漉""跌窨"这些词,出现频率也不高,很难用排比归纳法求其义。而运用因声求义的方法,则能使这些僻词的词义涣然冰释。当然,因声求义也要正确运用,滥用"一声之转"也是不行的。

(5) 参证方言

罗常培《金元戏曲方言考序》:"金元戏曲中之方言俗语,今日流行于民间者尚多,惟董理无人,索解匪易。"这话对于近代汉语的口语词都是适用的。有些词语,仅凭书面资料不容易弄清楚,如果以方言印证,就会清楚得多。

如元杂剧《货郎旦》第四折:"他系一条兔鹘,兔鹘,海斜皮偏宜衬连珠,都是那无瑕的荆山玉。"《诈妮子调风月》第二折:"把兔鹘解开,纽扣相离。"有人说,"兔鹘"原是白色的猎鹰。由于名贵,女真人用以称玉带。但是,《金史·舆服志》:"金人之常服四:带、巾、盘领衣、乌皮靴。其束带曰吐鹘。""吐鹘,玉为上,金为次,犀象角又次之。"据此,有人认为"兔鹘"(又作"吐鹘")是女真语的译音词,与猎鹰无关。又有人进一步指出,关汉卿的家乡,今河北安国县仍说"兔胡",是一种多层布缝制的宽腰带,并有"上扎兔胡,下穿袄裤"的说法。"兔鹘"一词是不是女真语的音译尚有待于确定,但经过方言材料的印证,什么是"兔鹘",至少是比较清楚了。

又如《红楼梦》第二十八回:"宝玉又道:'……正经按方子,这珍珠宝石是要在古坟里找。……'王夫人听了道:'阿弥陀佛,不当家花拉的!就是坟里有,人家死了几百年,这会子翻尸倒骨的,做了药也不灵啊!'"其中"不当家花拉"一词,曾经有过几种不同的解释:有的认为是"无职守,引申为不了解情况,不负责",有的认为是"罪过"之义,有的认为是"不值得"之义。究竟哪一种对呢?近年来有人指出,"不当家花拉的"在现代石家庄、呼和浩特、甘肃民勤等方言中都还使用,大约是"不应当这样"的意思,有时与"罪过"义近。也可以说成"不当忽拉的""不当花花""不当子花拉的",分析起来,大约"不当"是词根,"家"和"花拉"是词缀。

印证方言也要采取慎重态度,不能随意地说近代汉语中的某词就是现代某方言中的某词。我们说不少近代汉语的词语还保留在现代汉语的方言中,并不等于说近代汉语的词语都可以在现代汉语方言中得到印证,也不等于说现代汉语方言中的词语都可以上溯到近代汉语中。在这方面,同样要防止主观臆断的毛病。

印证方言可以和上述其他几种方法结合起来。如王梵志诗:"梵志翻着袜,人皆道是错。乍可刺你眼,不可隐我脚。"项楚(1986)解"隐""犹如北京话的'硌'",即"触着突起的东西觉得不舒服或受到损伤"。他首先引下列材料为证:皇甫湜《石佛谷》:"土僧何为者,老草毛发白。寝处容身龛,足膝隐成迹。"《宋朝事实类苑》卷六五引《倦游录》:"曹琰郎中,滑稽之雄者。一日因食落一牙,戏作诗曰:'昨朝饭里有粗砂,隐落翁翁一个牙。为报妻儿莫惆怅,见存足以养浑家。'"宋范缜《东斋记事》卷四:"人谓赵昌画染成,不布彩色,验之者以手扪摸,不为彩色所隐,乃真昌所画也。"宋释元照《四分律行事抄资持记》下二《释钵器篇》:"若手下六明带持,口外向者,律因比丘钵口向胁,道行遇雨,脚跌倒地,隐胁成患,佛言不应尔。"宋江休复《江邻几杂志》:"唐相李程子廓,从父过三亭渡,为小石隐足,痛以呼父。程云:'太华峰头,□□□仙人手迹;黄河滩里,争知有隐人脚跟。'"明李实《蜀语》:"有所碍曰隐。○隐,恩上声。《中朝故事》:异人王鲔赠宣州推事官一小囊,中如弹丸,令长结身边。昼寝,为弹丸所隐,胁下极痛,起就外视之,屋梁落碎榻矣。"然后证以方言:"这个'隐'字还保存在现代成都方言中,如硌脚叫'隐脚',硌牙叫'隐牙巴','隐'读作 ŋən,正是'恩'上声,和《蜀语》所记吻合。"能以充分的文献资料汇证,再加上印证方言,就比单纯以方言印证要有力得多了。

李申《元曲词语今证》(1983)和《〈金瓶梅〉方言俗语汇释》(1992)用现代方言作参证来研究元曲和《金瓶梅》中的词语,可以参看。

(6) 推求语源

考释近代汉语的口语词,如果是为了阅读或编纂词典,那么弄清某词语是什么意思就可以了。但是,如果要对这个词语了解得深一些,就还需要推求语源。推求语源包括两个方面:(a)弄清某个词语的历史来源;(b)弄清某个词语的"得命之由"(或者叫"内部形式")。

(a) 弄清词语的历史来源

如:唐代常用"镇"表示"长久"之意。如唐太宗《咏烛》:"镇下千行泪,非是为思人。"这个意义在胡震亨《唐音癸签》中就已指出,并说此义始见于六朝人诗中。但这个义为"长久、常常"的"镇"是怎样发展来的呢?这就需要进一步考察。《敦煌变文字义通释》根据段玉裁《说文解字注》之说,认为"作长久义的字,先秦作填、寘、尘,汉以后代之以陈(古诗十九首驱车上东门篇:'下有陈死人。')而后世诗词中的镇常、镇日则远绍填、寘、尘、陈而来。"朱德熙《说"屯(纯)、镇、衠"》则认为来源于战国文字中作总括词的"屯"(《中国语文》1988年第3期)。两说不同,还可以进一步讨论。但无论如何,表示"长"义的"镇"虽然是六朝时产生的,但这个词的来源却远在先秦时期,可以说是"源远流长"的了。

(b) 弄清词语得名之由

如:唐代有"清泥"(又作"青泥")一词,指水底污泥。如白居易《京兆府新栽莲》诗:"下有清泥污,馨香无复全。"慧琳《一切经音义》卷一:"淤泥,于据反,水底青泥也。"解释得很明白。但为什么污泥叫"清泥"?《敦煌变文字义通释》:"《一切经音义》卷九:'淤泥,污池水底臭泥也,青黑臭烂滓秽者也。'《法苑珠林》卷八:'此身可恶,会归磨灭。乌鹊狐狼,竞共啖食。风吹日暴,青烂臭处。'据慧琳音义后条与《法苑珠林》,似乎'青泥'以青黑色得名,恐未尽然。按《说文》:'厕,清也。'《急就篇》:'屏厕清溷粪土壤。'颜师古注:'清,言其处特异馀处,常当加洁清也。'厕所称'清',本来从因其臭秽而应当使之清洁得义,后来又改用专制的'圊'字;'清泥'、'青泥',似得义于用于厕所的'清''圊',而为臭秽之意。"这样,就说清楚了"清泥(青泥)"一词的得名之由。

有时,推求词语的来源和推求词语的得名之由以及词语的考释是结合在一起的。弄清了词语的来源也就弄清了它的得名之由,或者弄清了词语的意义。

如:唐代"不审"可用作问候语,也可用作动词,义为"问候"或"参见"。如《祖堂集》卷七:"在夹山有僧到石霜,才跨门,便问'不审。'石霜云:'不必。阇梨。'僧云:'与摩则珍重(再见)。'"敦煌写本《庐山远公话》:"化作一个老人之体,……直至庵前,高声不审和尚。"这两个意义是可以根据排比归纳而得出的,但为什么问候语和动词"问候"可叫"不审"?这就要追溯其语源。在六朝时,"不审"和"未审"同义,是"不知道"的意思,但常用在表示问候的寒暄语中,如《世说新语·言语》:"顾司空时为扬州别驾,援翰曰:'……不审尊体起居如何?'"后来这个"不审"就发展成问候语和表"问候"的动词。(项楚 1981)

又如:宋词中有"连台拗倒"的说法,黄庭坚《清平乐》词(饮宴):"冰堂酒好,只恨银杯小。新作金荷工献巧,图要连台拗倒。""连台拗倒"的意思不好懂。追溯其语源,知道此语在唐初即已流行。《太平广记》卷一六三《饮酒令》条引《朝野佥载》:"唐龙朔年以来,百姓饮酒作令云:'子母相去离,连台拗倒。'子母者,盏与盘也;连台者,连盘拗盏倒也。"这就知道"连台拗倒"当为饮酒之后连托盘带盏一齐翻转,以示涓滴不留之意。(王锳 1989)

5.2.2 构词法的研究

构词法属于语法的范畴,但与词汇也有密切的关系。各个时期构词法的不同,对各时期词汇的面貌有很大的影响。所以,构词法的研究也和词汇的研究有关。

关于近代汉语时期构词法的研究,有以下几个问题值得注意:

(1) 复音化趋势的发展

汉语总的发展趋势是由单音节变为复音节,这种趋势在近代汉语时期尤为明显。但是,目前对这个问题的研究成果不多。

日本汉学家香坂顺一(1967)中说:在近代汉语中,有些复音词在开始时语素的位置可以互换。例如:

要紧	热闹	整齐	言语	看觑	声音
点检	带携	闹吵	等待	买卖	拣选
想念	选择	名姓	喜欢	㳾吓	战争
话语	立站	找寻	惧怕	竞争	答对
把守	怕恐	歇宿	因为	该应	欲待

到现代汉语中,这些复音词有了变化:(1)在 AB 和 BA 两种形式中,现代汉语普通话选择了其中一种,而另一种只保留在方言中。如普通话说"热闹""喜欢",吴语中说"闹热""欢喜"。(2)AB 和 BA 区分为不同词类,都保留了下来。如"言语"(动词)、"语言"(名词);"整齐"(形容词)、"齐整"(动词)。(3)两个语素中的一个在现代汉语口语中消失,另一个作

为词使用。如"看觑","觑"消失,只用"看";"带携","携"消失,只用"带"。

这确实是提出了一个值得注意的问题。但是,这个问题还需要作更细致的研究。(1)这里面有的 AB 和 BA 两种形式在一开始就意义不同。如"音声",在唐代指音乐,和"声音"是两个不同的词。(2)有的 AB 和 BA 两种形式分别出现在不同时代、不同地域的资料中。如白居易诗中只有"闹热",《朴通事》中只有"热闹",而《朱子语类》中两种形式都有。这究竟是反映了时代的不同还是地域的不同,还有待于进一步研究。(3)有些 AB 或 BA 中一种形式的消失,是在现代汉语之前。如"为因"这种形式,在《西游记》中就已经消失。

近代汉语时期复音化的问题,还有许多工作要做。首先是要把近代汉语各个阶段复音化的进展情况弄清楚,同时要对复音化进程中的一些问题进行探讨,如复音词的构词模式,复音词和单音词的互动关系等。北京大学中文系张雁的博士论文《近代汉语复合动词研究》在这方面作了很有意义的探索,这方面的研究今后应该继续下去。

(2) 一些新的构词方式的产生

汉语中一些基本的构词方式在先秦时期大体已经具备,但在近代汉语时期又出现一些新的构词方式。如:形容词的 ABB 式,AABB 式,ABC 式,ABCD 式等。这到本章第三节再谈。

另外,袁宾(1992)谈到了近代汉语词汇一些构成的特点,如:

模式词语:淡不淡的粥,连不连的眼跳,若草若木,是贵是贱,不伦不类,不三不四,不尴不尬,不伶不俐。

倒序词语:力气——气力,蔬菜——菜蔬,整齐——齐整,空虚——虚空。

倒反词语:不常赏赐小东西。(醒世恒言)不甫能离了心上,又早眉头。(西厢记)

偏义词语:落人褒贬,寻死觅活。害老大小疗疮。量这些大小车儿如何载得起。(西厢记)

这对我们也很有启发。近代汉语词汇的构成究竟有什么特点,这是值得深入研究的。

(3) 近代汉语中新词缀的产生、使用和消失

在近代汉语中,除已有的词缀"第""阿""老""子""儿""头"等继续使用外,还产生了一些新的词缀。如唐代广泛使用的"生"、"立地"的"地"以及《敦煌变文字义通释》中所举的"但知"的"知"、"记当"的"当"等(《通释》

称之为"语助词、没有意义")。《元曲释词》也说"喷撒"的"撒"是"语助词，无义"。像这些成分，究竟是不是词缀；能认为词缀的，在近代汉语时期究竟有哪些；它们何时产生，何时消失；它们的使用范围和语法意义是什么，这些问题，现在都还研究得不够。

5.2.3 常用词演变的研究

上面着重介绍了词语考释所用的方法，需要考释的都是在现代汉语中已很少使用的词语，如果是现代汉语中的常用词，就不需要考释其意义了。但是，这些常用词在近代汉语时期是怎样产生和发展演变的，却仍是需要研究的问题。常用词是词汇的主体，如果不弄清常用词在近代汉语时期的发展变化，那么，要描写一个时期的词汇系统和近代汉语词汇发展史，都是无从谈起的。

现以"吃""喝""穿""戴"四个十分常见的词为例加以说明。

王力(1990)谈到"吃"和"喝"。"吃"在《世说新语》中已出现，如："友闻白羊肉美，一生未曾吃得。"(《任诞》)在唐代用得比较普遍。但从唐直到宋元明清时代，"吃"还是兼有饮、食两种意义。在《西游记》中，"饮"一般还叫"吃"，只有少数地方用"喝"，如："将椰酒满斟一石碗奉上，大圣喝了一口。"(第五回)这是"吃""喝"两个词发展的大致轮廓。

但是，还有一些细致的问题需要解决。比如："喝"的前身是什么？王力(1990)认为是"呷"。"呷"是入声字，宋元以后，北方话入声消失，音变为"喝"。但《古今字音对照手册》把"欱"作为"喝(喝酒)"的异体。究竟哪一种看法对？我赞成后一种看法。慧琳《一切经音义》卷三七《陀罗尼集》第一卷："〔欱取〕上呼恰反。张衡《西京赋》，'欱沸吐潏'也。《说文》云：'欱，歠也。'……经文从口作'哈'非也。"卷五八《僧祇律》第三十五卷："〔欱烟〕呼匝反。欱犹饮取也。"卷六二《根本毗耶杂事律》第三十四卷："〔欱粥〕上诃阁反。《考声》云：'大歠也。'或作'哈'，俗字也。"可见在佛典译文中常用"欱烟""欱粥"，而"欱"和"饮"或"歠"同义。"欱""喝"同音，后来就用"喝"代替"欱"。

另一个问题是：从什么时候起，表示"饮"的概念多用"喝"而少用"吃"？刘钧杰统计了《红楼梦》前八十回和后四十回中"吃(流体)"和"喝"的比例，再证以其他材料，认为在18世纪末期"喝"超过了"吃(流体)"(详见本书第六章第一节所引)。这个问题，还可以进一步调查。

关于"穿"和"戴"，王力(1990)没有谈到。"穿"的概念，在古代汉语中是由"衣"(动词)和"着"来表示的，用"穿"比较晚。旧版《辞源》引《世说新语·雅量》:"庾时颓然已醉,帻堕几上,以头就穿取",认为这里的"穿"是"穿戴"义,不确。《简明古汉语字典》(四川人民出版社)引元曲《桃花女》例,则又太晚。慧琳《一切经音义》卷三九〔为掼〕条引《考声》:"掼,穿,穿衣也。"《考声》为张戬撰,著录于《新唐书·艺文志》,说明唐代已有"穿衣"这一说法了。又《一切经音义》卷九引《前高僧传》(指梁慧皎《高僧传》)"铁锁穿"时说,"传文从身作穿"。从字形也反映出,在齐梁时写字的人心目中已认为"穿"这个动作与身体密切相关。所以,"穿"的"穿衣"义应产生在齐梁隋唐之间。

"戴"字在《孟子》中就有,《孟子·梁惠王上》:"颁白者不负戴于道路矣。"但这是"顶在头上"之义。司马迁《报任安书》:"仆以为戴盆何以望天。""戴"仍为"顶"义。晋周处《风土记》载"卿虽乘车我戴笠"之语,《北史·薛憕传》有"戴帻"之说,可见"穿戴"的"戴"大约出现在魏晋南北朝时。但唐代尚有杂戏"戴竿",所以,"戴"的旧义至少还保留到唐代。

5.2.3.1 关于常用词演变的研究,有几个问题需要注意。

(1)应当详细地占有材料,并且审慎地加以判断。词汇研究是离不开材料的,材料掌握得不充分,结论就可能有疏漏,材料掌握得越全,结论就越可靠。但是,有了材料,还有一个判断问题。现在电子语料库发展得很快,过去需要几个月才能查检得的语料,现在几分钟就可以查到了。但是,如果说某一个汉字,或者某一个生僻的词语最早出现在什么文献里比较容易借助语料库查到的话,要解决常用词的替换问题,单靠语料库就远远不够了。因为常用词的意义演变是不能让电脑来确定的,必须由研究者来判断。比如,表"书信"义的"书"和"信"是如何替换的?这就牵涉到"信"的"书信"义是什么时候开始出现的?20世纪50年代有学者认为是唐代,举白居易诗"红纸一封书后信,绿芽十片火前春"为例。60年代有的学者认为"信"的"书信"义在南北朝时就有了,举的例子是《梁书·到溉传》引梁武帝赐到溉《连珠》:"研磨墨以腾文,笔飞毫以书信。"但这个"信",郭在贻认为不是"书信",而是"幡信"。他举出另一些例子,说明"'信'的'书信'义目前能找到的最早例证是西晋人的作品"(见郭在贻1979、1984)。其实,白居易诗的"信"也不是"书信",而是"礼物",就是下一句所说的"绿芽(茶)"。可见,研究常用词的演变,不但要依靠充足的材料,而且要依靠准确的判断。

(2)应当把常用词的替换和常用词词义的演变结合起来。房德里耶斯《语言论》中讲到两个问题:一、词是怎样改变意义的。二、概念是怎样改变名称的。在王力先生《汉语史稿》中,专门用两节来讲了这两个问题。后一问题就是常用词的替换,它和前一问题是紧密联系的。比如:"足"为"脚"取代,当然首先要"脚"的词义演变,由"小腿"变为"足"义;"赤"为"红"取代,当然首先要"红"的词义演变,由"粉红"变为"大红"义;"入"为"进"取代,当然首先要"进"的词义演变,由"前进"变为"进入"义。这两者要结合在一起研究。

(3)应当注意词汇之间的相互关系和相互影响。首先,常用词的演变并不都是像"足——脚""赤——红""入——进"那样一对一的变化,有的常用词的历史替换关系比较复杂。如古代的"寝、寐、眠、卧"这一组词,到后来由"睡"和"躺"两个词替代,"睡"和"躺"产生的时代不同,来源也不一样,它们和"寝、寐、眠、卧"的关系是交错的,"寝、寐、眠、卧"的某些义位由"睡"取代,某些义位由"躺"取代,而且其中又有交叉。这种复杂的关系值得深入研究。其次,词汇是有系统性的,一个词的演变往往会影响到另一些词。例如,"走"从"跑"义逐渐演变为"行走"义,最后被"跑"取代,这同时又影响到另外两个词"行"和"步",使它们的"行走"义在口语中逐渐消失。但"行"的"实行"义依然保留,同时,它的新产生的"可以"义成了最常用的义位;"步"则只保留了它的名词用法。所以,常用词演变的研究应该把相关的词放在一起考虑,这样会对词汇的系统性看得更清楚。

汪维辉(2007)提出了常用词演变研究的几个重要问题,值得参看。汪维辉提出了撰写《汉语100基本词简史》的设想,这是汉语词汇史研究的一个基本工程。

5.2.3.2 常用词演变的研究有一个新的视角:比较同一作品的不同时期的版本,据以考察一些词语的历史变化。张美兰(2013)指出:同义异文是汉语常用词历时研究重要的旁证资料,同义异文包括文言与白话语体异文、注疏体注文、原本与改写本或引征异文、同一文献不同时代不同文本异文、同一文献同一时期不同文本异文等诸种形式,认为不同时代的这类素材扩展了汉语常用词演变研究的新视角。这是很有见地的。

文章举了如下例子(下面加__的是常用词的替换):

《淮南子·说林》:"绳之与<u>矢</u>,孰先直也?"——高诱注:"矢,<u>箭</u>也。"

《孝经·卿大夫章第四》:"非先王之法<u>服</u>不敢服。"——贯云石《孝经直解·卿大夫章第四》:"不识在先圣人制下有法度的<u>衣服</u>不敢穿有。"

《训世评话》第十七则:文言作"王后知见欺,怒甚。"——白话作"王后头知道嗔的意思,十分恼起来。"

《世说新语·任诞》:"时戴在剡,即便夜乘小舟就之。经宿方至,造门不前而返。"——《晋书·王徽之传》:"逮时在剡,便夜乘小船诣之,经宿方至,造门不前而反。"

《左传·昭公二十六年》:"叔孙昭子求纳其君,无疾而死。"——《史记·鲁周公世家》:"叔孙昭子求内其君,无病而死。"

《西游记》:你把口张三张儿。——车王府鼓词曲本《西游记》:你把嘴张开我好出去。

《老乞大》四种:

旧:那般者,肚里好生饥也,咱每去来。
翻:那般着,肚里好生饥了,咱们去来。
新:那么狠好,肚里也饿了,咱们去。
重:那么狠好,肚里也饿了,咱们去。

《清文指要》五种版本:

A. 另日特来,坐着说一天的话儿罢。
B. 另日再特来,坐着说一整天的话儿罢。
C. 改日再来,坐着说一日话儿罢。
D. 改日再来,咱们坐着说一天的话儿。今儿实在没空儿,告假了!
E. 改天我再来,咱们坐着说一天的话儿罢。

这样的研究较早的是李泰洙(2003)。后来有汪维辉(2005),张美兰(2012),张美兰、周滢照(2014),刘宝霞(2012a),刘宝霞(2012b)等论文。这些论著都是从这一视角来研究常用词演变的,因为是根据异文来研究,所以,常用词演变看得很清楚。

5.2.4 专书词汇研究

专书词汇研究也是近代汉语词汇研究的一项基础工作,一个时代的词汇面貌,或者一个时代和另一个时代的词汇的差异,都可以通过专书词汇的研究得到比较清晰的了解。

比如程娟(1992)把《金瓶梅》动词与现代汉语动词作了比较,指出有的动词与现代汉语有差异,其中单音词占27.88%,双音词占9.24%;可以分为四类:1.语言单位性质功能上的差异。如"觅不尽"。2.词形方面的差异。如"顾照"。3.意义内容上的差异:包括词汇意义的差异,如"下降寒舍";语法意义的差异,如"仔细门户";色彩意义的差异,如"万种牢笼"。4.使用频率上的差异,如"劳动大娘"。有的动词在现代汉语中已经消失了,其中单音词占1.09%,双音词占27.03%;消失的原因是:1.随着事物消亡,如"唱喏"。2.方言词的消亡,如"窝盘"。3.由于词汇系统的调整而消亡,如"称夸"。

王绍新(2001)把《红楼梦》的词汇和现代汉语的词汇在词型上作了比较。指出:有的是形近义同,如《红楼梦》作"阅者",现代汉语作"读者",《红楼梦》作"回思",现代汉语作"回想"。有的词语是《红楼梦》有,现代汉语无,其原因是:1.社会变迁,如"做馆"、"乩坛"。2.词化状况不同,如"和厚"、"浓快"。3.修辞造词的取材不同,如"没脚蟹""坐纛旗儿"。有的是《红楼梦》为单音词,现代汉语为复音词。如:"我错怪了你娘,你怎么也不提我。""怨不得你哥哥时常提你,说你很好。"现代汉语要说"提醒""提到"。"终是谁人走的风声,竟拟不出人来。"现代汉语要说"究竟"。有的复音词在《红楼梦》中还可以拆开用,现代汉语则不能,如"必商必议""安些分罢"。分析相当细致。

上述两篇论文是就某一方面对专书词汇作了研究,但作的比较深入,对我们如何做专书词汇研究很有启发。今后的专书词汇研究,范围还可以扩大,做得更加全面。如果我们能选择若干部近代汉语重要文献,扎扎实实地做好专书词汇研究,就一定能把近代汉语词汇研究推进一大步。

5.2.5 各阶段词汇系统的描写

词汇是不是一个系统,这是一个有争论的问题。我们认为词汇是一个系统,只是和语音、语法相比,词汇系统要复杂得多,而且不是那么严密。要对一个时代的词汇系统作出描写不是一件容易的事,做起来会有不少困难,在这里,只能提出一些初步的设想。

1. 要选择一部或几部有代表性(时代明确,接近口语,词汇量丰富)的文献作为研究的基础,把其中的词汇(包括单音词和复音词,特别是常用词)找出来,这是工作的第一步。在做这工作时,有价值的字书可以作为参考,但不能作为主要依据,因为以往的字书中收集的字都是历史的总汇,不是一个共时平面上的词汇。当然一部文献中的词汇也会有仿古的成分,那些词语应该剔除。

2. 找出了某一历史时期的词汇之后,应先把各个词分为不同的义位,然后以义位为基本单位,按概念场(conceptual field)①加以分类,一个词的不同义位,应根据不同情况,或是列入同一概念场,或是分入不同概念场。在每一个概念场中,按照各个义位的上下位关系,建立起一个层级结构(hierarchical structure)。

3. 在此基础上,对各个概念场的层级结构中的语义单位(也就是上面所说的从词中切分出来的义位)的相互关系进行分析,要特别注意处于同一概念场中的各个语义单位之间的相互依存、相互影响的关系。不同概念场中语义单位也会有各种各样的联系(如引申关系,同源关系等),这也是词汇系统性的反映,也是研究中需要注意的。

当然,要研究整个的词汇系统相当困难,我们的研究也可以从局部做起。比如,先对若干重要的概念场进行研究,或者对某一类相关的词进行研究。当这样的局部研究取得进展以后,再把研究的成果加以综合,进行一个时代的整个词汇系统的研究。

5.2.6 近代汉语词汇发展史的研究

汉语词汇史的研究,和汉语语音史、汉语语法史相比,差距还相当大。这首先是由于词汇和语音、语法相比要复杂得多,但也和对词汇系统的研究不够有关。汉语语音史、汉语语法史讲的是语音系统、语法系统的发展变化,但由于对词汇系统的研究不够,目前的汉语词汇史主要是讲述汉语词汇的构成在历史上的变化,比如,汉语的基本词汇在先秦已经形成,东汉以后,产生了一批与佛教有关的词汇,唐宋时期由于经济文化的发展,出现不少新词,明清时期又出现一些与西方科技文化有关的词汇等等。确实,不同时期汉语词汇有不同的构成,这应该是汉语词汇史的一个部分,但是,如同汉语语音史、汉语语法史一样,汉语词汇史的主干应该是汉语词汇系统的发展变化。近代汉语词汇史也是如此,主要的应该叙述近代汉语时期词汇体系的发展变化。显然,这种研究必须在上面所说的近代汉语各个历史阶段的词汇系统的研究的基础上来做。如果把近代汉语各个历史阶段的词汇系统的研究做好了,就可以进而研究下一个阶段比

---

① 也可以说按语义场(semantic field)分类。下同。概念场和语义场的关系此处不讨论。

上一个阶段有哪些继承,有哪些发展。这件工作,现在条件还不成熟。但是,这是我们努力的目标。

这一工作也可以从局部做起。比如可以以一个概念场为单位,研究其中词汇的历史演变。下面谈几点个人的意见:

1. 以概念场为单位的词汇历史演变研究,当然首先是考察这个概念场中语义单位的变化,即词(或词的某个义位)的增减和替换。要注意的是:不能简单地认为词(或词的某个义位)的产生和消失都是由于客观世界中新事物的产生和旧事物的消亡所造成的。有不少词(或词的某个义位)的产生和消失是由于分类的不同。如:近代汉语中新产生"噇"这个词,并不是这种动作原来不存在,而是因为原来这种动作包含在"吃"这个词所表达的概念中,没有分出来。近代汉语中"刈"这个词消失了,也不是因为"刈"这种动作消失了,而是因为后来不再把这种动作看作单独的一类,而把这种动作包含在"割"这个词所表达的概念中。同时,仅仅注意成员的变化是不够的,还要注意下面几个方面。

2. 要注意词的义域的变化。即使是同一个词,在不同历史时期,其义域也可能是不同的。如"吃",唐宋元时对象可以是饭食,也可以是茶酒,到明代产生了"喝"以后,"吃"的对象逐渐缩小到饭食,不包括茶酒了,也就是说,"吃"的义域缩小了。

3. 要注意义位结合关系的变化。如"穿衣"这个动作,中古叫"着",近代叫"穿"。这当然首先是常用词的更替,但同时,义位的结合关系也发生了变化:中古时"穿衣"的"着"和"附着"的"着"构成同一个词的两个义位,近代"穿衣"的"穿"和"穿过"的"穿"构成同一个词的两个义位。

4. 要注意词汇在演变过程中的相互影响。如上面说过的"走"逐渐由"奔跑"演变为"行走",与此同时,就产生一个新词"跑"来表示"奔跑",而原来表示"行走"的词"行"就受到排挤,其"行走"义位逐渐萎缩,其另一个义位"实行"变成了主要义位,又产生一个新的义位"可以"。

5. 要注意单音词和复音词的互动关系。"复音化"是汉语词汇发展的一个主要趋势,但直至今日,不少基本词汇还是单音词,在近代汉语的各个时期还不断产生一些新的单音词。而且,多数复音词都是以单音词为构词要素构成的。所以,"复音化"的问题不能作简单的理解,实际上,单音词和复音词是一种互动关系。在研究汉语词汇发展史的时候,对这个问题也必须深入研究。

6. 在做这种研究的时候要加强理论思考,注意发现和总结汉语词汇演变的规律。这里所说的"规律",不一定非得是揭示语言本质的、适合于人类多种语言的规律,也可以是适用于一个局部的某种比较具体的规律。发现前者当然是我们向往的目标,但发现后者同样是语言研究的深入。而且,学术研究总是逐步积累,逐步深入的,那些比较具体的规律发现得多了,再继续深化,或许就能发现更有概括性的、更深刻的规律。

(关于以概念场为背景的词语演变研究详第三节)

如果我们从一个局部开始,对汉语词汇的发展作系统而深入的研究,那么,这样的研究就会给汉语词汇发展史的研究打下坚实的基础。

5.2.7 语言接触是近来语言研究的一个热点。在汉语发展史上,有过多次语言接触。近代汉语时期,是汉族和契丹、女真、蒙古、满等民族密切交往的时期。元代的统治者是蒙古人,清代的统治者是满族人。从明代开始,有不少西方的传教士来华,鸦片战争以后,和西方与日本的接触更加频繁。这些都会对汉语词汇有影响。研究近代汉语词汇,必须注意各种民族语言和外国语言对汉语词汇的影响。

5.2.7.1 语言接触对汉语的影响,首先体现在外来词上。对"外来词"有两种理解:1. 包括音译词和意译词。2. 只包括音译词。(见王力1958、1990)从语言接触看,意译词也是语言接触的产物,所以这里取第一种理解。

汉语的外来词,在先秦和秦汉时期就有。这里着重说近代汉语时期的外来词。

辽金元时期一些契丹语和女真语的词语,在史书或其他史料中就有一些零星的记载。如:

(突厥可汗)始毕乃更署子和为屋利设。(旧唐书·李子和传)注:别部典兵者曰"设"。

四时各有行在之所,谓之"捺钵"。(辽史·营卫志中)

宋孙穆撰《鸡林类事》,是一部有关高丽风土、朝制、语言的著作,这部著作没能全文流传下来。元代陶宗仪编纂的《说郛》卷五五收录了很少一部分风土、朝制内容,全文保留下来了有关语言的《方言》一卷,用汉字写音的办法记录了当时高丽语的356个单词的读音,如:

天曰汉捺,日曰妲,月曰契(黑隘切),云曰屈林,风曰孛缆,雪曰嫩,雨曰霏微,雪下曰嬾耻,凡下皆曰耻,雷曰天动,雹曰霍,电曰闪,霜露皆曰率。

《金史》卷一三五《高丽传》中的"金国语解",其中分为"官称""人事""物象""物类""姓氏"几类,记载了一些女真语的音译,举例如下:

与人同受福曰"忽都",以力助人曰"阿息保"。辞不失,酒醒也。奴申,和睦之义。讹出虎,宽容之名也。赛里,安乐。迪古乃,来也。撒八,迅速之义。兀典,明星。阿邻,山。太神,高也。山之上锐者曰"哈丹",坡陀曰"阿懒",大而峻曰"斜鲁"。忒邻,海也。沙忽带,舟也。桓端,松。阿虎里,松子。孰辇,莲也。

这些词语,在当时高丽、女真族和汉族的交往中肯定是使用的,但未必都进入了汉语,所以,还不能说都是外来词。

还有一些诗歌中夹杂了一些契丹语和蒙古语。如:

余靖两使契丹,虏情益亲,能胡语,作胡语诗。……曰:"夜宴设逻厚盛也臣拜洗受赐,两朝厥荷通好情感勤厚重。微臣雅鲁拜舞祝若统福祐,圣寿铁摆嵩高俱可忒无极。"主大笑,遂为醹觞。(宋刘邠《中山诗话》)

(元云南梁王公主之夫段功被杀,公主作诗曰:)"吾家住在雁门深,一片闲云到滇海。心悬明月照青天,青天不语今三载。欲随明月到苍山,误我一生路里彩锦被名也。吐噜吐噜段阿奴吐噜,可惜也,施宗施秀同奴歹歹,不好也。云片波潋不见人,押不芦花颜色改押不芦乃北方起死回生草名。肉屏独坐细思量肉屏,骆驼背也,西山铁立霜潇洒铁立,松林也。"(明陈全之《蓬窗日录》卷七)

这些也不能算外来词。外来词是其他民族的词语通过音译和意译进入了汉语,作为汉语的词语使用。

对外来词的研究,在 20 世纪就开始了。王力(1958、1990)和向熹(1993、2010)都有专门的章节谈外来词(王力称"外来语")。还有刘正埮、高名凯、麦永乾、史有为《汉语外来词词典》(1984,上海辞书出版社)、岑麒祥《汉语外来语词典》(商务印书馆,1990)。这些都是对自古至今的外来词的研究,其中包括近代汉语时期的外来词。

对近代汉语时期外来词研究的专著有:

方龄贵《元明戏曲中的蒙古语》,汉语大词典出版社,1991。

此书旁征博引,考察元明戏曲中的蒙古语音译词的来源。这些音译词后来几乎都没有在汉语中保留,保留下来的只有一个"站"。作者认为"站"是蒙古语,也见于女真语,满语,高昌回鹘语,土耳其语,还有波斯语,俄语。书中还考察了元代的驿站制度。这个"站"进入了汉语,即现在"车站"的站。

马西尼《现代汉语词汇的形成——十九世纪汉语外来词研究》,汉语大词典出版社,1997。

此书讨论了19世纪以来汉语中来自西方的以及来自日语的外来词。附录中有《十九世纪文献中的新词词表》,说明一些新词的来源,以及始见文献和始见年代。如"民主"一词,中国古代指"民之主宰",到1864年美国传教士丁韪良翻译的《万国公法》中首次以"民主"来翻译democracy,以"人民治国"的意义来使用此词。后来传到日本。有人误认为是日源词。

沈国威《近代中日词汇交流研究——汉字新词的创制、容受与共享》,中华书局,2010。

此书根据大量文献资料讨论了19世纪末至20世纪初中日词汇交流的历史,提出了研究汉语中日源外来词的课题。汉语中的日源外来词确实不少。在刘正埮等《汉语外来词词典》中,收录的日源外来词就有890个(杨锡朋(2010)第六章第二节把这些词按音序全部列出),在王力《汉语词汇史》(1990)第九章所举的"日本译名"也将近一百个。沈国威(2010)对1915年出版的《辞源》和1931年出版的《辞源续编》中的"日源词"和"日本参照词"作了统计,其中使用至今的日源词有如下一些:

《正编》:下水道,乘客,人事,人力车,仲裁,企业,住所,作物,俱乐部,元老院,公证人,共和,利润,剥夺,化妆品,博士,取缔,商法,坏血病,写真,居留地,岩盐,心得,意匠,户主,手续,打消,探险,支配,故障,教授,料理,果实,柔道,法医学,消防,演说,瓦斯,登记,登录,百日咳,算术,索引,经济,联队,胃溃疡,腺,舞蹈,号外,调制,输入,辩护士,道具。《续编》:文库,处女作,高等学校。(笔者删除了一些现在已不常用的词语。)

这些词,至今在汉语中都很常用,一般不会想到是日源词。可见日源外来词在汉语中占很大分量。

确定日源外来词是一个比较复杂问题。王力《汉语词汇史》中已经说到,"日译借词"大多是"来自日本的西洋译名",是"来自西洋,途径日本",但也有一些是来自日本的,即日本人自己造的,如"场合""手续""取缔""出勤""见习""引渡""写生"等。"来自日本的西洋译名"又可分成两类。(一)是利用古代汉语原有的词语,而给予新的涵义。如用"革命"翻译 revolution。(二)用两个汉字构成双音词,这些双音词按照汉语原义是讲得通的。如用"抽象"翻译 abstract。(均见第九章)所以,研究这个问题,首先要考察是直接来自日本(如"手续"),还是"来自西洋,途径日本"(如"科学")。如果是"来自西洋,途径日本",对(一)类,就要仔细比较古代原有的词和新词的意义,对(二)类就要考察是先在日语中,还是原来汉语中就有。而且,同样是"来自西洋"的外来词,也有的是"中日流向词",如"几何",源自拉丁语 geomaria,明代徐光启译为"几何",后来进入日语;有的是"日中流向词"[①],如"俱乐部",源自英语 club,在明治中期(1880 年代)日语中首先译成"俱乐部",然后进入汉语。这些都需要下功夫考察。

沈国威(2010)说:对日源借词的研究,首先要作一个词表,这就要把日语借词从其他汉语词汇中辨别出来,然后要作词源描述。这都是非常艰巨的工作,"不可能在短时间内完成。"这是说得很对的。

5.2.7.2 语言接触不但会给汉语带来很多外来词,而且对一些近代汉语和现代汉语中很常见的词语或构词成分的产生会造成影响。

祖生利(2014)讨论了"这么着""那么着""这么着"的"着","着"是代词词缀。这个"着"产生于清代。它的来源,一方面是汉语时体助词"着"发展的结果,另一方面,更直接的是受到满语的影响。文章指出,在元代就有"那般者","者"是蒙古语的"诺辞"je/ja 的译音,"那般者"是"行,就那样吧"的意思,进而发展出"既然这么着/要是这么着,(可)就……"的意思。清代的"这么着""那么着"和"那般者"十分相似,但并不是"那般者"的直接继承,因为中间隔着明代的断层。满语也有个诺辞 je,汉语常译为"嗻"或"喳";"这么着"对应的是满语的 uttu oci/tuttu oci、uttu ohode/tuttu ohode 及 uttu ofi 之类的固定表达,或是表原因的指代词 ede、tede、aide。固定表达中的 uttu oci、tuttu oci、uttu ohode 表示假设、条件,由 uttu、tuttu 后接假设后置词 oci、ohode 构成。固定表达 uttu oci/tuttu oci

---

[①] "中日流向词"和"日中流向词"见沈国威(2010)。

意思是"要是这么着,就""既然那么着,就"。固定表达 uttu ofi 由后接原因后置词 ofi 组成,整个的意思是"因为这么着/那么着,才……"。假设后置词 oci、ohode 在使用时常要求前面的动词采用并列副动词等形式,满语的副动词词尾-me 在意义和功能上与汉语时体助词"着"相当。所以旗人汉语就经常在"因为这么""因为那么"后面带上"着"。

文章说,蒙古语和满语同属阿尔泰语系,所以语言接触在汉语中出现了相似的语言干扰,但元代"蒙式汉语"的干扰特征到明代的正统汉语里消失了,却在清代旗人汉语里得到"复活"。

文章分析细致,论证充分,很值得一读。文章使我们考虑一个问题:近代汉语和现代汉语中还有没有别的词语或构词成分是受语言接触影响而产生的?这需要作深入的研究。

5.2.7.3 语言接触对近代汉语词汇系统有什么影响?这是一个需要深入探讨的问题。

杨锡彭(2007)在这方面做了一些研究。我们可以概括为四个方面(有些例子为笔者所加):

1. 加速了汉语的复音节化。王力《汉语史稿》就说过:"汉语词复音化有两个主要因素。第一是语音的简化,第二是外语的吸收。"马西尼《现代汉语词汇的形成——十九世纪汉语外来词研究》也认为,"来自西方语言的那些借词,是促使汉语向多音节方向发展的一个因素。"这不仅因为西方语言的词很多是多音节的,译音词也必须多音节,而且,因为汉语的音节结构特点,一些西方语言中以辅音 p,t,k 收尾的词,在音译时要多出一个音节,如 jeep 要译成"吉普",quark 要译成"夸克";西方一些复辅音的词,在音译时也要多出一个音节,如 clone 要译成"克隆",brandy 要译成"白兰地"。

2. 音译词和意译词都使汉语增加了新的语素。如:音译的"巴",不能单用,但可以作为语素构成"小巴""中巴";音译的"的",也不能单用,但可以作为语素构成"面的""的哥";甚至音译词"奥林匹克"的简称"奥"也可以称为语素,构成"奥运""冬奥"。意译的"门"可以构成"伊朗门""情报门"等。一些西方语言中的词缀,如"-lism""-ty""-lization""anti-""de-"译成汉语"主义""性""化""反""去",都可以作为语素构词,如"自由主义""可能性""工业化""反坦克""去语法化"等。"主义""性""化"等有人称之为"类词缀"。

3. 使汉语的构词方式发生变化。最明显的例子是"血吸虫",这是日语的宾语在前动词在后的结构方式,这在汉语原有的构词方式中是没有的。"体格检查""阶级分析""思想改造""机械制造"等词组的构成形式,也和这种构词方式一样。

4. 使汉语词的内部形式复杂化。一些仿译词出现了汉语原先没有的结构形式。如,"CCTV－international"的汉语名为"中文国际",类似的有"商务国际";"assistant professor"译成"助理教授",同类的有"助理国务卿""助理教练",都是如此。还有"非典型性肺炎"这种结构,原来在汉语中也很少见。后来这个词减缩为"非典",成为大家很熟悉的词,但要从字面上来分析"非典"的结构,则很困难。

张文(2016)也谈到语言接触对汉语构词的影响。此书把语言接触对汉语构词的影响分为"直接影响"和"间接影响"两类,并总结说:

语言接触对汉语构词法的影响作用主要体现在:

(一)语言接触对汉语构词法的影响,主要体现在使汉语固有构词法功能扩展或显化上,使原本使用在某个或某几个词类的构词法扩展到更多词类的词使用。如,"叠音"构词法在先秦多用于形容词,在中古译经中不局限于此,多用于名词、量词、副词、动词等,而在同时期本土文献中"叠音"构词法和先秦汉语构词法一样多用于形容词。而到了近代汉语中,"叠音"构词也不再局限于形容词而扩展到名词、量词、副词等词类了。……另外,语言接触也使汉语固有词缀得到显化并获得进一步发展,如"～子"缀。

(二)汉语一些固有的构词法也在语言接触中获得了高频使用。如:"叠义"词在译经中大量存在,有的是佛经语言的创新,有的是其音译语素与汉语固有的表意的语素同义的合璧词。此外,语言接触使汉语派生构词高频使用。

(三)语言接触可以对汉语构词法产生直接"干扰"作用。首先,仿构是受语言接触直接影响产生的构词法,这种构词方式不仅可以为汉语词带来新的内部形式,而且可以导致原词意义的改变。其次,外来词进入汉语未固定之前也会使大量逆序词得以存在。再次,语言接触使得外来语素演变为词缀,使汉语产生新的词缀/类词缀,从而直接影响到汉语的"派生"构词。最后,"叠音"构词用于名词、动词等词类,是为了引入新的事物概念,这也可以看作语言接触对汉语构词法的直接"干扰"作用。

综上所述,可以看到,语言接触对汉语词汇的影响是一个重要问题,对这个问题的研究应该进一步加强。

本节参考资料

安炳浩 1986:《〈鸡林类事〉及其研究》,《北京大学学报》第 6 期。
程　娟 1992:《金瓶梅动词研究》,《宋元明汉语研究》,山东教育出版社。
冯雪冬 2014:《"蛆蛄"非"嫉妒"考》,《语言科学》第 2 期。
何茂活 2010:《"决(瞰、撅、觉、搅)撒(澈)"形义考释》,《红楼梦学刊》第二辑。
胡竹安 1983a:《〈永乐大典戏文三种〉、〈元本琵琶记校注〉斠补》,《中国语文》第 5 期。
胡竹安 1983b:《中国古白话及其训诂之研究》,《天津师大学报》第 5 期。
郭在贻 1979:《古代汉语词义札记》,《中国语文》第 2 期。
郭在贻 1984:《"信"的"书信"义究竟起于何时》,《中国语文》第 4 期。
郭在贻 1986:《训诂学》第九章《训诂学的新领域——汉魏六朝以来方俗语词的研究》,湖南人民出版社。
郭在贻 1983:《唐代白话诗释词》,《中国语文》第 6 期。
蒋礼鸿 1981:《义府续貂》,中华书局。
蒋礼鸿 1988:《敦煌变文字义通释》(第四次增订本),上海古籍出版社。
李泰洙 2003:《〈老乞大〉四种版本研究》,语文出版社。
刘宝霞 2012a:《程高本〈红楼梦〉异文与词汇研究》,《红楼梦学刊》第 3 辑。
刘宝霞 2012b:《从〈红楼梦〉异文看明清常用词的历时演变和地域分布——以"诵读"义动词和"挂念"义动词为例》,韩国《中国言语研究》第 42 期。
入矢义高 1986:《中国口语史の构想》,《集刊东洋学》56。
沈国威 2010:《近代中日词汇交流研究——汉字新词的创制、容受与共享》,中华书局。
汪维辉 2005:《〈老乞大〉诸版本所反映的基本词历时更替》,《中国语文》第 6 期。
汪维辉 2007:《汉语常用词演变研究的若干问题》,《南开语言学刊》第 1 期。
王　力 1958:《汉语史稿》,科学出版社。
王　力 1990:《汉语词汇史》,《王力文集》第 11 卷,山东教育出版社。
王绍新 2001:《红楼梦词汇与现代汉语词汇的词型异同研究》,《中国语文》第 2 期。
王　锳 1989:《俗语探源》,《中国语文》第 3 期。
香坂顺一 1967:《近代汉语の语法と词汇》,言海,中国文化丛书,东京,1967。
向　熹 1993/2010:《简明汉语史》,商务印书馆。(修订本 2010)
项　楚 1981:《敦煌变文语词札记》,《四川大学学报》第 2 期。
项　楚 1983:《敦煌变文字义析疑》,《中华文史论丛》第 1 辑。
项　楚 1986:《王梵志诗释词》,《中国语文》第 4 期。
徐　复 1961:《敦煌变文词语研究》,《中国语文》第 8 期。
徐　复 1986:《试论古代白话词汇研究的意义与作用》,《文史》第 12 辑。

杨锡彭 2007:《汉语外来词研究》,上海人民出版社。
袁　宾 1992:《近代汉语概论》,上海教育出版社。
张美兰 2012:《从〈训世评话〉文白对照看明初汉语常用动词的兴替变化》,《南京师范大学文学院学报》,第 4 期。
张美兰 2013:《汉语常用词历时演变的新视角——以版本异文为视角》,《合肥师范学院学报》第 2 期。
张美兰、周滢照 2014:《明清常用词的历时替换——以鼓词曲本〈西游记〉为例》,《苏州大学学报》第 5 期。
张　文 2016:《语言接触与汉语词汇、语法问题研究》,花木兰出版社。
张永言 1962:《"书"的"书信"义不始于唐代》,《中国语文》第 4 期。
张永言、汪维辉 1995:《关于汉语词汇史研究的一点思考》,《中国语文》第 6 期。
祖生利 2014:《代词词尾"着"的来源》,《历史语言学研究》第 8 辑。

第三节　近年来近代汉语词汇研究的进展

近年来,近代汉语词汇研究有较大的进展。就笔者所见,在 2005—2015 十年间出版的近代汉语词汇研究的著作有如下二十多种:

《近代汉语副词研究》,杨荣祥,商务印书馆,2005。
《唐宋诗词语辞考释》,魏耕原,商务印书馆,2006。
《明清小说俗字俗语研究》,周志锋,中国社会科学出版社,2006。
《近代方俗词丛考》,雷汉卿,巴蜀书社,2006。
《汉语外来词研究》,杨锡朋,上海人民出版社,2007。
《〈金瓶梅〉方俗难词辨释》,刘敬林,北京线装书局。2008。
《义净译经身体运动概念场词汇系统及其演变研究》,谭代龙,语文出版社。2008。
《〈张协状元〉词汇研究》,郭作飞,巴蜀书社,2008.
《近代汉语常用双音虚词演变研究及认知分析》,雷冬平,中国社会科学出版社,2008。
《两唐书列传部分词汇比较研究》,刘传鸿,巴蜀书社,2009。
《禅籍方俗词研究》,雷汉卿,巴蜀书社,2010。
《〈西游记〉词汇研究》,王毅,上海三联书店,2010。
《近代中日词汇交流研究——汉字新词的创制、容受与共享》,沈国威,中华书局,2010。
《明清山东方言词汇研究——以〈金瓶梅〉〈醒世姻缘传〉〈聊斋俚曲〉为中心》,殷晓杰,中国社会科学出版社,2011。
《朱熹口语文献词汇研究》,陈明娥,厦门大学出版社,2011.。
《白居易诗歌词汇研究》,乔立智,人民出版社,2012。
《〈朱子语类〉词汇研究》,徐时仪,上海古籍出版社,2013。
《近代汉语词汇学》,徐时仪,暨南大学出版社,2013。
《敦煌愿文词汇研究》,敏春芳,民族出版社,2013。
《敦煌社会经济文献词语考论》,张小艳,上海人民出版社,2013。
《〈元曲选〉状态词用法词典》,石锓,中国社会科学出版社,2013。
《明代汉语新词语研究》,罗国强,湖南人民出版社,2013。

《〈南村辍耕录〉词汇研究》,徐朝晖,广东人民出版社,2015,

《明清俗语辞书及其所录俗词语研究》,曾昭聪,上海辞书出版社。2015.

《近代汉语词典》,白维国主编,江蓝生、汪维辉副主编,上海教育出版社,2016。

单篇论文和硕、博士论文更是不少。

下面分几个方面谈近年来近代汉语词汇研究的进展。

5.3.1 词语考释

词语考释是近代汉语词汇研究的基础工作。在20世纪,有张相《诗词曲语辞汇释》、蒋礼鸿《敦煌变文字义通释》、王锳《诗词曲语辞例释》以及项楚《王梵志诗校注》《寒山诗注》《敦煌变文选注》等高水平的著作,还有不少专书词典(均见本章第一节介绍),做了大量的近代汉语词语考释工作,但仍有很多近代汉语词语的意义还不清楚,需要作深入的考释。近年来这方面有较大进展。在上述著作中,都有词语考释的内容。词语考释的单篇论文数量不少。

5.3.1.1 最重要的研究成果是白维国主编、江蓝生、汪维辉副主编的《近代汉语词典》。这部词典是由十多位知名的近代汉语词汇研究专家共同编撰,经过18年的打磨而完成的,是近代汉语词语考释的一大丰硕成果。此书在近二十多年研究成果的基础上,对大量语料进行了检索,"在资料的扎实丰厚、义项的完备、释义的准确和例句的丰富贴切上",都有新的突破。

《近代汉语词典》的编纂方法具有极强的科学性与学术性,表现在以下几个方面:

1. 收词以口语词为重点,以作为汉语词汇主干的常用词为主体,严格遵循以词为本的原则,以词汇的使用频率为依据,以常用词为主体,避免了收词的随意性,并尽力做到近代汉语时期新出现的口语词、常用词和常用义项没有重大偏失与遗漏。

2. 有十分明确的历史观念。在力求展现汉语词汇近代时段发展演变的历史体系的同时,还考虑到词汇的系统性、平衡性。义项的排列依据词义发展的历史脉络,尽可能反映出词义演进的历史轨迹和规律,展示某些虚词的语法化过程。

3. 归纳义项、引用语例独具特色。义项分合恰当,释义准确,在引例上提供的信息丰富确切。每个词语的引例,都尽量考虑引用语料范围内出现时代最早的首例及出现时代最晚的末例,以体现该词语出现及消失的历史时代信息。此外还通过语例的选择,力求反映其使用的地域与文体、功用等方面的信息,为汉语词汇的研究提供一个系统而全面的资料体系。

4. 注意吸收学术界最新的研究成果,力求反映近代汉语词汇研究的学术水平。

《序言》说:"编词典是个永无终结,永远需要修订的工作。"这是作者深知词典编撰的甘苦之言。

5.3.1.2 词义考释的方法,方一新《中古近代汉语词汇学》第十一章《中古近代汉语词义考释法》做了很好的概括。简述如下:

中古近代汉语词义考释的先期工作:

一、考辨字形。二、区分词与非词。三、查考已有成果。

中古近代汉语词义考释的主体工作(上):

一、排比汇证。二、考察文例。三、因声求义。四、考察语法。五、参证方言。

中古近代汉语词义考释的主体工作(下):

一、追溯语源。二、分析内部结构。三、系联归并。四、分析演变规律。

作者多年来做了大量词语考释工作,而且做得很深入,上面说的,都是自己的经验之谈,所举的例子都给人很大启发。虽然中古的例子较多,但就方法而言,对近代汉语同样是适用的。这里着重介绍"先期工作"的前两项。

(一) 考辨字形

在本章第二节谈词义考释的时候,首先说了"认字辨音"。这里再着重谈谈考辨字形的问题。

这个问题在张相《诗词曲语辞汇释》中已经说到。《诗词曲语辞汇释·叙言》:"假定一义之经过……二曰辨认字形。便书通假,古人往往随手拈用,亦有后人传写摹刻辗转变易者。为偏旁整齐,则尢殢增为妩殢;为形体简便,则僾俸省作奀幸。故诮悄俏可视其从肖而认为同义,谩漫慢可视其从曼而认为同义,形近义同之处,无从绳以小学,第于文义求之,姑且望文生义而已。"这是说俗语辞的考释和辨认字形有很大关系,因为在通俗的文献中,对字形往往不很注意,俗字、讹字、通假字较多,如果不能辨认,就不能了解其意义。但如何辨认字形,却说得不很具体。

方一新《中古近代汉语词汇学》所说的"考辨字形"则深入得多,常常列举较多例证或旁证。如:

《世说新语·规箴》:"王绪、王国宝相为唇齿,并上下权要。"

余嘉锡《世说新语笺疏》:"[上下]唐本作'弄',是也。'弄'俗作'卡'。"

徐震堮《世说新语校笺》:"上下——唐写本作'弄',是。'卡'为'弄'之异体,诸刊本误分为二字。"

《中古近代汉语词汇学》则进一步说:"按,古书有一字误为二字者,如《礼记·祭义》:'见閒以侠甒。'郑玄注:'"见閒"当为"覵"。'参俞樾《古书疑义举例》卷五。'弄'字俗写作'卡',《龙龛手鉴入声杂部》:'卡,古文,灵贡反。'《字汇补》:'卡,与弄同。'后人少见'卡'字,手民遂误分'卡'为'上下'二字,以致文意扞格不通。"

又如:

《世说新语·豪爽》:"陈(林道)理既佳,人欲共言折,陈以如意拄颊望鸡笼山叹曰:……"

《中古近代汉语词汇学》云:"'折',残写本《世说新语》作'枂'。王利器、徐震堮等校'折'作'枂','枂'即'析'字。《经律异相》卷三九引《六师誓经》:'彼所道说,达古知今,前知无极,却睹无穷,判义枂理,事不烦重。'也用俗字。……写本中从手从木之字往往相混,其例甚多,'析'之误为'折',就是一例。《异苑》卷五'见炭悉碎折',《太平御览》卷八七一引作'见炭碎析'。"(下面又引《出三藏记集》和《高僧传》的文句和校勘,从略。)

除了识别俗字,还要熟悉俗语。如:

《敦煌变文集·季布诗咏》:"千金不传老头春,醉卧阶前忘却贫。"

《敦煌变文新书》校记:"甲卷'传'作'博'。"

《敦煌变文集校议》:"考甲卷'传'字作'博',当为'博'字俗书。"

项楚《敦煌变文选注》谓:"作'博'是。"

《中古近代汉语词汇学》云:"考'博'自六朝以来就有换易、交换义。《宋书·索虏传》载拓跋焘与宋武帝刘裕书:'若厌其区域宇者,可来平城居;我往扬州住,且可博与土地。'注:'伧人谓换易为博。'《齐民要术》卷三《莊蓼》:'良地十石,多种博谷则倍收,与诸田不同。''多种博谷'是说多种莊蓼以换取谷子。唐代以后用例更多。……各家校《季布诗咏》的'不传'作'不博',正是在辨识俗字的基础上又通晓'博'有换义而然。"

愚按：词义考释和校勘、版本问题是紧密相关的。考知了词义，也就能知道文字的正讹和版本的优劣。蒋礼鸿《敦煌变文字义通释》（第五版）中有不少这样的例子，仅举有关版本的两例如下：

【恋著 贪著 著】就是贪恋。
《后汉书·桓谭传》："性著倡乐，简易不修威仪。"宋绍兴本如此，汲古阁本、殿本"著"作"嗜"。这是因为后人不知"著"有"贪恋"义，以为是误字，据文义改为"嗜"。说明宋绍兴本可靠。

【可畏】也是甚辞，犹如说"非常了不起"。
《太平广记》卷471引李复言《续玄怪录》薛伟条：谓薛伟身化为巨鱼，被人买得，见者曰："可畏鱼，直三四斤馀。"南宋临安书棚李录仍作"可畏"，明抄本《广记》作"好大鱼"，也是后人擅改。说明明抄本不如宋本。

"考辨字形"对于常用词历史演变的研究也十分重要。很多常用字在历史上有不同的写法，如果不了解这些不同的写法，就会影响常用词历史演变的研究。比如，本书第二章说到的"赔"字，最早写作"备"，后来又写作"陪"或"倍"，到明代中期才写作"赔"。如果不了解这种情况，就会误从后代的刊本或校本，把"赔"字出现的时代提前；或者只根据"赔"的字形，把"偿"→"赔"替换的时代推迟到明代。实际上，如果根据词汇而不根据字形，那么，"偿"→"赔"的历史替换，是从南北朝就开始的。（参见刘君敬2013）

这样的例子很多。如"卵"→"蛋"的历史替换，最初，"蛋"又写作"弹""旦"或"䗖"。（参见范常喜2006）"运"→"搬"的历史替换，"搬"最早就写作"般"。（见郭晓妮2010）"愚"→"笨"的历史替换，"笨"在明代多写作"夯""坌"。如果不了解这些情况，就会把替换的时代弄错，或者在统计频率时把词频弄错。

（二）区分词与非词

考释词义是以词为单位。单音词问题不大，如果一个汉字记录了两个不同的词，那就分别考释这两个词的不同意义就是了。复音词就有一个词的切分问题。《中古近代汉语词汇学》说："从事考释工作，就要进行词的切分，区别词与非词，明确考释对象。这是词语考释的前提。如果对象都不清楚，如何考释？"有一个例子很说明问题：

《世说新语·言语》:"谢太傅谓王右军曰:'中年伤于哀乐。与亲友别,辄数日作恶。'王曰:'年在桑榆,自然至此,正赖丝竹陶写。恒恐儿辈觉,损欣乐之趣。'"

郭在贻《世说新语词语考释》认为:"文中'觉损'二字应该连读。觉者,减也,差也;损也有差减的意思,'觉损'是同义并列复合词。……今考《全上古三代秦汉六朝文全晋文》卷十九王导书:'改朔情增伤感,湿蒸事何如?颇小觉损不?'所谓'颇小觉损',即是稍许减轻的意思(颇在这里当稍讲),觉损之间绝不能断开。同样,《世说新语》的'恒恐儿辈觉损欣乐之趣',也绝不能斩为两截。"

《中古近代汉语词汇学》查考佛经,找到了这样的例证:

姚秦竺佛念译《鼻奈耶》卷一:"世尊告薄佉罗比丘:'堪忍浆粥得消化不?体中苦痛疼有除降不?除降觉增、觉损不?'薄佉罗比丘白佛言:'唯然世尊。不堪忍浆粥,无有消化。有苦痛疼,但增无损。觉增不觉损。'"

东晋僧伽提婆译《中阿含经》卷六:"问曰:'陀然,所患今者何似?饮食多少,疾苦转损,不至增耶?'陀然答曰:'所患至困,饮食不进,疾苦但增,而不觉损。'"

姚秦鸠摩罗什译《百论》卷上:"若益他觉是名福,若损他觉是名罪,一切慧人心信是法。若益他觉、损他觉是一者,应罪、福一相。"

这些例句证明了"觉"表示感觉,而不是差减。"觉增"是觉得增加(加重),"觉损"是觉得减少(减轻),"觉损"不连读,不是一个词。

《中古近代汉语词汇学》告诉我们,词义考释是一件很艰苦的工作,必须多读书,多积累,在此基础上比较分析,才能得出正确的结论。

5.3.2 复音化、构词法和语素化

5.3.2.1 复音化是汉语词汇历史发展的明显趋势,这个趋势在近代汉语中表现得很清楚。从构词法看,近代汉语词汇的一个特点是:不但出现很多双音词,而且多音词也增加得很快。

陈明娥(2005)调查了敦煌变文中的复音词:共出现了 8784 个复音词,其中包括 7626 个双音词、884 个多音词和 274 个四字成语,多音词约占变文复音词总数的 10.07%。

后代的发展缺乏统计数据,但从一些学者的研究来看,多音词是一直在增加的。

三音节和四音节的词语大都是形容词。近年来对这种构词形式研究较多。

5.3.2.2 江蓝生(2008)根据变形重叠"顺向变声,逆向变韵"的规律,来分析元杂剧中的四字格状态形容词,并提出了变形重叠式多次重叠的概念。即:动词、形容词、名词、拟声词都可以从单音节重叠为双音节,进而变形重叠为三音节、四音节。如:

动词"躞",顺向变声为"躞蹀",其变体为"跌屑""笃速"等,又可以演变为三字格"颤笃簌""战笃速""慌笃速"等,逆向变韵成为四字格"滴羞蹀躞""滴羞笃速"等。

形容词"团",顺向变声重叠为"团圞",逆向变韵重叠产生"剔",构成"剔团圞"。"团圞"再逆向变韵重叠,可以成为"剔留团圞"

名词"榖",顺向变声重叠为"榖辘",动词写作"骨碌",不完全重叠为三字格"骨碌碌",完全重叠为四字格"急留骨碌""急留古鲁"。

拟声词"刷",先分音为"疏剌",然后变为三字格"疏剌剌"和四字格"失留疏剌""吸留疏剌"。

这篇文章"多次变形重叠"的观点对石锓(2010)有指导作用。

5.3.2.3 石锓(2010)对汉语形容词重叠形式的每一类都从历史上做了详细研究。

(1) AA式形容词。此书把AA式形容词分为两类:1.单音状态形容词的重叠,如"彤彤"。作者称之为"AA式重言"。2.单音性质形容词重叠,如"红红的",作者称之为"AA式重叠"。"AA式重言"是很古老的一种形式,先秦就有,而且数量不少,《诗经》中就有353个。到唐宋时不再产生新的重言词,而AA式重叠大量产生。到元明清时期,AA式重叠在结构、句法功能、语用功能等几方面都有较大的发展,但描写性有弱化的趋势。到现代汉语中在谓语、补语位置上必须带词尾"的"。

(2) AABB式形容词。也有两类:1.一个双音形容词的AABB重叠,如"清清爽爽",作者称之为"AABB重叠式"。2.两个单音形容词的叠加,如"高高低低",作者称之为"AABB叠加式"。唐以前都是叠加式,唐宋时期是重叠式的形成时期和叠加式的发展时期,是历史上AABB最复杂的时期。元明清时期是双音性质形容词重叠式的迅猛发展时期。

(3) ABB式形容词。作者认为唐以前的ABB是短语,不是词。有的是并列式短语,如"坦荡荡",是"坦"和"荡荡"的连用。有的是述补式短语,如"白颢颢","颢颢"补充说明"白"。

唐代出现了ABB附加式形容词。如：

风晚冷飕飕,芦花已白头。(全唐诗·钱起·江行无题一百首)
寒月冷飕飕,身似孤飞鹤。(项楚·寒山诗注·自羡山间乐)

上一例的"飕飕"语义指向是主语"风",所以"冷飕飕"是述补式。下一例"飕飕"的语义指向是词干"冷",所以"冷飕飕"是附加式。

宋代ABB的BB出现了音缀化。如：

六十四卦,只是上经说得齐整,下经便乱董董地。(朱子语类·卷六七)

"董董"没有什么实在的词汇意义,是一种音缀。

元明清时期形成了重叠式ABB,如"荒张张",是"荒张"的重叠;"孤另另",是"孤另"的重叠。而且,ABB式又可以音变为ABC式,如:胀膨膨→胀膨脬,湿浸浸→湿淋浸,滑擦擦→滑七擦,软脓脓→软骨农。甚至进一步演变为四音节的AxBC,如:黑湫湫→黑流鳅→黑不溜俅。

(4) A里AB式形容词。出现在金元曲文中。其形成过程是:1.由AB演变为A'B'AB。如:胡突—希飚胡都。2.由A'B'AB演变为A里AB,如:希飚胡都—糊里糊涂。第一音节变成了有意义的语素,重叠第三音节不用变音了。

(5) ABAB式形容词。也分两类:1.双音性质形容词ABAB式重叠。出现于明代。如"热闹热闹"。是动态形容词。2.双音状态形容词ABAB式重叠。出现于清末。如"碧绿碧绿"。

此书分析细致深入,对于各类形容词产生的原因、音变的过程、结构的演变、语法意义、语法功能都有深入的讨论。虽然"AA式重言"先秦就有,但其他重叠形式都是唐宋以后产生的,所以,基本上是近代汉语构词法的范围。

5.3.2.4 复音词很多是由单音词凝固而成的。复音化后,原来的单音词很多成了语素。那么,单音词变语素有没有规律呢？语素化和复音化是一个问题的两个方面,是值得研究的。

陈练军(2012)讨论了这个问题。文章认为:与社会生活密切相关的高频"人工物"名词最容易语素化。这类语素构成复音词有多种方式:1.加上词缀成为复音词(如:柱子、裤子),或是以"义素外现"的方式复合成词(如:剪刀,蜡烛)。2.通过隐喻或转喻语义泛化,作为语素构成复音词。(如:时针,水枪)。3.词汇替换导致旧词成为语素(如:冠—帽,索—绳)。4、旧物消失导致语素化(如:筹,宫)。文章讨论了单音名词在语素化过程中演变的特点:句法演变的倾向是黏着化,句法自由度逐渐降低;词法演变的倾向是:具体名词定中偏正式多于动宾式,抽象名词动宾式多于定中偏正式。语义演变的倾向是:由具体到抽象;由下位到上位概念,义域由小到大。

这只是初步的研究,文章本身也还有可推敲之处。但这个问题是值得进一步研究的。

5.3.3 词的时代性和地域性

时代和地域是研究汉语史的重要问题。无论是语音、语法还是词汇,都有时代和地域的问题。以往的汉语史研究,对时代注意得较多,而对地域注意得不够。这个问题,在本书第四章第二节和第五节中说过,说的是语法史的研究。词汇史的研究也是如此,以往谈常用词的替换,主要从时代着眼,对地域问题注意得不够。曹广顺(1987)(2003/2006)注意到地域问题(前文见本书第六章第一节 6.1.7 所引)。近年来对历史词汇的研究,开始兼顾时代和地域,这是一种很好的发展趋势,今后应该继续加强。

词汇的地域问题,自古就存在。杨雄《方言》,说的就是词汇的地域性。但在先秦和秦汉,能反映不同地域使用不同词汇的语言资料不太多,魏晋南北朝的语言资料大致可以看出南北的差异,而到近代汉语时期,尤其是明清时期,能反映词汇的地域差异的语料就相当丰富了。所以,近代汉语词汇的研究,更应该兼顾时代和地域。

5.3.3.1 明确提出词汇的时代和地域的,是汪维辉《论词的时代性和地域性》。文章说:"每一个词都有其时代性和地域性。时代性是指词只在一定的时段内使用,地域性是指词只在一定的地域内通行。揭示词的时代性和地域性是词汇史学科的基本任务之一,也是正确训释词义的一个重要因素。……论证词的时代性和地域性都是难度很大的工作,地域性比时代性更难。我们应该承认,由于文献有限,汉语史上有相当多的词的时代性和地域性已经无法阐明,但是这并不妨碍这一工作的开展。能够大致确定其时代性和地域性的词还是数量众多的。对于这样的词,我们应该力求从使用时段和通行地域两个角度给它以一个定位。"

"词的时代性和地域性表现在多个方面。一是有些词只在一定的时段内使用，有些词只在一定的地域内使用，也有些词只在一定时段的一定地域内使用。""二是有些词在不同的时代或地域有不同的义位或组合关系。""三是同一个义位在不同时代或不同地域用不同的词来表示。"

5.3.3.2 汪维辉、秋谷裕幸（2010）对汉语"站立"义的三个动词"立""徛(倚 jì)""站"的历史替换做了很好的时代和地域研究。

文章首先调查了这三个词的现状，即在现代汉语方言中的分布。"站"的分布地域最广，表示"站立"的"站"是北方方言的特征词之一，大多数北方方言用"站"表示"站立"。"徛"密集地分布于东南部的吴语、徽语、赣语、湘语、客家话、广西平话、粤语、闽语地区，最远的到达江淮官话区的湖北红安、英山一带和属于西南官话的湖南安乡、桃源、汉寿、凤凰一带。"立"则呈零散分布。

然后调查了这三个词的历史。"立"应该是原始汉藏语表示"站立"义的共同词。"徛"在汉代以前共 76 例，文献用例也以南方居多，尤其是古楚地；南北朝时期"徛－立"大体呈南北对立的局面。"站"产生最晚，蒋斧藏本《唐韵·陷韵》："站，俗言独立。"其底本可能是孙愐的《唐韵》。《广韵·陷韵》："站，俗言独立。又作蹅。陟陷切。"但从文献看，以北方官话为背景的《元刊杂剧三十种》《元典章》《通制条格》《元朝秘史》《古本老乞大》《老乞大谚解》《朴通事谚解》等文献，表"站立"义全部用"立"，"站"不见踪影。较为可靠的用例是在明初的《水浒传》和《三国演义》中，共见 3 例：

武松站住道："我要净手则个。"（《水浒传》第二十九回）

吹手点鼓，宣令官传令毕，营哨头目，依次磕头，起站两边。（又第一百零九回）

正惊讶间，忽然狂风大作，白浪滔天，江水溅湿龙袍，大船将覆。曹真慌令文聘撑小舟急来救驾。龙舟上人立站不住。（《三国演义》第八十六回）

明代中期以后的文献中就很常见了。在《训世评话》（1473）和哈铭《正统临戎录》（1491）中只有"站"，没有"立"。《训世评话》很可能是代表明代前期的南系官话。"站"很可能是所谓的"长江型"词，即兴起于江淮流域而后往北往西扩散。

文章说:把"站立"义3个主导词的历时演变和共时分布结合起来看,我们不妨这样假设:上古、中古时期(唐以前)"立""徛"南北对立,长江以北说"立",长江以南说"徛",徛"的北域至少抵达长江流域;唐宋以后,"立"往南挤压,占据了"徛"的部分地域,同时"站"开始兴起;明代以后"站"快速扩散,在广大的北方地区逐步取代了"立"(尚未彻底完成),在南方部分地区取代了"徛"。最终形成了今天这样的分布。

5.3.3.3 蒋绍愚(2012)讨论了"洗澡"和"洗浴","店"和"铺"的南北差异。

现代汉语的常用词,有的是通过不同方言色彩的词的竞争和选择而形成的。下面可以看到,"洗澡"和"洗浴","店"和"铺",在历史上都曾经用于不同的地域,有的用于南方官话,有的用于北方官话。到了现代汉语普通话的书面语言中,选取了原来用于北方官话的"洗澡"和原来用于南方官话的"店"。

(1) 洗澡/洗浴

在现代汉语中,北方话和普通话说"洗澡","洗浴"是带有方言色彩的说法。如:

> 天气接连的大热了近二十天,看上海报,几乎每天都有下河洗浴,淹死了人的记载。(鲁迅《花边文学·水性》)

这两个词历史上的情况如下:

"洗浴"出现很早。从东汉、魏晋南北朝到唐宋元明清都能见到(例略)。

"洗澡"出现得很晚。唐代仅一例,未必可靠:

炼蜜敲石炭,洗澡乘瀑泉。(于鹄《过凌霄洞天谒张先生祠》)

宋元未见。明代开始出现,在明代的近400种文献中,有近100例,但使用频率不如"洗浴"(300多例)。"洗浴"和"洗澡"在明代文献中的分布大体是:

只有"洗浴"的文献:《今古奇观》《普济方》《水浒》《医方类聚》《山歌》。

只有"洗澡"的文献:《封神演义》《朴通事谚解》《三遂平妖传》《型世言》《训世评话》。

"洗浴""洗澡"都有的文献:《西游记》("洗浴"9次,"洗澡"14次)、《金

瓶梅》("洗浴"4次,"洗澡"6次)。《西游记》和《金瓶梅》中,用"洗浴"和"洗澡"使用是任意的。例如:

> 我有五百多年不洗澡了,你可去烧些汤来,与我师徒们洗浴洗浴。(西游记·第十四回)

从明代文献来看,大体上可以说:"洗浴"多用于南方方言,"洗澡"多用于北方方言;但也有两者都用的。

到清代,两个词的使用次数倒了过来,在清代近950种文献中,"洗澡"约350次,"洗浴"约150次。"洗澡"比"洗浴"用得多。

还有一点值得注意:说"洗一个澡"的较多,说"洗(或用另一个动词)一个浴"的较少(有些明显是方言)。

> 他父子两个,在上河澡堂子里洗了一个澡。(《儒林外史》第二十五回)
> 又走入池中洗一个浴。(《醒世恒言》第七回)
> 请耐罄个浴。(《海上花列传》第三十九回)
> 叫他去冲个浴。(《人海潮》第四回)

"洗一个X水澡"的有2例,"洗一个X水浴"的未见。

> 洗了一个冷水澡。(《海公大红袍传》第三回)
> 洗个香水澡。(《续济公传》第五十六回)

这反映出在清代"洗澡"的使用频率比"洗浴"高。

可见在清代的通语里,"洗澡"已经占主导地位了。

(2) 店/铺

在现代汉语中,"店"和"铺"都指售物的商店,"店"所指的范围比"铺"宽一点,如"理发店"不能叫"理发铺"。除此之外,"店"和"铺"主要是使用地域的区别。一般来说,南方多称"店",北方多称"铺"。但而在现代汉语普通话的书面语中还是"店"用得比"铺"多。

"店"在晋代就已经出现。崔豹《古今注·都邑》:"肆,所以陈货鬻之物也。肆,陈也。店,所以置货鬻之物也。店,置也。"下面是《世说新语》的例子:

阮宣子常步行,以百钱挂杖头,至酒店,便独酣畅。(《世说新语·任诞》)
　　有一客姥,居店卖食。(《世说新语·假谲》)

"铺"的"商店"义最早见于唐代:

　　兴生市郭儿,从头市内坐。例有百余千,火下三五个。行行皆有铺,铺里有杂货。(《王梵志诗·卷二·兴生市郭儿》)
　　城市多开店铺,煎茶卖之。(《封氏闻见记·卷六》)
　　得钱只了还书铺,借宅常时事药栏。(张籍《送杨少尹赴凤翔》)
　　亦如人将百种货物,杂浑金宝,一铺货卖,祇拟轻重来机,所以道,石头是真金铺,我者里是杂货铺。(《祖堂集·仰山和尚》)
　　今若江津河口,置铺纳税。(《旧唐书·崔融传》)

　　宋代"店""铺"都用,看不出明显的地域差别。如记载临安情况的《都城纪胜》,既用"店"也用"铺"。记载洛阳事情的《洛阳缙绅旧闻记》,也是既用"店"也用"铺"。
　　元代也是如此,"店""铺"看不出明显的地域差别。在元代的南戏里,情况也是如此。明代大致也是如此。(例略)
　　到了清代,"店"和"铺"的南北差异相当显著了。
　　在用吴方言写的《海上花列传》中,绝大多数用"店":
　　"店"64次,有"参店""票店""南货店""照相店"等。
　　"铺"仅"典铺"4例,无"铺子"。
　　在用北京话写的《儿女英雄传》中,绝大多数用"铺":
　　当铺(4、14回)、小饭铺(21回)、砖瓦铺(32回)、红货铺(32回)、鼻烟铺(36回)、药铺(36回)。还有"铺子"(13回)。
　　只有一处用"店":
　　杂货店(14回)。
　　美国传教士狄考文《官话类编》(Calvin WilsonMateer,1836—1908,"A Course of Mandarin Lessons, based on idiom")也记载说:"铺/店"的用法南北官话不同(/前面是北方官话,后面是南方官话):

　　郭子彬的钟表铺/店昨天晚上叫贼偷了一架钟/两个挂表。

他父亲的铺子/店在大街上。

张先生的钱铺已经倒了。——张先生的钱店已经黄了。[注]钱店:a bank, a broker-shop, Southern. (P.18)

（转引自张美兰《明清域外"官话"资料与明清汉语研究》东北师范大学出版社,2011年4月）

直到现代汉语中,仍是北方话用"铺",南方话用"店"。如:
《骆驼祥子》:"酒店"（仅1次）。其余都是"铺":"车铺""煤铺""点心铺""小铺""铜铁铺""喜轿铺""铺子2"。

但是,在现代汉语普通话的书面语中,还是多数用"店"不用"铺"。

5.3.3.4 张美兰、刘曼（2013）根据《清文指要》的不同版本研究了18—19世纪汉语词汇的南北差异。《清文指要》是一部大型满汉对照双语教材,张美兰、刘曼（2013）的上篇中汇集了《清文指要》的7个版本,以句子为单位,把7个版本的句子按时代顺序一一排列,可以清楚地显示在不同版本中字句的改动。大致说来,ABCDEG诸版本倾向于使用更具北方话色彩的新词,F版（1880年日本人福岛九成改编的《参订汉语答问篇国字解》）具有明显的南方话色彩。在下篇的第二章《清文指要诸改编本常用词替换与地域差异》中,归纳了各版本中词汇的"北方官话地域倾向"和"南方话特征"。前者共23组,后者共17组。举例如下:

（1）今日、明日、前日、昨日,今儿、明儿、前儿、昨儿——今天、明天、前天、昨天

前者是北方话,后者出现在F版,是南方话。

这在《官话指南》的不同版本中也有反映。北京官话原版（1881）均为"今儿（个）""明儿（个）""前儿（个）""昨儿（个）",九江书局版（1893）大部分改为"今天""明天""前天""昨天"。

在《官话类编》中也有类似情况。

（2）黑下——夜里、晚上

"黑下"是北京话词,今《北京土话》《北京话词语》收"黑下"。
《官话指南》北京官话版"黑下"2例,九江书会本改为"黑夜"和"晚

上"。

《官话类编》第 15 课英文作注:"下黑 or 黑下,Both forms are used in the North,……in the South 夜里 is chiefly used,黑下 being heard in some places."

(3) 沉——重

"重"是通语和南方话,"沉"是北方话。

(4) 学房——学堂

"学房"北方官话用得多,"学堂"南方官话用得多。北京官话版《官话指南》中的"学房"在九江书局本中改为"学堂。"《官话类编》:"Both 学房 and 学堂 are intelligible anywhere, but the former prevails in North and the latter in the South."

(5) 知道——晓得

"知道"是通语南北官话都用。清代北方官话更多用"知道",南方官话偏重于用"晓得"。《官话类编》注:"知道 is rarely heard in Nanking or the South;晓得 is also used in the North, but somewhat sparingly."

(6) 似的、是的——一般、一样

《官话类编》将"似的"标为北方官话词,以区别于南方官话词"一样/一般"。《红楼梦》程乙本改甲本及相关脂本前八十回的"一般"或"一样"为"是的"有 9 例,增用"是的"有 10 例,是明显的北方话趋势。

5.3.4 现代汉语词语考源

近代汉语词汇研究,一般都是按从古到今的顺序,考察一个词在历史上发生了什么变化,或者发生了什么词汇替换。近年来有一种不同的研究角度,是从现代汉语的词出发,来追溯其起源。方一新《中古近代汉语词汇学》第三章第三节"沟通古今探寻现代汉语词汇的来源——现实研究"谈了这个问题,说明研究者对这个问题的重视。

现代汉语的词是活在人们口头上的,其意义通常无需考释(一些行业语和新兴的网络语汇除外),但也有一些很常用的词,人们知其然而不知其所以然。对这些词语考源,能加深对现代汉语词汇的理解,是一件很有意义的工作。下面举一虚词例和一实词例。

5.3.4.1 江蓝生(2012)是一篇很有深度的论文,讨论了汉语整个连介词系统的不同来源。但因为主要是语法问题,在这里不多谈,这里只介绍文中对一个连词 hàn 的考源。

台湾地区跟普通话连介词"和"相当的词读 hàn。如:"他 hàn 这事儿没关系。""桌子 hàn 板凳。"江蓝生说,俞敏《北京话本字札记》认为 hàn 的语源是"唤":

> 1998 年春,一位王老师,东北人,说话里就有'甲 huàn 乙','桌子 huàn 板凳'。我问他:'你的东北话怎么跟别人不一样呢?'他说:'我原籍唐山。'这下子我可找到那个'唤'了:'我'先'唤你',随后咱俩人一块儿'去',多么顺理成章啊! hàn 不过是异化掉了个介音罢了!

江蓝生对此作了进一步说明。

(1) 这个 hàn 是老北京人口语中的连介词。在清末为在华日本人用的汉语教科书《燕京妇语》(成书不晚于 1905 年)中,"和"字加声点表示去声的共44见,其中并列连词36例,伴随介词8例。这个"和"应该就是 hàn。这个 hàn 在陈刚等《现代北京口语词典》(1997)和侯精一(2010)的实地调查中都有记载。

(2) "唤"的语音演变。"唤"的介音 u 脱落是和动词"还 huán"的音变平行的。"还"当副词用时读 hái,也有读 hán 的。

(3) "唤"的语法化过程。动词"唤"首先演变为使役动词。使役动词"唤"构成的兼语句"A 唤 B+VP"有两类:a 类是普通兼语句,A 不参与 VP;b 类是变异兼语句,A 也参与 VP。如:

 a. 老张唤小李打开水。
 b. 老张唤小李商量事情。

b 类句是"唤"语法化的临界句,意思可以是"老张和小李商量事情"。

文章还指出,"教"从授予动词演变为连介词的路径和"唤"相同。在上海话中,"教"可以是介词和连词:

侬帮伊好,教我勿答界。(你跟他好,和我没关系。)
我教侬老朋友咪!(我和你是老朋友了!)

5.3.4.2 蒋绍愚(2012)讨论了"月亮"的来源。

"月亮"这个词的构成也不好理解:用一个"月"就已经够了,为什么还要加一个"亮"?"亮"和"月"是什么关系?

"月亮"表示"日月星辰"的"月",是从清代开始的,明代还没有这个词。在古代,"月亮"两个字连用的也有,但不是一个词,"月"是主语,"亮"是谓语,"月亮"表示月很明亮,相当于古代汉语中常说的"月明"。如:

故人杯酒别,天清明月亮。(梁·吴均《酬别》诗)
庭木已衰空月亮,城砧自急对霜繁。(唐·李益《奉酬崔员外副使携琴宿使院见示》)

为了和现代汉语的复音词"月亮"相区别,我们把这种"月亮"用"月+亮"来表示。这种"月+亮"在历史上也不多见,在明代以前,我们见到的仅此两例。

到了明代,"月亮"连用也不很多。有一些仍是"月+亮":如

昨夜月亮,在后园葡萄架子底下玩月赏景。(《训世评话卷上》)
《训世评话》是朝鲜时代李边编撰的汉语教科书,成书于1473年(明成化九年)。

在《牡丹亭》和《西游记》中,"月亮"各出现一次:

〔末〕古人读书,有囊萤的,趁月亮的。〔贴〕待映月,耀蟾蜍眼花;待囊萤,把虫蚁儿活支煞。(《牡丹亭》第七出)
那楼上有方便的桌椅,推开窗格,映月光齐齐坐下。只见有人点上灯来,行者拦门,一口吹息道:'这般月亮不用灯。'"(《西游记》84回)

从文意看,《牡丹亭》中的"趁月亮"是指趁着月光明亮,"月亮"是"月＋亮"。《西游记》中的"月亮",解释为"月明"和"月"都说得通,但从时代来看,应该还是"月＋亮"。

《三遂平妖传》第二十三回有一例,"拿着一把月样白纸扇儿在手里,不住的摇,此时月亮却有些朦胧。"这里的"月亮"就是指"月"。但明刊本《三遂平妖传》只有二十回,四十回本是清代所刻,所以这一例不足以说明在明代已有"月亮"指"月"的例子。

在明代其他作品中的"月亮",结构和意义有所变化。

> 咱两个往那黑地里走,休往月亮处,着人瞧见。(《元曲选·燕青博鱼》第三折)
>
> 此时是十五六天色,那轮明月照耀如同白日一般,何道说:"好月！略行一行再来坐。"沈公众人都出来,堂前黑地里立着看月,何道就乘此机会,走到女墙边月亮去处,假意解手。"(《初刻拍案惊奇》卷三一)
>
> 说罢,只听得房门矻矻有声,一直走进房来。月亮里边看去,果然是一个人,踞在禅椅之上,肆然坐下。(《二刻拍案惊奇》卷一三)
>
> 月亮里灯笼空挂明。(冯梦龙《山歌》卷七)
>
> 分付了,两个月亮地里,走到小巷内。(《金瓶梅》第十五回)
>
> 只见月亮地里,原来春梅打灯笼。(《金瓶梅》第四十回)
>
> 大月亮地里蹑足潜踪,走到前房窗下。(《金瓶梅》第八十三回)

《燕青博鱼》是元代李文蔚的杂剧。但《元曲选》是明代臧晋叔编撰的,难免有改动;特别是剧中的宾白,很可能是明代演出本的纪录,所以我们还是把它作为明代人的语言看待。

这些例句中的"月亮去处""月亮里""月亮地里","月亮"还不等于"月",但已经和"月＋亮"不大一样了:"月亮去处""月亮里""月亮地里"指"月色明亮的地方、有月光的地方","月亮"合在一起作定语,"月"和"亮"凝固得比较紧了。

到了清代,"月亮"指"月"大量出现,在很多作品中"月亮"都是指"月"。如《醒世姻缘传》3例,《儒林外史》1例,《红楼梦》5例,《歧路灯》1例,《儿女英雄传》3例,全是指"月"。现各举一例于下:

既是离家不远,有这样皎天的月亮,夜晚了,天又风凉,我慢慢走到家去。(《醒世姻缘传》第十九回)

天色全黑,却喜山凹里推出一轮月亮来,那正是十四五的月色,升到天上,便十分明亮。(《儒林外史》第三十八回)

怪道人都管着日头叫'太阳'呢,算命的管着月亮叫什么'太阴星',就是这个理了。(《红楼梦》第三十一回)

再迟一会月亮大明起来也认清了,不如趁此月儿未出,倒还黑些。你去罢。(《歧路灯》第三十九回)

月亮爷照着嗓膈眼子呢!(《儿女英雄传》第七回)

除小说外,其他文献中的"月亮"也是指"月"。如:

即如你们唤日光叫"爷爷",月亮叫"奶奶"。(《颜元集·存人编》卷二)

在清代李光庭《乡言解颐》中,对"月亮"意义的演变有一个解释:

月者,太阴之精。然举世乡言无谓之太阴者,通谓之月亮。唐李益诗:"木叶已衰空月亮,城砧自息对霜繁。"以繁对亮,言其光也。相习不察,遂若成月之名矣。

人谓云曰云采,采亦色也。云之有采,如月之有光。谓月为月亮,则谓云为云采,似也。(《乡言解颐》卷一)

他说"月亮"的"亮"本"言其光",后来人们"相习不察,遂若成月之名矣",这是对的。但是说"月亮"的构词和"云采"一样,则未必正确,因为"云采"的"采"是有意义的,而"月亮"指"月","亮"字没有"光"的意义。

那么,"月亮"这个词是怎样演变而来的呢?从本文列举的例句看,"月亮"从主谓关系的"月+亮"变为一个不能分开的词,成了"月之名",其演变并非一步到位,而是有一个过程的。从主谓关系的"月+亮"变为"月之名"的"月亮",有一个中间环节:即上面所举《燕青博鱼》到《金瓶梅》的"月亮+处所词(处/里/地里)"各例。这个中间环节很重要,一方面是如上所述,这种做定语的"月亮",结构凝固得比较紧了,意义也有变化;这就为"月亮"进一步演变为一个词,意义演变为"月之名"创造了条件。另一方面,可能是这种"月亮＋处所词(处/里/地里)"的组合,受到"太阳＋处所词"的影响,从而"月亮"的结构和意义都发生了变化。

在清代,"月亮＋处所词"的说法依然存在。如:

> 那东西抖擞身上的毛,发起威来,回头一望,望见月亮地下照着树枝头上有个人,就狠命的往树枝上一扑。(《儒林外史》第三十八回)

"好似月亮地下挂灯笼一般。"(清·李世忠《梨园集成·珠沙》)这句和冯梦龙《山歌》的"月亮里灯笼空挂明"语义很接近,可见明代"月亮＋处所词"的说法一直延续到清代。

同时,清代又有"太阳＋处所词"的说法。如:

> 杜慎卿到了亭子跟前太阳地里,看见自己的影子。(《儒林外史》第二十九回)
> 姑娘站了半天,乏了,这太阳地里歇歇儿罢。(《红楼梦》第五十五回)
> 只叫他们垫着磁瓦子跪在太阳地下。(《红楼梦》第六十一回)
> 安老爷、安太太这才觉出太阳地里有些晒得慌来。(《儿女英雄传》第三十五回)
> 把上身的衣服给脱下来,把他放在外面太阳地下晒着。(《永庆升平前传》第二十三回)

"月亮地里"的"月亮"是一个词组,"太阳地里"的"太阳"是一个词,两者不一样。但"月亮地里"指月光照着的地面,"太阳地里"指阳光照着的地面,两者很相似,语言使用者会觉得,既然"太阳地里"的"太阳"指"日",那么,"月亮地里"的"月亮"也可以指"月"。也许,就是基于这样的类推,"月亮地里"的"月亮"这个本来已经凝固的比较紧的语言单位,就会产生指"月"的意义。再加上汉语复音化的趋势,要求双音词"太阳"有一个相应的双音词和它相对,于是"月亮"就代替了"月",成为汉语的一个常用词。到"月亮"整个词表示"月"的意义之后,"亮"的意义也就消蚀了。

5.3.4.3 汪维辉(2013)认为"月亮"指"月"的时间可以提前到明代。文章认为,蒋绍愚所举《牡丹亭》《二刻拍案惊奇》《山歌》和《金瓶梅》第八

十三回的"月亮"已经是指月,而且补充冯梦龙《挂枝儿》两例:

娟娟<u>月亮</u>照黄昏,你做子张生,我做崔家里莺。花前月下,吟诗寄情。(《夹竹桃·惹得诗人》)

<u>月亮</u>底下,抱子花弹能个姐儿只一看,疑是蟾宫谪降仙。(又《疑是蟾宫》)

文章说,蒋绍愚认为"月亮"指"月"是基于"太阳(地)里"和"月亮(地)里"的类推,这是可以认同的;但这种类推不必到清代才产生,明代已经有了"日头里"的说法,《朴通事谚解》和《水浒》各一例。所以明代就可以产生这种类推。

汪维辉的意见是对的。特别是《挂枝儿》的"娟娟月亮"只能指月,不能指月光。仅此一例,就可以确定"月亮"指月产生的时代是明代。这说明语料对词语考源的重要性,我在考源时没有注意到《挂枝儿》这个关键的例证,所以把词语产生的时间推迟了。

5.3.5 词汇系统的研究

词汇是一个系统。词义考释是历史词汇研究的基础,但历史词汇研究的最终目标是要弄清楚各个时期的词汇系统及其演变。近年来对近代汉语词汇系统研究的论文不少。这里着重谈谈以概念场为背景对词汇系统的研究。有的研究者不说"概念场"而说"语义场",前面说过,这两个术语的所指基本一样(两者有一些细微的区别,在此不讨论),为叙述的方便,下面就统一称为"概念场"。

5.3.5.1 近年来,在高校的博士论文中,以概念场为背景研究词汇系统及其变化的论文有如下一些(不限于近代汉语):

杜 翔《支谦译经动作语义场及其演变研究》,北京大学,2002年。

闫春慧《汉语"洗涤"类动词语义场的历史演变》,内蒙古大学,2006年。

李娟《〈汉书〉司法语义场研究》,四川大学,2006年。

吕文平《汉语"买卖"类动词语义场的历史演变研究》,内蒙古大学,2007年。

焦毓梅《〈十诵律〉常用动作语义场词汇研究》,四川大学,2007年。

张荆平《试论古汉语"出售"语义场的历史演变》,浙江大学,2008年。

郭晓妮《古汉语物体位移概念场词类系统及其发展演变研究》,浙江大学,2010年。
姜兴鲁《〈竺法护译经〉感觉动词语义场研究》,浙江大学,2011年。
甘小明《概念场词汇系统及其演变研究——以〈朱子语类〉为中心》,
　　上海师范大学,2012年。
孙淑娟《古汉语三个心理动词概念场词类系统及其历史演变研究》,
　　浙江大学,2012年。

在谈这个问题时,首先要明确两点:

1. 为什么要以概念场为背景?

蒋绍愚(2015)说:

为什么要以概念场为背景呢?因为,汉语发展不同时期词汇系统的面貌是不同的,成员不同,分布不同,从而结构也有所不同。怎样把两个或几个不同历史时期的词汇系统加以比较呢?打一个比方,两块花样不同的地毯,怎样比较?最好的办法是把它们铺在同一块有地板砖的地面上,以地板砖的格子为坐标,就能很清楚地显示两块地毯的不同。要比较不同时期的汉语词汇词义系统,最好把它们覆盖在同一概念场上。

这就是说,以概念场为背景所做的研究,关注的不仅仅是一个一个的词,而是这些词之间的相互关系,是它们构成的系统。以概念场为背景,可以较清楚地反映出不同历史时期词汇系统的变化。

2. 以概念场为背景的研究和一般的常用词演变研究有什么不同?

常用词演变的研究在本书上一节已经谈到,这对历史词汇的研究非常重要。近年来,有些论著把一组相关的常用词放在同一概念场中研究其演变,并且在标题上标明"××概念场的常用词演变"或"××语义场常用词演变",这样的研究是有好处的,便于对这些词的历史演变进行比较。但是,如果仅仅是把这些词放在同一概念场中,分别研究其演变的历史,那实际上还不是以概念场为背景的研究。处于同一概念场中的若干词,并不是孤立的、各不相干的,而是互相依存、互相制约的。以概念场为背景的研究,要考察这些词在概念场中的相互关系,同一个概念场在不同的历史时期其成员和分布有什么不同?要考察其中一些词的演变或替换对其他的词甚至对整个概念场有什么影响?这样的研究,所反映的就不仅仅是某些词的历史演变,而是从一个局部(一个概念场)反映了不同历史时期词汇系统的变化。

蒋绍愚(2015)说:

把不同历史时期的词汇放在同一个概念场上之后,还要作如下几方

面的分析:

(一)在不同历史时期,在同一概念场中,概念有什么变化?即:哪些事物/动作/形状归为一类,成为一个义元?(第一次分类)

(二)在不同历史时期,这些概念用什么词表达?是一个词,还是几个词,还是词汇缺位?如果是几个词,相互是什么关系?

(三)多义词的各个义位,一般都分布在不同概念子场中。这些义位结合成词的关系有何不同(第二次分类)?在不同历史时期,其结合成词的关系有何变化?(以上引文均见第七章第四节)

上述几点,在以概念场为背景研究词汇系统及其变化时,可以作为参考。

5.3.5.2 谭代龙(2008)在这方面做得比较好。

此书研究唐初义净译经中的两个概念场:身体非位移概念场和身体位移概念场。在前一概念场中包括卧睡、跌倒、蹲坐、起立四个子概念场,在后一概念场中包括前进、却退、内入、外出、到达、去往、返回、来、行走、旋转、追逐、逃亡、隐藏、等待十四个子概念场。作者把义净译经中有关的动词放到各个子概念场中,并且一一考察其来源和演变。

但此书的亮点不在于对这些词的分别的考察,而在于对它们在概念场中关系的考察。如:

(1)睡眠概念场

作者考察了义净译经中与睡眠概念场有关的词,把初唐时期的睡眠概念场的结构以及相应的指称成员做了如下图示:

卧	眠	睡
睡眠动作	睡眠过程	睡眠状态

然后,对这个概念场作历史考察的基础上,分析了战国前期、战国后期、西汉、东汉魏晋南北朝、晚唐五代、宋元明清的睡眠概念场:

战国前期:只有"寝""寐"指称本概念场。其结构为:

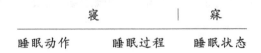

寝	寐
睡眠动作 睡眠过程	睡眠状态

战国后期:出现了"卧眠睡"三个新成员,开始时和"寐"一起表示睡眠状态,后来"卧"侵入了"寝"的领域,其结构为:

寝、卧	寝、卧	卧、眠、寐、睡
睡眠动作	睡眠过程	睡眠状态

(西汉和东汉魏晋南北朝略)

到晚唐五代,"睡"逐渐向过程部分扩展覆盖域,占据了"眠"的领域。而"眠"则向"卧"的领域移动,把"卧"排挤出本概念场。其结构图为:

眠	睡	睡
睡眠动作	睡眠过程	睡眠状态

到宋元明清时期,"睡"进一步扩展覆盖域,把"眠"排挤出去,形成一统天下,直到如今。

(2) 站立概念场

先秦时期本概念场的成员分为两组:一组表示行为,一组表示状态。表行为的词有"兴""起""作",最后"起"取代了"兴"和"作"。表状态的是"立"。

义净译经中,"起"表行为,"立"表状态。

"站"见于宋代韵书,表状态。在明代作品中具备了行为的特征(出现了"站起")。概念场中的变化是:首先是"站"将"立"向系统的行为部分排挤,从而导致"立"将"起"排挤出系统。而后"站"进一步扩充覆盖域,终于将"立"排挤出本系统。在《红楼梦》中只有"站"指称本概念域。

(3) 前进概念场和内入概念场

作者分析了"进"对"入"的替换。这一替换,原先已有不少学者研究过。此书的新意在于这样一些论述:

"'进'对'入'的替换,实际上是'进'这个语言符号在两个关系密切的概念场(前进、内入)之上的移动事件。这是一个富有语言学信息的现象:其一反映了这两个概念场在人们心理上的紧邻关系;其二反映了语言系统属性的发展演变;其三反映了通过语言认识人类的概念世界、认知心理的重要性。这些都是具有广泛意义的研究课题。"

作者还在附注中说:"如果'进'在后来未被挤出指称'前进'概念场,

而同时又可以指称'内入'概念场的话,我们就要考虑是否这两个概念场已经不再区分,即是否已经发生了'概念场融合事件'。这些都得通过对语言的分析来考察。事实上前进和内入两个概念场在现代仍然相对立,根本原因还是在于二者都是人们日常生活中的重要经验。"

当然,书中的一些具体论断还可以讨论。但这样的研究才是以概念场为背景来研究词汇系统及其变化。

本节参考资料

曹广顺 1987:《试说"快"和"就"在宋代的及有关的断代问题》,《中国语文》第 4 期。
曹广顺 2003/2006:《汉语语法史研究中的地域视角》,曹广顺、遇笑容《中古汉语语法史研究》,巴蜀书社。
陈练军 2012:《论单音名词语素化演变的特点》,《漳州师范学院学报》第 2 期。
陈明娥 2005:《从敦煌变文多音词看近代汉语复音化的趋势》,《敦煌学辑刊》第 1 期。
方一新 2010:《中古近代汉语词汇学》(上下),商务印书馆。
范常喜 2006:《"卵"和"蛋"的历时替换》,《汉语史学报》第六辑。
江蓝生 2008:《变形重叠与元杂剧中的四字格状态形容词》,《历史语言学研究》第一辑。
江蓝生 2010:《词语探源的路径——以"埋单"为例》,《中国语文》第 4 期。
江蓝生 2012:《汉语连介词的来源及其语法化的路径和类型》,《中国语文》第 4 期。
蒋绍愚 1989:《古汉语词汇纲要》,北京大学出版社。
蒋绍愚 2012:《汉语常用词考源》,《国学研究》第 29 卷。
蒋绍愚 2015:《汉语历史词汇学概要》,商务印书馆。
郭晓妮 2010:《古汉语物体位移概念场词汇系统及其发展演变研究——以搬移类、拖曳类、抬举类、顶戴类概念场为例》,浙江大学博士论文。
石 锓 2005:《论"AAB"重叠形式的历史来源》,《中国语文》第 1 期。
石 锓 2010:《汉语形容词重叠形式的历史发展》,商务印书馆。
石 锓 2013:《〈元曲选〉状态词用法词典》,中国社会科学出版社,2013。
谭代龙 2008:《义净译经身体运动概念场词汇系统及其演变研究》,语文出版社。
汪维辉 2006:《论词的时代性和地域性》,《语言研究》第 2 期
汪维辉 2013:《说"日""月"》,《中国语言学报》第 16 期。
汪维辉、秋谷裕幸 2010:《汉语"站立"义词的现状与历史》,《中国语文》第 4 期。
张美兰、刘曼 2013:《〈清文指要〉汇校与语言研究》,上海教育出版社。
张美兰、穆涌 2015:《称谓词"兄弟"历时演变及其路径》,《中国语文》第 4 期。
钟明立 2013:《汉语"持拿"义语义场的历史演变》,《汉语史学报》第十三辑。

第六章 作品的断代和方言成分的考察

近年来在近代汉语的研究方面,除了对近代汉语语音、语法、词汇的研究以外,还涉及对近代汉语时期作品的断代和对近代汉语作品方言成分的考察。下面对这两个问题分别介绍。

第一节 作品的断代

前面说过,研究近代汉语,首先要确定作品的年代。用几部时代大致确定的作品作为资料,观察其中的语言现象,加以分析研究,得出相应的结论,这是近代汉语研究的基本方法。

如果有些作品时代不确定,那就要设法考定其时代。这大致有两种方法:一是文献学的、文学的方法,一是语言学的方法。

文献学的方法,指的是从目录、版本、作者生平、后代流传情况等方面来考证。文学的方法,指的是从文学作品使用的叙述描写、情节安排等手法方面来考证。这种方法,这里不详谈。

语言学的方法又有两种。一种是根据作品中某些词语(特别是反映社会情况、典章制度的词语)来考定其时代,一种是根据作品中语音、语法、词汇的特点来考定其时代。

6.1.1 先说第一种方法。比如,要考察《水浒》成书的时代,可以根据《水浒》中如下词语:

(1)《水浒》第六十三回说关胜是"汉末三分义勇武安王嫡派子孙"。据孙承泽《清明梦金录》载:"公(关羽)于(蜀)后主景耀二年追谥壮缪侯,……(宋)大观二年,加封武安王,宣和二年又封义勇武安王,高宗二年,加封壮缪武安王。"可见《水浒》中称关羽为"义勇武安王"是宋南渡前后的用语。(见陈登原1962)

(2)《水浒》第一回说"包拯亲将惠民和济局方自出俸钱合药,分与病人"。按:宋徽宗时设和济局,高宗绍兴十八年改为太平惠民局,但并无局方。到宁宗嘉定元年设太平惠民和济局,始有官修局方。可见《水浒》中有关的叙述是宋嘉定元年以后的事。(同上)

(3)《水浒》第三回:"鲁达看见众人看榜,挨满在十字路口,也钻在丛里听时,鲁达不识字,只听得众人读道:'代州雁门县,依奉太原府指挥司该准渭州文字,捕捉打死郑屠犯人鲁达,……'"按:《明会要》卷四二职官十四:洪武三年始设各地都指挥使司。太原都指挥使司设于同年。可见《水浒》这段文字写在洪武三年以后。(见胡竹安1983)

(4)《水浒》第五十回:"我这个贤弟孙立,绰号病尉迟,任登州兵马提辖。今奉总兵府对调他来镇守此间郓州。"按:《万历野获编》卷二二:"国初武事,俱寄之都指挥使司。其后渐设总兵,事权最重。"可见《水浒》这段文字写在明代中叶以后。(同上)

从上面这些考订可以看到,《水浒》各部分成书年代不一,最早的写于宋南渡前后,最晚的在明代中叶,这部书是在民间创作的基础上逐步积累而成的。

运用这种方法来考订作品的年代,需要注意材料所反映的上限和下限。如例(1),称关羽为"义勇武安王",只能是在宣和二年到高宗二年之间,这是既有上限又有下限的。其他三例,都只有上限而没有下限,即只能说明这些文字最早不能超过某一时间,而不能说明它们最晚不能晚于某一时期。陈登原(1962)举《水浒》第八回"撞着你这个魔头"一语,并引《建炎以来系年要录》卷七六:"绍兴四年五月,两浙州郡有喫菜事魔之俗,每村有一二桀黠之徒,谓之魔头。"这只能说明《水浒》中这段文字写于绍兴四年之后,而不能证明它必然写于宋代,因为"魔头"一词,在宋代甚至明代还继续使用。如元曲《玩江亭》:"今日个魔头至此。知他是那个魔头!"《清平山堂话本·花灯轿莲女成佛记》:"这魔头又来了恼我!"

6.1.2 下面谈根据语音、语法、词汇的特点来考定作品的时代。

早在20世纪50年代初,瑞典汉学家高本汉(1952)就对明清五部白话小说的语法、词汇进行了比较研究。他列举了32种语法、词汇现象,统计它们在《水浒》A(前七十回)、《水浒》B(后五十回)、《西游记》、《儒林外史》、《红楼梦》A(前八十回)、《红楼梦》B(后四十回)、《镜花缘》中的使用频率,用0(不出现或偶尔出现)、1(使用不多)、2(经常使用)来表示。归纳起来,有如下几种情况(《镜花缘》因为不代表口语,所以在下面介绍中不涉及）：

（1）新成分的递增

最典型的是"很"，《水浒》0 次，《西游记》5 次，《儒林外史》18 次，《红楼梦》极多。

"给"和"呢"，《水浒》《西游记》均为 0，《儒林外史》为 1，《红楼梦》为 2。

"没有（＋名词）"和"所以"，《水浒》中为 0，《西游记》《儒林外史》《红楼梦》为 2。

"V 不 V""没有（＋动词）""今儿""别""要""可（表转折）""偺"，《水浒》《西游记》《儒林外史》中皆为 0，《红楼梦》为 2。

（2）老成分的递减

"若……时"和"V 将来（去）"，《水浒》为 2，《西游记》为 1，《儒林外史》《红楼梦》均为 0。

"为因""兀""吃（表被动）"，《水浒》A 中有，其余作品中均无。

"甚"，《水浒》《西游记》《儒林外史》中有，《红楼梦》中无。

（3）也有不按时代先后而改变的，如：

"因为"，《水浒》和《西游记》为 1，《红楼梦》为 2，《儒林外史》为 0。

"而今"，《儒林外史》为 2，其余作品均为 0。

"俺（们）"，《水浒》为 2，《西游记》仅 2 例，《红楼梦》为 0，《儒林外史》集中在第 2、3、7 回中。

这可能有方言或其他原因。

（4）有些词汇和语法现象的出现频率在《水浒》A 与《水浒》B 中差别甚大。如：

肯定式表疑问，《水浒》A 有几百次，《水浒》B 仅 4 次。

"所以"，《水浒》A 仅 1 次，《水浒》B 中有 8 次。

"兀"，《水浒》A 中使用甚多，《水浒》B 中共 13 次，没有"兀谁""兀的"，但有"兀是"（《水浒》A 无"兀是"）。

"吃（表被动）"，《水浒》A 中甚多，《水浒》B 共 6 次。

所以，高本汉认为《水浒》A 和《水浒》B 语言差别甚大，不是出于一人之手。而《红楼梦》A 和《红楼梦》B 在这 32 种词汇语法现象上却无差别，所以是一人所作。

高本汉还指出，《水浒》A 中没有"兀是"和复数词缀"每"，在《水浒》B 中出现较多，但多集中在九十至一百零九回。苏联汉学家佐格拉夫补充说：在《水浒》九十至一百零九回中还出现了《水浒》A 中所没有的"恁般"

和少见的"怎么",而多数研究者认为九十至一百零九回明显是后人所增补的。

这是用语法、词汇标准给作品断代的一例。

6.1.3 刘坚(1982)从音韵、语法、词汇三方面对《大唐三藏取经诗话》的年代作了考察。

《大唐三藏取经诗话》卷末有"中瓦子张家印"款一行。据王国维考证,这是南宋临安书铺的牌号,所以认为此书应为南宋刊本。这是用文献学的方法得出的结论。但是南宋的刊本并不等于写于南宋。所以刘文根据此书本身的语言特点进一步考证它的写作年代。

(1) 语音方面

《取经诗话》有29首诗,其中12首与《广韵》独用同用的规定相合,不必讨论。还有17首,用韵情况可以归纳如下:

① 止摄合并,并与蟹摄齐韵通押(如"西"与"悲围归知随溪儿"通押)。

② 蟹摄灰、咍合并。

③ 通摄东、钟合并。

④ 臻摄真谆通押,魂痕通押。

⑤ 山摄各韵合并。

⑥ 梗摄各韵合并。

⑦ 梗摄清青与曾摄蒸、臻摄真通押(如:"程、膺、身"通押,"津、经、呈"通押)。

⑧ 梗摄清青与深摄侵通押(如"林"和"听、程、庭"通押)。

⑨ 臻摄真、深摄侵、梗摄青通押(如"人、侵、经"通押)。

此外,第十七则中"鱼已买回,长者遂问法师作何修治。法师曰:借刀,我自修事。""事"通"治",是澄母读入崇母之例。

以上语音现象均与敦煌变文相合。

(2) 语法方面

① "得"字虚化,并发展为动词词尾。如:"是经讲得,无经不讲";"前去遇一大坑,四门陡黑,雷声喊喊,进步不得";"天王赐得隐形帽一事,金环锡杖一条,钵盂一只"等等。

② "了"字尚未虚化,只有"V+O+了",没有"V+了+O"。如:"被抽背脊筋了,更被脊铁棒八百下。""祝付妻了,择日而行。"而在敦煌变文中,已有"V+了+O"出现,所以《取经诗话》应早于敦煌变文。

③"把"和"将"开始虚化为介词。如"被猴行者将金环变作一个夜叉。"但用作动词的仍多于用作介词的。在中晚唐时期,"把"和"将"用作介词已比较普遍,所以《取经诗话》不会迟于晚唐。

④《取经诗话》和敦煌变文中表示动量的格式和宋人话本中的格式不同,宋人话本中常见到"打一V"的说法,如"老妈打一看道"(西湖三塔记)、"被康张二圣用手打一推,擗将下峭壁岩崖里去"(史弘肇龙虎君臣会)。而《取经诗话》中没有这种格式。但作者认为这是一条参考标准,没有这种格式的作品,不一定是宋以前的。

(3) 语汇方面。如:

"万福"。这在唐代是一般的寒暄语,到南宋成为妇女的问候语(见陆游《老学庵笔记》卷五)。而在《取经诗话》中"万福"的用法不是妇女的问候语。如:"见一白衣秀才从正东而来,便揖和尚:'万福,万福,和尚今往何处?'"

"新妇"。宋王得臣《麈史》卷中云:"今不学者易新妇为媳妇,又曰室妇。"而《取经诗话》中仍用"新妇",不用"媳妇"。如:"主人曰:'我新妇何处去也?'猴行者曰:'驴子口边青草一束,便是你家新妇!'"

"周回(周迴)"。多用于六朝至唐的作品,到宋代,只在文言作品中出现,话本中只作"周围""四下""四下里"。而《取经诗话》作"周回":"法师闻语,冷笑低头,看遍周回,相邀便出。"

李时人、蔡镜浩(1997)也用语言标准对《取经诗话》作了考察,结论是"传世《取经诗话》的最后写定时间不会晚于晚唐五代"。

6.1.4 袁宾(2000)从另一个角度对《取经诗话》进行断代,他选取的断代标准是被动句的结构形式。他认为,《取经诗话》中的被动句有两个特点:

1. 被动句中谓语动词多带后加成分(宾语、补语或助词)。

谓语动词带宾语10例。如:

> 今早有小行者到此,被我变作驴儿,见在此中。(《过狮子林及树人国》第五)
> 被猴行者化一团大石,在肚内渐渐会大。(《过长坑大蛇岭处》第六)

动词带补语4例。如:

当时白虎精哮吼近前相敌,被猴行者战退。(《过长坑大蛇岭处》第六)

被行者手中旋数下,孩儿化成一枚乳枣,当时吞入口中。(《入王母池之处》第十一)

动词带助词1例。

小行者出去买菜,一午不见回来,莫是被此中人妖法定也?(《到陕西王长者妻杀儿处》第十七)

《取经诗话》共有被动句17例,带后加成分15例。占88%。而带后加成分的被动句,从先秦到六朝只占全部被动句的12%,《敦煌变文集》占44%,《祖堂集》占57%,两种诸宫调占69%,三十种元刊杂剧占78%,两种元刊平话占83%。"据此可以推测《取经诗话》里被字句的写作时代应是元代或其前稍后的时间。"

2. 多小句被动句(指一个"被"字管几个小句)。如:

师曾两回往西天取经,为佛法未全,常被深沙神作孽,损害性命。(《入大梵天王宫》第三)

猴行者当下怒发,却将主人家新妇,年方二八,美貌过人,动作轻盈,西施难比,被猴行者作法,化此新妇作一束青草,放在驴子口伴。(《过狮子林及树人国》第五)

我因八百岁时,偷吃十颗,被王母捉下,左肋判八百,右肋判三千铁棒,配在花果山紫云洞。(《入王母池之处》第十一)

《取经诗话》多小句被动句6例,占全部被动句的35%。《敦煌变文集》占5%,《祖堂集》占3%,两种元刊平话占30%,《水浒传》(1—30回)占30%。《取经诗话》"与元代和明代上半叶的平话、小说作品接近"。

作者的结论是:唐三藏取经故事在晚唐五代或稍后时间已经形成书面文学作品,流传到元代前后,由不知名的民间文人用当时的口语对旧本作了充实修改。"今本中大多数被字句就是在这次修改中添加或改写的。"

文章还根据《取经诗话》中的被动句考察了它的方言基础。文章认为，北方方言作品中谓语动词带宾语的被动句比南方方言作品多，北方方言作品中被动句和处置式混合型比南方方言作品多。《取经诗话》中两者合计占59%，所以是以北方方言为基础方言的。

这篇文章主要是以句法为标准来给作品断代的，文章对《取经诗话》中被动句的结构形式的考察和对历代作品的被动句的结构形式的分析统计都做得很细致。从被动句的结构形式来看，《取经诗话》确实像是元明时期的语言。但是，文章也认为刘坚和李时人、蔡镜浩的结论有道理。大概是为了解决这个矛盾，文章就说《取经诗话》的故事是晚唐五代写成的，而其中的被动句是元代前后添加或改写的。但这又带来一个新的问题：为什么元代前后的修改者专改被动句？所以，尽管就被动句的分析来说，文章的方法和结论都很正确，但《取经诗话》的时代问题，还需要进一步研究。

研究《取经诗话》的时代，还有一个问题需要注意：《取经诗话》的版本。《取经诗话》在中土已佚，流传至日本，藏于日本高山寺。有《大唐三藏取经诗话》和《新雕大唐三藏法师取经记》两本，实为一书。前面说过，此书卷末有"中瓦子张家印"款一行。有学者考证，认为"中瓦子张家"是南宋书铺，但也有学者认为"中瓦子张家"可能元代尚存。汪维辉(2010)从另一个角度考证了高山寺本的年代。《高山寺圣教目录》载有"玄奘取经记二部"，即《取经诗话》与《取经记》二书。而《高山寺圣教目录》撰于建长二年(1250)，即南宋理宗淳祐十年。所以，汪文的结论是："其入藏高山寺的时间也不会晚于1250年。其刊刻年代当然更不可能晚于此年。也就是说，不管此书的语言面貌如何，它的成书和刊刻都不可能晚至元代。"这个结论是十分确定的。当然，其语言也就不可能是元代的语言。

6.1.5 本书第四章第一节在谈到"他"字的时候，提到过三种《搜神记》：干宝《搜神记》、《稗海》本《搜神记》(也称八卷本《搜神记》)、敦煌文书中的勾道兴《搜神记》。八卷本《搜神记》究竟是什么时代的作品？学者们也用语言标准进行过考订。

江蓝生(1987)用十个"鉴定词"来给八卷本《搜神记》断代。十个"鉴定词"包括语法方面的六个：1.疑问副词"还"，2.测度疑问副词"莫"，3.概数助词"以来、来"，4.助动词"要"，5.人称代词"你、某"，6."儿、儿家"。词汇方面的四个：1.遮莫，2.伍伯，3.关节，4.心口思维。通过这十个鉴定词的鉴定，认为八卷本《搜神记》是晚唐五代的作品，所论确凿有据，但限于篇幅，此处从略。

汪维辉(2000、2001)在江蓝生(1987)的基础上对八卷本《搜神记》的时代作了进一步地论证。

首先,作者提出一个有普遍性的问题:对于用词汇作为断代标准应该怎么看?他引用了江蓝生(1987)的看法:"与词汇相比,语法方面的现象更具规律性、普遍性,因而也更可靠些;词汇方面,由于我们毕竟不能遍览群书,见闻难免阙漏。所以词汇方面的现象难以与语法方面的同等看待,把它们作为参考鉴定词比较合适。"他认为这种看法不无道理,但是,"词汇同样具有时代性,一个词或一个义项始见于何时,虽难以说得绝对准确,但大体上是可以考定的。尤其是一些在历史上有过历时更替关系的常用词(包括语法研究中常说的同一个句式框架内的虚词兴替),它们的发展变化很有规律,时代性尤为明确。"文章举例说:"'觅'字大约始见于魏晋,我们可以据此推定,带有'觅'字的文献不可能是先秦的作品,也不大可能是西汉的作品,因为先秦西汉表示这一概念用'求'、'索'等词,而不用'觅'。'寻找'的'找',就现在所知,最初写作'爪',见于元曲;又写作'抓',见于《京本通俗小说》和《金瓶梅词话》等;写作'找'的明人笔记有记载,而较早的书证则见于《红楼梦》,据此我们也可以推定,带有'找(爪、抓)'的文献不大可能是唐宋时期的作品,更不可能是唐以前的作品。因为魏晋以迄唐宋,表示这个概念人们用'寻''觅'等词,而不用'找'。"

这个问题提得很好。我认为这个问题要从两方面看。1.从道理上说,词汇和语法一样,有历史发展的阶段性,某些语法现象只在某个时期存在,在此之前没有,在此之后也没有,有些词汇也是这样,这些语法和词汇现象都可以用作断代的标准。汪维辉所举的"觅"和"找"的例子是很有说服力的,说明词汇可以作为断代的标准。当然,用词汇作断代标准其时代性必须可靠,但这对于语法标准来说也是一样。1982年,梅祖麟写了《从诗律和语法来看〈焦仲卿妻〉的写作年代》,用了十项语法和词汇标志,认为这些语法现象和词汇都是汉代所没有的,由此论定《古诗为焦仲卿妻作》不是东汉末的作品。事隔十年,魏培泉《论用虚词考订〈焦仲卿妻〉诗写作年代的若干问题》提出对梅文的讨论,他认为梅文所举的十项,都可以在汉代的语言中找到,因此无法用来证明《古诗为焦仲卿妻作》不是东汉末的作品。这里既牵涉词汇的时代确定性,也牵涉语法的时代确定性。从这方面说,在给作品断代的问题上,词汇和语法所遇到的问题是一样的。2.从实际操作来说,要确定词汇的时代性往往比语法要难。某种语法现象出现和消失的时间比较容易观察得到,而要确定某个词汇出现和消失的时间却不那么容易,有时真是要博览群书,才能下一个准确的判断。而且,常用词的演变和更替有不同的类型,像"求——觅——找"这种类型,新词用新的字形表示,要确定其产生的时代比较容易;像本书第五章所说的"书——信"的这种类型,"信"的"书信"义是由"信"的"信使"义演变而来的,字形没有改变,要确定"书信"义产生的时代就比较困难。所以,对于用词汇作为断代标准持慎重态度,这也是对的。但这并不是说词汇不能用来作断代标准,关键还在于我们要对词汇研究多下功夫,以求对词汇历史发展的阶段性有比较清晰、比较准确的认识。这不但对于用词汇断代,而且对于汉语词汇史的研究,都是至关重要的。

汪维辉对常用词演变是作了深入研究的,所以,他选择的用作八卷本《搜神记》断代标准的词语都很得当。他从八卷本《搜神记》中选用的词语,从时代看有两类,一类"未见或罕见于先唐文献"的,这些词语可以证明八卷本《搜神记》非晋代干宝所作。下面选录几条:

[阿娘(孃)]

阿娘可为儿嘱王,安儿于乐处,……昨日请阿娘咨告知,何却以为无凭也?(20.92)

两处"阿娘"二十卷本均作"母"(380.191),反映了同一个称谓的时代差别。……据目前所知,"阿娘(孃)"未见于隋以前文献,而在唐人著作中则多有用例。……《说文·女部》"孃"字下段玉裁注:"按《广韵》,孃女良切,母称;娘亦女良切,少女之号。唐人此二字分用划然,故耶孃字断无有作娘者。今人乃罕知之矣。"张涌泉先生云:"但从敦煌写本的实际使用情况来看,唐五代间'孃'、'娘'似已开始混用。"八卷本"阿娘"字作"娘",反映的应是晚唐五代以后的书写特点。

[阿婆]

其妻走出,告姑曰:"阿婆儿夜来不知何故,变作一胡人,在新妇床上卧。"(14.87)

勾道兴本作"阿家儿"(21.133)。

"阿婆"一词,唐以前已见,是"祖母"义。用"阿婆"称丈夫的母亲,《大词典》所引的始见书证是《敦煌变文集·秋胡变文》:"……以事阿婆。"(11·935)这种"阿婆"也见于勾道兴本《搜神记23》……这个称呼可能自晚唐五代才开始行用,此前则称婆婆为"姑"或"母"。

[合眼]

语子珍云:"弟可合眼,须弟见父。"珍即闭目。(8.81)

"合眼"是口语词,"闭目"则是相应的文言词。……唐以前只有"闭眼",而无"合眼"。……"合眼"是唐代新兴的说法,但当时并不多见。

[全家]

全家大惊,往问刘安。……全家得免,不损一人。(5.77)

唐以前一般说"举家",……唐人通常说"浑家""合家",有时也说"全家"。……宋人沿用。

另一类是未见于唐代文献的,这些词语说明八卷本《搜神记》最后写定可能是在北宋,晚于勾道兴本《搜神记》。也选录几条:

[分说]

分说不及,已打损头面。(14·88)勾道兴本作"不听分疏"(21·134)。

《大词典》"分说"条释作"分辩、辩白",首引《京本通俗小说·错斩崔宁》:"众人那里肯听他分说。"(2·586)可见这是一个产生较晚的词。目前尚未见到唐代的用例。唐人用得较多的是同义词"分疏",……有时也用"分雪",……勾道兴本用"分疏",合乎唐人的语言习惯。宋代有用"分说"的例子,……话本小说中多见。八卷本用"分说",可能是宋人语。

从词语的类型看,汪维辉选作断代标准的词语有三类:1.某个词语在某个时代以前没有出现。如"阿娘"。2.同一事物或动作,前一个时代用甲词表达,后一个时代用乙词表达。如"闭眼"和"合眼"。3.同一个书写形式,前一个时代是甲义,后一个时代是乙义。如"阿婆"。这些词语都有明显的时代性,所以可用于断代。当然,用这些词语断代的前提是对这些词语的时代性有准确的判断。如果判断有误,断代的结论也就不可靠了。而对词语的时代性作准确的判断是不容易的,因为词汇散见于各种文献,"说有易,说无难"的现象更加突出,如果不是查阅大量的文献,确实会有缺漏。这不仅需要研究者博学多闻,态度谨慎,而且更需要众多的研究者一起努力,通过逐步的积累把词语的时代性搞得越来越清楚。在积累众人研究成果的基础上,准确地判定一些词语的时代性,并用这些词语来为作品断代,应该说是完全可能的。

6.1.6 梅祖麟(1984)讨论的是关汉卿《窦娥冤》《救风尘》中的宾白是否关汉卿本人所作的问题。他用了四组表示语法关系的词语作为断代的标准。

(1)"这的""那的"和"这""那"

在元代,"这""那"只作状语,要用作主语时,后面必须跟"的"。当然也有少数例外,如《古今杂剧三十种》中用"这""那"作主语的仅13例,《老乞大》《朴通事》中"这""那"共出现四百次,只有一例"这"作主语。《孝经直解》也是如此。

而《窦娥冤》《救风尘》两剧的宾白中,"这""那"作主语屡见。

(2)"便"和"就"

《朱子语类》中只使用"便",不使用"就"。《孝经直解》中"就":"便"=1:14,《老乞大》中"就":"便"=1:4.3,《朴通事》中"就":"便"=1:5.2。而《窦娥冤》《救风尘》中"就":"便"=1:1.7,用"就"的频率比元代大大提高。

(3)"快"和"疾""疾快"等

元代表示"迅速"义用"疾""疾快""疾忙""疾速",也用"快",但用"快"的比例不高。《老乞大》《朴通事》中表示"迅速"义的"快"共三见,《古今杂剧三十种》中"疾忙":"快"=16:5。而《窦娥冤》臧本宾白中只用"快"字。

(4)"没"和"没有"

宋代只用"没(无)"和"未",《老乞大》中"没(无)":"没有"=42:4,《朴通事》中"没(无)":"没有"=44:2,《古今杂剧三十种》中"没"极多,"没有"未见。而《救风尘》中"没":"没有"=0:2,《窦娥冤》中"没":"没有"=3:2。

据此,可以认为《窦娥冤》《救风尘》中的宾白是明代杂剧演员所作的。

值得注意的是:梅祖麟在这篇文章中提出了在作品的断代中"量的观念"的问题。他说:"我们从语言史的角度去考订文献的作期,一般只有新兴和衰落这两种语言成分可以利用,如果知道某个新兴的语言成分在甲年才出现,那么含有这成分的文献可以断定是写在甲年之后;如果知道某个在衰退过程中的语言成分到乙年完全消失,那么含有这种成分的文献可以断定是写在乙年之前。但这种方法本身有其局限性,初露萌芽的和苟延残喘的语言成分的出现频率不会太高,能用这两种成分断代的文献数量也有限,而且考订新兴成分出现的准确上限以及衰退成分消失的准确下限也总会碰到种种困难。大多数文献往往是新旧两种成分并存兼用,但它们的比例却因时而异。过去注意新成分的有无,是质的观念。如果改用比例多少这种量的观念,再计算各时代新旧成分比例的数据,或许能把可以用来断代的语言资料的范围扩大。"

以"便"和"就"为例。作为近代汉语的时间副词,"便"出现得早,"就"出现得晚。这两个词在 1200—1450 年间的一些作品中出现的次数和比例如下表:

	孝经直解	水浒	老乞大	朴通事	继母大贤(白)	团圆梦(白)
便	14	48	47	52	6	17
就	1	8	11	10	2	6
就:便	1:14	1:6	1:4.3	1:5.2	1:3	1:2.8

	义勇辞金(白)	仗义疏财(白)	朱剧四本合计	正统临戎录
便	8	5	36	5
就	2	1	11	24
就:便	1:4	1:5	1:3.3	4.8:1

从上表可以看到,用"便"的比例逐渐下降,用"就"的比例逐渐升高,大致可分为三期:(1)1200—1300 年,副词"就"不见或罕见,《孝经直解》中只有 1 个副词"就"。(2)从 1300—1400 年,"就"字少见,如《水浒》《老乞大》《朴通事》中,平均至少要碰上四五个"便"字才会碰上一个"就"字。从 1400—1440 年朱有燉创作时期,有时"便":"就"为 3:1。(3)1450 年以后,"就"的出现频率已超过了"便",这在《正统临戎录》中可以看出。

再看几种戏曲的宾白中"便"和"就"的比例:

	小孙屠	杀狗劝夫(赵)	杀狗劝夫(臧)	杀狗劝夫(臧本新添)
便	15	12	16	8
就	3	0	8	8
就:便	1:5	——	1:2	1:1

	窦娥冤(徐)	窦娥冤(臧)	救风尘(徐)	救风尘(臧)
便	19	25	8	12
就	11	17	6	7
就:便	1:1.7	1:1.5	1:1.3	1:1.7

《小孙屠》中"就"和"便"的比例和同时的《水浒》《老乞大》《朴通事》相近。臧本《杀狗劝夫》中"便"字16例。其中有8例来源于赵琦美本《杀狗劝夫》,其余8例为臧本新添,所以,臧本新添的"便"和"就"的比例为1∶1,大致和臧本《窦娥冤》《救风尘》以及龙峰徐氏《古名家杂剧》本《窦娥冤》《救风尘》差不多。

根据以上统计资料,梅文定出一个用"便"和"就"的比例断代的标准:

(甲)"便""就"比例超过6∶1(比如5∶1,4∶1等)的作品一定是写在1300年以后;超过2∶1比例一定是写在1350年以后。

(乙)"便""就"比例等于或超过1∶1(如1∶1.5,1∶2等)的作品一定是写在1400年以后。

(丙)以上标准只能用来确定某篇晚出,不能用来确定某篇早出(即:"就"的比例大可以说明作品晚出,但"便"的比例大不一定说明作品早出,因为后代的作品可以仿古而多用"便"字)。

梅文的这一设想,为用语言标准给作品断代提供了新的途径。

6.1.7 曹广顺(1987)对梅文涉及的一些问题进行了讨论。曹文说:

(1)现代汉语副词"就"的基本用法,在南宋中晚期就已大体具备。南宋的一些作品大多"便""就"并用,而且多数"便"多于"就";"就"的使用超过"便"的时间,有可能在南宋末年。比如周密《武林旧事》第七卷中连用七个"就",而未用"便"。

(2)表"迅速"义的"快"从魏晋时就出现,但直到晚唐五代,出现频率一直较低。如《祖堂集》中"快"与"速"的比例为1∶14。而在宋代则比较常见。《董西厢》中"快"字九见,"疾"字三见(而且其中"马疾手妙"和"手疾眼辨"两例为熟语),"快"的使用已占压倒优势。

(3)《朱子语类》中作主语以用"这"为常,用"这底"少见。如《朱子语类》卷一二至一四中,"这"作主语超过80次,"这底"只有1次;"那"作主语有数例,而"那底"未见使用。(愚按:《朱子语类》中"那底"作主语有1例:卷一八:"那底是可以如何用。")

(4)宋代用"懑、门、们",元代用"每",明代又用"们"。

(5)《朱子语类》中"动+了+宾+了"的句式不少于8例,元代这种句式少见,到明代又重新发展起来。

(6)《朱子语类》多用"动+宾+了",这种句式数以百千计,而用"动+宾+了也"的仅数例。元代多用"了也",明代又多用"了"。

这六种语法、词汇现象共同的变化规律是:宋代用或多用,元代不用或少用,明以后又恢复到宋代的情况。所以,关汉卿《窦娥冤》《救风尘》两剧宾白中主语"这"、副词"就"、形容词"快"出现频率较高这一现象,既可以认为是反映了明代语言的特点,因而断定其宾白为明代人所作,也可以认为是保持着宋末的语言特点。而一般认为关汉卿的生年可能不会早于金哀宗正大四年(1227),卒年当在元成宗改元大德(1297)之后,所以,两剧中的宾白也可能是关汉卿本人所作。究竟属于哪一种情况,仅凭"这""就""快"三条标准无法解决。

曹文赞同梅祖麟提出的在作品断代时的"量的观念",认为"梅先生的观点为解决断代问题提出了一条更科学、准确的道路"。但同时提出,在运用比例统计来断代时,"必须首先找出普遍性好、规律性强、发展线索单纯的作为断代标准的统计对象"。这个意见是值得重视的。

至于宋元明三代某些语法、词汇现象为什么会出现循环变化,曹文的解释是:"在从南宋到明初的三百余年时间里,随政权的易手,造成了政治、权力中心的两次转移。""这种政治、权力中心从南到北,再从北到南的转移,肯定会对三代流行的官话系统造成一定的影响。"这种地域因素影响语言历史发展的现象,也是应当进一步深入研究的。

6.1.8 日本汉学家佐藤晴彦对冯梦龙编纂的"三言"(《古今小说》《警世通言》《醒世恒言》)的语言进行了深入的研究,用语言标准给其中的作品断代。

《三言》中的小说,有的是宋元话本,经过了冯梦龙的修改,有的是明代的作品,有的是冯梦龙自己的创作。怎样来对这些作品加以区分?

佐藤晴彦采取的方法是这样的:不是把很难懂的特殊词汇作为断代的标准,而是以最普通的常用词汇、语法作为断代的标准。这是因为,特殊的词汇数量少,而且容易被有意地模仿;常用词汇、语法却能真实地反映出时代差异。他首先找出哪些常用的词汇、语法现象是冯梦龙(或冯梦龙同时代人)的语言特征,然后以此为标准,来检查《三言》中哪些篇是冯梦龙所作(或作了较大的修改)。

他从比较《平妖传》二十回本和四十回本入手。《平妖传》二十回本为罗贯中所作,四十回本为冯梦龙所增补。比较《平妖传》二十回本和四十回本中冯梦龙增补的部分,就可以知道哪些词语是冯梦龙不用的,哪些词语是冯梦龙使用的。佐藤晴彦把冯梦龙的语言特征归纳成十三项:

1. 表示"难道""怎能"时,使用"难道""终不然",不用"不成""终不成"。

2. 表示"差一点""几乎"之意时,用"险些(儿)",不用"争些儿""争些个"。
3. 表示物件用"东西"不用"物事"。
4. 在"适才""适间""适来"这三个表示"刚才"的词中,最常用的是"适才"。
5. 在"恁般""恁地"中,常用"恁般"。
6. 在表示"附近"意义时,用"左近",不用"左侧"。
7. 在表示"～时"之意时,"～时节""～时候"并用,但"时节"既可用于表示"～时",也可用于表示假设,"时候"则限于表示假设。
8. 在表示"也许""是否"之意时,在"莫、莫不、莫非"三个词中常用"莫非",决不用"莫"。
9. 在表示"AB同时进行"时,用"一面A,一面B"这种同型呼应,不用"一头A,一面B"这种异型呼应。
10. 使用"虽然如此"(这种用法被认为"在《水浒》中例子最多")。
11. 在专有名词后面使用"地方""地面"时,常用"地方"。
12. 使用状语后缀"～介(价)"。
13. 在表示"突然倒下"时,用"蓦然倒地",不用"匹然倒地"。

然后,对这些词语在《三言》各篇小说中出现的次数逐一进行调查(在对《古今小说》作调查时,舍弃了上述7、10、12、13四项,补充了"恁地""直恁地"一项。在对《警世通言》和《醒世恒言》作调查时,所用的词语又有增删,此处不详述)。在某篇小说中出现符合冯梦龙语言特征的词语的数字,记作正指数,出现不符合冯梦龙语言特征的数字,记作负指数。正指数越高,说明这一回小说是冯梦龙创作的可能性越大。负指数越高,说明这回小说中早期白话的成分越多,可能是宋元旧本;只要有负指数,尽管正指数很高,也说明这篇小说可能原来有白话小说的底本,而冯梦龙在此基础上作了大量增删。比如,《古今小说》的第四十卷《沈小霞相会出师表》,出现符合冯梦龙语言特征的词语7项:难道(2次)、险些儿(1次)、东西(1次)、直恁(1次)、左近(1次)、～地方(1次)、莫非(3次),记作正指数7;不符合冯梦龙语言特征的词语没有出现。这篇很可能是冯梦龙创作。第三十六卷《宋四公大闹禁魂张》,出现符合冯梦龙语言特征的词语2项:东西(2次)、莫非(1次),记作正指数2;出现不符合冯梦龙语言特征的词语5项:物事(5次)、适来(1次)、怎么、恁地(分别为1次和5次)、直恁地(1次)、莫(1次),记作负指数5。这篇很可能是宋元话本,冯梦龙略作修改。第三十七卷《梁武帝累修归极乐》,出现符合冯梦龙语言特征的"地方"(2次)、"莫非"(1次),出现不符合冯梦龙语言特征的"恁地"(1次),这篇可能有原始白话作品,冯梦龙作了修改。

佐藤对不同时期的白话所使用的词语的考察十分细致。他不仅注意到不同时期使用的词语不同,而且注意到同一词语在不同时期有不同用法。比如,同是"恁地"一词,在《平妖传》旧本中是独立性很强的词语,有承前的功能,如:

恁地是仙画了。(卷一)
恁地相烦公公去宅里说一声。(卷六)

而在《平妖传》的增补部分中,"恁地"通常是作状语,如:

我师恁地说,必非谬言。(卷一六)
弹子和尚恁地利害。(卷三六)

而旧本中那种"恁地",在增补部分都用"恁地时"表示,如上述旧本中两句,在新本中都被改成"恁地时"。可见"恁地"的用法前后有差别。而《古今小说》卷一九中的两个"恁地"都是旧的用法,所以,应认为卷一九有原始白话作品。

从《平妖传》的原本和增补部分的比较中找出冯梦龙的语言特征,然后以此为标准来检验《三言》中哪些作品具有冯梦龙的语言特征,这是一种很巧妙而又很科学的断代方法。

6.1.9《红楼梦》前八十回和后四十回语言的研究。

《红楼梦》前八十回和后四十回是否同一作者?这个问题可以从文献和文学的角度进行研究,也可以从语言的角度加以研究。从语言角度研究的结果,人们得出的结论也不相同。前面说过,高本汉用36个语言成分检验的结果,认为《红楼梦》前八十回和后四十回没有什么不同。在1980年6月的首届国际《红楼梦》研讨会上,美国威斯康星大学陈炳藻说,用电子计算机对《红楼梦》用字进行测定,证明前后两部分作者为同一人。

蒋文野(1984)对"一起"和几个相应的词在《红楼梦》前后两部分使用的情况作了研究,他得出的结论是前后两部分是有差异的。即:在前八十回中,"一起"是一个数量词,用在"那一起懒贼""你们这一起""支吾过了一起,又打发一起"等场合。而和现代汉语那样用作副词表示"同一时间"的"一起",在《红楼梦》中只有两例,这两例恰恰就出现在后四十回中。在程乙本的第五回中有一个作副词的"一起":"湘云黛玉一起说着"。但这句话在戚序本中作"湘云黛玉一齐说着"。即程乙本的"一起"是后人的改动。由此可以看出前八十回和后四十回语言的不同。

刘钧杰(1986)对前八十回和后四十回的语言作了更详细的统计。他在前八十回中取了四十回,和后四十回进行比较。所用的语言材料有六项:

(1) 用不用疑问助词"呢"和"吗(么)"

疑问句不带疑问助词"呢""吗(么)"的和带疑问助词"呢""吗(么)"的,前部的比例是 1469∶88=16.7∶1 后部是 1224∶640=1.9∶1。前部绝大多数不带疑问助词,后部疑问助词用得多。

这种差别是不是异时差别?在中国第一历史档案馆等选编的《清代地租剥削形态》中,有乾隆朝刑科题本档案 400 件。其中 1740—1796 年间北方诸省案件题本 21 件,这些档案的口供部分疑问句无疑问词的 6 句,有疑问词的 9 句,比例为 6∶16=0.37∶1。《儿女英雄传》1—24 回疑问句共 1592 句,无疑问词和有疑问词的比例为 1197∶395=3∶1。可见在《红楼梦》前部和后部成书的时代,北方口语中疑问句带疑问词的比例是较高的。《红楼梦》前部少用疑问助词,是作者的个人特征。

(2) "给$_1$"(动词)和"与$_1$"(动词)出现的次数

这两个词是同义词,但"给$_1$"较新,"与$_1$"较旧。这两者在前部的比例是 195∶202,接近 1∶1,后部"与$_1$"共出现 26 次,"给$_1$"平均每回出现 4.6 次,两者比例约为 7∶1。但是,前部在人物对白时基本用"给$_1$"而不用"与$_1$",两者比例为 182∶26=6.5∶1;在叙述语言中基本上用"与$_1$",而少用"给$_1$",两者比例为 13∶184=1∶14。可见前部的作者在叙述时喜欢用旧词。

(3) "给$_2$"(介词)和"与$_2$"(介词)出现的次数

前部"给$_2$"51 次,"与$_2$"52 次。后部"给$_2$"162 次,"与$_2$"14 次。两者在前部对话中的比例为 46∶14=3.3∶1,在前部叙述语言中比例为 5∶38=1∶7.6。后部则分别为 121∶6=20∶1 和 41∶8=5∶1。这也是个人风格的差异。

(4) "吃(流体)"和"喝(流体)"出现的次数

前部对白和叙述中都以"吃"为主,"吃"和"喝"的比例分别为 117∶

31=3.8∶1和105∶12=8.7∶1。后部均以"喝"为主,"吃"和"喝"在对白和叙述中比例分别为8∶80=1∶10和14∶47=1∶3.3。上述乾隆朝刑科21件档案的口供中"吃"5次,"喝"0次;而在1880—1896年题本24件的口供中"吃"3次,"喝"7次。可见在19世纪末"喝"用得多了起来。

(5)"把N说"中长N和短N的区别

"把"包括"将","说"包括"告诉、述"等动词,N表示受事。"长N"指7字以上,"短N"指6字以下。

前部"把N说"共25个,其中长N有6个。后部"把N说"共78个,其中长N有32个。后部喜欢使用"把N说"的格式和长N。

(6)"把N说"后面是否带数量词结构"一遍(次、番、回)"等

前部带"一遍"等的3次,不带的22次;后部带的41次,不带的37次。后部作者喜欢用"把N说了一遍",也是一种个人风格。

从对《红楼梦》前八十回和后四十回语言的讨论中,我们可以看出:

(1) 同样用语言标准对前、后两部检验,有的能显示两者的不同,有的不能显示两者的不同,这与所选取的语言标准是否得当有关。

(2) 不同作品语言的差异,有的是时代差异,有的是个人风格的差异。对于这两种差异,我们都应当注意。

6.1.10 近年来对《儒林外史》是否一人所作也有讨论。有的学者认为《儒林外史》前后的风格有所不同,但一般都归结为是作者吴敬梓分段写成的缘故,只有吴组缃(1954)认为是作者不同而造成的,但没有详细论述。遇笑容(1996)从语言方面加以考察,指出《儒林外史》前三十二回和后二十三回语言特点有所不同。这篇文章的主要内容都包括在作者《儒林外史词汇研究》一书中,下面根据《儒林外史词汇研究》加以介绍。

作者首先比较了《儒林外史》前三十二回和后二十三回词语的差异,此处从略。虚词和句法格式方面的差异有如下几方面:

1. 被

前三十二回中可以用作连词,表示原因,类似连词"因"。如:"棺材贴头上有字,又被那屋上没有瓦,雨淋下来,把字迹都剥落了。"(第二十三回)

2. 在

表示动作的目的地,类似介词"往/到"。如:"危老爷已自问了罪,发在和州去了。"(第一回)

3. 是的

表示反问或强调,仅1例,出现在前面。"金有余道:'你看,这不是疯

了么？好好到贡院来耍,你家又不死了人,为什么这号嗨痛哭是的?'"(第三回)

4. 不是

用在祈使句中表示请/让对方做什么。只见于后二十三回。如:"大爷道:'六哥,现成板凳,你坐着不是。'"

5. 短时态表达法

不出现人称代词的动词重叠有四种格式,在前三十二回和后二十三回中分布如下:

	V(单音)V	V一V	V(双音)V	V一V
前三十二回	21	45	4	3
后二十三回	120	75	14	0

双音动词构成的"V一V"(如"自己查点一查点东西")3例,只见于前三十二回。

出现人称代词的动词重叠式有两种形式:VVPron(如"盘问盘问他")和VPron一V(如"看他一看")。在前三十二回和后二十三回中分布如下:

	VVPron	VPron一V
前三十二回	2	12
后二十三回	9	1

"自己查点一查点东西"和"看他一看"都是比较老的形式,绝大部分出现在前32回里。

6. "不曾"和"没有"

"不曾"出现得早,在现代汉语普通话中已经不用了,"没有"明清以后才开始出现,一直使用到今天。在《儒林外史》中,"不曾"在前后都使用,"没有"共12例,其中10例全在后二十三回。如:"秦中书听见凤四老爹来了,大衣也没有穿,就走了出来。"(第五十回)

7. 反复问句:"可VP"和"VP不VP"

《儒林外史》以"可VP"为主,超过100例,这是下江官话的特点。"VP不VP"12例,全在后二十三回。如:"有新买的极大的扬州螃蟹,不

知老爷用不用?"(第四十二回)

从以上 7 项来看,《儒林外史》前三十二回和后二十三回语言是有差别的。那么《儒林外史》会不会不是一人所作?如果不是一人所作,那另一个作者(或修改者)是谁?这些问题应当进一步研究。

6.1.11 日本汉学家佐藤晴彦提出一种作品断代的方法:以异体字的变迁为标准进行考察。

佐藤晴彦《三遂平妖传的出版时间——从异体字变迁的角度来考察》指出:

语言的历时研究主要在语音、词汇和语法这三个领域里进行。可是我们不能忽视以文字为根据的研究。有些汉字有几种写法,其中一种被认为是"正字",其他的是"异体字"。有的"异体字"不止一个,一个汉字会有几种异体字。比如说汉字 A 有 A1、A2、A3、A4 这四种异体字,在历史上很少有这四种异体字同时出现,一般来说出现 A1 之后,过一段时间会出现 A2,出现 A2 之后又过一段时间才会出现开始使用 A3,就这样它们的使用时期会有前后之分。要是我们首先能确定各种异体字的出现时间,那么就可以根据不同阶段的异体字来推断某一资料的形成时期或出版时期。音韵、语法、词汇这三个方面的变化比较缓慢,判断短时间内的变化往往提供不了明显的证据。而借助使用时期有明确区别的异体字的话,可以判断短时间内的变化状况。

《平妖传》的版本重要的有两种:一是《三遂平妖传》(二十回本。以下简称二十回本或旧本);一是《天许斋批点北宋三遂平妖传》(四十回本。以下简称四十本或新本),一般认为新本是冯梦龙根据旧本修订并加以增补,因此新本的形成时期为万历年间,出版时期为泰昌元年(1620)。旧本则是"东原罗贯中编次、钱塘王慎修校梓",只是不知其真假。其形成时期由于有罗贯中这个名字,一般认为是元末明初,不过并没有明确的根据。

文章选取几组异体字作考察:

首先是方位词"裏"。一般以"裏"为正体。但宋代以前"裏"为主流,元代"里"一下子多了起来,频率远远超过"裏"。到明代,出现"裡""裡"(文章称为"裡$_1$")和"裡"(文章称为"裡$_2$")。文章对元末、明初、明中的 32 种作品中的四种字形的使用做了详细的调查,列表如下:

	裹	里	裡$_1$	裡$_2$
1. 太平乐府(至生十一年[1351])	87	123	4	0
2. 大诰武臣(洪武二十一年[1388])	40	0	0	0
3. 辰钩月(永乐二年[1404]?)	12	10	0	0
4. 义勇辞金(永乐十四年[1416])	10	8	0	0
5. 降狮子(永乐十四年[1416]?)	5	5	0	0
6. 蟠桃会(宣德四年[1429])	4	0	0	0
7. 八仙庆寿(宣德七年[1432])	14	2	0	0
8. 常椿春(宣德八年[1433])	5	13	0	0
9. 复落娼(宣德八年[1433])	26	4	0	0
10. 十长生(宣德九年[1434])	4	1	0	0
11. 神仙会(宣德十年[1435])	6	3	0	0
12. 娇红记(宣德十年[1435])	55	174	0	0
13. 石郎驸马(成化七年[1471])	25	1	0	0
14. 薛仁贵(成化七年[1471])	13	30	0	0
15. 歪乌盆(成化八年[1472])	10	3	0	0
16. 朱子语类(成化九年[1473])	(?	?	2	4)
17. 开宗义(成化十三年[1477])	12	2	0	0
18. 出身传(成化?年[?])	1	9	0	0
19. 陈州粜米(成化?年[?])	14	1	0	0
20. 认母传(成化?年[?])	5	31	0	0
21. 曹国舅(成化?年[?])	15	19	0	0
22. 张文贵(成化?年[?])	5	0	0	0
23. 白虎精(成化?年[?])	5	1	0	0
24. 看灯传(成化?年[?])	8	29	0	0
25. 孙文仪(成化?年[?])	1	22	0	0
26. 孝义传(成化?年[?])	1	0	0	0
27. 白兔记(成化?年[?])	49	90	0	0
28. 西厢记(弘治十一年[1498]年)	11	157	0	0
29. 琵琶记(嘉靖二十七年[1548]年)	49	148	57	1(1)
30. 宝剑记(嘉靖二十八年[1549]年)	11	88	24	0
31. 古董西厢(嘉靖三十六年[1557]年)	51	0	79	0
32. 十段锦(嘉靖三十七年[1558]年)	212	8	8	4

通过表1,可以归纳出以下两点。

1."裡$_1$"到了嘉靖时期的《琵琶记》《宝剑记》《古董西厢》《十段锦》才

开始多起来。

2."裡$_2$"虽然在《朱子语类》(明成化本)里看到 4 个,可是除此以外几乎没有出现,嘉靖时期也是寥寥无几,它的普及可能在万历以后。

而旧本《平妖传》的调查其结果如下:

裏:4　　　里:2　　　裡$_1$:460　　　裡$_2$:0

"裡$_1$"用得很多,可是"裡$_2$"一个也没有。这正是嘉靖时期的特征。这样,可以推测旧本《平妖传》的成书是嘉靖时期。

文章用同样的方法考察了其他几组异体字(统计表略):

(一)量词"ge"的三种写法,即"箇""個"和"个"。旧本《平妖传》不用"个"字,和嘉靖 27、28 年的《琵琶记》《宝剑记》一致。

(二)两种写法的五组字(统计表略):

(1)"番"和"翻"

(2)"根"和"跟"

(3)"荒"和"慌"

(4)"交"和"教"

(5)"元"和"原"

旧本《平妖传》除去"交——教"外,其他四组的用字都接近嘉靖三十七年的《十段锦》,而"交——教"组用"交"多,用"教"少,和嘉靖年间的作品不一致,可能是保留元末明初的用法。

经过这样的考察,以元明时期的文字的使用为根据,可以推断《三遂平妖传》的出版时期为嘉靖年间。

佐藤晴彦根据异体字来考定作品的时代的做法是科学的。这样做有几个前提:一是要熟悉有关作品的时代和版本,选用的版本必须是成书时代明确的可靠的影印本或刻本;二是要熟悉某个时代的各种异体字的变迁及其出现的时间,而且选作标准的异体字必须得当;三是要下功夫细致地查对、统计和分析,然后作出正确的判断。一句话,没有深厚的功力和严谨的学风是做不成的。

6.1.12 用语言标准不但可以断代,还可以辨伪。

1933 年上海中西书局出版澄江梅氏藏本《古本水浒传》,称后五十回为施耐庵的续作。此书 1985 年再版,有些研究者认为这确是施耐庵的续作。有些研究者不同意,指出这是后人的伪作。

这个问题也可以通过《古本水浒传》中的语言来考察。李思明(1987)是考察比较全面的一篇。文章列出前七十回和后五十回语言方面的不同,共13项,这里介绍其前10项。

1. 否定副词"没""没有""没曾"全部出现在后五十回,不见于前七十回。后五十回中有副词"没有"60多次,如:"不知何故,等到此刻还没有来。"(第九十二回)"没曾"30多次,如:"你们没曾说起,这个不算。"(第八十六回)

2. 动词"给"和介词"给",全部出现在后五十回(近80次),如:"俺今便给你五十两银子。"(第九十九回)"婆婆拭干眼泪,才将那事从头细说,都告诉给阮小七。"(第九十五回)而前七十回没有。

3. 后第五十回用"给"表被动。如:"独有铁牛没甚亲友,娘给老虎吃了。"(第七十八回)"旁人待要阻止,却已不及说,话给全部说出来。"(第九十四回)

4. 第一人称代词。前七十回以"我"为主,后五十回基本上用"俺"。如:"到底是俺好哥哥,教俺打头阵。"(第一百十二回)

5. 疑问代词"兀谁",只出现在前七十回,不见于后五十回。

6. 指示代词"恁般",只出现在后五十回,不见于前七十回。

7. 近指代词"只"("这"),只出现在后五十回,不见于前七十回。

8. 疑问词语"做甚么",询问动作的原因、目的或表示反问,只出现在前七十回,如"你这贫婆,哭做甚么?"(第六十八回)不见于后五十回。

9. 正反选择问句。前七十回全部使用否定词,全部"无""末"和97%"不"前面有"也"。如:"连连写了十数封书去贵庄问信,不知曾到也不?"(第十四回)后五十回用助词"可",这是前七十回所没有的,如:"公公可是李公?"(第九十九回)还有这样的句子:"你看快活也否?"(第八十三回)"每日里向秋儿探听能否成事。"(第七十九回)"此人死了没有?"(第一百零九回)

10. 并列选择问句。前七十回85%用关系连词,如:"你要死却是要活?"(第二十五回)后五十回90%不用关系连词,如:"毕竟谁强谁弱?"(第一百零四回)

按:李文的分析很对。第4—10项可以说明前七十回和后五十回的语言不一致,不会出于一人之手。第1—3项则足以说明后五十九回是后人伪作。"没"用作副词始见于南宋,但要到《金瓶梅》才普遍使用。"没有"用作副词大约是在明代,也见于《金瓶梅》。《原本老乞大》只有动词

"没",《老乞大谚解》中出现了"没有",但也是动词。如：

《原本老乞大》	《老乞大谚解》
如今为没卖的	如今为没有卖的
下头没，上头边儿有	上下脸都没有
里头无一张儿歹的	里头没有一锭儿低的
官分没呵，宜做买卖	官星没有，只宜做买卖

《水浒》前七十回"没"和"没有"不用作副词，是它的时代特点。《古本》后五十回"没有"用作副词如此频繁，甚至出现"此人死了没有？"（第一百零九回），显然是后人伪作。"给"的用法更明显。本书第四章第五节"被动句"已经说过，"给"用作动词是很晚的，表被动更晚，在《红楼梦》之后。《古本》后五十回中"给"的用法，更是《红楼梦》以后的人伪作。语言是有时代性的，作伪的人不懂汉语发展的历史，把很晚出现的语言现象也写进伪托的作品中，恰好就在这些地方露了马脚。

对《古本水浒传》的辨伪，再次说明用语言标准断代是可行的。

本节参考资料

曹广顺1987：《试说'快'和'就'在宋代的使用及有关的断代问题》，《中国语文》第4期。
陈登原1962：《〈水浒〉事语所知录》，《文学遗产》增刊第九辑。
胡竹安1983：《〈水浒〉中的明代用语》，《语文园地》第4期。
江蓝生1987：《八卷本〈搜神记〉语言的时代》，《中国语文》第4期。
蒋文野1984：《〈红楼梦〉中"一起"的词义考察》，《红楼梦研究集刊》第11辑。
李时人、蔡镜浩1997：《〈大唐三藏取经诗话〉成书时代考辨》，《大唐三藏取经诗话校注》，中华书局。
李思明1987：《通过语言比较来看〈古本水浒传〉的作者》，《文学遗产》第5期。
刘　坚1982：《〈大唐三藏取经诗话〉写作时代蠡测》，《中国语文》第5期。
刘钧杰1986：《〈红楼梦〉前八十回和后四十回语言差异考察》，《语言研究》第1期。
梅祖麟1982：《从诗律和语法来看〈焦仲卿妻〉的写作年代》，《史语所集刊》第53本第2分。
梅祖麟1984：《从语言史看几种元杂剧宾白的写作时期》，《语言学论丛》第13辑。
汪维辉2000、2001：《从词汇史看八卷本〈搜神记〉语言的时代》（上，下），《汉语史研究集刊》第 3、4 辑。

汪维辉 2010:《〈大唐三藏取经诗话〉、〈新雕大唐三藏法师取经记〉刊刻于南宋的文献学证据及相关问题》,《语言研究》第 2 期。

魏培泉 1993:《论用虚词考订〈焦仲卿妻〉写作年代的若干问题》,《史语所集刊》第 62 本第 3 分。

吴组缃 1954:《〈儒林外史〉的思想与艺术》,《人民文学》第 8 期。

杨 彦 1999:《从两种语言现象看〈元曲选〉宾白语言的时间层次和地域差异》,《语言研究》增刊。

遇笑容 1996:《从语法结构探讨〈儒林外史〉作者问题》,《中国语文》第 5 期。

遇笑容 2001:《儒林外史词汇研究》,北京大学出版社。

袁 宾 2000:《〈大唐三藏取经诗话〉的成书时代与方言基础》,《中国语文》第 6 期。

佐藤晴彦 1986:《〈古今小说〉における冯梦龙の创作——言语的特征からのアプローチ》,《东方学》第 27 辑。

佐藤晴彦 1988:《〈醒世恒言〉における冯梦龙の创作（Ⅰ）——言语的特征からのアプローチ》,《神户外大论丛》第 39 卷第 6 号。

佐藤晴彦 1990:《〈醒世恒言〉における冯梦龙の创作（Ⅱ）——言语的特征からのアプローチ》,《神户外大论丛》第 41 卷第 4 号。

佐藤晴彦 1992:《对〈警世通言〉中冯梦龙作品的窥测——从语言学的角度看〈三言〉》,《近代汉语研究》,商务印书馆。

佐藤晴彦 2002:《〈三遂平妖传〉的出版时间——从异体字变迁的角度来考察》,《神户外大论丛》第 53 卷第 1 号。

B. Karlgren 1952: *New Excursions on Chinese Grammar*, BMFEA, 24.

第二节　方言成分的考察

近代汉语的作品,绝大多数是用通行全国各地的共同语写成的,纯粹的方言作品为数不多。但由于作者受自己方言的影响,在一些用共同语写的作品中也有多少不等的方言成分,呈现一定的方言色彩。在这些作品中究竟哪些是方言成分?属于当时哪一种方言?这也是近代汉语研究中一个重要问题。近年来,学术界对《西游记》《金瓶梅》《红楼梦》《儒林外史》等白话小说中的方言成分展开了讨论,并由此讨论到这几部小说的作者问题。下面对此作一简单介绍。

一　西　游　记

6.2.1 百回本《西游记》的作者是谁?现在一般认为是明代的吴承恩。这是根据鲁迅和胡适的考证而定的,对此学术界还有不同意见。

百回本《西游记》的现存最早刻本明世德堂本未题作者,只署"华阳洞天主人校"。认为百回本《西游记》的作者是吴承恩,主要是根据以下材料:

明天启年间的《淮安府志》卷一六《人物志》:"吴承恩,性敏而多慧,博极群书,为诗文下笔立成,……复善谐剧,所著杂记几种,名震一时。"

又卷一九《艺文志》一《淮贤文目》:"吴承恩:《射阳集》,四册□卷;《春秋列传序》;《西游记》。"

但此处并未注明吴承恩的《西游记》是否就是百回本《西游记》。而明代黄虞稷《千顷堂书目》卷八史部地理类下列:"唐鹤征《南游记》三卷,吴承恩《西游记》,沈明臣《四明山游籍》一卷。"是把吴承恩《西游记》作为游记的。

清代一些笔记认为吴承恩《西游记》就是百回本《西游记》。如:

吴玉搢《山阳志遗》:"天启旧志列先生为近代文苑之首,云'性敏而多慧,博极群书,为诗文下笔立成,复善谐谑,所著杂记几种,名震一时。'初不知杂记为何等书,及阅《淮贤文目》,载《西游记》为先生著。考《西游记》旧为证道书,谓其合于金丹大旨,元虞道园有序,称此书系其国初邱长春真人所撰。而郡志谓出先生手。天启时去先生未远,其言必有所本。意长春初有此记,至先生乃为之通俗演义,如《三国志》本陈寿,而《演义》则标罗贯中也。书中多吾乡方言,其出淮人手无疑。或云:有《后西游记》,为射阳先生撰。"

阮葵生《客余茶话》持相似的论点,而且也说:"观其方言俚语,皆淮上之乡音街谈,巷弄市井妇孺皆解,而他方人读之不尽然。是则出淮人之手无疑。"

但他们并未提出很多证据来证明吴承恩《西游记》就是百回本《西游记》,惟一的证据是说百回本《西游记》多淮上方言,所以"出淮人之手无疑"。因此,国内外一些学者对百回本《西游记》是不是吴承恩所作仍持怀疑和否定态度。而百回本《西游记》是不是"多淮上方言",也就成了判定它是不是吴承恩所作的一个重要问题。日本汉学家小川环树说:"必须确切地证明了百回本《西游记》中的方言是淮安方言,百回本《西游记》为吴承恩所作这一点才能获得有力的旁证。"(见小川环树《中国小说史之研究》,岩波书店1968年出版)

关于百回本《西游记》(以下径称《西游记》)的作者的讨论涉及许多方面,这里主要谈对《西游记》中方言成分的讨论。

章培恒(1983)认为,《西游记》中淮安方言的成分并不多。在人民文学出版社出版的《西游记》注释本中,有七处提及淮安方言,但有的其实不是:

(1) 在《关于本书的整理情况》中说:《西游记》第五十三回写猪八戒饮子母河水后,"渐渐肚子大了。用手摸时,似有血团肉块,不住的骨冗骨冗乱动。'骨冗'本是淮安方言,形容婴儿在母腹内蠕动"。章文认为这不是方言。

(2) 第三回注:"认此犯头——犯,就是冒犯、触犯的意思。犯头,是冒犯的由头。淮安方言:无意触怒对方而引起对方的误会,就对方说,叫做'认犯'或'认此犯头'。犯亦作泛,见后文第三十一回。"章文认为,第三十一回的"泛头"意义与这里所说的淮安方言的意义不合。可见"犯(泛)头"一词并非淮安方言。

(3) 第八回注:"倒踏门——男人在女人家就亲。今淮安方言叫倒站门。"章文认为"踏"与淮安方言中的"站"音义全不同。可见"倒踏门"不是淮安方言。

(4) 第十四回"倒也得些状告是"注:"是——淮安方言,语尾词。如后文第三十一回'柳柳惊是'。"章文认为语尾词"是"在苏北方言中通用，不限于淮安方言。

（5）第三十五回注："榍户：淮安方言，烂糊的意思。"（按：1985年版已改为"指在圈里喂养的"）

（6）第四十四回注："畜——淮安方言：熏、呛。第六十七回又写作'旭'。"

（7）第四十七回注："山恶人善。——淮安成语：地理环境虽然险恶，居民却很善良。"

所以，章文认为："从《西游记》注释本看，作品中真正能作为淮安方言的词语。至多只有三个，即：'榍户'、'畜（旭）'和'山恶人善'。所以，作品中的真正淮安方言，不是很多，而是很少。而且，由于我们并未对长江以北地区的方言作过普遍调查，上述的三个词语是否为淮安方言所特有，也还是问题。"

同时，章文认为，《西游记》中"也有相当数量的吴语地区方言。"文章举出十个词语：

（1）圆丢丢(43页)①。吴语中形容圆形物体之词。

（2）捐。多次出现，为吴方言的常用词。

（3）抝。326页："把清油抝上一锅。"吴语称以勺取水（或油）为抝(ǎo)。

（4）替。1172—1173："替我一般的做妖精出身。"1174—1175页："若论起肚子来，正替你我一般哩！"吴语称"与"为"替"。

（5）该。216—217页："活该三百多馀岁。""整整压该五百载。"在某些吴语方言中，"该"字接于动词之后，含有"在那里"之意。

（6）躰。493页："只见廊庑下，横躰着一个六尺长躯。……原来是个死皇帝。……直挺挺睡在那厢。""躰"有"躺、睡"之意，唯在吴语方言中有这样的用法。《海上花列传》第二回"榻床浪来躰哩"即其例。

（7）跄。254页："吓得那些人东倒西歪、乱跄乱跌。"吴方言中"跄"为奔跑之意。

（8）搁。724页："呆子慌了，往山坡下筑了有三尺深。下面都是石脚石根，搁住爬齿。"吴方言中有一与"搁"相近的音，义为两物相顶。

（9）等。1075页："莫嚷！莫嚷！等他抬！"吴语方言中"等"有"随、

---

① 指人民文学出版社1980年版的页码。

让"之意。

(10) 安。594页:"将核儿安在里面。"称"放置"为"安"是吴语方言。

此外,章文还将《永乐大典》所载《西游记·梦斩泾河龙》和百回本《西游记》对比,发现《永乐大典》所载《西游记》中"吊下一只龙头"在百回本《西游记》中将"吊下"改为"落下",是把北方话改为吴语。章文认为,这一无意中的更改,说明"百回本的作者为吴方言区的人,可能性实较其为淮安人的可能性要大一些"。

颜景常(1992)一文持相反的观点,认为《西游记》带淮海话(淮安连云港一带的话)色彩,一些词汇语音现象与带吴语色彩的《醒世恒言》和带江淮方言色彩的《儒林外史》都不同。

例如,在词汇方面,"老爷"(指外祖父)、"老娘"(指外祖母)两个词,在《醒世恒言》和《儒林外史》中都没有。而在今邳县、赣榆话中还保存着。这两个地方在明代都属淮安府,可能在明代的江淮官话区域内。

《醒世恒言》中带"阿"的称谓词有十个:阿公、阿婆、阿爹、阿妈、阿叔、阿舅、阿哥、阿嫂、阿姐、阿妹。带"阿"的人名有五个。《儒林外史》中带"阿"的称谓词有三个:阿爷、阿叔、阿舅。带"阿"的人名有两个。而《西游记》中没有带"阿"的称谓词,带"阿"的人名只有一个"狐阿七大王"。

《醒世恒言》中以"娘"(少女)为词素构成的词有:娘子、新娘、小娘、小娘子、女娘、养娘、伴娘、送娘。带"娘"的人名有美娘、郑二娘等。《儒林外史》中带"娘"的词有:娘子、大娘、大娘子、新娘、养娘、聘娘。而《西游记》只有"娘子""小娘儿",人名没有带"娘"的。

"阿"和"娘"这两个语素现在比较完整地保存在吴语中,江淮话中还有残余,到淮海话中就和北方话差不多了。《西游记》中这两个词素的少见,符合现代方言的这种差别。

音韵方面,《西游记》中分行排的诗共 330 首,都不转韵。其中有的押韵既不合平水韵系统,又不合《中原音韵》系统,只能认为是方言音韵。其中反映出一些语音特点,如:

(1) 庚青、真文不混。庚青独用 54 次,真文独用 38 次,两部相混只有 5 次。现代吴语、江淮官话庚青、真文不分,明代吴语也不分。《醒世恒言》里庚青、真文相混的有四处,真文独用的有四处,庚青没有独用之例。

(2) 中古全浊声母上声变为去声,押去声韵。这和现代江淮官话相合,与吴语不合。《醒世恒言》有两首上声韵的诗,都有中古全浊上声字"道",与《西游记》不同。

(3)《西游记》中皆来韵独用十五次,淮海话直到现在仍然如此,皆来和齐微不通押。而《醒世恒言》里皆来、齐微通押有四处,和《西游记》不一致。

(4)《西游记》第一回有两句诗:"火荔枝,核小囊红","红囊黑子熟西瓜"。"囊"是"瓤"的方言借字。这反映 n 和 r 不分。现代淮安话中 n、l、r 不分,吴语里没有这种现象。

章文和颜文提出的一些现象都是值得注意的。但两文也有若干疏漏之处。章文对《西游记》中被认为是"淮安方言"的词语考察相当严格,除了考察它们是否存在于淮安话中以外,还考察它们"是否为淮安方言特有",这是很对的。但对他自己所举的十个吴方言的词语,却未能作这样的考察。某些词语在现代吴语中有,并不等于说它们在其他方言(比如淮安话)中没有,也不等于说它们在明代的其他方言(比如山阳话)中没有。这是在考察近代汉语作品的方言成分时至关重要的一个问题,在下面还要谈到。颜文注意了大致同时期的历史资料的比较,这比直接以现代方言来推断要周到,但是,作者似乎忽略了《西游记》和《醒世恒言》都不是出自一手这一点。其实,《醒世恒言》中的话本并非全是冯梦龙的创作(详见本章第一节),所以不能全看作"代表吴语"的;《西游记》也是在原有底本基础上加工的,所以可能有两种不同的方言成分。所以,总的说来,对《西游记》中的方言成分,还应该作更深入的研究。

晁瑞、杨柳(2012)通过对《西游记》中方言词语的调查来研究《西游记》的作者。这大体上是按照下面 6.2.6 遇笑容的设想来做的。文章认为,仅仅根据某些方言词语来推断作品的基础方言是不可靠的。作者使用的研究方法是:主要根据词语的使用频率,圈定了《西游记》中 640 个方言词语,并以此为依据,到淮安方言的 4 个片和靠近淮安的中原官话、吴语的各 1 个片进行调查,把各方言片留存《西游记》方言词语的统计数据列成表格,并加以比较。比较结果是:洪巢片的留存量最高,而洪巢片中又是淮安楚州地区的留存量最高(315 个)。文章据此认为《西游记》的作者是淮安人吴承恩。文章还对《西游记》带有吴语特色的问题提出了自己的看法。这篇文章对如何圈定《西游记》的 640 个方言词语说得不很清楚,有些看法也还可以商榷。但作者注重方言词语的系统,这是值得肯定的。

二 金 瓶 梅

6.2.2《金瓶梅》的作者是谁,一直是个疑问。《金瓶梅词话》本欣欣子序说作者是"兰陵笑笑生"。"兰陵"是山东峄县的古称。从作品看,历来都认为《金瓶梅》用的是山东方言。明沈德符《万历野获编》卷二五《金瓶梅》条下说:"然原本实少五十三回至五十七回,遍觅不得。有陋儒补以入刻。无论肤浅鄙俚,时作吴语,即前后血脉亦绝不贯串,一见知其赝作矣。"这是最早提出《金瓶梅》中有吴语成分,但仅限于第五十三至五十七回。

近年来,对《金瓶梅》的作者以及《金瓶梅》所用的方言展开了讨论。

朱星(1979)认为,"《金瓶梅》只有潘金莲等人在口角时才多用山东方言,西门庆说话就用北方官话,……至于一般叙事,都是用的一般的北方官话,即所谓白话文"。(1982)又说:"《金瓶梅》的纯山东方言词汇并不多。"并举出一些词语认为是吴方言。

戴不凡《金瓶梅零札六题》认为:"《金瓶梅》全书以北方语言为主,但小说中多用吴语词汇",所以,"作书者本为北人,而经吴人润饰"。他举出一些"吴语词",认为其中有些"为目前苏白所无",而浙江兰溪尚在使用,所以"颇疑为此书润饰加工之作者并非苏州一带之吴侬,而是浙江兰溪一带之'吴侬'"。

张远芬(1984)认为:"《金瓶梅》是以北方官话为基础写成的,同时吸收了大量的鲁南方言、北京方言、华北方言以及元明戏曲中的语汇。"同时,他推定《金瓶梅》的作者是山东峄县人贾三近,而且认为《金瓶梅》中运用了大量的峄县方言。他说,曾经以这些词作了方言调查,其中十个词调查时只有峄县人懂得,与峄县相邻的其他县的人都不懂得。这十个词语是:大滑答子货、咭溜搭喇儿、涎缠、戳无路儿、迷留摸乱、啬啬磕磕、茧儿、捆混、格地地、猎古调。

李时人《贾三近作金瓶梅说不能成立》一文认为不能把峄县方言和周围各县断然分开。对张举出的十个词语,他认为不仅峄县的邻邑徐州人懂得,而且不属于淮北土语群的其他华北次方言区的人也懂得不少。

张惠英(1985)认为:"《金瓶梅》的语言是在北方话的基础上,吸收了其他方言,其中,吴方言特别是浙江吴语显得比较集中。我们不妨称之为南北混合的官话。"张文举出了《金瓶梅》中三类词语:

(1)有些日常用语,虽然山东话常用,但河南话也说,河北话也说,所以就不能说是山东话,而是北方通语。如:达达、花里胡梢、这咱晚、那咱晚、多咱、扯淡、拾掇、扁食、癞痢、搊、搊扶、溺尿、姥姥、俺。

(2) 有些日常用语,和山东话对不上。也就是说,这些词语,可能不是山东话。如:库、拔步床、毛司、黄芽菜、肉圆子、卵、厨下、老娘、抹牌、斗牌、晚夕、赎一贴药、凹。所谓"和山东话对不上",指的是在《鲁西方言词汇》《峄县方言调查报告》《山东方言词汇初步调查报告》等方言调查报告以及山东诸城丁耀亢《读金瓶梅》等材料中,对某一事物的称呼和《金瓶梅》中的词语不同;而其他方言中对此事物的称呼却与《金瓶梅》中的词语相同。比如,《金瓶梅》中"厨房"称为"厨下",而山东峄县话称"厨房"为"厨屋""锅屋",山东巨野话也叫"厨屋""锅屋",山东安丘话叫"饭屋"。而吴语作家写的《三言》《二拍》多用"厨下"。

(3) 吴方言用语,共举六组:

(a) 田鸡(即青蛙)。如:"一个螃蟹与田鸡结为弟兄。"(第二十一回)

北方话口语说"青蛙",或说"蛤蟆",不说"田鸡"。上海地区口语说"田鸡"。

(b) 常时(即时常、常常);多(即都),都(即多)。如:"人见他这般软弱朴实,多欺侮他。武大并无生气,常时回避便了。"(第一回)

北京话只说"时常",不说"常时",上海地区则相反。《金瓶梅》中"多、都"常相混,上海地区"多、都"同音。

(c) 丁香(即耳环),如:"耳朵上两个丁香儿。"(第七十七回)

北方话今说"耳环"。今浙江温岭话把耳环叫"丁香"。

(d) 人客(即客人);房下(对人谦称自己的妻妾);原旧(即仍旧)。如"昨日蒙哥送了那两尾好鲥鱼与我,送了一尾与家兄去,剩下一尾对房下说,……原旧红糟儿培着,……或遇有个人客儿来,蒸恁一碟上去。"(第三十四回)

北方话说"客人",浙江宁波、萧山、象山话说"人客","房下"指妻妾,也见于凌濛初《二拍》,可能此词流行于浙江。"原旧"上海地区吴语常说。

(e) 膀蹄(即肘子);白煠(即白煮);下饭(即菜肴)。如:"第二道又是四碗嗄饭,一瓯儿滤蒸的烧鸭,一瓯儿水晶膀蹄,一瓯儿白煠猪肉,一瓯儿炮炒的腰子。"(第三十四回)

今浙江富阳话、定海话说"膀蹄",今浙江象山、鄞县、萧山、新昌都称菜肴为"下饭","下饭"又见《梦粱录》,可见杭州历来有此用法。

(f) 擵、礕(即拍,一是拍打意,一是分擘意)。如:"只顾擵钹打鼓。"

(第八回)"分付小厮把俺螃蟹擛几个来。"(第三十五回)"仰擛坑上。"(第七十八回)

《定海县志》作"蹳","两股展开曰蹳脚"。"擛"的分擘用法,流行于浙江富阳、义乌、金华、武义、温岭、温州等地,上海也有"脚拍开"的说法。

(4) 其他方言区用例,举出五组:

(a) 堂客(指已婚女宾)。如:"堂客到,打铜锣铜鼓迎接。"(第七十八回) 今武汉、湖南、江西丰城、上饶话有此词,山东话不说"堂客"。

(b) 落后(即后来);晏(即晚)。如:"武大每日只是晏出早归,到家便关门。那妇人气生气死,和他合了几场气。落后闹惯了,……"(第二回)

今南昌话、四川奉节话仍说"落后"。"晏"是吴语口语,南昌话也说。

(c) 墓生儿子(即遗腹子)。如:"都说西门庆大官人正头娘子,生了一个墓生儿子。"(第七十九回)。

今河北成安、河南获嘉县有此说法。

(d) 走百病儿(即元宵节妇女宵行)。如:"晚夕还同众娘每往妗奶奶家走百病儿去。"(第四十五回)。

北京、山东都有这种习俗。

(f) 韶刀(即罗唆、唠叨)。如:"金莲道,这回连你也韶刀了。"(第三十回)

今苏北宝应话口语有此说法。

刘钧杰(1986)对张文提出异议。他说:张文的论证方法是这样的:"先举《金瓶梅》里一个词 A,再阐明现代山东话已经不用 A,而现代 X 方言用着 A 呢。于是得出结论,《金瓶梅》里的 A(也就是明代的 A)不是明代山东方言词,而是明代 X 方言词。"刘文认为,这种方法是不严密的。因为据现代方言考订出来的是这些词的"今籍",却未必一定是它们四百年前的"祖籍"。因为方言词语的分布在历史上有变化。

刘文指出,《蒲松龄集》和《醒世姻缘传》反映了 17 世纪的山东话。而张文认为《金瓶梅》中非山东话的一些词语,在这两书中有。例如:丁香、厨下、八步床、忒、太、卵、帖、下饭、老娘、堂客、田鸡、黄芽菜、擛、癣、房下、韶刀、不消、走百病。可见,这些词语在 17 世纪的山东话中是存在的。

刘文说,这些词语从 16 世纪(《金瓶梅》的时代)山东话到现代山东话的发展,可能有四种情况,以"丁香(一种耳环)"为例,它们是:

1. 耳环(16 世纪)——丁香(17 世纪)——耳环(20 世纪)

2. X(16世纪)——丁香(17世纪)——耳环(20世纪)
3. 丁香(16世纪)——丁香(17世纪)——耳环(20世纪)
4. 丁香(16世纪)——丁香(17世纪)——丁香(20世纪)①

第一种情况几乎是不可能的,第二种情况可能性不大,最可能的是第三、四种。所以《蒲松龄集》和《醒世姻缘传》中有"丁香"一词可以作为《金瓶梅》中的"丁香"是山东话的有力旁证。

张惠英(1986a)中在"丁香儿"条下也指出了《醒世姻缘传》也用"丁香"指耳环,但认为很可能是"袭用《金瓶梅》用语","也可能北方有的方言说'丁香'指耳环,但还未见有关记载"。

张惠英(1986b)从语音、语法两方面考察了《金瓶梅》中的吴语成分。现将其语法部分作一介绍。

张文说:"本来,方言间的差异,在语法上的反映,相对来说,要少得多,在《金瓶梅》这位匿名作者力求用北方话写作这种情况下,如果有方言语法现象的流露,也是一种无意的、不自觉的,当然不可能是很多的、大量的,尽管如此,我们还是能抓到几点特殊的、不同于北方共同语的语法现象。"共举了四种(每种只引一例):

(1) 未曾(用作副词,表示刚刚……就……)

"平安儿进来禀报,守备府周爷来了。"西门庆冠带迎接。未曾相见,就令先宽盛服。(第五十八回)

今崇明话中,"未曾"也有这种副词用法,如:

伊未曾看见伊姆妈,就跑脱哔。

(2) 子(用作动词尾,表示完成貌"了"意)

你是全不与我,我不去。你与子我,我才叫去。(第二十七回)

"子"用作动词尾,是吴语的一个特征。

---

① 即现代山东话中仍叫"丁香"。

(3) 个(作为领属的助词)

你对我实说,西门庆那厮,如今在那里。我个嫂子被他娶了多少日子。(第九回)

"个"作为表示领属、修饰的助词,是吴语的一个语法特征。

(4) 杀(用作形容词、动词之后的补语,形容程度之深)

若是武大这般,虽好杀也未免有几分憎嫌。(第一回)

"杀"这种用法,在近代白话小说中、元曲中,都能见到。而从方言基础看,可能来自吴语。

按:这四条中,第四条"杀"尚可商榷。本书第四章中说过,在《古诗十九首》中就有"白杨多悲风,萧萧愁杀人"这样的格式,可见"杀"做补语由来已久。既然在近代白话小说和元曲中都能见到,就说明直至元明,这仍是"通语"的语法格式,不一定是吴语所独有。这种格式在现代北方话中消失了,究竟什么时候消失,还需要进一步研究。其余三条,都是很值得重视的。

三 红 楼 梦

6.2.3 《红楼梦》前八十回的作者是曹雪芹,这没有疑问。《红楼梦》的语言,历来认为是北京话。如清代太平闲人(张新之)说:"书(指《红楼梦》)中多有俗语巧语,皆道地北京话,不杂他处方言。"

但也有的研究者认为《红楼梦》的作者不是曹雪芹,认为《红楼梦》杂有其他方言成分。前一个问题这里不谈。关于《红楼梦》中的方言成分,有下面几种意见:

(1) 戴不凡(1979)认为,《红楼梦》是"京白苏白夹杂","纯粹京语和地道吴语并存"的作品。他举出《红楼梦》中三类方言词语:

① 南京话词汇:凤辣子、老爹、憨顽、花胡哨、清爽些、煨、絮聒、出月、盘缠、汗巾子、混话、便宜。

② 扬州话词汇:这会子、才刚、吃、没得。

③ 吴语词汇:愆懒、狼抗、物事、事体、事务、挺尸、下作、人客、黄汤、

小菜、滚水、面汤(洗脸水)、杌子(粉状物)、杌子、齐整、痴子、獃子、闹黄了、老货、灌丧。

戴文还举出《红楼梦》中一些谐音现象,认为是吴语成分。如:以"是"代"自",第六十九回:"是不必说得"。以"堪"代"看",第二回:"堪堪又是一段光阴。"以"无"谐"呒",第十五回:"就无来请太太的安"等。

陈熙中、侯忠义(1979)不同意戴文的论点。他们对戴文所举的 20 个"吴方言词"加以分析,举出这 20 个词在其他小说中的例证,大致可分为三类:

① 在北方话系统的作品(如元曲、《醒世姻缘传》、《儿女英雄传》)中也有的词语,如:愆懒、物事、人客、黄汤、小菜、齐整。

② 在反映下江官话的《儒林外史》中也有的词语。如:事务、下作、灌丧、挺尸。

③ 在《水浒》《西游记》《金瓶梅》中也有的词语。如:狼犺、事体、滚水、面汤、杌子、老货。

此外,还有今北方话中仍说的词语,如"面子""闹黄了"。

可见,这 20 个词不能看作吴方言词。

(2) 卢兴基(1980)认为:"《红楼梦》里有南方话,这里指的就是曹雪芹幼年(少年?)时期生活过的地方南京、扬州一带的下江官话和以苏州为代表的吴语方言。"他引第三十九回脂批:"按此书中若干人说话语气及动用前照饮食诸赖(类),皆东西南北互相兼用",说明《红楼梦》有南方话成分,并举出三十几个词语,认为是南方话:促狭、尴尬、不识(不懂)、事体、早起(早晨)、滚水、吃(喝)、厌(嫌)、大阵仗、狼犺、发热(发烧)、老货、下作、搢搢(挡挡)、相打(打架)、绞家星、煞(啥)、杀、煞(极)、底(这)、闹热、才刚、好缠、难缠、面汤、嚼(嚼舌)、没的(没有)、眼热、中觉(午觉)、莽撞、冒撞、挺尸、受用、木头(呆笨的人)、爬灰。

文章在认定这些词语是南方话时,常用凌濛初的《二拍》作对照,说某词语在《二拍》中也出现,而且王古鲁注明为"吴语"。

(3) 王世华(1980)则认为:"《红楼梦》中也出现了吴语现象,但为数不多。""《红楼梦》语言的地方色彩突出地表现在书中有不少下江官话的语音、词汇、语法现象。"并说这些方言词语,"笔者共找到一百五十余例",在文中举出五十余例,但这些词语是否只是下江官话所独有,却没有论证。

卢文和王文有时还通过《红楼梦》不同版本的对比或前八十回和后四

十回的比较来考察《红楼梦》的方言成分。如,卢文指出:《红楼梦》有正本第四十二回"我们大姐儿也着凉了,在那里发热呢!"庚辰本在"热"字旁加了一个"烧"字,似抄者误以为底本笔误。有正本第十七回"此时王夫人那边闹热非常"。庚辰本和高鹗的乾隆一百二十回本都改为"热闹"。有正本第四十回"才刚那个嫂子倒了茶来"。庚辰本改为"刚才"。这是因为庚辰本的抄手和高鹗是北方人,对南方话不熟悉,所以按北方话的习惯说法把南方话词语改了。第四十四回"下流东西,灌了黄汤,不说安分守己的挺尸去,倒打起老婆来了"。"挺尸"是南方话。而在第一〇一回有这样的句子:"真正的小短命鬼,放着尸不挺,三更半夜嚎你娘的丧。"说明续作者高鹗对这个词语用得不习惯。王文以庚辰本和程乙本对比,指出庚辰本中一些方言词语,在程乙本中被改掉或删掉了。但他也指出,有些方言词语为庚辰本所无而见于程乙本,如第三回凤姐出场的第一句话,庚辰本作"我来迟了,不曾迎接远客",而程乙本把"不曾"改为"没得","没得"正是南京话的说法。所以,王文认为,"程乙本的整理、抄刻者也应了解下江官话,而且熟悉口语情况"。因此,对于《红楼梦》的方言词语在各种版本中的差异,还应该深入研究。

卢、王二文还从语音上找出一些《红楼梦》的南方话特点。如第五回几支曲子中"盟、林、信、平"相押,判词中"淫、宁"相押,以及以"秦"谐"情",都和北方话语音系统不合。

关于《红楼梦》里的方言成分,陈熙中《红楼求真录·从〈红楼梦〉的语言看作者》一文有如下意见:

最早指出《红楼梦》中有南方话的是脂砚斋。如庚辰本第三十九回"又有两个跑上来,赶着平儿叫'姑娘'"的批语:"想这一个'姑娘'非下称上之'姑娘'也。按北俗以姑母曰姑姑,南俗曰娘娘,此'姑娘'定是姑姑娘娘之称。每见大家风俗,多有小童称少主妾曰姑姑娘娘者。按此书中若干人说话语气及动用前照(有正本作'器物')饮食诸类,皆东西南北互相兼用,此'姑娘'之称,亦南北相兼而用无疑矣。"第五十三回"前儿我听见凤姑娘"的批语"此亦南北互用之文,前注不谬"。

作者还引用周定一《〈红楼梦语言词典〉前言》的话说:"曹雪芹使的是地道的北京话,也确实用了些南京一带的方言,以及个别吴语。这是因为他从小儿在南京住了十几年,又常去苏州亲戚家。"周定一还认为:"我们在编纂这部词典的过程中,逐渐形成这么个印象:似乎《红楼梦》用语跟东北话的关系远超过南京话。"这是因为曹雪芹祖籍辽阳,高鹗是世居铁岭,他们的祖上都是跟着入关的汉军旗人。那时家庭语言的影响比现在长久得多。李思敬也认为:"曹雪芹这样的家世背景,就决定曹家的双语环境:在家讲家乡话,在外讲官话或地方话。"

这种情况,在讨论《红楼梦》的语言时也是应该考虑的。

6.2.4 除了上面介绍的对《西游记》《金瓶梅》《红楼梦》方言成分的讨论以外,对《醒世姻缘传》的方言以及作者也有讨论。

《醒世姻缘传》署名"西周生"。它的作者是谁?有几种不同的说法。胡适认为就是《聊斋》的作者蒲松龄,证据之一是两书中同时出现14个"特别的土语"。刘钧杰(1988)不同意此说,举出一些词语说明两书的用法不同。张清洁(1991)认为其作者是山东诸城人丁耀亢,他从《醒世姻缘传》中找出116个词语,认为是诸城的土话,山东其他地区的人都不懂。徐复岭(1993)反驳此说,认为这116个词语中有81个见于元明清山东诸城籍以外的作家的著作,或见于《现代汉语词典》等辞书,并非诸城所专用,他另举出书中180条词语,认为是兖曲方言的词语,因而认为作者是鲁南人贾凫西。总之,其方法和上述对《金瓶梅》的基础方言的考察一样,是用一些特殊的方言词语来推断作品的基础方言,并进一步推断其作者。这里就不详细介绍了。

6.2.5 从上面的介绍可以看出,近代汉语作品方言成分的考察是一件很有意义的工作,但也是一项相当困难的工作。这困难主要在于:近代汉语时期的方言缺乏充足的资料,因此,要考察近代汉语作品中一些语言现象是否属于当时某一方言的现象,往往只能根据现代方言的状况以及其他历史资料加以推断。而在推断的过程中,如果方法不当,就会出现问题。

首先,某个语言现象在今某方言中有,未必就在今其他方言中没有。李荣《论李涪对切韵的批评及相关问题》中谈到"吴语"时说:"常熟人王古鲁注《初刻拍案惊奇》(一九五七年上海古典文学出版社)常说吴语。一 25'转来、转去'注云吴语,同'回来、回去'。一 25'后生'注云:'吴语称年轻人做"后生"或"后生家"。'其实闽语、客家话、赣语、湘语、皖南也说'转来、转去'。晋语、粤语、闽语、客家话、赣语、皖南也说'后生'。"像这样一些使用范围颇广的词语,就不能只根据它们在吴语中使用,就称之为"吴方言词语"。

其次,即使考定了某个语言现象只在今天的某方言中存在,那也只是考定了它的"今籍",而"今籍"未必就等于"祖籍"。如"急赖"一词,即使考

第六章　作品的断代和方言成分的考察　　443

定了它今天只在吴语中使用,也还不能由此断定在数百年前它也是吴语的方言词语。因为在关汉卿《窦娥冤》中也有这个词,可见在元代它在北方也是通用的。那么,在《红楼梦》时代,这个词究竟是南北方通用,还是只在吴语中使用,也还值得研究。从理论上讲,一个词语原来是"通语",后来只在某一方言中使用,以及一个词语原属于甲方言,后来进入了乙方言,最后甲方言中这个词语消失,而在乙方言中却保存了下来,这两种情况都是可能的。所以,在考察近代汉语作品的方言成分时,绝不能简单地把"今籍"和"祖籍"等同起来。

所以,在考察近代汉语作品的方言成分时,一是要对现代方言多做一些周密的调查,一是要多找一些历史资料加以比较印证。

不过,对历史资料也要分析。如清代胡文英《吴下方言考》:"今吴谚谓物之大而无处放置者曰狼犺。"据此,似乎"狼犺"在清代为吴方言词语应是没有问题了。其实不然,《玉篇》:"躴躿,身长貌。"应是这个词的词源。而在《西游记》《红楼梦》和《儿女英雄传》中,都有"狼犺"这个词。根据这些材料,我们与其相信胡文英的话,认为"狼犺"在清代是一个吴方言的词,《西游记》《红楼梦》《儿女英雄传》中的"狼犺"是由于某种原因而进入作品中的"吴谚",还不如说"狼犺"一直是个南北通用的词,胡文英见闻不广,仅根据它在吴方言中用,就称之为"吴谚"了。

上面介绍的,主要是根据一些特殊的方言词语来判断作品的方言成分。下面介绍的对《儒林外史》方言色彩的考察,使用的是一种不同的方法。

四　儒林外史

6.2.6　关于《儒林外史》的基础方言,不像上面几部书那样有较大的分歧,大致都认为《儒林外史》有下江官话的色彩。但下江官话是一个大的方言区,《儒林外史》究竟是用这个方言区里的什么小方言为基础写成的,这个问题以前没有详细讨论。遇笑容《儒林外史词汇研究》一书对此作了探讨。

这本书有两个特点:一是对考察作品基础方言的做法提出了新的看法,一是通过实地的方言调查来考察作品的基础方言。

作者认为,以往对作品的基础方言以至作者的考察,是按照这样一个模式:"特殊词汇——基础方言——作者"。此模式的基础,是作为方言标志的"特殊词汇"。但这种特殊词汇是否为某一方言所专有,却往往难以确定。作者说:"词汇是一个开放的系统,在一个开放的系统中,个别词汇的变化可能是偶然的、无规律可循的。一个甲方言的词,在共时的平面上,可能使用于地理上相距很远的乙方言中。""'做到所举词语确实为某地所有而为别地所无',是一个很好的设想,同时,也是一个难以做到的设想。其次,即使做到了这个排他的要求,仍没有完全解决问题。因为,能证明某一词语的'今籍',并不等于证明了它的'古籍'。……而要做到证明一个词语在明清仅在某一方言中使用,对比一下现代汉语的情况,我们就可以知道,这大概是不可能的。"

因此,作者把目光从"特殊词语"转向"词汇系统",把研究的模式改为"词汇系统——基础方言——作者"。作者认为,"方言的词汇特征来自方言的词汇系统",而古今方言存在着继承关系,所以,"只要我们对两个历史平面(作品反映的某一历史平面和现代汉语中使用的共时平面)的方言词汇系统作一个对比调查,同时再和其他邻近或较远的方言作一个对比调查,我们应该可以看出方言之间的历史继承关系,也就是看出作品使用的是哪一种方言。"

作者认为,方言的词汇系统像一座金字塔,塔的端顶是小方言特有的词语,周围其他方言都不使用;其次是小方言和周围其他方言都使用的词语;然后是一批带有方言特征,但在其他大方言也使用的词语;最后是共同语的词语。在第4个层级(共同语的基础)以上的三个层级都构成一个方言词汇系统区别于另一个方言词汇系统的差别。而通过这种金字塔式的词汇系统,就可以判断近代汉语某一部作品的方言词汇究竟是哪一种方言。

根据这种看法,作者把《儒林外史》中方言词语的研究和实地的方言调查结合起来。其步骤为:1.从《儒林外史》可靠的版本中勾出带有方言色彩的词语。请一位全椒人,一位南京人(吴敬梓在全椒和南京生活的时间最长)选出他们所认为的方言词语,共选出776个。2.选择方言调查的合作者。共32人,其中江淮地区17人(全椒、南京各6人,扬州3人,合肥2人),吴语3人,闽语2人,湘语2人,粤语2人,客家2人,以及北方官话、西北官话、西南官话4人。3.制表、调查。请合作人判断《儒林外史》中的776个词语哪些是他的方言中有的,哪些不是他方言中有的。根据调查的结果整理出四个表格:1.全椒方言中使用的词语(71个)。2.江淮方言(包括全椒、合肥、扬州、南京)中使用的词语(223个)。3.江淮和其他方言共用的词语(474个)。4.全椒方言不用的词语(8个,都是现代南京话中使用的)。结果正如预料的一样,是一座金字塔。作者从而得出结论:《儒林外史》的语言带有安徽全椒方言的色彩。

应该说,这种方法比单凭一些"特殊词语"来确定作品的方言成分可靠。但是这种方法是否能用来解决上述《西游记》《金瓶梅》《红楼梦》等作品的争论,还有待于实践的检验。

本节参考资料

白维国 1986:《〈金瓶梅〉所用方言讨论综述》,《中国语文》第3期。
晁　瑞、杨　柳 2012:《〈西游记〉所见方言词语流行区域调查》,《淮阴师范学院学报》
　　第2期。
陈熙中、侯忠义 1979:《曹雪芹的著作权不容轻易否定》,《红楼梦学刊》第1辑。
陈熙中 2016:《红楼求真录》,北京大学出版社。
戴不凡 1979:《揭开〈红楼梦〉作者之谜》,《北方论丛》。
胡　适 1933:《醒世姻缘传考证》《醒世姻缘传考证的后记》,载《醒世姻缘传·附录》,
　　上海古籍出版社,1981。
胡竹安 1988:《〈水浒全传〉所见现代吴语词汇试析》,《吴语论丛》。
桂秉权 1957:《〈儒林外史〉的方言口语》,《文学遗产》第5辑。
刘钧杰 1986:《〈金瓶梅用的是山东话吗〉质疑》,《中国语文》第3期。
刘钧杰 1988:《从语言特征看蒲松龄跟醒世姻缘传的关系》,《语文研究》第4期。
卢兴基 1980:《〈红楼梦〉南方话考辨》,《红楼梦研究集刊》第3辑。
王世华 1984:《〈红楼梦〉语言的地方色彩》,《红楼梦学刊》第2辑。
徐复岭 1993:《醒世姻缘传作者和语言考论》,齐鲁书社。
颜景常 1992:《〈西游记〉中淮海话色彩述要》,《近代汉语研究》,商务印书馆。
遇笑容 2001:《儒林外史词汇研究》,北京大学出版社。
张惠英 1985:《〈金瓶梅〉用的是山东话吗》,《中国语文》第4期。
张惠英 1986a:《〈金瓶梅〉中杭州一带用语考》,《中国语文》第3期。
张惠英 1986b:《〈金瓶梅〉中值得注意的语言现象》,《语文研究》第3期。
张清吉 1991:《醒世姻缘传新考》,中州古籍出版社。
章培恒 1983:《百回本〈西游记〉是否吴承恩所作》,《社会科学战线》第4期。
张远芬 1984:《〈金瓶梅〉新证》,齐鲁书社。
朱　星 1979:《〈金瓶梅〉的作者究竟是谁》,《社会科学战线》第3期。
朱　星 1982:《〈金瓶梅〉的词汇、语汇札记》,《河北大学学报》第1期。

北京大学出版社语言学教材总目

博雅 21 世纪汉语言专业规划教材：专业基础教材系列

　　语言学纲要(修订版)　叶蜚声、徐通锵著,王洪君、李娟修订
　　语言学纲要(修订版)学习指导书　王洪君等编著
　　现代汉语(第二版)(上)　黄伯荣、李炜主编
　　现代汉语(第二版)(下)　黄伯荣、李炜主编
　　现代汉语学习参考　黄伯荣、李炜主编
　　古代汉语　邵永海主编(即出)
　　古代汉语阅读文选　邵永海主编(即出)
　　古代汉语常识　邵永海主编(即出)

博雅 21 世纪汉语言专业规划教材：专业方向基础教材系列

　　语音学教程(增订版)　林焘、王理嘉著,王韫佳、王理嘉增订
　　实验语音学基础教程　孔江平编著
　　现代汉语词汇学教程　周荐编著
　　简明实用汉语语法教程(第二版)　马真著
　　当代语法学教程　熊仲儒著
　　修辞学教程(修订版)　陈汝东著
　　汉语方言学基础教程　李小凡、项梦冰编著
　　语义学教程　叶文曦编著
　　新编语义学概要(修订版)　伍谦光编著
　　语用学教程(第二版)　索振羽编著
　　语言类型学教程　陆丙甫、金立鑫主编
　　汉语篇章语法教程　方梅编著(即出)
　　汉语韵律语法教程　冯胜利、王丽娟著(即出)
　　新编社会语言学概论　祝畹瑾主编

计算语言学教程　詹卫东编著（即出）

音韵学教程（第五版）　唐作藩著

音韵学教程学习指导书　唐作藩、邱克威编著

训诂学教程（第三版）　许威汉著

校勘学教程　管锡华著

文字学教程　喻遂生著

汉字学教程　罗卫东编著（即出）

文化语言学教程　戴昭铭著（即出）

历史句法学教程　董秀芳著（即出）

博雅21世纪汉语言专业规划教材：专题研究教材系列

实验语音学概要（增订版）　鲍怀翘、林茂灿主编

现代汉语词汇（第二版）　符淮青著（即出）

现代汉语语法研究教程（第四版）　陆俭明著

汉语语法专题研究（增订版）　邵敬敏等著

现代实用汉语修辞（修订版）　李庆荣编著

新编语用学概论　何自然、冉永平编著

外国语言学简史　李娟编著（即出）

近代汉语研究概要（修订本）　蒋绍愚著

汉语白话史　徐时仪著

说文解字通论　黄天树著

甲骨文选读　喻遂生编著（即出）

商周金文选读　喻遂生编著（即出）

汉语语音史教程（第二版）　唐作藩著

音韵学讲义　丁邦新著

音韵学答问　丁邦新著

音韵学研究方法导论　耿振生著

博雅西方语言学教材名著系列

语言引论（第八版中译本）　弗罗姆·金等著，王大惟等译（即出）

语音学教程(第七版中译本)　彼得·赖福吉等著,张维佳译(即出)
语音学教程(第七版影印本)　彼得·赖福吉等著
方言学教程(第二版中译本)　J. K.钱伯斯等著,吴可颖译
构式语法教程(影印本)　马丁·休伯特著(即出)
构式语法教程(中译本)　马丁·休伯特著,张国华译(即出)